Garri Kasparow

Politische Partie

Aus dem Englischen von
Karl Heinz Siber

Droemer Knaur

CIP-Kurztitelaufnahme der Deutschen Bibliothek
Kasparow, Garri:
Politische Partie / Garri Kasparow. Aus d. Engl. übers.
von Karl Heinz Siber. – München: Droemer Knaur, 1987.
Engl. Orig.-Ausg. u. d. T.: Kasparov, Garry: Child of Change
ISBN 3-426-26314-9

Umschlaggestaltung: Werner Rebhuhn, Cuxhaven
Umschlagfoto: Dirk Eisermann (Argus)
Satzarbeiten: Compusatz GmbH, München
Reproduktion: Repro Ludwig, Zell am See
Druck- und Bindearbeiten: May + Co, Darmstadt
Printed in Germany
ISBN 3-426-26314-9
2 4 5 3 1

Inhalt

Kapitel 1 Weshalb dieses Buch geschrieben wurde   9

Kapitel 2 Ein Junge aus Baku   18

Kapitel 3 In den Fußstapfen des Meisters   44

Kapitel 4 Aufstieg zum Olymp   61

Kapitel 5 Sturmwarnungen   81

Kapitel 6 Lang lebe der König   99

Kapitel 7 Krieg und Frieden 127

Kapitel 8 Ins Feuer 154

Kapitel 9 Campos Zirkus 190

Kapitel 10 Auf dem Gipfel 228

Kapitel 11 Zurück auf den Boden der Tatsachen 262

Kapitel 12 Liebe und Geld 285

Kapitel 13 Ein Spion im eigenen Lager 300

Kapitel 14 Menschen gegen Maschinen 321

Endspiel: »Alles zu seiner Zeit« 332

Wichtige Partien 337

Register 345

Anhang: Weiterführende Literatur 350

Zum Gedenken an meinen Vater
Kim Moissejewitsch Weinstein
1931 bis 1971

Dieses Buch ist ein Gemeinschaftsprojekt eines Sowjetbürgers und eines britischen Autors, ein Unternehmen, wie es vor Beginn des von Michail Gorbatschow eingeläuteten »Glasnost«-Zeitalters wohl kaum denkbar gewesen wäre. Das Projekt konnte zustande kommen durch die Mithilfe der staatlichen sowjetischen Copyright-Agentur WAAP, der wir für ihre Kooperationsbereitschaft hiermit unseren Dank abstatten möchten. Die beiden Autoren haben sich während des vergangenen Jahres an verschiedenen Orten – in Moskau, Baku, Dubai, London, Zürich und Brüssel – zusammengesetzt und Konzeption und Texte für dieses Buch besprochen. Wir möchten unseren Freunden in vielen Ländern der Schachwelt dafür danken, daß sie – manchmal mehr, als es ihnen bewußt sein mag – am Zustandekommen dieses Buches mitwirkten, indem sie den Besuch von Turnieren ermöglichten, persönliche Anekdoten beisteuerten oder das eine oder andere von den Autoren verwendete Buch geschrieben haben. Auch den im Text zitierten Zeitungen und Zeitschriften gilt unser Dank.

Besonders wichtige und dankenswerte Beiträge leisteten Clara Kasparowa und Leonid Weinstein, die in ihren persönlichen Erinnerungen kramten, Raymond Keene, Andrew Nurnberg und Andrew Page, die uns mit Rat und Tat und Zuspruch unterstützten, Andrew Wilson, der Moskauer Korrespondent des *Observer*, der als bereitwilliger und fähiger Vermittler fungierte, Natalja Pawlutschenko mit Dolmetscher- und Übersetzerdiensten und Barbara Rieck, die den Text in den verschiedenen Entwurfsstadien vor dem Hintergrund eines drohend näherrückenden Fertigstellungstermins nochmals und nochmals und klaglos auch noch ein weiteres Mal abtippte.

Ein Schachbrett ist's aus Tag und Nächten,
Auf dem gezogen wird von Schicksalsmächten;
Die drohen, decken und Figuren schlagen
Und eine nach der and'ren in das Kästchen legen.

Edward Fitzgerald, Das Ruba'ijat *des Omar Chajjam*

Ich habe immer ein gewisses Bedauern empfunden mit
Menschen, die Schach nicht kennen, ebenso wie ich
Menschen bedauern würde, die die Liebe nicht kennen-
gelernt haben. Wie die Liebe, wie die Musik, besitzt
Schach die Macht, Menschen glücklich zu machen.

Dr. Siegbert Tarrasch

Scholastizismus, doktrinäres Denken und Dogmatismus
haben sich als Fesseln eines jeden echten Wissens-
fortschritts erwiesen. Sie haben zu einer Stagnation
des Denkens geführt... Wie stark und widerspenstig
das Vergangene auch scheinen mag, es muß weichen.

Michail Gorbatschow

Wer nie das Fleisch von Messers Schneide aß,
Nur immer passiv zugesehen,
Nie gegen Schufte oder Henkersknechte hat gekämpft,
Der hat verpaßt, was wichtig ist im Leben.

Wladimir Wyssotzkij

KAPITEL 1

Weshalb dieses Buch geschrieben wurde

Am 10. November 1985, einen Tag nachdem ich den Weltmeistertitel errungen hatte, bekam ich von Rhona Petrosjan etwas zu hören, das mich seltsam berührte. »Garri«, sagte sie, »du tust mir leid.« Ich kannte Rhona als eine starke Persönlichkeit und wußte, daß sie schon oft verblüffende Dinge gesagt hatte – manchmal recht lautstark und in Hörweite ihres Mannes Tigran, des bedeutenden, inzwischen verstorbenen sowjetischen Großmeisters, und seiner Kontrahenten am Schachbrett. Ihre Worte gingen mir nicht aus dem Kopf und irritierten mich. Sie schienen mir total verfehlt, ein herber Mißklang an einem Tag, der ganz im Zeichen meines Sieges stand, den ich mit Freunden in Moskau feierte, Freunden, die mich auf meinem langen Aufstieg zum Schacholymp begleitet hatten, nicht nur in guten, sondern vor allem auch in schweren Zeiten. Ich war 22, der jüngste Schachweltmeister aller Zeiten. Die Welt schien mir in diesem Augenblick zu Füßen zu liegen, »wie ein Land der Träume, so mannigfaltig, so schön, so neu«, um mit dem Dichter zu sprechen. Was mochte es sein, das Rhona Sorgen bereitete? Ich fragte sie. »Du tust mir leid, Garri«, antwortete sie, »weil du den glücklichsten Tag deines Lebens schon hinter dir hast.«
Ich weiß nicht, ob sie recht oder unrecht hatte. Es ist noch zu früh, als daß man sich darüber ein abschließendes Urteil bilden könnte. Schließlich bin ich erst 24. In einer Beziehung muß ich ihr allerdings recht geben: Bis vor kurzem hatte ich nur ein einziges Lebensziel vor Augen – Schachweltmeister zu werden und damit den höchsten Gipfel zu erklimmen, den man in dem Beruf, den ich mir erkoren habe, erreichen kann. In Zukunft wird mein Weg mir nie wieder so klar vorgezeichnet sein. Aber ich spürte aus ihren Worten auch eine tiefere Bedeutung heraus.

9

Sie waren ein Fingerzeig, so glaube ich, oder vielleicht sogar eine Warnung vor drohendem Unheil; Rhona hatte die Hand stets am Puls des Geschehens und wußte manchmal mehr, als sie auszudrücken in der Lage war. Ich hatte allen Grund, ihr instinktives Urteil in solchen Dingen ernst zu nehmen, war dies doch nicht das erste Mal in meinem Leben, daß Rhona mir eine wichtige Warnung zukommen ließ. Man wird es meiner Mutter wohl nicht verdenken, daß sie ein anderes Datum zum wichtigsten Tag in meinem Leben erkoren hat – den 13. April 1963, meinen Geburtstag. Beinahe wäre es übrigens der 14. April geworden. Bei Clara verzögerte sich die Entbindung, und eine Viertelstunde vor Mitternacht erblickte ich endlich das Licht der Welt. Es wäre ihr lieber gewesen, wenn ich 20 Minuten später geschlüpft wäre, denn sie fürchtete, die 13 werde mir vielleicht Unglück bringen. Sie hat sich indes als Glückszahl entpuppt, so sehr, daß ich überall, in Hotels und bei anderen Gelegenheiten, in ihren Genuß zu kommen versuche. Ich bin der 13. Weltmeister der Schachgeschichte und errang den Titel mit 13:11 Punkten im 85. Jahr unseres Jahrhunderts (8 + 5 = 13).

An jenem Tag, an dem ein neuer Erdenbürger in Baku in der Aserbeidschanischen Sowjetrepublik am Ufer des Kaspischen Meeres das Licht der Welt erblickte, scheint sich auf der Erde nichts Weltbewegendes abgespielt zu haben. In den christlichen Ländern war Ostersamstag. In Großbritannien spielte das Wetter verrückt und brachte einen Viertelmeter unzeitgemäßen Schnees. Im Weißen Haus regierte John F. Kennedy, in der Downing Street Harold Macmillan, im Kreml Nikita Chruschtschow, in Bonn Konrad Adenauer. Keiner dieser Männer blieb mehr lange im Amt.

In der Sowjetunion waren die Menschen gerade von ihren Feiertagsausflügen zurückgekehrt, denn der 12. April war »Kosmonautentag«, ein offizieller arbeitsfreier Tag zum Gedenken an Juri Gagarins historischen ersten Weltraumflug zwei Jahre zuvor. Der Palast der Jungen Pioniere in Baku, in dem ich meinen ersten Schachunterricht erhalten sollte, ist nach diesem tollkühnen sowjetischen Helden benannt. Im Moskauer Varietétheater hatte Tigran Petrosjan, Rhonas Gatte, gerade die erste Hälfte des Titelkampfs hinter sich, in dessen Verlauf er dem großen Michail

Botwinnik die Schachkrone abjagen sollte – dem Mann, der später mein wichtigster Lehrer werden sollte.

Ich selbst würde einen anderen Tag als den wichtigsten meines Lebens einstufen, wichtiger als meinen Geburtstag oder den Tag, an dem ich Schachweltmeister wurde. Ich meine den 15. Februar 1985, den Tag, der einen Schandfleck in der Geschichte des Schachsports markiert. An diesem Tag wurde in Moskau mein erster Anlauf zur Eroberung der Schachkrone abgeblockt, nicht von meinem Kontrahenten am Brett, Anatoli Karpow, sondern vom Weltschachbund FIDE, dessen Präsident Campomanes mit stillschweigender Billigung der sowjetischen Schachfunktionäre den Titelkampf – den längsten der bisherigen Schachgeschichte – abbrach, um ihren Champion zu retten. Der bittere Nachgeschmack dieser ungerechten und unangebrachten Entscheidung wird viele Jahre nachwirken. Ich werde nicht aufhören, zu kämpfen, bis der Gerechtigkeit Genüge getan wird. Wenn ich heute auf jenen 15. Februar zurückblicke, meine ich zu erkennen, daß mein Gang zum Podium, um vor den Augen der ganzen Welt gegen diese Entscheidung zu protestieren, der wichtigste Schritt meines Lebens war. Damit war der Fehdehandschuh geworfen – mein privater Kampf war endlich zu einer öffentlichen Angelegenheit geworden. Das Schachspiel ist ein treffendes Symbol für den Lebenskampf. Man droht und wird bedroht, man belauert sich, während die Figuren, symbolische Krieger, in einem Klima elektrisch geladenen Schweigens gegeneinander vorrücken. In der Konfrontation der schwarzen und weißen Figuren könnte man die symbolische Darstellung eines manichäischen Gegensatzes zwischen Gut und Böse, zwischen Licht und Dunkelheit, einer Spaltung in der menschlichen Seele selbst, sehen. Die Regeln des Spiels schließen notwendigerweise den Kampf ein, den Kampf des Geistes um die Herrschaft über Material, über Territorium und über sich selbst. Es ist ein Kampf gegen die Grenzen der Leistungsfähigkeit des eigenen Geistes angesichts einer unendlichen Zahl möglicher Kombinationen.

Kaum je ist die symbolische Beziehung zwischen dem Geschehen auf dem Brett und den wirklichen Kämpfen des Lebens so dramatisch deutlich geworden wie an jenem 15. Februar 1985 im »Hotel Sport« im Grüngürtel von Moskau, als Karpow und

11

Campomanes sich vor den Augen der Welt als finstere, das Licht der Wahrheit scheuende Intriganten entlarvten.

Zum Glück wurden Millionen von Menschen überall auf der Welt Zeugen dessen, was an diesem folgenschweren Tag geschah, denn Campomanes hatte eine Fernsehpressekonferenz anberaumt. Ich selbst war freilich nicht eingeladen worden und traf erst unmittelbar vor dem festgesetzten Termin ein, nachdem eine innere Stimme mir Gefahr im Verzug signalisiert und mich veranlaßt hatte, entgegen meiner ursprünglichen Absicht doch hinzugehen. Es war offensichtlich, daß mein Erscheinen den Herren nicht ins Konzept paßte. Meinem Delegationsleiter war sogar nahegelegt worden, er solle meine Anwesenheit verhindern. Meine Ankunft kurz vor dem geplanten Beginn der Pressekonferenz, von den Fernsehkameras eingefangen, löste hinter den Kulissen Verwirrung und Betroffenheit aus. Der Beginn der Veranstaltung verzögerte sich, ohne daß dafür eine Erklärung gegeben wurde. Es gibt eine aufschlußreiche Kameraeinstellung, die ich mir habe kopieren lassen und die ich mir oft anschaue. Sie zeigt, wie Campomanes durch die Vorhänge späht, wie um sich zu vergewissern, daß ich mich wirklich im Zuschauerraum befand; das bedeutete, daß sie ihre Pläne ändern und etwas anderes verkünden mußten, als sie ursprünglich beabsichtigt hatten.

Wir werden die genauen Einzelheiten des ausgeheckten Deals zwischen Campomanes und Karpow – oder »Karpomanes«, wie Boris Spasski die trickreichen zwei später betitelte – nie erfahren. Meine Mutmaßungen über die verschiedenen Möglichkeiten folgen an späterer Stelle dieses Buches. Aber eins können wir wohl getrost voraussetzen: daß diese Machenschaften nicht zum Wohle Kasparows gedacht waren. Aber dank einer erstaunlichen Fügung des Augenblicks, wie sie mir auch in anderen dramatischen Momenten meines Lebens zu Hilfe kam, konnte ich der Situation eine für *mich* günstige Wendung geben. Wann immer ich auf dem Videoband das Gesicht betrachte, das Campomanes in jenem Augenblick machte, dieser Ausdruck eines gejagten Frettchens, bin ich erneut überzeugt, daß der Kampf, den ich an jenem Tag zu führen begann, ein gerechter Kampf ist. Es ist ein Kampf, bei dem es um Grundlegendes geht, nämlich darum, wie Menschen sich zueinander verhalten und was sie einander nicht antun sollten.

Die Zuschauer, die Zeugen dieser Pressekonferenz waren, erlebten einen Campomanes, der unschlüssig herumzappelte, bis der eilig herbeigerufene Karpow eintraf. Was sich dann vor aller Augen abspielte, war höchst bemerkenswert, um so mehr, als das Ganze in Moskau unter Vorsitz eines Beamten des sowjetischen Außenministeriums stattfand. Es gab lautstarke Auseinandersetzungen, die Kontrahenten rissen einander beinahe das Mikrophon aus der Hand – unerhörte Vorgänge für die an solches nicht gewöhnte sowjetische Öffentlichkeit. Einige Male quittierten die Anwesenden das Schauspiel, das sich auf dem Podium bot, mit lautem Gelächter. Die Leute merkten, daß da etwas ganz Ungewöhnliches vor sich ging, aber die wahre historische Bedeutung des Geschehens erkannten wohl nur die wenigsten; zu vieles blieb unterschwellig und unerklärt. Alle sahen, daß ich wütend und aufgeregt war, aber sie glaubten wohl, meiner Empörung lägen nur sportliche Motive zugrunde, der Wunsch, das Match weiterzuführen. In Wirklichkeit ging es, wie ich an späterer Stelle erläutern werde, viel tiefer.

Mein Auftritt vor der Weltpresse in dieser Situation war der Kulminationspunkt eines unter der Oberfläche tobenden Kampfes, der seit Jahren im Gang war und bei dem es um viel mehr ging als nur um Schach. Was ich lange nur vermutet hatte, lag jetzt offen vor aller Augen. Auf einmal hatte ich den Gegner klar im Visier. Er hatte sich selbst exponiert. Alle Zweifel waren beseitigt. Das Schlachtfeld war bereitet, und ich kannte meinen Platz und meine Aufgabe. Wie bei Soldaten, die in die Schlacht ziehen, stellte sich ein Gefühl der Erleichterung und Euphorie ein, daß die lange Zeit des Wartens und des Geplänkels vorbei war. Der wirkliche Kampf konnte beginnen.

Ich kämpfe diesen Kampf nicht für mich selbst, denn was hätte ich noch dazuzugewinnen? Ich bin schon Weltmeister. Ich bin jung, gesund und reich. Manche Leute wundern sich, warum ich dennoch keine Ruhe gebe. Sicher könnte ich mir selbst einen großen Gefallen tun, indem ich die Finger von diesem Kampf ließe, denn ich gehe, wenn ich ihn fortführe, ein hohes persönliches Risiko ein. Aber ich kann und will nicht aufgeben, denn es stehen hier wichtige Prinzipien auf dem Spiel. Sie in den Wind zu schlagen, hieße, einen Teil meiner Persönlichkeit aufzugeben;

ich wäre dann nicht mehr der Mensch, der zu werden ich erzogen worden bin. Es wäre ein Verrat an den Werten, die meinem Leben Sinn verleihen.

Der Kampf, den ich führe, dient nicht nur der Wiederherstellung der Gerechtigkeit im Schachsport. Indem ich für die Reinhaltung der Ideale kämpfe, die diesen Sport beherrschen sollen, kämpfe ich um Werte, die weit über das Schachbrett hinaus von Bedeutung sind. Das gilt ganz besonders für die Sowjetunion, nicht nur weil das Schach gewissermaßen unser Nationalspiel ist, sondern auch weil der Zeitpunkt dieses Kampfes mit einer bedeutsamen Zäsur in unserer Geschichte zusammenfällt, einer Periode der Umwälzung. Ich bin ein Kind dieser Umwälzung. Was sich zur Zeit in der Sowjetunion vollzieht, hat nicht nur soziale und wirtschaftliche, sondern auch psychologische Bedeutung. Es handelt sich darum, die Einstellung der Menschen zum Leben und zur Arbeit zu verändern. Die alte psychologische Struktur wird in die Mangel genommen, aber sie will sich nicht aufknacken lassen, und so kommt es zum Konflikt. Mein Kampf ist ein Symbol für den allgemeinen Kampf zwischen »Schwarz« und »Weiß«, zwischen Altem und Neuem, der in vielen Teilen unserer Gesellschaft entbrannt ist. Michail Gorbatschow hat meine unmaßgebliche Unterstützung sicher nicht nötig, denn er ist der Führer eines der mächtigsten Staaten der Erde. Aber ohne seine Reformen könnte ich meinen Kampf nicht so offen und mit so großen Erfolgsaussichten führen. Ich bin überzeugt davon, daß ich in meiner Nische der Gesellschaft für dieselben Ideale der Offenheit und Demokratie einstehe, die Gorbatschow zur Leitlinie für uns alle erhoben hat.

Die These, die ich in diesem Buch vertrete, besagt, daß die Karriere von Anatoli Karpow, der den Titel eines Schachweltmeisters erhielt, ohne darum kämpfen zu müssen, mit einer Periode im gesellschaftlichen Leben der Sowjetunion zusammenfiel, die geprägt war von bürokratischer Erstarrung und Korruption. Er schloß mit diesen Kräften ein Zweckbündnis mit dem Ziel, sich selbst und denen, die an seinen Rockschößen hingen, ein Stück Macht zu verschaffen und zu sichern. Als ungewählter König des Schachs regierte er wie ein Zar und widersetzte sich mit fairen und weniger fairen Mitteln jedem Versuch, ihn von seinem Thron zu stoßen. Es gelang ihm, sich hierfür die Unterstützung des sowjetischen Staates mit seinem enormen Machtapparat zu sichern. Weil ich im fairen Kampf am Brett nicht zu besiegen war, wurden schon von einem sehr frühen Zeitpunkt an alle möglichen faulen Tricks angewandt, um mich niederzuhalten. Und obwohl meine Feinde mit diesen hinterhältigen Methoden so oft gescheitert sind, suchen und finden sie immer noch neue, in der Hoffnung, mir eines Tages ein Bein stellen zu können. Manchmal sind sie ihrem Ziel sehr nahe gekommen, wie die deutschen Generäle, die durch ihre Ferngläser die Türme von Moskau zum Greifen nahe vor sich sahen, als sie nur noch 35 Kilometer vor der Stadt standen. Dieses Buch ist geschrieben worden, damit die Welt verstehen lernt, worum es bei dem Kampf, den ich führe, in Wirklichkeit geht und gegen welche Personen und Gruppen ich ihn führe. Ich setze meine Hoffnungen auf die Worte, die Michail Gorbatschow vor zwei Jahren prägte und die mir seither als persönliches Motto dienen: »Wie stark und widerspenstig das Vergangene auch scheinen mag, es muß weichen.«

Es hat in meinem Leben Zeiten gegeben, in denen das Schachspiel, wenn nicht zum Lebenszweck, so doch zu einem regelrechten Lebensersatz geworden ist. Man fühlt sich in solchen Zeiten nicht so, als besäße man eine göttliche Gabe, sondern eher so, als sei man von ihr besessen. Das Schachspielen kann in solchen Phasen wie eine starke Droge wirken, der man hoffnungslos verfallen ist. Bis heute ist keiner Schachweltmeister geworden, der nicht von Zeit zu Zeit unter diesem mächtigen Bann gestanden hat. Andererseits könnte niemand ein vollwertiger und normaler Mensch bleiben, der nicht im Stande wäre, diesen Bann, wenn es sein muß, zu brechen.

Schach, dieses uralte Spiel – ein »Prüfstein des Geistes«, wie Goethe sagte –, ist eine Welt für sich, eine abstrakte Welt mit einem fesselnden Zauber. Die unendliche Faszination, die diesem Spiel innewohnt, vermag die Psyche dessen, der ihr verfällt, zu behexen, ja zu verwirren. Vor Zeiten sagte ein deutscher Großmeister warnend: »Das königliche Spiel hat seine Tiefen, in denen so manche schöne und vornehme Seele, ach, zugrunde gegangen ist.« Ich habe den legendären Bobby Fischer nie kennengelernt – ich war erst neun, als er in Reykjavik Boris Spasski die Schachkrone abnahm –, aber nach allem, was ich über ihn höre, ist er der klassische Fall eines Menschen, der dem Schach regelrecht verfiel, Prototyp des Gefangenen des königlichen Spiels, der sich in der »wirklichen« Welt außerhalb des Schachbretts nicht mehr zurechtfand, ein Opfer jener Besessenheit, die Stefan Zweig in seiner *Schachnovelle* beschrieben hat, einem Buch, das ich schon in der Schule las.

Aus dem Leben von Paul Morphy, dem amerikanischen Schachgenie des 19. Jahrhunderts, das in seinen späteren Lebensjahren dem Wahnsinn verfiel, können wir eine ähnliche Warnung herauslesen. Morphy sagte einmal, das Schach solle nicht »das Denken derjenigen beherrschen, die vor seinem Schrein beten«. So weit würde ich nicht gehen. Man kann die Schachgöttin Caissa nicht mit Erfolg anbeten, wenn man nicht bereit ist, Opfer auf ihren Altar zu legen – das heißt alle seine Energien und Geisteskräfte in den Dienst des Schachspiels zu stellen. Aber man kann sicherlich bei der Vorbereitung auf einen Wettkampf viel Kraft aus der geistigen und psychischen Konzentration auf andere Dinge schöpfen. Daher ertappen mich meine Betreuer vor oder während einer Weltmeisterschaft ebenso oft bei der Lektüre eines Maigret-Krimis oder einer schwierigen Seneca- oder Montaigne-Schrift wie beim Abhören von Cassetten mit Wyssotzkij-Liedern wie beim soundsovielten Nachspielen der Partien der großen Schachmeister.

Ich bin froh, daß meine Familie, meine Betreuer und meine Freunde in Baku bis jetzt Sorge dafür getragen haben, daß ich, wenn auch mein Kopf in den Wolken schweben mag, mit den Füßen doch immer fest auf dem Boden bleibe, und sei es nur, damit ich weiterhin Fußball spielen kann! In Phasen der Niedergeschlagenheit, in die ich manchmal gerate, greife ich zu einem Heilmittel, das nie versagt: Ich sehe mir eine auf Video aufgezeichnete Szene aus dem Freizeitkick mit meinen Freunden im Bakuer Trainingslager an, in der ich mit dem linken Fuß ein Tor à la Maradona erziele. Nach dem umstrittenen Abbruch meines ersten Weltmeisterschaftskampfes 1985 ließ ich Dampf ab, indem ich in einem Spiel gegen eine Presseelf drei Tore schoß. Das bereitete mir fast so viel Vergnügen wie das Schachspielen – in diesem Fall sogar mehr, weil ich damit den Beweis lieferte, daß ich ganz entgegen den von den sowjetischen Schachfunktionären vorgeschützten Besorgnissen über meine gesundheitliche Verfassung ziemlich gut in Form war. Manche Leute würden sagen, das zeige nur, daß ich im Innern noch ein Kind sei. Ich glaube, es zeigt, daß ich mir in der turbulenten Welt, in der ich jetzt lebe, einen rettenden Sinn für Ausgewogenheit bewahrt habe.

Ich hoffe, daß dieses Buch über die Selbstdarstellung des Autors hinaus dazu beitragen möge, gewisse Klischeevorstellungen über die Menschen in der Sowjetunion zu zerstreuen, die mir auf meinen Westreisen immer wieder begegnen. Diese schablonenhaften Vorurteile sind ein Hindernis für die Völkerverständigung und daher eine Gefahr für den Frieden. Ich hoffe, daß das Buch auch ein Licht auf den Kampf zwischen konkurrierenden Wertvorstellungen wirft, der in unserer Gesellschaft im Gang ist. Solche Kämpfe sind natürlich keine Spezialität der Sowjetunion, und so ist die Geschichte, die ich erzähle, denn auch keine spezifisch sowjetische Geschichte. Einige der Feinde, die ich namhaft mache, sind Bürger westlicher Länder – der Filipino Campomanes, der Westdeutsche Kinzel, der Spanier Toran. Die Heimatländer aller drei Genannten haben in ihrer jüngeren Geschichte einen Übergang vom Faschismus zur Demokratie erlebt, einen Übergang, den aber, wie es scheint, manche ihrer Bürger leider nicht mitvollzogen haben.

In jeder Gesellschaft, ob im Osten oder Westen, im Norden oder Süden, werden Kämpfe wie der meine ausgefochten. Sie sind notwendig, wenn eine Gesellschaft sich regenerieren soll. Die Fragen, um die es geht, sind uralt und universell. Aber natürlich verläuft mein Kampf in eigenen, spezifischen Formen, die eingefärbt sind von meiner Geschichte und der meines Landes. Um dem Leser mein Leben und meine Person verständlich zu machen, muß ich ihn zunächst an die Gestade des Kaspischen Meeres entführen, fast 2000 Kilometer südlich von Moskau.

KAPITEL 2

Ein Junge aus Baku

Menschen, die aus Baku stammen, zeichnen sich durch einen besonders stark entwickelten Lokalpatriotismus aus, was schon vielen Besuchern aufgefallen ist. Der Reiseschriftsteller Laurens van der Post, der die Sowjetunion um mein Geburtsjahr 1963 herum besuchte, schilderte ein Gespräch mit einem Einheimischen. »Wie alle Aserbeidschaner, die ich kennenlernte, war er gewaltig stolz auf Baku. So etwas hatte ich auf meiner Reise bis dahin nicht erlebt. Ich war anderen Spielarten von Stolz begegnet, Stolz auf die Größe der Sowjetunion und ihre technischen Errungenschaften beispielsweise, aber dieses intensiv hauptstädtische Bewußtsein war mir neu.« Kein Besucher Bakus darf die Heimreise antreten, ohne den Kirow-Park hoch über den Dächern der Stadt, nahe dem neuen Fernsehturm und dem Hotel Moskau, besichtigt zu haben, zu dem eine den Hang emporkriechende Drahtseilbahn hinaufführt. Von hier oben öffnet sich der Blick über den weiten Bogen der Bucht, den geschäftigen Hafen, die regelmäßig angelegten Straßen mit ihren Brunnen, Blumen und Skulpturen und die breite Uferpromenade.

Unser Stolz gilt jedoch nicht nur der Topographie unserer Stadt, sondern auch der besonderen Mentalität ihrer Bewohner. Der sowjetische Schriftsteller Bretanitzki hat die »Südlichkeit«, die das Lebensgefühl von Baku prägt, eingefangen und die Wesensart seiner Bewohner mit der der mediterranen Völker verglichen. Auch van der Post registrierte diese Ähnlichkeit, die vielleicht eine gewisse Erklärung dafür bietet, daß ich der im Westen so verbreiteten Klischeevorstellung vom ernsten und schwermütigen russischen Menschen so gar nicht entspreche: »Dem Bewußtsein und allem Augenschein nach gehört die Südwestküste des Kaspischen Meeres zur Sowjetunion, aber ich habe keinen

Zweifel, daß sie nach Instinkt und innerer Verbundenheit zum Mittelmeer hin tendiert. Ich begegnete wiederholt einem Überschwang der Gestik und der Persönlichkeit, die mich weit mehr an das Land des Marius denken ließ als an irgend etwas Russisches oder Asiatisches. Der Grundzug der Menschen dieser Welt, wie ich sie kennenlernte, war ein absoluter und unerschütterlicher Glaube an die Schönheit der Geste. Moral war für sie nicht ein Gesetz puritanischer oder alttestamentarischer Regeln, sondern Fortsatz der Schönheit. Die Veräußerlichung einer inneren Ästhetik... Abgerissene und schäbige Kleider störten sie nicht. Nur das Bild, das sie in ihrem eigenen Geist von sich malten, zählte; arm konnte einer in ihren Augen nur sein, wenn dieses Bild häßlich oder gemein war. Diesen Menschen wohnte in der Tat etwas Königliches inne...«

Ich habe die Worte dieses Ausländers zitiert, weil er als unabhängiger Gewährsmann viel Wahres über die Atmosphäre Bakus und über die Bewohner dieser Stadt gesagt hat. Und vielleicht trägt seine Beschreibung auch ein wenig zum Verständnis meiner Persönlichkeit und der Einstellung bei, die ich zu den Kämpfen meines Lebens, am Schachbrett und darum herum, habe. Er verweist auf das Wort »Alamis«, das den strengen persönlichen Ehrenkodex bezeichnet, den er im benachbarten Georgien fand. Im Russischen haben wir das Wort »Njesprawerblewost«, das so etwas wie Gerechtigkeitssinn bedeutet, ein Sinn, der bei mir von jeher stark entwickelt gewesen ist. Hand in Hand damit geht ein anderes Ideal, das in meiner Familie immer hochgehalten worden ist: »Beskomprommisnij«, was soviel wie Kompromißlosigkeit bedeutet. Diese beiden Leitgedanken haben mich in meinem bisherigen Leben schon in ebenso viele schwierige Lagen gebracht, wie ich sie auf dem Schachbrett gemeistert habe.

Meine Mutter meint, ich hätte diese Eigenschaften von meinem Vater Kim Moisejewitsch Weinstein übernommen, der starb, als ich sieben Jahre alt war. Er war Ingenieur, entstammte aber einer Familie von Musikanten. Sein Vater war Komponist und gehörte dem Bund der Komponisten an, aus dessen Reihen das erste Musikerkollektiv von Baku hervorging. In den 30er Jahren leitete er die Musiksendungen des aserbeidschanischen Rundfunks, später wirkte er als geschäftsführender Direktor der Philharmo-

19

nischen Gesellschaft. Seine Mutter war Musiklehrerin. Sein jüngerer Bruder, mein Onkel Leonid, gehört zu den namhaften zeitgenössischen Komponisten der Sowjetunion. Er hat zwei Ballettmusiken, eine Kinderoper und viele Lieder geschrieben. Mein Vater beschloß als Siebzehnjähriger zur großen Überraschung seiner Familie, vom Musikkonservatorium abzugehen – obwohl er ein talentierter Violinist war und auch Klavier spielte – und sich statt dessen an der energiewirtschaftlichen Fakultät der Universität einzuschreiben.

Energiewirtschaft war für ihn eine naheliegende Wahl, war doch Baku seit fast hundert Jahren ein Zentrum der Erdölförderung und der petrochemischen Industrie. In der zweiten Hälfte des 19. Jahrhunderts befanden sich die meisten Raffinerien in ausländischem Besitz – noch heute finden sich vereinzelte Hinweise auf frühere Eigentümer, wie die Nobels oder die Rothschilds, besonders in den Betriebsgebäuden und in den Häusern der Arbeitersiedlungen. Um die Jahrhundertwende war die Apscheron-Halbinsel, auf der Baku liegt, nicht nur die bei weitem wichtigste Ölförderstätte des russischen Reichs, sondern auch eine der bedeutendsten der Welt. Im Zweiten Weltkrieg war das Erdöl von Baku eine so entscheidende Säule der sowjetischen Kriegsführung, daß die Deutschen 1941 allergrößte Anstrengungen unternahmen, den Ölnachschub für die Rote Armee zu unterbinden. Heutzutage ist der Beitrag Bakus zur Erdölförderung nicht mehr bedeutend, aber die Gegend beherbergt nach wie vor viele mit dem Erdöl zusammenhängende Industrien. Das in Baku geförderte Öl ist hochwertig, da es einen sehr niedrigen Schwefelgehalt aufweist. Bis zur islamischen Revolution des Ajatollah Khomeini gab es einen regen Handelsverkehr mit dem nahegelegenen Iran. Man muß sich vergegenwärtigen, daß es im Iran rund doppelt so viele Aserbeidschani gibt wie in der nach diesem Volksstamm benannten Sowjetrepublik.

Seit 1935 wird auch auf der offenen See nach Öl gebohrt; man errichtet zu diesem Zweck künstliche Inseln vor der Küste. In früheren Zeiten war die Gegend wegen ihrer Ölflammen berühmt, die man auch heute noch in manchen Nächten aus der Erde lodern sieht. Es gab viele zoroastrische Feueranbeter, und Baku wurde, wie das persische Isfahan, als »Stadt der ewigen

Lichter« bezeichnet. Marco Polo schrieb über ihr »unauslöschliches Feuer«. Ich hatte gehört, man könne diese aus dem Boden strömenden Gase heute noch anzünden, wenn man nur die richtigen Stellen zu finden wisse. Nach meinem ersten WM-Match gegen Karpow machte ich einmal mit einigen Freunden die Probe aufs Exempel. Als es uns nach einiger Zeit tatsächlich gelang, eine Gasflamme zu entzünden, hüpfte ich begeistert umher und johlte: »Es ist mein Feuer, mein Feuer!«

Das Kaspische Meer ist rings von Land umschlossen und mit einer Oberfläche von 365 000 Quadratkilometern der größte »See« der Erde. Sein Küstenverlauf hat sich seit meiner Kindheit stark verändert.

Ich kann mich erinnern, daß, als ich ein Junge war, das Wasser bis an den Fuß des Jungfernturms reichte, eines Baudenkmals aus dem 12. Jahrhundert, das wie ein riesiger Freibauer die Altstadt von Baku überragt. Zu dem Turm gehört die Geschichte von einer Jungfrau, die sich von seinen Zinnen ins Wasser stürzte, weil sie gegen ihren Willen mit dem Schah von Schirwan, dem damaligen Herrscher über Baku, verheiratet werden sollte. Heute würde sie auf Beton landen, denn das Wasser hat sich um mehrere hundert Meter zurückgezogen. In jedem Fall befand sie sich in einem tragischen Irrtum, hatte doch ihr Liebhaber, so will es die volkstümliche Überlieferung, den Schah von Schirwan umgebracht und war bereits dabei, den Turm zu erklettern, als sie in den Tod sprang.

Dem salzigen Wasser des Kaspischen Meers verdanken wir einige der besten Kaviarsorten der Welt, und die Bakuer Küche kann sich sehen lassen. Bei feierlichen Anlässen biegen sich die Tische unter dem Gewicht von Schüsseln mit rotem und schwarzem Kaviar, Bohnen mit Walnüssen, eingelegten Tomaten, Auberginen mit Kräuter- und Knoblauchfüllung, geräuchertem Stör und Hering, Rinderzunge, Krabbensalat, geräuchertem Fischallerlei, gemischten Gemüsen mit Kräutern, Bohnen mit roten Rüben, Kutabs (Pfannkuchen) mit Kräuter-, Fisch- und Fleischfüllung, schwarzen Oliven, Artischocken, Brunnenkresse (mein ein und alles), Doschbara-Suppe, gefolgt von Schaschlik oder am Spieß gegrilltem Fisch. Ein Besucher, der einmal in meinem Trainingslager alle diese Köstlichkeiten versammelt sah, sagte zu mir: »So sieht also Ihre berühmte Wettkampfvorbereitung in Baku aus!« Einer meiner Betreuer erklärte nach der Rückkehr aus einem Wettkampf in Amerika: »Es gibt in den Vereinigten Staaten alles – nur keine Bakuer Tomaten.«

In der Geschichte der Sowjetunion bekleidet Baku einen besonderen Platz. Die Revolten der Ölarbeiter, die 1903 und 1905 gegen unzumutbare Lebensbedingungen aufbegehrten, wirkten als Auslöser für revolutionäre Unruhen im ganzen Land. Gorki beschrieb die Lage der Ölarbeiter so: »Wenn ich an die Ölindustrie denke, sehe ich eine dunkle Hölle vor mir, gemalt von einem genialen Künstler; es wirkte auf mich erschütternd. Inmitten des Gewirrs von Bohrtürmen waren die Arbeiterhütten an den Boden geklebt, lange Baracken, eilig aus roten Steinen erbaut, die gerade so, wie man sie gefunden hatte, aufeinandergeschichtet worden waren; diese Baracken erinnerten an nichts so sehr wie an die Hütten prähistorischer Menschen.«

Nach der Revolution von 1917 wurde Baku von konterrevolutionären »Weißen« Truppen besetzt, die von Briten, Deutschen und Türken unterstützt wurden. 26 Bakuer Sowjetkommissare, die bei den Kämpfen in einen Hinterhalt gelockt und umgebracht wurden, haben im Heldenpantheon der Stadt einen Ehrenplatz gefunden. Erst vier Jahre später brachte die Rote Armee unter Führung von Kirow die Stadt unter sowjetische Kontrolle. Es gilt heute als sicher, daß Sergej Kirow 1934 in Leningrad auf Befehl Stalins erschossen wurde; in Baku wird er gleichwohl als Held verehrt, und sein Name hat hier einen ebenso guten Klang wie der Lenins. Ein Kirow gewidmetes Standbild thront hoch über der Stadt und winkt die einlaufenden Schiffe heran.

Meine Wurzeln liegen in Baku. Diese Gewißheit gibt mir Kraft, wenn ich erobernd in ferne Welten ziehe, und spendet mir Trost, wenn ich zurückkehre. Es ist nicht leicht, genau zu erklären, was Baku für mich bedeutet, denn es ist eine Stadt mit vielen Wesenszügen und vielen Kontrasten. Baku ist schwarz und goldgelb – schwarz wie das Öl, goldgelb wie die Baumwolle. Es steht in Verbindung sowohl mit der alten als auch mit der modernen Welt – jenseits der Minarette und Moscheen der Altstadt klettern quaderförmige Wohnblocks die Berghänge hinauf. Nicht weit von Baku liegen die orientalischen Städte Scheki und Schemacha, die Omar Chajjam noch heute als Bestandteile seiner Welt, der Welt der »Geschichten aus Tausendundeiner Nacht«, anerkennen würde. Puschkin hat eine Erzählung über eine Prinzessin von Schemacha geschrieben. In den letzten 15 Jahrhunderten ist diese Region von Persern, Arabern, Türken und schließlich Russen beherrscht worden. Sie umfaßt Dutzende von Völkerschaften, was sich in der großen Sprachenvielfalt und in der bunten Verschiedenartigkeit der Gebäude niederschlägt. Oben in den Bergen, hoch über den Ölfördertürmen der Bucht, stehen wilde kaukasische Hirsche, deren Geweihe eine begehrte Trophäe sind, so begehrt, daß Jäger aus so weit entfernten Ländern wie den Vereinigten Staaten ihretwegen hierher kommen. Uralte Handwerkskünste, wie das Teppichweben, koexistieren mit modernem Tourismus, ein Kontrast, für den beispielhaft das »Karawanserei« steht, einst ein Gasthaus für reisende Kaufleute aus Buchara, heute das prächtigste Restaurant von Aserbeidschan.

Das Wetter neigt zu extremen Kontrasten. Im Sommer ist es wie an der französischen Riviera (man zählt in Baku 200 Sonnenscheintage), für mich manchmal zu heiß, um mich mit Schach zu beschäftigen. Bis in den späten Abend flanieren die Menschen auf der Strandpromenade unter Palmen und Olivenbäumen, wie in den Sommernächten am Mittelmeer. Es gibt wunderschöne, warme Strände, wie den von Sagulba nördlich der Stadt, wo sich auch mein Trainingscamp befindet, und wo zuweilen Seehunde in unmittelbarer Nähe des Ufers gesichtet werden. Im Winter pfeift ein gnadenloser Wind um die Hochhäuser, läßt Glasscheiben zerspringen und erinnert jedermann daran, daß das Wort Baku ursprünglich »Stadt der Winde« bedeutete. Heute ist Baku mit seinen weit über eine Million Einwohnern die viertgrößte Stadt der Sowjetunion. Aber sie dehnt sich über eine so weite Fläche und ist so regellos gewachsen, daß sie sich eine Wärme und Menschlichkeit zu bewahren vermocht hat, die andere Großstädte verloren haben.

Mein Großvater mütterlicherseits, Kasparow, schloß 1935 sein Studium am Industrieinstitut ab und avancierte in der Folge zu einem führenden Mann der sowjetischen Erdölförderung und -verarbeitung. In seinen letzten drei Berufsjahren war er als

Chefingenieur für die gesamte Ölförderung vor der Küste um Baku verantwortlich. Meine Großmutter hatte um diese Zeit gerade das Moskauer Ökonomische Institut absolviert, aber sie war die meiste Zeit ihres Lebens damit beschäftigt, drei Töchter aufzuziehen. Die Kasparows waren Armenier, die Weinsteins Juden; ich bin also beides je zur Hälfte. Ich nehme an, daß die Kasparows ursprünglich aus Armenien, von jenseits des Kaukasus, eingewandert sind; auf jeden Fall sind sie aber schon seit vielen Generationen in Baku ansässig. Mein Onkel Leonid glaubt, die Weinsteins seien vielleicht zur Zeit des großen Erdölbooms im 19. Jahrhundert aus Deutschland nach Baku gekommen, aber das ist reine Spekulation wegen des deutsch klingenden Namens. Als mein Urgroßvater Weinstein in den Wirren der Revolutionsperiode ums Leben kam, war mein Großvater erst vier Jahre alt, und so sind nur wenig Informationen über die Herkunft dieses Zweiges unserer Vorfahren erhalten geblieben. Wir wissen nicht einmal sicher, wo unser Urgroßvater begraben wurde.

Meine Mutter und mein Vater lernten sich an einem Forschungsinstitut kennen, wo er als Labortechniker arbeitete. Meine Mutter hatte sich nach ihrem Studiumabschluß zur Elektrikingenieurin mit den Spezialgebieten Automatik und Fernsteuerungstechnik weitergebildet. Später war sie in einem anderen Institut in Baku als wissenschaftliche Mitarbeiterin tätig, bis sie schließlich 1981 ihren Full-time-Job aufgab, um sich um meine Schachkarriere zu kümmern. Ich war zu dieser Zeit zwar erst 18, besaß aber schon den Großmeistertitel, war Juniorenweltmeister und Meister der UdSSR und spielte in der obersten sowjetischen Schachliga; es war somit klar, daß Schach mein Beruf werden würde.

Ich habe nur eine verschwommene Erinnerung an meinen Vater, da ich bei seinem Tod noch sehr jung war. Aber ich habe ein Foto von ihm in der Brieftasche und trage es immer mit mir herum. Kaum nötig zu betonen, daß ich zu ihm wie zu einem Heiligen oder einem Helden aufblicke. Sein Gesicht ist dem meinen sehr ähnlich, nur die Nase ist anders. Es ist ein schönes, energisches Gesicht. Nach dem Zeugnis aller, die ihn kannten, war er ein prinzipienfester Mensch; vielleicht habe ich meine Kompromißlosigkeit von ihm geerbt. Meine Mutter behauptet, er sei der

Persönlichkeit nach eine Mischung aus mir und meinem Onkel Leonid gewesen, der ein jovialeres, offeneres, extravertiertes Naturell hat und überall, wo er auftaucht, für viel Gelächter und gute Laune sorgt. Man sagt mir oft, ich würde, wenn ich telefoniere oder gestikuliere, genau dieselben Bewegungen machen wie mein Vater. Wie ich, hatte er die Neigung, selbst bei unbedeutsamen Anlässen furchtbar aus der Haut zu fahren und sich dann schnell wieder zu beruhigen. Er trug, wie man in Aserbeidschan sagt, nie einen Stein im Gewande. Auch konnte er sich nicht dazu überwinden, nur aus Rücksicht auf die Etikette oder um der Wirkung willen Dinge zu sagen, die er nicht wirklich so meinte.

Er war schon viele Monate von zu Hause fortgewesen –, er litt an Lungenkrebs und wurde in einer Moskauer Klinik behandelt –, als er im Alter von 39 Jahren starb. Ich blieb während dieser ganzen Zeit und auch noch nach Vaters Tod bei Opa und Oma Kasparow; mein Vater wollte nicht, daß ich ihn im Endstadium seiner Krankheit besuchte; er wollte es mir ersparen, ihn in diesem Zustand in Erinnerung zu behalten, und er fürchtete wohl auch, die Begegnung mit ihm würde mir Angst einjagen.

Ich spürte, daß etwas Außergewöhnliches vorging, wußte aber nicht, was. Ich dachte mir, Vater sei vielleicht auf einer Geschäftsreise; dabei sah ich deutlich, daß meine Mutter zutiefst unglücklich und mit den Gedanken ständig abwesend war. Sie ging dann zu meiner Lehrerin Rosa Asatorowna und erklärte ihr, sie müsse in Moskau meinem Vater Gesellschaft leisten und Rosa solle sich doch bitte um mich kümmern. Auch mein Vater fuhr kurz, bevor er starb, noch einmal zu Rosa in die Schule und legte ihr mein Wohlergehen ans Herz. Sie sagte ihm, er könne sich glücklich schätzen, einen solchen Sohn zu haben, und er dankte ihr dafür. Bei seinem Begräbnis war ich nicht dabei, weil die Familie fürchtete, es könnte ein traumatisches Erlebnis für mich sein, wie für den Jungen im Anfangskapitel von Pasternaks *Dr. Schiwago*.

Niemand wollte mit mir direkt über den Tod meines Vaters sprechen, und ich glaube, daß ich mir selbst die volle Wahrheit nicht eingestehen wollte. So wurde daraus ein Tabuthema. Ich scheute mich, Fragen zu stellen, und fuhr fort, von meinem

Vater so zu sprechen, als ob er noch am Leben sei – fast so, als
wollte ich die Leute provozieren, mir die Wahrheit zu sagen, die
ich in meinem Herzen schon kannte. Meine Lehrerin spielte
auch nur darauf an, fürchtete sie doch ebenfalls, es könnte zu
schmerzhaft für mich sein. Eines Tages aber nahm ich ein Foto
von mir und eines, das meinen Vater im selben Alter zeigte, in
die Schule mit und ließ sie so wissen, daß ich innerlich bereit
war, über meinen Vater zu sprechen. Kurz vor meinem achten
Geburtstag schickte ich meiner Mutter eine Grußkarte zum
Internationalen Frauentag, wissend, daß mein Vater das jedes
Jahr getan hatte und daß er es jetzt nicht mehr tun konnte.
Meine Mutter Clara sollte nicht die einzige Frau in der Sowjetunion sein, die an diesem Tag ohne Glückwunsch von ihrem
»Mannsbild« blieb. In meiner Aufregung brachte ich die Wörter meiner Grußbotschaft durcheinander. Clara – im engsten
Bakuer Freundeskreis »Aida« genannt – machte mich zum Mit-
telpunkt ihres Lebens und hauchte mir ihre unbändige Lebens-
lust ein.
Mein Vater war, obwohl ich ihn so früh verlor, ebenfalls eine
wichtige Figur in meinem Leben und besonders in meiner Erziehung. Er vermittelte mir schon früh geographisches Wissen
und weckte in mir ein Interesse an fernen Welten, das noch
heute ungebrochen ist. Als ich fünf war, schenkte er mir einen
großen Globus und erzählte mir von den Fahrten der berühmten Entdecker Magellan, Kolumbus und Marco Polo. Es war
unser liebster Zeitvertreib, mit dem Finger die Fahrtrouten
dieser bedeutenden Entdecker nachzuzeichnen. Ein Erfolg war,
daß ich in Geographie später immer gute Noten hatte.
Sehr früh entwickelte sich bei mir auch ein Interesse an der
Geschichte, besonders am alten Römischen Reich und an den
Königen und Königinnen von Frankreich, Spanien und England. In sehr frühem Alter las ich ein Buch über Napoleon, das
mich ungeheuer beeindruckte. Ich wollte immer Bücher über
starke Persönlichkeiten lesen, die ihr Geschick selbst in die
Hand genommen haben – diese Lektüre bevorzuge ich noch
heute.
Einmal habe ich, auf einer Spanienreise, den britischen Großmeister Raymond Keene mit meinen Kenntnissen über die

Kriegszüge von Hannibal und die Geschichte der Punischen Kriege verblüfft – für beides ist er Experte. Ich führe das Interesse an solchen Themen auf meinen Vater zurück.

Die Entscheidung, ob ich eine musikalische Ausbildung erhalten sollte, wie die Familie meines Vaters es erwartete, mußten meine Eltern zu einem sehr frühen Zeitpunkt meines Lebens treffen. Mein Vater meinte, dies habe nur einen Sinn, wenn ich eine besondere Begabung für die Musik besäße. Daß ich ein analytisches Talent besaß, hatte meine Familie bereits festgestellt. Sie diskutierte noch darüber, auf welches Steckenpferd ich am besten zu setzen sei, als sich plötzlich und unerwartet meine Begabung für das Schachspiel herauskristallisierte. Es war, um meine Mutter zu zitieren, als hätte Gott genau im richtigen Augenblick gesprochen. Mein Vater hatte sich nie ernsthaft mit dem Schachspiel befaßt, aber meine Mutter hatte als Sechsjährige ein frühreifes Talent für dieses Spiel erkennen lassen. Sie hatte damals als Wunderkind gegolten und war gegen ältere Spieler angetreten. Aber der Krieg hatte gerade begonnen, und niemand kümmerte sich sonderlich um Schach. Die Menschen hatten in dieser schrecklichen Zeit alle Hände voll zu tun, um an etwas Eßbares heranzukommen.

An einem Frühjahrsabend, kurz vor meinem 6. Geburtstag, versuchten meine Eltern, über die Zeitung gebeugt, ein Schachproblem zu lösen, das Abramian, einer unserer alten Meister, gestellt hatte. Ich hatte noch nie Schach gespielt, aber ich sah gespannt zu, wie sie sich abmühten, das Problem zu lösen, und schließlich resigniert aufgaben. Am nächsten Morgen zeigte ich ihnen den zur Lösung führenden Zug. Sie staunten nicht schlecht. Nach dem Frühstück holte mein Vater ein Schachspiel heraus, und wir bauten die Stellung auf und gingen die Züge durch. Niemand hatte mir je das Schachbrett oder die Spielregeln erklärt, und doch hatte ich das Gefühl, alles schon zu wissen, was mein Vater mir erklärte. »Wenn er das Ende des Spiels kennt«, sagte er schließlich, »zeige ich ihm am besten auch den Anfang«, und er erklärte mir die Eröffnungsregeln. Ein halbes Jahr später konnte ich ihn besiegen. Mit sechs Jahren hatte ich nichts mehr im Kopf außer Schachspielen. Ich forderte jeden, der zu Besuch kam, zu einer Partie heraus. Einige der Freunde unserer Familie erinnern sich noch voller Stolz daran, daß sie den sechsjährigen Kasparow besiegt haben. Warum manche Schachspieler sich zu Spitzenkönnern entwickeln und andere dieses Ziel nicht erreichen, ist eine Frage, deren Beantwortung schwieriger ist als die Lösung der schwersten Schachaufgabe. Das wirkliche Wesen der Schachbegabung ist, so scheint mir, schwerer in den Griff zu bekommen als der schlüpfrige Herr Campomanes, aber ich werde mich trotzdem an späterer Stelle dieses Buches an diese beiden vertrackten Aufgaben heranwagen. Nicht wenige Meisterspieler fingen, wie ich selbst, sehr früh mit dem Schach an. Das berühmteste Schachwunderkind war der kubanische Weltmeister José Raoul Capablanca, der noch keine fünf Jahre alt war, als er seinen Vater bei einem regelwidrigen Zug beobachtete und ihn darauf aufmerksam machte. Auch Sammy Reshevsky, der aus Polen gebürtige Amerikaner, der 1948 im WM-Kandidatenfinale stand, hatte im zarten Alter von vier Jahren als vielbeachtetes Wunderkind angefangen; als Achtjähriger bestritt er bereits Wettkämpfe gegen amerikanische und europäische Großmeister. Max Euwe und Alexander Aljechin, die es beide zum Weltmeistertitel brachten, begannen im Alter von fünf beziehungsweise sieben Jahren.

Nigel Short, der britische Großmeister, dem es meiner Überzeugung nach bestimmt ist, in Kürze der führende Schachspieler der westlichen Welt zu werden, begann ebenfalls mit sechs zu spielen und besiegte als Achtjähriger Kortschnoi in einem Simultanmatch. Seine Schachkarriere ist bis jetzt ganz ähnlich verlaufen wie die meine – mit zwölf Jahren besiegte er erstmals einen Großmeister, mit 13 wurde er Meister seines Landes, mit 18 gewann er ein international besetztes Turnier in meiner Heimatstadt Baku (und gehört damit zu den ganz wenigen westlichen Spielern, die je einen Wettkampf auf sowjetischem Boden gewonnen haben). Es scheint so, als wäre das einzige, das heute noch zwischen Nigel und dem Weltmeistertitel steht, der mißliche Umstand, daß er nur zwei Jahre nach Kasparow geboren wurde!

Viktor Kortschnoi, der später zum prominentesten sowjetischen Schachexilanten wurde, fing ebenfalls mit sechs Jahren zu spielen an. Seine Mutter war Pianistin, was einen weiteren interessanten Aspekt der Frage nach dem Wesen der Schachbegabung beleuchtet: die Tatsache, daß Schach, Musik und Mathematik, drei der schönsten Errungenschaften des menschlichen Geistes, eine wechselseitige Affinität zueinander haben. Eine Begabung für eins von ihnen geht meistens Hand in Hand mit einem Talent für mindestens eine der beiden anderen. In meinem Fall stimmt das insofern, als mir die Mathematik in der Schule tatsächlich ziemlich leicht fiel. Von komplexen mathematischen Problemen war ich so fasziniert, daß einer meiner Lehrer nachdrücklich versuchte, mich zur Teilnahme an Mathematikzusatzkursen zu überreden, damit ich diese Begabung auf höherem Niveau weiterentwickeln könne, was meine Mutter aber nicht zuließ. Sie hielt es für unwahrscheinlich, daß aus der Kombination Mathematik und Schach eine ausgewogene Persönlichkeit hervorgehen könne, und bestand darauf, ich müsse Literatur studieren. Ich bin sicher, sie hatte recht.

Bei Karpow lagen die Ausgangsbedingungen ähnlich, aber er wählte einen anderen Weg. Er schrieb sich zuerst im Fachbereich Mathematik und Mechanik der Moskauer Universität ein, stieg jedoch, als sich herausstellte, daß dieses hohe Anforderungen stellende Studium sich mit einer gleichzeitigen Schachkarriere nicht vereinbaren ließ, auf einen wirtschaftswissenschaftlichen Studiengang um. Das ist vielleicht mit ein Grund dafür, daß wir uns zu so unterschiedlichen Persönlichkeiten mit so unterschiedlichen Grundauffassungen sowohl auf dem Schachbrett als auch im Leben entwickelt haben. Sicher spielen daneben auch angeborene Unterschiede eine Rolle.

Mein Onkel Leonid, der ein angesehener Komponist ist, glaubt, ich hätte die musikalische Begabung, die im väterlichen Vorfahrenszweig meiner Familie zutage getreten ist, weiterentwickeln können. Er gründet diese Überzeugung auf einen Konzertbesuch, den er mit mir unternahm, als ich noch ein Kind war. Wir gingen in den prunkvollen, goldverzierten Philharmonischen Saal in Baku und hörten *A Young Person's Guide to the Orchestra* von Benjamin Britten, und ich reagierte mit knabenhafter Begeisterung auf den Klang jedes Instruments. Ich habe viel Sinn für Musik, aber nicht die Zeit, ein Instrument zu erlernen. Manche Leute meinen, ich hätte auch das Zeug zum Wissenschaftler oder

Diplomaten, aber ich habe so meine Zweifel, ob ich dazu von meinem Temperament her geeignet wäre.

Ich selbst sehe meine »Begabungsalternative« auf einem anderen Gebiet und bereite damit vielleicht vielen Lesern eine Überraschung. Ich glaube, daß ich, wenn ich nicht Schachprofi geworden wäre, mein literarisches Talent gepflegt hätte. Im Herzen bin ich ein Dichter, ein intuitiver, gefühlsbetonter Mensch – jedenfalls gefällt es mir, mich so zu sehen. Überraschen dürfte dies eigentlich nur Leute, die das Schachspiel für eine Betätigung halten, die im wesentlichen wissenschaftliches Denken erfordert und von besonders leistungsfähigen Computern aus Fleisch und Blut ausgeübt wird. Ich hoffe, in diesem Buch zeigen zu können, daß beim Schachspiel auf höchstem Niveau Tugenden wie Ideenreichtum, Kreativität oder Phantasie ebenso wichtig sind wie ein analytischer Scharfblick.

Anders als Schach- oder Musikgenies, die oft schon in frühem Alter als Wunderkinder in Erscheinung treten, kommt das literarische Talent meist erst später zum Vorschein. Zwar findet man manchmal bei Kindern eine noch unverbildete poetische Sprachbegabung, aber so etwas wie einen frühreifen Tolstoi oder Puschkin im Knabenalter gibt es nicht und kann es aus guten Gründen nicht geben. Um größere literarische Werke, einen Roman etwa, schreiben zu können, muß man etwas von der Welt wissen und einige Erfahrungen mit zwischenmenschlichen Beziehungen gesammelt haben. Musik, Mathematik und Schach erfordern wegen ihres vergleichsweise abstrakten Charakters keinen solchen Hintergrund an Lebenserfahrung. So konnte also ein Mozart als Sechsjähriger Klavierstücke komponieren, ein kleiner Südkoreaner namens Kim Ung-Jong als Vierjähriger Integralrechnungen ausführen oder ein Raoul Capablanca als Vierjähriger die Crème des Schachclubs von Havanna besiegen – oder ein Garri Kasparow im gleichen Alter seinen Vater beim Backgammon herausfordern. (Wer es nicht glaubt, meine Mutter besitzt ein beweiskräftiges Photo!)

Der amerikanische Linguist und Philosoph George Steiner, der 1972 den Weltmeisterschaftskampf Fischer–Spasski beobachtete, legte anschließend eine Theorie vor, derzufolge die Begabung für Schach, Mathematik und Musik eng mit der Aktivierung eines bestimmten, relativ genau eingrenzbaren Bereichs der menschlichen Großhirnrinde zusammenhängt, in der einige hochentwickelte, aber auch hoch spezialisierte Funktionen angesiedelt sind. Dieser Bereich kann im frühen Kindesalter auf irgendeine Weise angeregt werden und sich anschließend, so meint Steiner, in relativer Isolation vom Rest der Psyche entwickeln. Diese Theorie könnte die Genese des kindlichen Virtuosen oder des minderjährigen Schachgenies erklären, das ansonsten in sexueller und sozialer Beziehung keine Anzeichen von Frühreife zu zeigen braucht.

Mit sieben wurde ich in den Palast der Jungen Pioniere in Baku eingeladen, wo ich in der Folge Schachunterricht erhielt. Mit zehn kam ich an die Botwinnik-Schule, die von dem bedeutenden sowjetischen Großmeister und Exweltmeister geleitet wurde.

Aber Schachunterricht erhielt ich nur zweimal in der Woche. An den übrigen Tagen besuchte ich die normale Schule – Schule Nr. 151 in Baku – und nahm am regulären Unterricht teil. Namenspatin dieser Schule war die sowjetische Partisanin Sojka Kosmodemjanskaja, die von den deutschen Invasoren in der Nähe von Moskau umgebracht wurde und daraufhin zur Nationalheldin avancierte. Ich erinnere mich, daß wir in der 2. Klasse – ich war acht Jahre alt – einen Gruppenwettkampf austrugen, und daß ich der Mannschaftsführer der Gruppe war. Meine Aufgabe bestand darin, alle Märchen aufzulisten, die ich kannte. Mir fielen 120 Märchen ein, was zeigt, daß mein Gedächtnis schon damals gut funktionierte. In Algebra war ich sehr gut. Unter den 46 Schülern meiner Klasse war ich der beste, hart bedrängt allerdings von einem Jungen namens Igor.

Noch eine zweite Lehrerin war für mich sehr wichtig: Alexandra Pawlowna, die heutige Rektorin der Schule Nr. 151. Wenn es irgend geht, besuche ich meine Lehrer vor und nach jedem Turnier. Vor kurzem haben sie einige der Aufsätze wiedergefunden, die ich als Kind geschrieben habe; sie heute zu lesen, ist interessant und manchmal auch peinlich. Mit sieben schrieb ich, ich wolle Militärchirurg werden, um verwundeten Soldaten das Leben retten zu können. Ob bei diesem Berufswunsch die Krankheit und der Klinikaufenthalt meines Vaters Pate gestanden haben, weiß ich nicht. Vielleicht malte ich mir in meiner kindlichen Phantasie aus, daß ich, wäre ich Arzt gewesen, ihm das Leben hätte retten können.

Als Dreizehnjähriger begann ich, an internationalen Schachturnieren teilzunehmen. Jedesmal sprach ich vorher mit der Lehrerin über das Land, in das ich reisen sollte, und nach meiner Rückkehr erzählte ich den Mitschülern, was ich dort mit eigenen Augen gesehen hatte. Alexandra erinnert sich, daß ich vor meiner ersten Reise nach Frankreich sagte, ich wisse nicht, worauf ich mich mehr freuen sollte, auf das schöne Paris, die sogenannte Hauptstadt Europas, oder darauf, für die Ehre meines Landes kämpfen zu können. Bei der Rückkehr von solchen Reisen war ich manchmal so mit Eindrücken angefüllt, daß ich nicht schlafen konnte. Meinem kindlichen Gemüt imponierte es beispielsweise sehr, daß in Paris alle Leute sich auf den grünen Rasen setzen durften. Es war nicht verboten.

Ich gewöhnte mir an, Baku mit anderen Städten zu vergleichen, wobei Baku nicht immer besser wegkam. Ich sah überall Gutes und Schlechtes, und das brachte mich manchmal in Schwierigkeiten, wenn ich hinterher vor einer Versammlung von Schülern, Eltern und Lehrern über Reiseeindrücke berichtete. Manche fanden es illoyal von mir, am eigenen Land Kritik zu üben und im Ausland Gesehenes zu loben. Ich war immer der Überzeugung, daß wir unsere Probleme ehrlich beim Namen nennen und bereit sein sollten, die Verhältnisse überall dort zu modernisieren und zu verbessern, wo es zur Lösung dieser Probleme notwendig erscheint. In meinen Augen ist Wissen das Geheimnis des Lebens. Ich könnte nie verhehlen, was ich denke.

In einem Schulaufsatz, den ich mit 14 verfaßte, schrieb ich, das Leben sei ein Kampf um Schönheit und Freundlichkeit. Ginge es nach dieser Jünglingsphilosophie, so müßte sich jeder Beruf daran messen lassen, in welchem Maße er zur Verwirklichung dieser Ideale beiträgt. Wissenschaftler, Lehrer und Künstler schneiden, an diesem Kriterium gemessen, offensichtlich gut ab, denn sie öffnen anderen die Augen für Wissenswertes und Schönes. Weiter schrieb ich in dem Aufsatz, jeder müsse für sich definieren, welchen Beruf er ergreifen und was er aus seinem Leben machen wolle. Was mich selbst betreffe, so sei seit meinem siebenten Lebensjahr klar, daß Schach mein Lebensinhalt sein werde. Anfangs sei das Schachspielen für mich nur ein unterhaltsamer Zeitvertreib gewesen, nun aber könne ich mir ein Leben ohne Schach nicht mehr vorstellen. Das Schachspiel lasse mir aber kaum Zeit für andere Dinge, da es meine ganze Gesundheit, Energie und Willenskraft beanspruche. Ich schrieb, ich fände im Schachspiel ebenso meine Befriedigung wie ein Musiker beim Geigen- oder Klavierspiel oder wie ein Künstler beim Malen eines Bildes.

Dieser Aufsatz zeigt, daß die hohen Ideale, die ich heute vertrete, und die sportliche und künstlerische Vision, die ich mit dem Schach verbinde, von Kindheit an in mir schlummerten und daß ich sie mir nicht etwa erst später zurechtlegte, um Campomanes und die anderen, die den Schachsport zu korrumpieren versuchen, schlecht aussehen zu lassen. Ich vertrat schon damals die Überzeugung, das Schachpublikum wünsche sich mehr als nur einen streng logischen Spielaufbau, es wolle unerwartete oder unorthodoxe Spielzüge sehen – erst diese machten, so behauptete ich, die eigentliche Schönheit des Schachspiels aus. Ich schrieb, das Schachspiel erfordere den kombinierten Einsatz von Intelligenz und Phantasie und sei gut für die Charakterentwicklung.

Ich nahm in diesem Aufsatz Bezug auf Stefan Zweigs *Schachnovelle*, ein Hinweis darauf, daß ich zu dieser Zeit schon unter dem betörenden Eindruck dieser Erzählung stand, in der Zweig die unerschöpfliche romantische Magie, den geheimnisvollen Zauber und die Schönheit des Schachspiels in Worte zu fassen versucht:

Aber macht man sich nicht bereits einer beleidigenden Einschränkung schuldig, indem man Schach ein Spiel nennt? Ist es nicht auch eine Wissenschaft, eine Kunst, schwebend zwischen diesen Kategorien wie der Sarg Mohammeds zwischen Himmel und Erde, eine einmalige Bindung aller Gegensatzpaare; uralt und doch ewig neu, mechanisch in der Anlage und doch nur wirksam durch Phantasie, begrenzt in geometrisch starrem Raum und dabei unbegrenzt in seinen Kombinationen, ständig sich entwickelnd und doch steril, ein Denken, das zu nichts führt, eine Mathematik, die nichts errechnet, eine Kunst ohne Werke, eine Architektur ohne Substanz und nichtsdestominder erwiesenermaßen dauerhafter in seinem Sein und Dasein als alle Bücher und Werke, das einzige Spiel, das allen Völkern und allen Zeiten zugehört und von dem niemand weiß, welcher Gott es auf die Erde gebracht, um die Langeweile zu töten, die Sinne zu schärfen, die Seele zu spannen. Wo ist bei ihm Anfang und wo das Ende? Jedes Kind kann seine ersten Regeln erlernen, jeder Stümper sich in ihm versuchen, und doch vermag es innerhalb dieses unveränderbar engen Quadrats eine besondere Spezies von Meistern zu erzeugen, unvergleichbar allen anderen, Menschen mit einer einzig dem Schach zubestimmten Begabung, spezifische Genies, in denen Vision, Geduld und Technik in einer ebenso genau bestimmten Verteilung wirksam sind wie im Mathematiker, im Dichter, im Musiker, und nur in anderer Schichtung und Bindung

In einem anderen, in meinem zwölften Lebensjahr entstandenen Schulaufsatz stattete ich den Menschen Dank ab, die mir bis dahin in meinem Leben am meisten geholfen hatten, hauptsächlich natürlich meiner Mutter und meinem großartigen Schachlehrer Michail Botwinnik. Über meine Mutter schrieb ich: »Sie spielt in meinem Leben eine große Rolle. Sie lehrte mich, selbständig zu denken und zu arbeiten. Sie lehrte mich, mein eigenes Verhalten zu analysieren. Sie kennt mich besser als irgend jemand sonst, weil ich all meine Probleme mit ihr bespreche – Schulprobleme, Schachprobleme, literarische Fragen. Sie lehrte mich, das Schöne zu lieben, grundsatztreu zu sein, ehrlich und aufrichtig zu sein.« Über Botwinnik schrieb ich: »Er hat an der Entwicklung meines Willens und meiner Persönlichkeit mitgewirkt. Das Gespräch mit diesem intelligenten Menschen, diesem Schachspieler und Wissenschaftler, hat mich zum Überdenken vieler Dinge angeregt. Er verlangte viel von mir. Er forderte Hingabe an das Schach und an die Arbeit. Er lehrte mich, auf der Suche zu bleiben, zu finden, zu zweifeln, zu verwerfen und wieder und wieder und wieder zu suchen. Mit seiner Hilfe habe ich viel Nützliches gelernt.« Ich war, als ich diese Worte niederschrieb, nur halb so alt wie heute, aber ich könnte es jetzt nicht besser sagen.

Ich entdeckte mein Herz für Lermontows Gedicht *Die Dämonen* und für die Verse von Puschkin. Mein Onkel Leonid lehrte mich, die Geschichten von O. Henry, Robert Louis Stevenson und Jerome K. Jerome zu lieben. Ich las Conan Doyle und Kipling, später auch Jack London und J. R. R. Tolkien. Meine Mutter las mir Byron, Burns und Shakespeare in russischer Übersetzung vor. Wir kannten die Erzählungen über die Helden Robin Hood und Richard Löwenherz. Ich frage mich, weshalb nicht die Engländer ähnlich viel über die russische Geschichte lernen wie wir über die ihre.

Ein besonderes Interesse entwickelte ich für die Werke Bulgakows, namentlich für sein Meisterwerk *Der Meister und Margarita*, das in der Sowjetunion erst in den sechziger Jahren, mehr als 20 Jahre nach dem Tod des Autors, veröffentlicht wurde. Es ist eine Variante des Faust-Motivs und erzählt vom Auftauchen des Teufels im Moskau der Gegenwart. Meine Mutter lehrte mich das Theater lieben. Was ich in einem Kunstwerk vor allem spüren möchte, ist Leidenschaft. Wenn eine künstlerische Darbietung oder ein Kunstgegenstand keine Leidenschaft ausstrahlt, wird mir die Sache schnell langweilig.

Einmal, ich war erst acht Jahre alt, setzte ich die Vizerektorin der Schule in Erstaunen, als sie zufällig einer Unterrichtsstunde beiwohnte. Thema waren die revolutionären Lieder von Radin, einem Schriftsteller des späten 19. Jahrhunderts. Ich behauptete beharrlich, eine Erzählung dieses Dichters gelesen zu haben, über einen Reisenden, der die feudalen Verhältnisse schildert, die er auf einer Reise von St. Petersburg nach Moskau antrifft. Wie ich später entdeckte, verwechselte ich Radin mit Radischtschew, einem Autor des späten 18. Jahrhunderts, aber in jener Stunde ließ ich mich nicht von meiner irrtümlichen Überzeugung abbringen und erzählte die betreffende Geschichte bis ins Detail nach. Die Vizerektorin fragte anschließend meine Klassenlehrerin: »Ist das ein normaler Junge?« Die Lehrerin sagte: »Ja, er ist normal. Er weiß halt nur sehr viel.« Meiner Mutter vertraute Rosa an, sie müsse sich auf ihre Stunden sorgfältig vorbereiten, weil sie das Gefühl habe, ich würde jeden Irrtum von ihr sofort bemerken. Sie gestand, daß sie sich in manchen Augenblicken nicht traute, mir in die Augen zu sehen, aus Angst vor einem mißbilligenden Blick von mir.

Zum Glück war ich in der Schule nicht immer ein so unerträglicher Musterknabe. Mein bester Schulkamerad war ein armenischer Nachbarjunge namens Vadim Minasian, der mir bis heute ein Freund geblieben ist und zu meinen Wettkämpfen kommt, sooft er kann. Er studierte Geographie am Geophysikalischen Institut und arbeitet jetzt als Ingenieur. Wir beide bestritten Seite an Seite manche Rauferei. Ich stritt und balgte mich wie alle anderen Jungen auch. Aus irgendwelchen Gründen hatten einige meiner Eskapaden auf die eine oder andere Weise mit Feuer zu tun. Einmal zündeten wir auf dem Steinboden des schuleigenen Musiksaals ein Feuer an und sprangen darüber weg – ein Versuch, den Mitschülern, ganz besonders den Mädchen, unseren Mut und unsere Sportlichkeit zu beweisen. Als einer, der nicht tanzen konnte (und es bis heute nicht gelernt hat), führte ich eben ersatzweise einen Feuertanz auf! Ich war zwar ein guter Läufer und Springer, aber zu impulsiv, um die standardisierten Tanzschritte und -bewegungen zu erlernen.

Trotz meines häufigen schachbedingten Fehlens in der Schule fiel es mir nicht schwer, das Unterrichtspensum zu bewältigen, denn ich lernte von Natur aus sehr leicht und konnte an einem Abend den Stoff einer ganzen Woche aufarbeiten. Einmal jedoch widersetzte ich mich gemeinsam mit meinen geplagteren Mitschülern einer außerplanmäßigen Mathematikklassenarbeit, die allen ein Dorn im Auge war. Wir schlichen uns ins Lehrerzimmer und schmuggelten die Aufgabenblätter in meiner Schultasche heraus. Anschließend verbrannten wir sie feierlich im Schulhof. Wegen meiner Energie und meines Wagemuts überließen meine Mitschüler mir oft die Führungsrolle, wenn es galt, einen Streich zu inszenieren. Einmal war aus Anlaß unserer Reifeprüfung eine Schulfeier anberaumt, aber da wir erst 16 oder 17 und damit noch nicht volljährig waren, sollten alkoholische Getränke auf der Feier tabu sein. Irgendwie kam ich aber an eine Flasche Wodka heran. Als ich gerade dem Vater eines Klassenkameraden etwas davon anbot, hörte jemand den Rektor der Schule kommen, und alle Schüler ergriffen in panischem Schrecken die Flucht. Als der Rektor hereinkam, stand der arme Vater, der auch noch aktives Mitglied des Elternbeirats war, mutterseelenallein mit der Wodkaflasche in der Hand da, eine für beide höchst peinliche Situation.

Mädchen spielten in meinen Gedanken zunächst keine besondere Rolle. Das änderte sich erst, als ich etwa 16 war. Daß ich über

Mädchen ziemlich geringschätzig dachte und vielleicht auch ein bißchen Angst vor ihnen hatte, lag womöglich daran, daß ich ein Einzelkind war. Meine Mutter erinnert sich an eine Situation an einer Bushaltestelle, wo sie mit mir auf einen Bus wartete, der uns zu Onkel Leonid bringen sollte. Ich sagte zu ihr: »Warum brauchen die Mädchen so viel Zeit für ihre Hausaufgaben? Warum sind sie so beschränkte Wesen? Ich kann sie nicht ausstehen.« Wenn meine Mutter diese Geschichte erzählt, fügt sie fröhlich lachend hinzu: »Nur ein halbes Jahr später verliebte er sich – zum ersten, aber nicht zum letzten Mal.«

Als ich in der dritten Klasse und acht oder neun Jahre alt war, schickte ein Mädchen mir per »Klassenpost« ein Brieflein mit folgendem Inhalt: »Ich liebe Dich. Ich will, daß Du mich heiratest!« Meine Antwort war, wie ich fürchte, nicht sehr galant. Sie besagte, ich sei an ihren blöden Heiratsabsichten nicht interessiert. Unglücklicher-, oder in diesem Fall vielleicht glücklicherweise wurde diese Antwort von Rosa, der Lehrerin abgefangen, bevor sie meine Anbeterin erreichte und ihr das Herzchen brechen konnte. Rosa weihte meine Mutter in diese verkorkste kindliche Liebesaffäre ein.

Als ich mich dann tatsächlich verliebte, tat ich es bezeichnenderweise Hals über Kopf und hundertprozentig; es war alles anderes als eine halbherzige Liebelei. Das Mädchen war jünger als ich und in einer anderen Klasse. Ich mußte daher irgendwie ihre Aufmerksamkeit erregen, und zwar auf eine Weise, die mich in möglichst schmeichelhaftem Lichte zeigen würde. Ich vergatterte meine Freunde dazu, eine passende Situation zu inszenieren. Sie umstellten das Mädchen auf dem Schulhof und taten so, als wollten sie ihr Böses. Ich erschien als Retter in der Not auf der Bildfläche und erlöste die junge Dame aus ihrer Bedrängnis. Die Wirkung war verblüffend. Als Signal meiner leidenschaftlichen Liebe schickte ich ein Feuerwerk gen Himmel, darunter Raketen! An diesen Feuerzauber erinnern sich alle meine Mitschüler noch heute. Ich war schon immer ein Draufgängertyp: alles oder nichts. Und ich war nie einer, der sein Licht unter den Scheffel stellte.

In meinem neunten Lebensjahr wurde mir der Blinddarm entfernt. Onkel Leonid brachte mich ins Krankenhaus und besuchte mich am nächsten Morgen, um zu sehen, wie ich mich von der Operation erholt hatte. Als er mein Bett leer fand, bekam er es mit der Angst. Die Schwester führte ihn ins Arztzimmer und sagte: »Keine Sorge, es geht im gut. Sehen Sie nur.« Leonid spähte in das Zimmer hinein und staunte nicht schlecht – ich spielte ein Simultanmatch gegen alle zehn anwesenden Ärzte.

Bei einem anderen medizinischen Notfall, als ich im Alter von fünf Jahren eine Zwanzig-Kopeken-Münze verschluckte, mußte ebenfalls der arme Onkel Leonid einspringen, da er als einziger in der Nähe war. Meine Eltern waren beide im Büro, während er als Komponist zu Hause arbeitete. Er fuhr mich ins Krankenhaus, wo mittels einer Röntgenaufnahme festgestellt wurde, daß die Münze sich in meinem Magen befand. Was war zu tun? Der Ratschlag des Doktors war einfach: »Aufs Klo gehen und warten.« Drei Stunden später erblickte die Münze wieder das Licht der Welt.

Als ich zehn war, begannen die Ärzte, sich Sorgen wegen meines Herzens zu machen. Sie schärften meiner Mutter ein, wie wichtig es sei, daß ich keine Erkältung bekäme, weil dies mein Herz überbeanspruchen könnte. So achtete sie darauf, daß ich alle 28 Tage mit einem Antibiotikum geimpft wurde. Manchmal, wenn ich ins Trainingslager in die Berge ging, wo es keinen Arzt gab, mußte sie mir die Injektion selbst verabreichen. Sie war mir dann Mutter, Vater und Arzt in einem. Hin und wieder impfte sie sogar meine Betreuer. Ein Arzt riet meiner Mutter, ich solle mit dem Wettkampfschach aufhören, da es zu stressig für meine Gesundheit sei; aber sie wußte, wie wichtig das Interesse am Schach für mich nach dem Tod meines Vaters war. Bis zu meinem vierzehnten Lebensjahr stand ich unter dieser strengen medizinischen Aufsicht; dann kehrte ich zu einer normaleren Lebensgestaltung zurück, mit Schwimmen, Fußballspielen, Radfahren und Federballspielen. Von Krankheiten bin ich bisher verschont geblieben.

Nach Abschluß der Schule besuchte ich das Fremdspracheninstitut in Baku oder, um den offiziellen Namen zu gebrauchen, das Aserbeidschanische Pädagogische Institut für Fremde Sprachen, das 1973 in den Status einer selbständigen Akademie erhoben wurde. Die Lehrer an meiner Schule hatten meiner

Mutter alle möglichen Fächer empfohlen, die ich studieren sollte – die meisten das Fach, das sie selbst unterrichteten. Die am häufigsten genannten Fächer waren Mathematik und Literatur gewesen. Aber wir kamen zu dem Entschluß, daß die Kenntnis einiger Fremdsprachen die nützlichste Ergänzung für das Handwerkszeug eines aufstrebenden Schachspielers wäre. Da ich oft zu Turnieren ins Ausland reiste, konnte ich meine Sprachstudien mit meiner »Berufstätigkeit« verbinden. Ich hatte das Glück, daß das Bakuer Fremdspracheninstitut zu den am besten ausgestattetsten Einrichtungen dieser Art in der Sowjetunion zählt. Es verfügt über ein mit modernsten technischen Hilfsmitteln, darunter neuesten Apparaturen für angewandte Linguistik und experimentelle Phonetik, ausgerüstetes Sprachlabor. Die treibende Kraft für die Arbeit des Instituts ist seit einigen Jahren Frau Professor Z.N. Werdiewa, die nicht nur eine fähige Rektorin und Herausgeberin eines vierbändigen englisch/russischen Wörterbuchs ist, sondern – sie wird mir diese Abschweifung hoffentlich verzeihen – mit ihrem pechschwarzen Haar auch eine aufregende, attraktive Frau.

Von den derzeit über 2000 Studenten des Instituts lernen drei Viertel Englisch. Auch ich belegte als Hauptfach Englisch, nahm aber noch Deutsch hinzu. Die Merkfähigkeit, die ich mir als Schachspieler aneignen mußte, erleichterte mir das Erlernen von Vokabeln, so daß ich den Rückstand, in den ich aufgrund meiner Reisen zu Turnieren zwangsläufig geriet, hinterher jedesmal schnell aufholte. Das Englisch, das wir am Institut lernten, war das sogenannte Londoner Englisch, womit freilich nicht der Cockney-Dialekt gemeint war, sondern die englische Hochsprache, wie die Königin sie spricht. Wir lernten also nicht Amerikanisch. Ich brauche daher manchmal einige Zeit, um mich an amerikanische Stimmen, wie ich sie oft im Fernsehen höre, zu gewöhnen. Viele Absolventen unseres Instituts werden Sprachlehrer, oft in ländlichen Gebieten. Ich erhielt aus Rücksicht auf meine häufige Abwesenheit – vor allem während des fünfmonatigen Marathonmatchs gegen Karpow in Moskau im Winter 1984/85 – die Genehmigung, meine Studienzeit zu verlängern. Letztes Jahr schloß ich mein Studium schließlich mit einem roten Diplom ab, was bedeutet, daß ich in allen Fächern ausgezeichnete

Noten hatte. Es besagt auch, daß ich die Qualifikation besitze, als Sprachlehrer zu arbeiten, falls es sich herausstellen sollte, daß ich im Schach keine Zukunft mehr habe!

Ich war nicht der einzige sportlich erfolgreiche Student am Bakuer Sprachinstitut; andere Vorzeigekommilitonen waren der Boxer und Meister des Sports Riswan Seidawjew und Natalia Gischijan, eine unserer besten Tennisspielerinnen. Das Institut bildet vielfältige Möglichkeiten der sportlichen, musikalischen, tänzerischen, turnerischen und theatralischen Betätigung; dazu werden den zukünftigen Lehrern Vorträge über die Philosophie und den Geist des Kommunismus geboten. Ebenso wie meine Schule besuche ich auch das Institut häufig, um von meinen Abenteuern am Schachbrett zu erzählen. Zum Teil ist dies ein Zeichen meiner Dankbarkeit nicht nur für die gute Ausbildung, die ich hier erhielt, sondern auch für das großzügige Entgegenkommen, das die Institutsleitung bei der Gewährung von Urlaub und bei der Verschiebung von Prüfungsterminen zeigte. Einer meiner Dozenten erinnert sich an eine kleine Begebenheit im Zusammenhang mit einem meiner »Reiseberichte«. Aufgefordert, nach vorne zu kommen, um meinen Vortrag zu halten, stand ich auf, sah aber, daß der Gang im vorderen Teil von einigen Mädchen blockiert war. Ich war zu schüchtern, um sie zu bitten, mich vorbeizulassen, und zog es zur allgemeinen Heiterkeit vor, über eine Bank zu springen.

Wenn ich irgendwo einen Wettkampf austrug, schickten mir meine Kommilitonen stets Ermunterungsbotschaften. Während des Weltmeisterschaftskampfes kam sogar die Rektorin, die selbst nicht Schach spielt, für einen Tag nach Moskau und beobachtete an der Seite meiner Mutter, wie ihr Student Kasparow sich schlug. In Baku erkennen mich inzwischen die meisten Leute, und so geschieht es oft, daß ich auf der Straße von Unbekannten angesprochen werde, die sich mit mir unterhalten wollen. An dem Tag, als ich den Weltmeistertitel errang, sammelte sich eine jubelnde Menge auf dem Majakowski-Platz. Die Leute wußten, daß ich den Titel nicht nur für mich errungen hatte, sondern auch für Baku. Dazu kam, daß die Fußballmannschaft von Baku zu dieser Zeit nur Niederlagen kassierte und die Leute etwas brauchten, worüber sie jubeln konnten!

Es gibt Leute, die sich darüber mokieren, daß ich als Elfjähriger den Namen Weinstein ablegte und mich Kasparow nannte; sie vermuten, ich hätte dies getan, um meine jüdische Herkunft zu verschleiern. Das ist nun wirklich nicht der Grund. Außerdem: Einen armenischen Namen anzunehmen, bedeutete nur, von einer Minderheit zu einer anderen überzuwechseln. Dieser Schritt hatte weder politische Motive noch politische Folgen. Der Grund war einfach der, daß ich seit dem Zeitpunkt, als die Krankheit meines Vaters eingesetzt hatte, bei der Familie meiner Mutter, also bei den Kasparows lebte und es mir daher nur natürlich erschien, ihren Namen anzunehmen. Meine Eltern bewohnten ein Appartement im selben Block am Eriwan-Prospekt. Meine Mutter hatte zwei Schwestern und keine Brüder, so daß es in der Familie niemanden gab, der den Namen Kasparow hätte weitertragen können. Auf der anderen Seite gab es, nachdem Onkel Leonid seinen erfreulichen Sohn Timur bekommen hatte, einen jungen Weinstein, der diesen Namen zumindest eine weitere Generation lang bewahren wird. Es ist ein wunderbares Erlebnis, zuzuhören, wenn die beiden ein Duett spielen, Leonid am Flügel und Timur auf der Mundharmonika. Als ich sie das letzte Mal in ihrer Wohnung besuchte, spielten sie eine Melodie von Stevie Wonder, aber es hätte ebensogut ein klassisches Stück sein können oder ein von Leonid komponiertes Lied oder etwas von Dave Brubeck oder Charlie Parker.

Warum ich auf den Namen Garik getauft wurde, ist nicht ganz klar. Mein Vater machte sich viele Gedanken über Namen, aber in diesem Fall konnte er sich zu keinem Entschluß durchringen, so daß ich erst einmal zwei Monate namenlos blieb. Als mein Onkel geboren wurde, war mein Vater schon vierzehn Jahre alt und hatte zufällig gerade *Spartacus* gelesen; er schlug daher für seinen kleinen Bruder den Namen Leonidas vor. Welches Buch er las, als ich geboren wurde, haben wir nie herausgefunden. Zu Hause in Baku sprechen die meisten Leute meinen Namen mit einem sehr weichen russischen »G« am Anfang aus, so daß er eher wie »Charri« klingt.

Mein Großvater Weinstein, der Musiker, starb wenige Monate nach meiner Geburt, so daß ich keine Erinnerung an ihn habe. Meinen Großvater Kasparow hingegen, den Ölingenieur, lernte ich sehr gut kennen. Er erreichte das Pensionsalter, als ich noch ein Knabe war, und so ergab es sich, daß ich jeden Tag, wenn ich um zwei Uhr von der Schule nach Hause kam, mit ihm zu Mittag aß. (Meine Mutter kam normalerweise erst um sechs Uhr nach Hause.) Opa Kasparow weihte mich in seine Gedanken über Politik und Philosophie ein. Er war ein alter Kommunist und machte mich schon sehr früh mit politischer Literatur bekannt. Wir lasen gemeinsam viele Schriften, in denen wichtige Fragen für unser Land behandelt wurden. Wir hatten eine Weltkarte neben uns liegen und führten so im wahrsten Sinne des Wortes weitreichende Gespräche. Bei Meinungsverschiedenheiten zwischen uns behielt durchaus nicht immer er die Oberhand. Es war nur natürlich, daß ich nach Vaters Tod für Opa Kasparow eine wichtige Figur wurde, so etwas wie ein zweiter Sohn.

Von Kindesbeinen an lernte ich, alles mit einem gewissen Grad von Skepsis zu betrachten, zu analysieren und zu bewerten. Ich akzeptierte vieles von dem, was mein Großvater sagte, versuchte aber auch, mir eine eigene Meinung zu bilden, die zwangsläufig manchmal von der seinen abwich. Es gab für mich nur wenige andere verläßliche Informationsquellen, die ich zum Vergleich mit den Aussagen und Ansichten meines Großvaters hätte heranziehen können, aber ich las eine Menge und profitierte darüber hinaus von den bemerkenswerten Einsichten meines Onkels Leonid, des Komponisten.

Teilweise dank des politischen Unterrichts, den Großvater mir erteilte, wurde ich mit 20 Kandidat der Kommunistischen Partei und mit 21 Parteimitglied. Ich war auch Mitglied des Komsomol, des Jugendverbands der Partei, und gehörte später zum Zentralkomitee des Komsomol meiner Heimatrepublik Aserbeidschan an. Vor kurzem wurde ich ins Zentralkomitee des Komsomol der UdSSR gewählt, was ich als große Ehre betrachte. Es gibt bei uns zahlreiche Probleme zu lösen, mit denen sich die Jugend unseres Landes herumschlagen muß; ich möchte dabei eine möglichst aktive Rolle spielen. Anders als mein Vorgänger auf dem Weltmeisterthron, der Ehrenämter sammelte wie Briefmarken, halte ich nichts davon, solche öffentlichen Positionen zu übernehmen, wenn ich nicht die Absicht habe, sie aktiv auszufüllen. Alle diese Personen und Umstände, die mich in meiner Kindheit stark beeinflußten, haben dazu beigetragen, daß aus mir der Mensch wurde, der ich heute bin, mit allen meinen guten oder schlechten Eigenschaften. Als ich das Schachbrett für mich selbst entdeckte, war ich bereits eine in mehrfacher Hinsicht vorgeprägte Persönlichkeit. Zu verstehen, wer ich damals war, heißt zu verstehen, wer ich heute bin. Ich bin aus einem Guß. Der Garik Weinstein, der in der Schule Nr. 151 die besagten Aufsätze verfaßte, ist derselbe Mensch wie der Garri Kasparow, der heute gegen Karpow und Campomanes kämpft. Die Werte, für die ich stehe, sind die gleichen geblieben. Sie haben sich nicht geändert, und sie werden sich nicht ändern, gleich welche Erfolge oder Fehlschläge in diesem Leben noch vor mir liegen. Das Wichtigste, was ich in der Schule gelernt habe, ist, daß man sich die Freiheit der Meinungsäußerung herausnehmen muß. Nach dieser Maxime habe ich immer gehandelt. Damals ahnte ich noch nicht, in welche Konflikte mit meiner Umwelt mich dies stürzen würde. Ich brauchte aber nicht lange, um es herauszufinden.

KAPITEL 3

In den Fußstapfen des Meisters

Als Fünfjähriger lernte ich von meinem Vater die Zugregeln des Schachspiels. Ernsthaft zu spielen begann ich mit sieben, in dem Jahr, in dem mein Vater starb. Als ich als Zehnjähriger unter die Fittiche von Botwinnik kam, war bereits bekannt, daß ich eine besondere Schachbegabung besaß. Als Vierzehnjähriger wußte ich, daß mein ganzes Leben dem Schach gewidmet sein würde. Das bedeutete neben anderem, daß ich immer wieder abrupt und für längere Zeiträume aus der Gemeinschaft meiner Altersgenossen herausgerissen wurde. Dadurch verlor ich den Kontakt zu vielen Freunden und Bekannten. In mancher Hinsicht fühlte ich mich um meine Kindheit betrogen. Es schien mir bestimmt, immer nur mit älteren Leuten Umgang zu haben – daran hat sich bis heute nicht viel geändert. Solange ich noch ein Kind war, hatte das sicherlich auch sein Gutes, fand ich doch in der Gesellschaft älterer Männer einen gewissen Ersatz für den früh verlorenen Vater und ein maskulines Gegengewicht gegen den dominierenden Einfluß meiner Mutter. In dieser Hinsicht leistete auch Onkel Leonid einen wichtigen Beitrag. Im wesentlichen aber spielte sich mein Leben wie unter einer isolierenden Käseglocke ab – ich wurde gehegt und gepflegt wie eine seltene tropische Pflanze in einem vollklimatisierten Treibhaus. In manchen Momenten sehnte ich mich nach einem normalen Leben. Natürlich bin ich mit Wadim Minasjan in Verbindung geblieben und genieße es wie eh und je, mit ihm durch Baku zu schlendern und in Erinnerungen an unsere Kindertage zu schwelgen. Aber außer ihm gab es nur sehr wenige gleichaltrige Jungen, mit denen ich so unbefangen zusammensein konnte. Die anderen sowjetischen Nachwuchsschachspieler waren zu sehr Rivalen, um Freunde sein zu können, und führten zudem selbst ein dem gewöhnlichen Alltag entrücktes Leben. Meine Altersgenossen mußten feststellen, daß es für sie und mich immer schwieriger wurde, einen Draht zueinander zu finden. Ich hatte eine Menge Anekdoten und Abenteuerberichte auf Lager, die aus einer ihnen völlig fremden Welt stammten. Ich mußte ihnen vorkommen wie ein Wesen von einem anderen Stern. Es wäre ein Wunder, wenn nicht der eine oder andere unter ihnen ein bißchen Neid oder Verstimmung empfunden hätte, konnte es doch scheinen, als wolle ich mit meinen Geschichten Eindruck schinden – dabei versuchte ich nur, eine Brücke zu ihnen zu schlagen, sie an meinem Glück teilhaben zu lassen. Im Lauf der Jahre wuchs die Entfremdung zwischen ihnen und mir unaufhaltsam – ich entschwand in meine neue Welt unter der Käseglocke.

Als ich zum ersten Mal den Palast der Jungen Pioniere in Baku betrat, ein zweistöckiges weißes Gebäude in Uferlage, kam es mir vor, als sei ich in eine Art Märchenkönigreich der Schachspieler geraten. Mein Begleiter und Führer war ein Junge namens Rostik Korsunski, der sieben Jahre älter war als ich und nicht weit von uns wohnte. Er ist heute einer der besten Schachspieler von Baku. Die Schachgruppe der Jungen Pioniere von Baku war 30 Jahre zuvor gegründet worden und hat mittlerweile über 300 Spieler der ersten Kategorie, 25 Meisterkandidaten, etliche Großmeister (der erste war Wladimir Bagirow), eine Weltmeisterschaftskandidatin (Tatjana Satulowskaja) und nun eben auch einen Weltmeister hervorgebracht.

Das Schachspiel hat in Aserbeidschan eine lange Tradition, die bis ins 6. Jahrhundert zurückreicht. In den Werken einiger aserbeidschanischer Dichter des 12. Jahrhunderts finden sich zahlreiche Anspielungen auf das Schach. Das moderne Wettkampfschach wurde in Baku von den Brüdern Wladimir und Michail Makogonow in dem Jahrzehnt vor dem Großen Vaterländischen Krieg eingeführt. Heute gibt es in der aserbeidschanischen Sowjetrepublik rund 20 Schachschulen und Schachzeitschriften in zwei Sprachen.

Es erfüllt mich mit Stolz und Freude, zu wissen, daß mein Erfolg Tausende junger Menschen zum Erlernen des Schachspiels angeregt hat. Wir haben heute in Aserbeidschan zwei junge Spielerinnen, die ganz weit nach vorn kommen und den großen Spielerinnen aus Georgien den Vorrang streitig machen könnten.

Wenn ich nach Baku komme, gehe ich jedesmal in den Palast der Jungen Pioniere, um die Kinder zu ermuntern, die dort Schach spielen und in meine Fußstapfen zu treten versuchen. Ich erzähle ihnen alles über meine Turniere. Es gibt dort einen sechsjährigen Jungen, den seine Eltern nicht nur eigens in dieselbe Schachschule schickten, die ich besuchte, sondern den sie auch mir zu Ehren auf den Namen Garri getauft haben. Mein Freund Alex Genritschowitsch, Dozent am Fremdsprachen-Institut, spielte bei seinem letzten Besuch eine Partie gegen den kleinen Garri – und mußte sich ziemlich anstrengen, um ihn zu besiegen. Fünfhundert Kinder erhalten hier zweimal in der Woche Schachunterricht. Sie besuchen am Vormittag die gewöhnliche Schule und kommen am Nachmittag in die Schachschule. Manche Kinder leben weit weg, so daß einige Schachlehrer ihren Unterricht an auswärtigen Schulen abhalten. Im Palast der Jungen Pioniere unterrichten zwölf Schachlehrer.

In meiner Kinderzeit fragten Eltern wie Lehrer noch besorgt, ob das Schachspiel die Kinder nicht zu sehr vom normalen schulischen Lernen ablenke. Aus diesem Grund mußte ich zu meinen Turnieren immer Schulbücher mitnehmen. Heute sehen die Verantwortlichen, wie ich von Nadir Sausowitsch, einem der Schachlehrer im Palast der Jungen Pioniere, erfuhr, im Schach eine positive Lernhilfe, weil es die Gedächtnisleistung und die Konzentrationsfähigkeit fördert. Schon den Vierjährigen werden im Kindergarten die Zugregeln des Schachs beigebracht – offenbar betrachtet man Schachfiguren als pädagogisch wertvolle Spielsachen.

Dies zeigt, daß die frühen sowjetischen Führer mit ihrer Einschätzung des Schachspiels recht behalten haben. Nach der Revolution von 1917 bestand die Gefahr, daß das Schach als unnützer bürgerlicher Zeitvertreib verboten würde – genauso wie es jüngst im Iran des Ajatollah Chomeini verboten worden ist. Glücklicherweise spielte Lenin selbst Schach und wußte es besser. Er hatte auch Benjamin Franklin gelesen, den Philosophen der amerikanischen Revolution, der geschrieben hatte:

»Das Schachspiel ist nicht bloß müßiges Amüsement; etliche höchst wertvolle geistige Qualitäten, nützlich im Lauf des Lebens, können dadurch erworben und gestärkt werden... denn das Leben selbst ist eine Art Schachpartie.«

Sowjetische Ideologen sahen im Schach »eine echte Waffe und ein lebendes Stück Propaganda«. Das Schachspiel fördert ihrer Ansicht nach die Fähigkeit zur logischen Analyse und die Entwicklung »pädagogisch wertvoller Eigenschaften«. Anläßlich des ersten großen internationalen Erfolgs von Botwinnik, als er 1936 in Nottingham gemeinsam mit Capablanca den ersten Platz belegte, schrieb die *Prawda*: »Unsere großen Führer Marx und Lenin widmeten sich in ihren Mußestunden begeistert dem Schachspiel. Sie sahen darin vor allem ein Mittel der Willensstärkung, eine Schule der Entschlossenheit und Nervenstärke.«

N.W. Krylenko, der stärkste und prominenteste sowjetische Schachmeister der 20er und 30er Jahre, charakterisierte die sozialen Werte des Schachs so:

»In unserem Land, in dem das kulturelle Niveau vergleichsweise niedrig ist, in dem bis heute das Schnapsbrennen, die Trunkenheit und die Rauferei typische Freizeitvergnügungen der Massen sind, ist das Schach ein wirksames Mittel zur Erhöhung des allgemeinen kulturellen Niveaus. Unter diesen Umständen können wir das Wachstum und die Ausbreitung der Schachbewegung als Bestandteil des Kampfes um mehr Kultur und als eine politische Waffe betrachten, die nicht vernachlässigt werden darf.«

Alle heutigen sowjetischen Schachspieler müssen bekennen, daß sie in der Schuld von Schachpionieren wie Krylenko stehen. Dank seiner Leidenschaft für das Schachspiel und dank des Engagements großer Spieler wie Botwinnik entwickelte das Spiel sich in der sowjetischen Gesellschaft zu einem populären Steckenpferd und auf höherer Ebene zu einem von staatlicher Seite unterstützten Spitzensport.

Das war an und für sich schon eine Revolution. Das Image des Schachspielers nähert sich immer mehr dem Ideal des sowjetischen Menschen an – logisch denkend und handelnd, willensstark und entschlußfreudig, Denker und Mann der Tat in einem. Ich verinnerlichte dieses traditionelle Ideal als Junge, ohne es selbst zu merken. Niemand sprach jemals in diesen ideologischen Begriffen über das Schach. Für mich war es einfach unser Nationalsport, wie Cricket für die Engländer, Baseball für die Amerikaner oder Fußball für die übrige Welt.

Mein erster Trainer bei den Jungen Pionieren war Oleg I. Priworezki, der nach meinen ersten Lektionen gesagt haben soll: »Ich weiß nicht, ob andere Städte ähnliche Anfänger vorzuweisen haben; in Baku jedenfalls gibt es bestimmt keinen wie ihn.« Er äußerte sich erstaunt über mein außerordentlich gutes Gedächtnis für den Verlauf von Weltmeisterschaftspartien sowie über meine Fähigkeit, bei der Analyse komplexer Stellungen vollkommen abzuschalten. In einer der ersten Unterrichtsstunden führte er uns eine Partie vor, bei der kleine Bauern die Oberhand über einen weitaus mächtiger scheinenden Gegner behielten. Das fesselte mich, zumal ich den Angriff immer schon geliebt habe. Als Knabe hatte ich eine heimliche Schwäche für den Läufer. Einmal spielte ich eine eigenartige Partie gegen Rostik Korsunski, bei der ich alle meine Figuren wie Läufer und er die seinen wie Springer bewegen durfte. Ich gewann.

Im Alter von neun Jahren erreichte ich das Finale der Blitzschachmeisterschaften von Baku und verdiente mir erstmals eine lobende Erwähnung in der örtlichen Presse. Ein Jahr später, mit zehn, erfüllte ich bei einem Turnier in Baku die Norm für den Titel eines Meisterkandidaten der UdSSR – nie zuvor war dies einem so jungen Spieler gelungen. Daraufhin folgte die Teilnahme an einem ersten ernsthaften nationalen Wettkampf, der Jugendmannschaftsmeisterschaft in Wilna. Ich verlor keine einzige Partie, nicht einmal gegen Meisterkandidaten, die viele Jahre älter waren als ich. Wichtiger noch als das Ergebnis war jedoch, daß ich in Wilna meinen lieben Freund Alexander Nikitin kennenlernte, den stämmigen Moskauer, der noch heute mein Trainer ist. Vielleicht noch wichtiger waren Nikitins Bemühungen, daß ich zu einer Unterrichtseinheit an der Botwinnik-Schule eingeladen wurde.

Michail Moissejewitsch Botwinnik (1911 geboren, sowjetischer Schachmeister seit 1931 und zwischen 1948 und 1963 dreimal Weltmeister) wurde mein großer Lehrer. Er gehört zu den legendären Figuren der Schachgeschichte. Unter seine persönlichen

Fittiche zu schlüpfen war der erste wichtige Schritt meiner beginnenden Schachkarriere. Über Michail Botwinnik ist zu Recht gesagt worden: »Er wußte gestern, was wir heute wissen, und er weiß heute, was wir morgen wissen werden.«

Botwinnik ist es, an den die meisten Leute denken, wenn sie von der sogenannten sowjetischen Schachschule sprechen. Er war es, der für die Außenwelt in den zwei Jahrzehnten nach dem Krieg den wissenschaftlichen Stil des Schachspiels verkörperte. Dabei betonte er immer, selbst in der Blütezeit der stalinistischen Orthodoxie, daß es sich nicht um einen statischen oder gleichförmigen Stil handelte. Wie er 1951 schrieb:

»Was sind die Grundsätze unserer Schule? Zuerst und vor allem muß ich unsere wissenschaftliche Auffassung des Schachspiels erwähnen. Dazu gehören eine realistische Einstellung zum Spiel und ein kritisches Herangehen an die eigene schöpferische Arbeit. Und so suchen die sowjetischen Meister beständig nach etwas Neuem, erkunden beständig neue Wege im Bereich der Schachtheorie und -praxis. Bestimmte Meisterspieler vergangener Zeiten benutzten beispielsweise Jahr für Jahr dieselbe Eröffnung; wir gehen an dieses Problem anders heran. Wenn wir ein Eröffnungssystem studieren, wenn wir eine ›neue Produktionstechnik‹ entwickeln, machen wir von diesem System nur so lange Gebrauch, wie es einen Nutzen bringt; dann lassen wir es fallen und machen uns von neuem auf die Suche nach einer unverbrauchten Waffe.«

Die Botwinnik-Schule war 1963 als Untergliederung der Sportorganisation *Trud* eingerichtet worden und hatte in ihrer ersten Phase nur 18 Monate lang existiert. Karpow war einer der ersten Schüler gewesen. Nach einer längeren Pause nahm die Schule 1969 ihren Betrieb wieder auf. Sie wirkte zunächst im Verborgenen, erregte aber um 1975 Aufsehen, als eine Reihe ihrer Schüler wichtige Turniere gewann. Losew, Charitonow und Achscharumowa wurden sowjetische Meister; Frau Achmailowskaja brachte es zur Großmeisterin und Anwärterin auf den Weltmeistertitel; Frau Saizewa gewann die Moskauer Frauenmeisterschaft; Jussupow und Dolmatow errangen nacheinander den Titel eines Juniorenweltmeisters – und ein Knabe namens Garik Kasparow wurde Schülermeister der UdSSR.

Die Schule arbeitet hauptsächlich auf Korrespondenzbasis. Die Schüler kommen nur zweimal im Jahr, in den Schulferien, zu größeren Unterrichtseinheiten zusammen. Früher gab es deren drei, aber nun ist Botwinnik – so seine eigene Einschätzung – zu alt, und ich bin derzeit zu beschäftigt. Botwinnik hat die Arbeit, die in diesen Unterrichtseinheiten geleistet wird, so beschrieben:

»Ich führe die Analysen gemäß einem System durch, das vor dem Krieg am Leningrader Palast der Pioniere ausprobiert wurde. Wir arbeiten zusammen und beschäftigen uns mit dem Spiel eines Schülers. Dieser kommentiert seine Partien und berichtet über seine Versuche, die Hausaufgaben zu lösen. Auf diese Weise kann man das Denken eines Spielers kennenlernen, seine Vorzüge und seine Fehler studieren. Im Verlauf der Diskussion erteile ich ihm Ratschläge und übe Kritik, während alle anderen Schüler zuhören und sich am Gespräch beteiligen. Schließlich erhält der Schüler eine verbale Einschätzung seines kreativen und sportlichen Potentials, und danach eine individuell zugeschnittene Hausaufgabe, die ihn in seiner weiteren Entwicklung voranbringen sollte.«

Ich stehe jetzt im Begriff, selbst die Leitung der Botwinnik-Schule zu übernehmen. Ich entlaste Botwinnik bereits bei der Lehrtätigkeit. nach der letzten Unterrichtseinheit im März sagte er: »Jetzt kannst du es allein.« Ich träume davon, eine ganze Reihe solcher Schulen einzurichten, die sich um jeweils verschiedene Kategorien von Nachwuchsspielern kümmern, die über die ganze Sowjetunion verteilt sind, aber zusammenarbeiten würden.

Mindestens so wertvoll wie die formalen Lektionen war das, was Botwinnik mir über die Vorbereitung auf ein Turnier beibrachte. Ich lernte, daß es sich hierbei um ein höchst professionelles Geschäft handelt, daß bestimmte Zeiten für das Studium und die Analyse von Partien reserviert, Eröffnungssysteme und -varianten sorgfältig vorbereitet und Übungen zur Förderung der körperlichen und geistigen Frische eingeplant werden müssen. Eine einfache Lektion, die ich niemals vergessen habe, betraf die Nützlichkeit eines Spaziergangs, wenn man vor einem Turnier klaren Kopf bekommen will. Botwinnik hat hierauf bei allen seinen Wettkämpfen bestanden. Das Ganze erinnerte ein wenig an den geregelten Arbeitsablauf eines Boxers in der Phase der Vorbereitung auf einen Weltmeisterschaftskampf.

Zu den Stärken Botwinniks gehörte es, daß er einem die Freiheit ließ, das eigene Talent zu entwickeln. Er machte nie den Versuch, den Schülern seinen eigenen Stil aufzuzwingen. Er erzwang überhaupt nichts. Er versuchte lediglich, in die richtige Richtung zu weisen. Er versuchte nie, jemandem etwas einzureden, das dem Naturell des Betreffenden nicht entsprach. Aber er half einem, die Folgen des eigenen Tuns zu analysieren und so wirklich etwas zu lernen.

Er bemühte sich, dem Schach den Ruch des Geheimnisvollen zu nehmen, und setzte es stets in Beziehung zu Problemen des täglichen Lebens. Eine seiner Standardargumentationen lautete: »Schach ist ein typisches unexaktes Problem, ähnlich den Problemen, die Menschen im Alltagsleben ständig lösen müssen, wie beispielsweise das Überqueren einer Straße, die Orchestrierung einer Melodie, die Leitung eines Betriebs, die Durchführung eines Gerichtsverfahrens. Worauf es ankommt, ist, daß man, um solche unexakten Probleme lösen zu können, erst einmal den Umfang des Problems eingrenzen muß (sonst wird man darin ertrinken); erst dann hat man die Chance, zu einer exakteren Lösung zu kommen. Es ist also ein Fehler, zu glauben, das Schachspiel sei keine Widerspiegelung der objektiven Wirklichkeit. Es spiegelt das Denken der Menschen wider.«

Diese Sätze sind bezeichnend sowohl für Botwinniks wissenschaftliche Schachauffassung als auch für seine menschliche Art und sein ständiges Bemühen, schachliche wie menschliche Probleme auf ein zu bewältigendes Maß zu reduzieren. Er ist ein guter und gescheiter Mensch, er ist der Meister, in dessen Fußstapfen ich wandle.

Freilich ist meine Spielweise, ebenso wie meine Persönlichkeit, immer eine andere gewesen als die meines Lehrmeisters. Seit Anbeginn unserer Beziehung hatte er Verständnis für meinen Wunsch, mich an dem dynamischen Stil des ersten aus Rußland stammenden Schachweltmeisters, Alexander Aljechin, zu orientieren, der 1927 Capablanca die Schachkrone entriß. Aljechin, Sproß einer Adelsfamilie des zaristischen Rußlands, hatte eine problematische Beziehung zum neuen Sowjetstaat, erst recht, nachdem er sich entschlossen hattte, das nationalsozialistische Deutschland zu seinem Exil zu machen, und nachdem eine Reihe von Artikeln über »Jüdisches und arisches Schach« unter seinem Namen erschienen war. Er hatte auch viele persönliche Probleme mit dem Alkohol und mit Frauen. Man braucht indes keine hohe Meinung von dem Menschen Aljechin zu haben, um die üppige Komplexität seiner Ideen auf dem Schachbrett würdigen und bewundern zu können. Man sagte über ihn, seine Attacken sausten hernieder wie »vernichtende Gewitter, die plötzlich aus heiterem Himmel hervorbrechen«. Max Euwe, der zwischen 1935 und 1937 die Weltmeisterwürde von ihm »borgte«, sagte über ihn: »Er ist ein Poet, der ein Kunstwerk aus etwas machen würde, das einen anderen Menschen kaum dazu anregen würde, auch nur eine Ansichtskarte davon zu verschicken. Je unübersichtlicher und verwickelter eine Stellung ist, desto schönere Konzeptionen vermag er daraus zu entwickeln.« Dieser Stil war es, den ich bewunderte und dem ich nacheifern wollte.

Es gab in meiner schachlichen Entwicklung eine Phase, in der ich der Faszination der unendlich großen Zahl der beim Schachspiel möglichen Varianten erlag. Es ist eine Tatsache, daß die Zahl der möglichen Züge in einer Schachpartie größer ist als die der Atome im Universum. Jemand hat ausgerechnet, daß es, wenn jede Minute ein neues Schachbrett fabriziert würde, immer noch 40 000 Jahre dauern würde, ehe genügend Bretter beisammen wären, um alle 208 089 907 200 theoretisch möglichen Varianten der Aufstellung der Figuren auf dem Brett ausschöpfen zu können. Nach nur drei Zügen eines jeden Spielers sind mehr als neun Millionen Stellungen möglich.

Ich bin immer wieder verblüfft über die Unerschöpflichkeit des Schachspiels und werde immer überzeugter davon, daß es nicht mathematisierbar ist. Millionen von Partien sind gespielt, Tausende von Büchern über diverse Aspekte des Spiels geschrieben worden, und doch gibt es keine Methode, kein Rezept, das den Gewinn zu garantieren vermag. Es gibt keine brauchbaren mathematischen Kriterien für die Bewertung eines einzelnen Zuges, geschweige denn einer Stellung. Kein Genie wäre in der Lage, alle Eröffnungen im Kopf zu speichern – den offenen oder geschlossenen Spanier, die Benoni-, die Grünfeld-, die Nimzowitsch-Indische, die Caro-Kann-Verteidigung, das angenommene oder abgelehnte Damengambit und so weiter.

Botwinnik warnte mich frühzeitig vor einer zu unbedingten Vorliebe für Komplikationen um ihrer selbst willen: »Aus dir wird nie ein Aljechin werden, wenn du dich von den Varianten beherrschen läßt, anstatt umgekehrt sie zu beherrschen.« Das traf mich natürlich sehr, und ich grübelte lange Zeit darüber nach. Aber ich mußte erkennen, daß er, wie gewöhnlich, recht hatte. Er schrieb später über die Episode:

»Es war von Anfang an klar, daß er mit seiner Fähigkeit, Varianten genau und für mehrere Züge im voraus zu berechnen, die anderen Jungen überragte. Aber Garri war auch ein sehr erregbarer Junge. Ich mußte ihn immer wieder auffordern, nachzudenken, bevor er einen Zug machte. Ich pflegte ihm auch zu sagen: ›Garri, es besteht die Gefahr, daß aus dir ein neuer Larsen oder Taimanow wird.‹ Diesen hoch angesehenen Großmeistern passiert es selbst im reifen Alter manchmal, daß sie erst einen Zug machen und dann nachdenken.«

Ich muß mir die Mahnungen Botwinniks zu Herzen genommen haben, denn ich erzielte bei einem in Kiew ausgetragenen Mannschaftsausscheidungskampf um die Teilnahme am Komsomolskaja-Prawda-Turnier vier Siege und ein Remis für die Mannschaft der Jungen Pioniere von Baku. Meine Freunde Magerramow und Korsunski gehörten ebenfalls dieser siegreichen Mannschaft an. Jede Mannschaft bestand aus sechs Jungen und einem Mädchen und hatte einen Großmeister als Betreuer, der gegen jede der anderen teilnehmenden Mannschaften ein Simultanmatch mit Uhr austrug. Zur allgemeinen Überraschung besiegten wir die Mannschaft aus Kiew mit einem klaren Vierpunktevorsprung. Niemand hatte erwartet, daß Baku ein so überlegenes Team stellen würde. Wir hatten wirklich eine starke Mannschaft, und unsere Mitspielerin Elena Glaz holte später den sowjetischen Meistertitel und ist heute israelische Meisterin.

Beim Finale in Moskau trafen wir in der ersten Runde auf Riga, und ich sah mich am Brett unversehens dem legendären Michail Tal gegenüber, der 1960 Weltmeister geworden war. Ich weiß noch genau, wie aufgeregt ich war, als ich den »Hexer von Riga«

zum ersten Mal leibhaftig vor mir sah. Der große Michail Tal, und ich konnte ihm sogar die Hand schütteln! Für einen Jungen aus Baku war das wie ein Wunder. Gerade weil dieses Gefühl sich mir so lebhaft einprägte, nahm ich auch in den folgenden Jahren am Mannschaftswettbewerb der Jungen Pioniere teil, und zwar noch dreimal, nachdem ich selbst bereits den Großmeistertitel errungen hatte. Ich stellte mir vor, was es für ein Gefühl für die Spieler der nachrückenden Jahrgänge sein müßte, einem Kasparow die Hand zu schütteln und dabei zu zittern, wie ich bei meiner Begegnung mit Tal gezittert hatte. Ich hielt es für meine Pflicht, diese aufregende Erfahrung an die nachfolgende Generation weiterzugeben, auch um dem Schachsport etwas von dem zurückzugeben, das er mir geschenkt hat. Es ist gut für die jungen Spieler und für ihren Ehrgeiz, wenn sie solchen Idolen persönlich begegnen – und es ist sehr gut für den Schachsport.

Gegen Tal zu spielen, war wegen seines dynamischen Stils für mich besonders aufregend. Tal war unvermittelt aus dem Nichts aufgetaucht und hatte zur Verblüffung der gesamten Schachwelt den großen Botwinnik vom Thron gestoßen. Er war ein kühner und brillanter Schachspieler, stets bereit, für einen schwungvollen Angriff Figuren zu opfern, und er war eine Persönlichkeit, die eine elektrisierende Aura um sich verbreitete. Sein risikoreiches Spiel war manchmal selbstmörderisch, aber das verstärkte nur die Spannung, die er am Brett erzeugte.

Viele Schachspieler haben sich eigenartige Verhaltensweisen angewöhnt, um während einer Partie aufgestaute Anspannung »abzulassen«. Steinitz, der erste Weltmeister, pflegte Wagner-Melodien zu summen. Aljechin fingerte in seinen Haaren, Botwinnik an seiner Krawatte herum, und Lasker rauchte Zigarren. Morphy blickte seinem Gegner nie in die Augen, ehe er nicht den entscheidenden Zug getan hatte. Tal hatte wie kein anderer einen einschüchternden, hypnotischen Blick, mit dem er seine Gegner entnerven konnte – so sehr, daß Pal Benkö, ein ungarischer Großmeister, einmal mit einer Sonnenbrille auf der Nase ans Brett zurückkehrte. (Tal ließ sich nicht lumpen und erschien sogleich mit einer noch größeren Sonnenbrille.)

Tal verlor den Revanchekampf gegen Botwinnik und ging somit als Weltmeister mit der kürzesten Amtszeit (ein Jahr und fünf

Tage) in die Schachgeschichte ein. Er laborierte zu der Zeit an einem Nierenleiden, das seine ganze Laufbahn überschattet hat. Tal benötigte seinen hypnotischen Blick nicht, um einen elfjährigen Jungen aus Baku zu besiegen – was er natürlich standesgemäß tat. Aber ihm zu begegnen, war für einen so jungen Spieler wie mich ein denkwürdiges Erlebnis. Ich verlor dann auch gegen Mark Taimanow, der heute für das sowjetische Fernsehen Schachwettkämpfe kommentiert, und gegen Polugajewski, mit dem ich mir später noch manchen großen Kampf liefern sollte. Aber es gelang mir, Awerbach zu schlagen und gegen Kusmin ein Remis zu holen.

In dem Bericht im Bulletin des Zentralen Schachclubs für das Jahr 1974 standen einige wenig schmeichelhafte Dinge über mich – der Anfang einer langen Serie herablassender, meine Fähigkeiten und Zukunftsaussichten in Zweifel ziehender Urteile Moskauer Provenienz. »Sein wesentlicher spielerischer Mangel liegt in einer exzessiven Überschwenglichkeit. Die Untugend, übereilt schöne Lösungen zu suchen, führt zu Fehlern. Er ist noch ein Kind; natürlich wird er, ganz ohne Zwang, mit der Zeit solider werden. Gleichwohl sollte Garri einen schacherfahrenen Lehrer bekommen, der, so ist zu hoffen, seine Partien, und insbesondere die gegen Großmeister gespielten, sorgfältig auseinandernehmen wird.« All dies, wohlgemerkt, über ein zehnjähriges Kind aus Baku.

Im Jahr darauf muß ich wohl eine verblüffende Leistungssteigerung an den Tag gelegt haben, denn mein Auftreten bei der Juniorenmeisterschaft der UdSSR in Wilna veranlaßte Leonard Barden von der englischen Zeitung *The Guardian* zu einem ganz anders klingenden Kommentar: »Was immer auch 1975 mit dem Weltmeistertitel geschehen mag, die meisten Experten tippen darauf, daß Karpow die Nachfolge Fischers antreten wird – in diesem Jahr oder 1978 oder 1981. Aber wer wird nach Karpow Weltmeister werden?... Meiner Überzeugung nach gibt es für das Jahr 1990 einen eindeutigen Anwärter auf den Weltmeistertitel. Es ist der elfjährige Garri Weinstein aus Baku, der von Wladimir Bagirow betreut wird und der jüngste Teilnehmer an der Juniorenmeisterschaft der UdSSR sowie der jüngste Meisterkandidat seit Karpow ist.« Mister Barden lag mit seiner Prognose zwar um fünf Jahre daneben, aber sein Artikel scheint mir einer besonderen Würdigung an dieser Stelle wert, nicht zuletzt weil dies das erste Mal war, daß mein Name in der kapitalistischen Presse genannt wurde! Rückblickend betrachtet war es vielleicht nicht das Schlechteste, daß ich diese schmeichelhafte Einschätzung meiner Zukunft damals nicht zu Gesicht bekam, denn sie wäre dem leicht beeinflußbaren Knaben, der ich damals war, womöglich zu Kopf gestiegen.

Ich belegte in dem Turnier den siebenten Platz, was nach allgemeiner Ansicht für einen Elfjährigen eine respektable Leistung war. Aber im Grunde hätte ich den zweiten Platz erreichen müssen. Keiner wußte dies damals, nur ich allein. In der letzten Runde spielte ich gegen einen Jungen aus Leningrad namens Jermolinski. Ich hätte die Partie eigentlich gewinnen müssen, tappte aber in eine läppische Falle und verlor. Das wühlte mich so auf, daß ich den Turniersaal verließ, zu meiner Mutter ging und mich ausweinte. Ich weinte lange, sehr lange. Ich heulte wie ein Schloßhund! Ich weinte nicht, weil ich verloren hatte, sondern weil ich wütend auf mich war, aus einer Gewinnstellung heraus verloren zu haben. Wenn ich einen eklatanten Fehler mache, werde ich sehr wütend. Es ist ein Sakrileg wider die Schönheit des Schachspiels. Gewinner des Turniers wurde übrigens Jewgeni Wladimirow, der mir später als Betreuer sekundieren sollte und in meinem Revanchematch gegen Karpow 1986 in Leningrad in den Verdacht der Spionage für das gegnerische Lager geriet. Er war damals 17, also sechs Jahre älter als ich. Meiner Meinung nach beruhen seine persönlichen Probleme mit mir darauf, daß er sich stets an die Zeit erinnerte, als er mich noch hatte besiegen können. So kam er mit seiner späteren Sekundantenrolle nicht zurecht. Dies verlieh unserer Beziehung einen unschönen, mißgünstigen Charakter, der ihn am Ende auf den Weg des Verrats führte.

Im November 1975 schloß ich eine neue Bekanntschaft: mit Anatoli Karpow, dem soeben der Weltmeistertitel zuerkannt worden war, den zu verteidigen Bobby Fischer sich geweigert hatte. Wir begegneten uns beim Komsomolskaja-Prawda-Turnier der Großmeister und der Jungen Pioniere in Leningrad. Er war 24, ich zwölf Jahre alt. Ein Foto, das uns bei dieser historischen ersten Begegnung zeigt, hängt bis heute im Flur meiner alten Schule in Baku. Weder wir selbst noch irgendeiner der anderen Anwesenden hätte damals ahnen können, daß Karpow und ich uns einmal mehr als 450 Stunden lang gegenübersitzen und über 100 Partien gegeneinander spielen würden. Ich muß zugeben, daß ich Karpows Stil von Anfang an nicht sehr mochte. Wir hatten einfach nicht die gleiche Wellenlänge. Mich interessierten natürlich seine Partien, aber ich mochte nie seine Spielweise. Ich verlor meine erste Partie gegen ihn, mit den schwarzen Figuren spielend. Viele Beobachter zeigten sich hinterher überrascht und erstaunt, als ich erklärte, die Stellung sei an einem Punkt der Partie sehr günstig für mich gewesen. Die Notation zeigt, daß dies tatsächlich so war. Genau zehn Jahre später entriß ich Karpow den Weltmeistertitel.

Obwohl er damals erst seit kurzer Zeit im Besitz dieses Titels war, hüteten er und seine Gefolgsleute das damit verbundene Image wie ihren Augapfel. Ich versuchte bei jenem Turnier meinen jungen Kollegen ihre übergroße Ehrfurcht vor dem Weltmeister auszureden und sagte Dinge wie: »Er mag Weltmeister sein, aber deswegen kann er trotzdem Fehler machen.« Einer aus seiner Delegation hörte mich dies und ähnliches sagen und hatte nichts Eiligeres zu tun, als meine Mutter kommen zu lassen und sich bei ihr über meine jugendliche Arroganz zu beschweren. Es war ein gutes Turnier für mich. Ich erzielte unter anderem Remisen gegen Kortschnoi und Polugajewski, beide sehr prominente Namen. Nach dem Remis gegen den Letztgenannten tat Botwinnik seinen berühmt gewordenen Ausspruch: »In den Händen dieses jungen Mannes liegt die Zukunft des Schachs.« Meine nächste Herausforderung war die Juniorenmeisterschaft (für Spieler unter 18 Jahren) der UdSSR im georgischen Tiflis. Ich rechnete nicht damit, zu gewinnen, war ich doch noch immer wesentlich jünger als die meisten meiner Gegner. Aber im Innersten wußte ich, daß ich es schaffen konnte, hatte ich doch ein Jahr zuvor nur durch einen Leichtsinnsfehler den zweiten Platz verspielt. Jetzt war ich ein Jahr älter, ein junger Mann von zwölf Jahren, wenn auch noch sehr klein für mein Alter. Im Vergleich zu einigen meiner siebzehnjährigen Kontrahenten nahm ich mich am Brett wie ein Zwerg aus.

Wir waren 38 Junioren aus allen Teilen der Sowjetunion, die sich in neun Spielrunden um den Sieg stritten.

Als es in die letzte Runde ging, lag ich mit sechseinhalb Punkten an der Spitze, gleichauf mit einem Jungen namens Gabdrachmanow. Er verlor dann aber gegen den Georgier Surap Sturua, wodurch dieser mit sieben Punkten in Führung ging. Ich benötigte also aus meiner letzten Partie einen Punkt, um alleiniger Turniersieger zu werden, oder einen halben Punkt, um mir den Sieg mit Sturua zu teilen. Doch ich machte ein ganz mieses Spiel: Nach der Eröffnung stand ich schlecht, dann wieder etwas besser, dann standen die Zeichen für mich wieder auf Verlust, und bei diesem Stand wurde die Partie vertagt.

Alle rechneten damit, daß ich die Partie verlieren würde – alle außer Alexander Aslanow, der zum Betreuerteam der Junioren aus Baku gehörte. Er war nicht mein Betreuer, aber er gehörte unserer Delegation an und kümmerte sich um Magerramow und eines der Mädchen. Er und mein Betreuer Priworezki analysierten die Stellung mit mir. Anfänglich dachten wir, ich sei rettungslos verloren, aber dann hatte jemand in unserem Team einen neuen Einfall, einen phantastischen Einfall, wie die Stellung verteidigt werden könnte. Wir prüften alles sorgfältig durch, und als der Zeitpunkt der Wiederaufnahme heranrückte, waren wir sicher, daß ich ein Remis würde erzwingen können.

Es gab allerdings noch einen großen Pferdefuß. Mit einem Remis konnte ich ja nur Punktgleichheit mit Sturua erreichen, und dann würde das Buchholtz-Punktesystem über den Turniersieg entscheiden, und es sah so aus, als ob Sturua hier einen deutlichen Vorsprung besaß. In dieses komplizierte Bewertungssystem gehen viele Faktoren ein, unter anderem die Anzahl der Partien, die jeder der punktgleichen Kontrahenten gewonnen hat, die im direkten Duell miteinander erzielten Resultate und die übrigen Ergebnisse der Spieler, gegen die die beiden gespielt haben. Dieser letztere Faktor konnte sich natürlich noch verändern, da die letzte Runde noch in Gang war. Man brauchte einen Computer, um alle theoretisch möglichen Ausgänge durchzurechnen.

Die Georgier waren jedenfalls sicher, den Sieg bereits in der Tasche zu haben; sie feierten einen doppelten Triumph ihrer Heimatprovinz, da Maja Tschiburdanidse sich den Titel bei den

Juniorinnen bereits gesichert hatte. Sie glaubten nicht, daß ich meine vertagte Partie noch aus dem Feuer würde reißen können; und sollte ich doch noch den Gleichstand erreichen, so waren sie sicher, daß die Buchholtz-Punktewertung den Ausschlag zugunsten Sturuas geben würde.

Tatsächlich schien es so, als würden sich die kombinierten Resultate unserer bisherigen Gegner zu einem Vorsprung von mehreren Punkten zugunsten Sturuas addieren. Doch plötzlich und ohne erkennbaren Grund begannen meine vorherigen Gegner ihre Schlußrundenpartien zu gewinnen, während die von Sturua die ihren verloren. Ich hatte das Gefühl, daß etwas Unerhörtes in der Luft liegen könnte, aber da ich mich auf meine eigene Partie konzentrieren mußte und die Spiele der anderen nicht verfolgen konnte – es war keine Ergebnistafel vorhanden –, hatte ich keinen genauen Überblick über den aktuellen Stand der Punktwertung. Es war ein sehr kompliziertes System, und niemand machte sich die Mühe, die Punkte offiziell auszurechnen, waren doch die georgischen Gastgeber der festen Überzeugung, ihr Mann habe den Sieg schon in der Tasche.

Als dann meine wiederaufgenommene Partie fünf Züge älter war, dämmerte es den Zuschauern plötzlich, daß ich wohl doch ein Remis erreichen würde. Das änderte alles. Überall um mich her begannen die Leute mit den Fingern zu rechnen und die Ergebnisse der anderen Partien zu erfragen, um ausrechnen zu können, wer in der bei Punktgleichheit anzuwendenden Buchholtz-Wertung die Nase vorn haben würde. Ich war mir noch immer sicher, daß dies Sturua sein würde, weil ich mir nicht vorstellen konnte, daß alle noch ausstehenden Partien zu meinen Gunsten ausgegangen sein sollten. Aber dann erblickte ich Alexander inmitten der Menge. Er war ein gutaussehender, beliebter, immer von hübschen Mädchen umgebener Jüngling, um ihn herum war immer etwas los.

Jetzt sah ich, daß er aufgeregt war und mit seiner Euphorie die um ihn Gescharten ansteckte. Auch sie rechneten unter Zuhilfenahme ihrer Hände. Ich versuchte, ihre Zeichensprache zu deuten, und entnahm ihren Gesten, daß sich etwas Gutes für mich abzeichnete. Die anderen Partien befanden sich in der Schlußphase. Ich begann zu verstehen: Ja, ja, ja!

59

Kaum hatte ich das mitbekommen, sprang ich von meinem Platz am Brett auf und lief zu ihm. Er bestätigte mir, daß ich, wenn ich das Remis erreichte, in Führung liegen würde. Ich lief zum Brett zurück und vergewisserte mich, daß wir nach etwa zehn Zügen tatsächlich zu einem Remis kommen würden.

Von dem, was danach geschah, kann ich mich an wenig mehr erinnern, als daß die unübersehbar große und imposante Gestalt Alexanders auf mich zueilte. »Garri, Garri«, rief er, »du bist Meister!« Solange ich lebe, werde ich diese Worte nicht vergessen. Was sie mir in diesem Augenblick bedeuteten, läßt sich in Worten nur schwer wiedergeben. Es war ein wunderbares Gefühl, auch und gerade wegen der nervenverzehrenden Ungewißheit, die ihm vorausgegangen war – würde ich ein Remis erreichen, würde ich die Ausscheidungswertung gewinnen können? Im Verlauf der nächsten Stunde sagte ich immer wieder zu mir selbst: »Ich bin ein Meister.« Nie wieder habe ich später eine solche reine Freude erlebt, auch nicht, als ich Weltmeister wurde, denn zu diesem Zeitpunkt hatten politische Intrigen und persönliche Animositäten mir die Freude am Siegen etwas vergällt. Wie ein Jahr vorher weinte ich, aber es war doch etwas ganz anderes: Dieses Mal weinte ich vor lauter Glück.

Bei der Abschlußfeier mußte unser Delegationsleiter Bikowski, der viele Jahr lang Jugendarbeit im sowjetischen Schachsport geleistet hatte und alle Großmeister kannte, eine Ansprache halten. Aber er war sprachlos, jedenfalls fast. Was sollte er sagen? »Kasparow ist der Gewinner dieses Wettbewerbs. Was kann ich sagen? Nichts. Wenn er mit zwölf Jahren einen Meistertitel errungen hat, fällt es schwer, dazu noch etwas zu sagen. Es spricht für sich selbst. Es ist schwer, dem noch einen Kommentar hinzuzufügen.« Es war das erste Mal, daß ich einen Kommentator sprachlos gemacht hatte – aber erfreulicherweise nicht das letzte Mal.

KAPITEL 4

Aufstieg zum Olymp

Meine erste Reise in ein westliches Land machte ich im Juli 1976, um in Wattigny bei Lille in Frankreich an der Juniorenweltmeisterschaft teilzunehmeen. Nie zuvor war die Sowjetunion bei einem Schachturnier im Ausland von einem Dreizehnjährigen vertreten worden. Die Reise war aus verschiedenen Gründen eine Enttäuschung.

Ich belegte unter 32 teilnehmenden Nachwuchsspielern den dritten Platz, hatte jedoch das Gefühl, gegen die Besten schlecht gespielt zu haben. Betrübt war ich auch darüber, daß das Schachspielen mir kaum Zeit ließ, etwas von Frankreich zu sehen. In der Schule hatte ich mich auf die Reise vorbereitet, indem ich jede Lektüre über französische Geschichte und Kultur verschlang, die ich in die Hand bekommen konnte. Doch an all den historischen Schauplätzen, die besuchen zu können ich gehofft hatte, fuhren wir einfach vorbei.

Das Expertenurteil der vierzehntägig erscheinenden sowjetischen Schachzeitschrift *64* über meine Leistung bei diesem Turnier lautete: »Nje plocho« – nicht schlecht. Mein eigenes privates Urteil war strenger: »nicht gut genug«.

Vor der Abreise nach Frankreich hatte ich eine große, mcinem Großvater Kasparow gehörende Karte des Landes studiert. Nach meiner Ankunft brauchte ich nicht lange, um die Andersartigkeit des Lebensgefühls und der Lebensweise im Westen zu bemerken, aber ich war noch zu jung, um die politische Bedeutung dessen, was ich zu sehen bekam, zu erfassen. Es lag auf der Hand, daß die Sowjetunion in vielerlei Hinsicht ziemlich rückständig war, aber ich nahm das als naturgegebene Tatsache hin, als Folge unserer leidvollen Geschichte. Als ich im Alter von vierzehn ein zweites Mal nach Frankreich reiste, verfaßte ich nach meiner Rückkehr darüber einen Aufsatz, den ich mit meinen Lehrern besprach. Zu diesem Zeitpunkt hatte ich zu den Lehrern ein besseres Verhältnis als zu meinen gleichaltrigen Mitschülern, weil ich mit ersteren besser über meine Erfahrungen im Ausland reden konnte. Der Umstand, daß ich mehr Umgang mit älteren Menschen pflegte als mit Gleichaltrigen, wurde zu einem bleibenden Problem in meinem Leben. Ich habe es bis heute nicht zufriedenstellend gelöst.

Gegen Ende 1976 fand in Baku die Bezirksmeisterschaft der Komsomolskaja Prawda statt, zu der man den ukrainischen Großmeister Oleg Romanischin als Ehrengast geladen hatte. Er kam und spielte simultan gegen 16 Junioren, wobei er nur gegen zwei verlor. Ich war einer von diesen und gewann mit Schwarz in einer Partie, die durch etliche gewagte Züge auffiel. Der amerikanische Meister Eric Schiller meinte zu meinem Spiel in dieser Begegnung: »So viel *Chuzpe* ist ziemlich beeindruckend.«

Meinen UdSSR-Juniorentitel verteidigte ich im Januar 1977 in Riga. Als Titelverteidiger anzutreten, birgt immer eine Gefahr in sich, denn ein Turnier ist schnell verloren. Es folgt ein schmerzhafter Sturz vom Olymp. Petrosjan hatte sich diesen Titel zweimal geholt, im Alter von 16 und 17 Jahren, und später sollte es auch Alexander Chalifman mit 16 und 18 Jahren gelingen. Ich aber war erst 13, und meine Ergebnisse in jüngerer Zeit waren nicht eben berückend gewesen. Außerdem gab es einige starke Spieler im Teilnehmerfeld: Tschernin, Jussupow und meinen alten Widersacher Sturua.

Am Ende erzielte ich die höchste Punktzahl in der Geschichte dieser Meisterschaft – 8½ von 9 möglichen Punkten. Tschernin lag deutliche zwei Punkte hinter mir. Niemand hatte geahnt, daß ich so hervorragend spielen würde. Ich benutzte, wie die Kommentatoren registrierten, wiederholt Varianten aus dem Botwinnikschen Eröffnungsrepertoire und fuhr damit sehr gut. Es war mein bis dahin glanzvollster Erfolg, und nach jener enttäuschenden ersten Reise nach Frankreich tat er mir ausgesprochen gut.

Bald darauf fand ich mich erneut in Frankreich wieder: in Cagnes-sur-Mer an der Riviera, wo die Juniorenweltmeisterschaft 1977 ausgetragen wurde. Die Stadt erinnerte mich mit ihren breiten Strandpromenaden und ihren Olivenbäumen ein bißchen an das sommerliche Baku.

Obwohl das Teilnehmerfeld größer als im Vorjahr war und ich nach wie vor bei weitem der Jüngste, belegte ich erneut den dritten Platz. Botwinnik hielt dies für ein gutes Ergebnis, besonders da ich gegen den späteren Sieger gewonnen hatte, den sechzehnjährigen Isländer Jon Arnason. Nigel Short trat hier zum ersten Mal in Erscheinung, zwei Jahre jünger und zwei Punkte schlechter als ich. Ich selbst wertete mein Abschneiden als einen Rückschlag. Ich hatte gut gespielt und eine reelle Chance gehabt, den Wettbewerb zu gewinnen; in der Schlußphase fabrizierte ich jedoch drei Remisen nacheinander gegen schwächere Kontrahenten. Es lag wohl an einer psychischen Hemmung meinerseits – ich war nicht in der Lage, im wirklich entscheidenden Augenblick mit echtem Killerinstinkt zuzuschlagen.

Arthur Jussupow, mit 17 drei Jahre älter als ich, blieb bei einem Qualifikationswettkampf in Leningrad, bei dem es um das Recht ging, die Sowjetunion bei der Weltmeisterschaft der unter 20 Jahre alten Spieler in Kolumbien zu vertreten, als Sieger einen halben Punkt vor mir; er kehrte auch als Sieger aus Südamerika zurück. Ich erzielte in beiden Partien gegen ihn ein Remis und hatte das Gefühl, beide Male ein kraftvolles Spiel gezeigt zu haben.

Es war eine wichtige Zeit für mich, eine der entscheidenden Phasen meines Lebens. Ein neues Jahr brach an, 1978, in wenigen Monaten würde ich meinen fünfzehnten Geburtstag feiern. Mir war klar, daß ich mir, sollte es mir nicht bald gelingen, mich zum Meister zu qualifizieren, Gedanken über ein anderes Berufsziel machen mußte. Meine Mutter und ich waren übereingekommen, diese Entscheidung von einem baldigen Erfolg abhängig zu machen. Blieb dieser aus, so würde ich an einen Einstieg in eine Berufsausbildung denken müssen, vielleicht als Ingenieur wie mein Vater, oder als Mathematiker mit Spezialisierung auf Computer oder als Lehrer für Sprachen und Literatur. Ich hatte im Schach gute Ansätze gezeigt, aber jetzt war es an der Zeit, große Würfe zu landen.

Weder meine Mutter noch ich begriffen, daß ich an der Schwelle

63

zu den höheren Weihen des Schachspiels stand, daß ich gerade in dieser Zeit dabei war, zu meinem wahren Stil, dem Kasparow-Stil, zu finden.

Von Botwinnik hatte ich gelernt, Schach zu studieren, neue Ideen zu entwickeln, systematisch nach Plänen für alle denkbaren Stellungen zu forschen. Es ist eine wissenschaftliche Disziplin: die altbekannten Züge zu »lernen«, dann zu versuchen, für berühmte Stellungen verbesserte Fortsetzungen zu finden, neue Eröffnungssysteme, neue Varianten, neue Pläne im Mittelspiel zu kreieren, eine neue Methode für das ganze Spiel auszuhecken und so weiter. Jedermann studiert alte Schachpartien, wie man die Vokabeln einer Sprache lernt. Wenn man aber den Wortschatz erst einmal intus hat, kann man damit eigene schöpferische Dinge machen – und wer ein wirklicher Meisterspieler sein will, bei dem muß das Spiel ein ganz *eigener* kreativer Akt sein, geprägt vom Siegel einer kraftvollen Individualität. Ganz unvermittelt begriff ich dies. Ich war wie ein Vogel, der fliegen lernte, es war ein großes Befreiungserlebnis.

Statt eines einzigen großen Wurfs gelangen mir deren zwei. Der erste war der Gewinn der Sokolski-Gedenktrophäe in Minsk; ich erzielte erstaunliche 13 von 17 möglichen Punkten und ließ 14 Spieler von internationalem Rang hinter mir. 9½ Punkte hätten mir schon gereicht, um den Titel eines Meisters zu erlangen. Nur wenige Monate später beendete ich in der lettischen Stadt Daugawpils ein Qualifikationsturnier für die oberste Liga im sowjetischen Schach – also für die stärkste Liga der Welt – als Bester unter 64 Meistern und Großmeistern. Mit nur zwei Schritten war ich – wie die Katze mit den Siebenmeilenstiefeln in Onkel Leonids Kinderoper *Der gestiefelte Kater* – aus der Junioren- in die Seniorenklasse, aus der Grundschule ins Hochschulseminar, aus dem provinziellen in den internationalen Standard gesprungen. Ich fühlte mich außerordentlich stark und spielte Schach wie ein junger Gott. Ich hatte es geschafft. Alle Zweifel über meine Zukunft lösten sich in nichts auf. Von diesem Augenblick an widmete ich mein Leben nur noch dem Schach, und Schach wurde mein Leben.

Hin und wieder wird mein kometenhafter Aufstieg in dieser Zeit mit dem Capablancas verglichen, der 1909 einen seinerzeit viel-

Vorherige Seite: Ich verteidige meinen Titel. Vor dem Kampf gegen Karpow gebe ich in London im Juli 1986 eine Pressekonferenz.

Oben: Meine Eltern.

Unten: Photos aus meiner Kindheit.

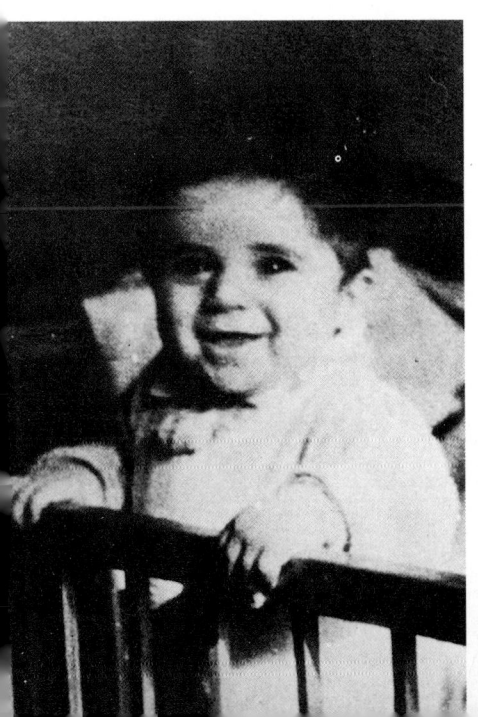

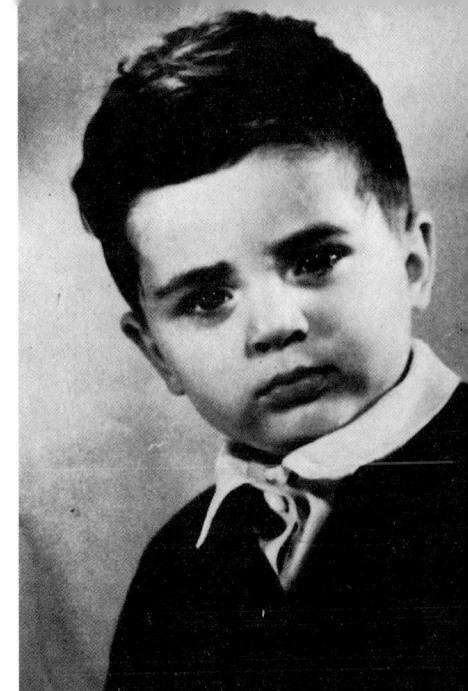

Oben links: Auf meinem Dreirad.

Oben rechts: Adrett gekleidet und mit guten Manieren.

Unten: Beim Backgammonspiel mit meinem Onkel. Mein Vater sieht zu.

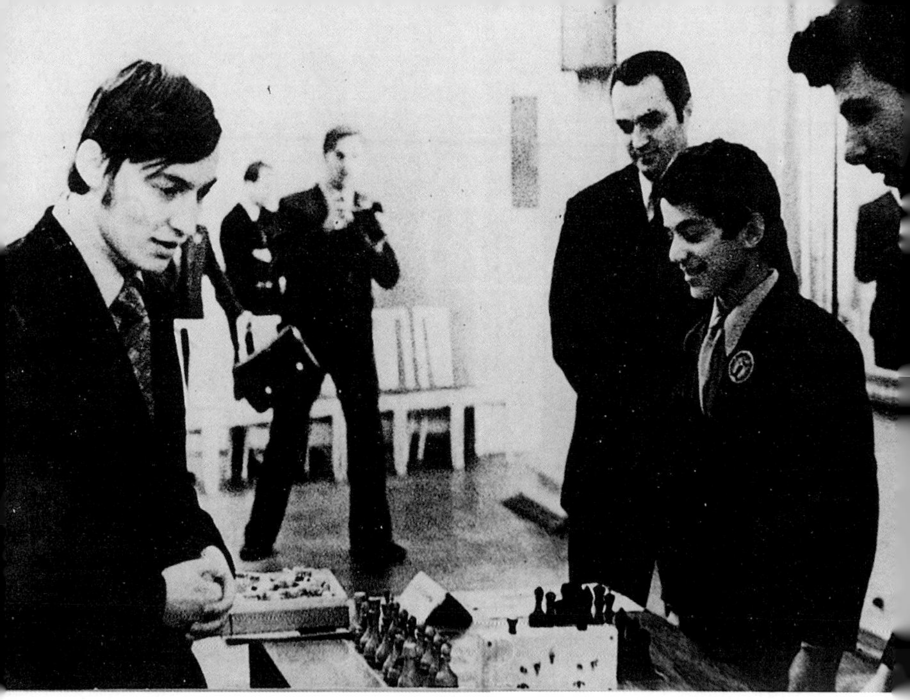

Mein erster Kampf gegen Karpow – ein Simultanspiel, als ich zwölf war.

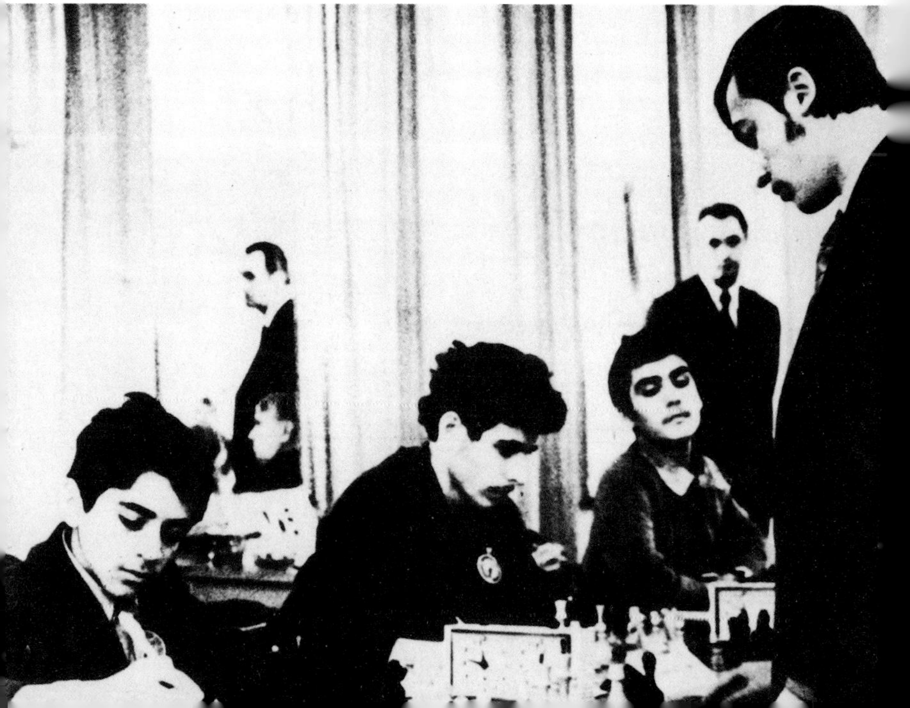

bestaunten Sieg über den Amerikaner Frank Marshall landete, einen Sieg, der dem damals noch unbekannten Kubaner schlagartig zu Ruhm und Wohlstand verhalf. Oder mit Tals Eilmarsch zum Weltmeistertitel in den Jahren 1957–60. Indes, Capablanca war 20 Jahre alt, Tal noch ein bißchen älter. Ich aber war erst 15. Als einzig legitimer historischer Vergleich erscheint mir der mit Bobby Fischer, der mit 14 Meister der Vereinigten Staaten wurde und mit 15 Großmeister. Allerdings holte Fischer sich erst als Neunundzwanzigjähriger, also sieben Jahre später als ich, den Weltmeistertitel.

Ich werde oft nach meiner Meinung über Fischer gefragt; wahrscheinlich, weil Fischer als einziger Schachspieler aller Zeiten eine höhere Elo-Wertung hatte als ich. Für die Nichtschachspieler unter den Lesern sollte ich erklären, daß die Elo-Wertung, die 1971 von dem in Milwaukee lehrenden amerikanischen Professor Arpad Elo kreiert wurde, den Spitzenspielern auf der Grundlage ihrer bei anerkannten Turnieren erzielten Ergebnisse gegen andere Spieler bestimmte Punktwertungen zuerkennt. Es ist alles andere als ein perfektes Bewertungssystem und wird gelegentlich sogar mißbraucht, aber unter dem Strich liefert es einen annehmbaren Vergleichsmaßstab für die Spielstärke. Immer wieder wird mir die Frage gestellt, ob ich gerne gegen Fischer gespielt hätte oder gerne jetzt oder künftig gegen ihn spielen würde. Immerhin ist er 44 und somit jünger als viele amtierende Großmeister – zwölf Jahre jünger beispielsweise als Viktor Kortschnoi, der noch immer Turniere gewinnt. Nun, beides ist ausgeschlossen, so daß es gar keinen Sinn hat, über Antworten auf diese Fragen nachzudenken. Ich gehöre einer anderen, neuen Schachspielergeneration an. Es ist nahezu ausgeschlossen, daß Fischer nach 15 Jahren ohne Spielpraxis gegen Spitzenspieler von heute eine Chance hätte. Botwinnik meint, Fischers Problem sei eine tiefsitzende Wettkampfangst gewesen, und aus diesem Grund habe er sein Antreten an fast unerfüllbare Bedingungen geknüpft. Wenn es ihm schon in seiner Glanzzeit nicht gelang, diese Angst zu besiegen, könnte er es heute erst recht nicht. Er wäre ein Gespenst.

Fischer ist heute nur noch als Gestalt der Schachgeschichte – oder besser der Schachmythologie – interessant. Er erwiese niemandem einen Dienst, wenn er wieder auf der Bildfläche erschiene und sein legendäres Image zerstörte. Meiner Überzeugung nach wird man sich seiner nicht nur wegen seines einzigartigen, zu früher Reife gelangten, überragenden Talents erinnern, sondern auch wegen einiger Dinge, die er außerhalb des Schachbretts tat. Glänzendes Talent brachten auch andere Großmeister mit, Michail Tal beispielsweise. In meinen Augen war Fischer der erste wirkliche Schachprofi. Gegen ihn wirkten wir Russen wie blutige Amateure. Er stellte sein ganzes Leben in den Dienst des Schachs. Er kreierte neue Methoden der Vorbereitung auf Schachwettkämpfe. Seine Analysen waren ausführlicher und vollständiger als alles vorher Dagewesene. Er konnte sich in die »Seele« einer Stellung hineindenken. Mit seiner Schachauffassung war er seiner Zeit um 15 Jahre voraus. Er schlug eine neue Seite im Buch der Schachgeschichte auf, war der Wegbereiter einer neuen Ära, der Prototyp des modernen Schachspielers.

Fischers zweites bleibendes Verdienst ist der große Beitrag zur Popularisierung des Schachsports, den er als einziger nichtsowjetischer (beziehungsweise nichtrussischer) Schachweltmeister seit 1935 – seit dem Holländer Max Euwe – geleistet hat. Er verhalf nicht nur dem Schachspiel zu größerer Beliebtheit in der westlichen Welt, sondern zeigte auch, daß es möglich war, den Schachsport medienwirksam zu »verkaufen« und ihn damit für kommerzielle Förderer interessant zu machen; er bewerkstelligte dies, indem er aus seinen Schachbegegnungen so etwas wie Gladiatorenkämpfe machte, die das Publikum mit Interesse und Spannung verfolgte. Auch damit war er seiner Zeit um viele Jahre voraus. Erst heute sind wir im Begriff, es ihm auf diesem Gebiet nachzutun.

Wären Fischer und Karpow 1975 gegeneinander angetreten, hätte Fischer eigentlich den Sieg davontragen müssen, und Karpows ganzes Leben hätte vielleicht eine andere Wendung genommen. Er wäre vielleicht ein anderer Spieler geworden, als er es heute ist. In dieser Beziehung könnte der Einfluß Fischers also zumindest indirekt bis zu mir nachgewirkt haben.

Noch einen zweiten indirekten Berührungspunkt zwischen uns gab es – Michail Botwinnik. Er und Fischer spielten nur einmal gegeneinander, und zwar bei der Schacholympiade 1962 in

Warna. Es war eine historische Begegnung, die mit einem umstrittenen Remis endete, über das die Schachanalytiker sich noch
Jahre danach die Köpfe zerbrachen. Die Partie war mit einem
Mehrbauern für Fischer vertagt worden, wobei Fischer durch
seine Gestik andeutete, daß er damit rechnete, der Russe werde
aufgeben. In der nächtlichen Analyse schlug Geller Botwinnik
einen raffinierten Verteidigungsplan vor, der den drohenden
Spielverlust abwenden sollte. Es war eine Falle, in die Fischer,
damals erst 19, tags darauf tatsächlich hineintappte. Der junge
Amerikaner hatte Tränen in den Augen, als er merkte, was ihm
widerfahren war.
Botwinnik ging zu seinem Mannschaftskapitän Abramow und
bestätigte ihm, daß die Partie remis ausgehen werde. Als der
zerknirschte Fischer dies sah, stürzte er zum Schiedsrichter und
protestierte dagegen, daß die sowjetische Mannschaftsführung,
wie er meinte, Botwinnik Züge einflüsterte. (Dieser Vorgang
wird gegen sowjetische Olympiamannschaften häufig erhoben,
zuletzt 1986 in Dubai von den Engländern, die zu Unrecht die
Behauptung aufstellten, wir hätten der spanischen Mannschaft
durch Tips dazu verholfen, die Engländer zu besiegen.) Als der
Sturm sich gelegt hatte, verließ Fischer, bleich wie ein Laken,
den Saal. Er blieb der Überzeugung, daß er diese Partie hätte
gewinnen müssen.
Botwinnik veröffentlichte später eine ausführliche Analyse des
Turmendspiels, aus der hervorging, daß die Partie auch dann
Remis geendet hätte, wenn Fischer nicht in die besagte Falle
getappt wäre. Fischer teilte diese Einschätzung nicht und setzte
sich in einem 1969 erschienenen Buch kritisch mit der Botwinnikschen Analyse auseinander, wiederum mit dem Ergebnis, daß
er die Partie hätte gewinnen können und müssen. Viele Jahre
später wurde uns an der Botwinnik-Schachschule die Aufgabe
gestellt, jenes Turmendspiel zu analysieren. Ich entdeckte noch
eine weitere Zugmöglichkeit, mit der Botwinnik zu einem Remis
gekommen wäre, und zeigte, daß Fischer in seiner Besessenheit,
mit der er um diese Partie rechtete, einem Denkfehler aufgeses-
sen war. Auch das amerikanische Schachgenie war also nicht
unfehlbar. Ich glaube, daß es ihm ein großes inneres Bedürfnis
war, der Nachwelt zu beweisen, daß er den großen Botwinnik

hätte besiegen können, zumal er eben dies schon im voraus angekündigt hatte.

Einen anderen Bezugspunkt zwischen mir und Fischer stellte Leonid Schamkowitsch her, ein in den Vereinigten Staaten lebender Exilrusse. Er war auf ein bestimmtes Schachproblem gestoßen und legte es etlichen Weltmeistern zur Lösung vor. Petrosjan, der ein ziemlich fauler Mensch sein kann, grinste nur und sagte: »Ich will mir darüber nicht den Kopf zerbrechen, zeigen Sie mir nur die richtige Lösung.« Smyslow beschäftigte sich zehn Minuten mit der Aufgabe und fragte dann ebenfalls nach der Lösung.

Während einer Mittagspause in Pasadena zeigte Schamkowitsch die Aufgabe einmal Bobby Fischer und bot ihm die Lösung an: »Nein, ich werde sie selbst finden«, antwortete Fischer und kramte sein Taschenschach heraus – nach wenigen Minuten hatte er die Lösung gefunden. Nach Aussage von Schamkowitsch war ich der einzige neben Fischer, der diese Nuß knackte. Ich löste das Problem im Kopf, was Mischa Tal veranlaßte, Schamkowitsch zu fragen: »Du hast dir nicht träumen lassen, was dieser Junge so alles drauf hat, oder?«

Das nächste, was der Junge drauf hatte, war, im Januar 1978 in Minsk seinen ersten Sieg über einen Großmeister – Lutikow – zu landen und sich damit den Titel eines »Meisters des Sports« zu verdienen – eine wichtige Station auf dem Weg eines jeden sowjetischen Schachspielers. Wie gewöhnlich, tat ich ein bißchen zuviel des Guten und erzielte dreieinhalb Punkte mehr, als ich gebraucht hätte, um die Meisternorm zu erfüllen.

Botwinnik hatte dafür gesorgt, daß ich an diesem Turnier hatte teilnehmen dürfen. Ohne ihn wäre daraus womöglich nichts geworden. Die Weißrussen versuchen immer, in diesem Turnier auf heimischem Boden viele ihrer eigenen Meisterkandidaten unterzubringen und ihnen so die Chance auf die Erringung des Meistertitels zu eröffnen. Sie sehen in dieser unsportlichen Praxis ein Gewohnheitsrecht. Botwinnik bestand jedoch darauf, daß ich meine Chance erhalten müsse. Anschließend, nach der Rückkehr nach Baku, durfte ich zum ersten Mal als sein Assistent an der Botwinnik-Schule amtieren. Ich unterstützte ihn bei den Eröffnungsanalysen im Prüfungssemester.

Wichtiger noch als der Turnierausgang in Minsk war die Art und Weise gewesen, wie ich meinen Sieg herausgespielt hatte. Beobachter rühmten mich als »Vollblutkämpfer« und lobten meinen »unablässig schöpferischen (das heißt erneuerungs- und improvisationsfreudigen) Stil«. Aber nicht alle waren über meine Leistung in Minsk erfreut. Ein Zuschauer, dem es offenbar nicht behagte, daß ein junger Bursche Großmeister besiegte, beklagte sich bei den weißrussischen Ausrichtern: »Unsere Meister verlieren gegen Kinder!« Den lettischen Altmeister Janis Klowan, für gewöhnlich ein stiller Mensch, veranlaßte dies zu der Entgegnung: »Kein Grund zur Aufregung. Von diesem Kind werden Sie noch viel hören.«

Er sollte recht behalten – wenige Monate später sicherte ich mir mit einem ersten Platz beim Ausscheidungsturnier in Lettland vor dem punktgleichen Igor Iwanow (erneut gab die Buchholtz-Punktewertung den Ausschlag zu meinen Gunsten) meine Spielberechtigung in der obersten sowjetischen Schachliga.

In dem Turnier dieser Liga, das Tal im Dezember für sich entschied, war ich der einzige Spieler ohne Elo-Wertung. Angesichts dessen war es für mich wichtig, unter die ersten neun zu kommen, die automatisch für die nächstjährige »Höchste Liga« qualifiziert waren. Dies zu erreichen war für einen Fünfzehnjährigen, der es mit 16 sowjetischen Großmeistern zu tun bekommen sollte, alles andere als ein Pappenstiel! Ich begann mit Remisen gegen Geller, Bagirow (gegen den ich vielleicht eine Siegchance vertat) und Makaritschew. Dann besiegte ich Polugajewski, ehemals Meister der UdSSR und zu den stärksten Spielern der Welt zählend, in einer aufregenden Partie, an die er sich vier Jahre später in Bugojno mit einem gezwungenen Lächeln erinnerte. Aber ich verlor gegen Timoschtschenko (einen meiner späteren Betreuer) und gegen Rasuwajew, so daß ich plötzlich wieder ums Überleben kämpfen mußte.

Nicht zum letzten Mal machte ich die Erfahrung, daß ich mit dem Rücken zur Wand meine natürlichen Fähigkeiten und Kräfte am besten zu mobilisieren vermag. Anstatt mich zu verkrampfen, wie viele Leute es in bedrängter Lage tun, kann ich es richtig knacken lassen, als ob die Anspannung bei mir Adrenalin freisetzen würde. Die psychischen Probleme, die mir in Frankreich zu schaffen gemacht hatten, waren völlig verschwunden. So konnte ich einen schwer erkämpften Sieg über Beljawski erringen, der mich auf 8½ Punkte brachte – gerade genug, um auch im nächsten Jahr in der obersten Liga zu spielen. In einem Interview sagte Tal über mich: »Das ist ein Junge mit erstaunlicher Begabung. Sein Abschneiden bei seinem ersten Auftritt in der Höchsten Liga kann man als eine sportliche Großtat bezeichnen. Man geht wohl nicht fehl, wenn man Garik weitere große Fortschritte voraussagt.«

Der nächste »große Fortschritt« kam wenige Monate später bei einem Turnier im jugoslawischen Banja Luka, dessen Beginn auf meinen 16. Geburtstag fiel. Vielleicht war es dieses Zusammentreffen, das mir Glück brachte. Wie auch immer, ich spielte einige wunderschöne Partien, und auch sonst lief alles traumhaft. Es war mein erstes bedeutendes Turnier im Ausland, und das Teilnehmerfeld war sehr stark; es umfaßte mit Tigran Petrosjan einen Exweltmeister und dazu 13 weitere Großmeister.

Petrosjan, ein schwerblütiger Defensivspieler, konnte sich auf eine innere Stimme verlassen, die ihn vor Gefahr warnte. Ihm wurde nachgesagt, daß er bereits einen Verteidigungsplan in petto hatte, bevor sein Gegner auf den entsprechenden Angriffsplan gekommen war. Ein führender internationaler Spieler meinte einmal: »Hätte Petrosjan sich jemals zu einer offensiven Spielweise durchringen können, er hätte alle Köpfe zum Rollen gebracht, ohne Ausnahme.«

Ich rettete meinen Kopf durch ein Remis gegen den listigen Armenier, besiegte danach Sibarevic, Browne, Hernandez und Marovic, spielte remis gegen Smejkal und schlug Marjanovic und Knezevic. Meine nächsten beiden Gegner waren dann zwei jugoslawische Großmeister mit den leicht zu verwechselnden Namen Bukic und Vukic. Um die für den Titel eines internationalen Meisters erforderliche Norm zu erreichen, mußte ich gegen beide gewinnen.

In dieser Situation tauchten Probleme auf, mit denen ich nicht gerechnet hatte. Schon vor Turnierbeginn hatte Vukic sich lauthals darüber mokiert, daß ich eine völlig unbekannte Größe sei und nicht einmal eine FIDE-Wertung hätte. Warum sollte ein Großmeister gegen einen solchen Anfänger antreten? Er beschwerte sich bei den Organisatoren: »Die Russen schicken uns Knaben. Sie beleidigen uns.«

Nachdem ich beide Jugoslawen besiegt hatte, wurde Vukic noch wütender und begann vor versammeltem Publikum in seiner serbokroatischen Muttersprache, die ich natürlich nicht verstand, herumzubrüllen. Mich überraschte das, sprach er doch fließend Russisch. Ich wußte nicht, worum es ging. Er kam dann an meinen Tisch und sagte, er könne dies alles nicht akzeptieren. Ich hätte nicht korrekt gespielt. Was meinte er damit? Was hatte ich getan? Die Worte sprudelten aus ihm heraus, er schrie und ich verstand nichts.

Dann mischte sich ein alter Mann ein und brüllte zurück, ebenfalls auf serbokroatisch. »Ich bitte um eine Erklärung«, sagte ich höflich. Daraufhin beruhigten sie sich etwas. »Der alte Mann steht auf deiner Seite«, meinte Bukic, der ruhigere der beiden. »Er sagt, wir hätten Kasparow beleidigt. Lassen wir es gut sein. Alles in Ordnung.«

Durch diese absurde Episode erst recht motiviert, schaffte ich je ein Remis gegen Andersson und Matanovic (wodurch ich mir den ersten Platz sicherte), gegen Garcia (wodurch ich meine zweite internationale Großmeisternorm erfüllte) und schließlich gegen Kurajica und Adorjan. Ich gewann das Turnier ohne Niederlage und mit einem klaren Zwei-Punkte-Vorsprung. Schon fünf Runden vor Ende des Turniers hatte ich meine Meisternorm geschafft. Ja, innerhalb eines Turniers hatte ich drei Stufen der Schachhierarchie genommen, etwas, das noch nie vorgekommen war. Der frühere britische Meister Bob Wade sah sich zu den folgenden glühenden Worten veranlaßt: »Dank seines bemerkenswerten Auftritts hier dürfte dieses Turnier in die Annalen des Schachs eingehen. Gibt es hierfür einen Präzedenzfall in der Schachgeschichte? Robert J. Fischer 1959 in Zürich (3. nach Tal)? Boris Spasski 1953 in Bukarest? Beide waren ebenfalls sechzehn.«

Nach meiner Feuertaufe in der »Höchsten Liga« bat ich darum, meine Elo-Wertung – sie hätte 2545 Punkte betragen müssen – bescheinigt zu bekommen. Die Funktionäre hatten es damit aber nicht eilig. »Dafür ist noch Zeit genug«, sagten sie mir. Nach Banja Luka kletterte meine Wertung in der internationalen

Rangliste freilich auf unerhörte 2695 Punkte. Diese Wertung vor Augen lenkten die Verbandsoberen ein, und ich bekam meine inländische Punktzahl endlich offiziell zuerkannt – 2545.

Wie schon weiter oben gesagt, hatte ich zu dieser Zeit gerade zu meinem eigenen Stil gefunden. Ich möchte erklären, was ich damit meine. Wir alle haben einen unterschiedlichen Stil, weil wir auch ein unterschiedliches Naturell haben. Der Stil eines Schachspielers ist ein Spiegel seiner Persönlichkeit. Bei mir, der ich mit der wissenschaftlichen Methode Botwinniks groß geworden bin, ist Konzentration der Schlüssel zu allem anderen. Das hört sich einfach an, aber die Konzentration ist in der Tat die wichtigste aller schachlichen Tugenden – die Fähigkeit, sich in den wirklich wichtigen Momenten eines Spiels konzentrieren zu können.

Leider ist das moderne Leben der Konzentrationsfähigkeit nicht zuträglich. Wir leben in einer geschäftigen, sehr schnellebigen Zeit. Wir sind es gewohnt, uns mit vielen Dingen, ja mit vielen Problemen gleichzeitig zu beschäftigen. Wir lesen, sehen fern, beteiligen uns an Gesprächen, alles auf einmal. Als Sechzehnjähriger, auch noch als ich 20 war, konnte ich mich besser konzentrieren als heute, denn jetzt habe ich mehr Interessen und viele Probleme, die mit dem internationalen Schach zusammenhängen. Dabei lassen sich einzig und allein durch sehr konzentriertes Nachdenken neue und außergewöhnliche Ideen, unverbrauchte und überraschende Einfälle finden. Gerade von einem Spitzenspieler, von einem Weltmeister, erwarten die Leute das. Viele meinen, solche neuen Ideen seien so etwas wie göttliche Eingebungen, Gedankenblitze aus heiterem Himmel. Dem ist aber nicht so. Wir haben die Fähigkeit dazu in uns. Ich bin sicher, daß sie in jedem von uns steckt, doch müssen wir unser Gehirn dafür trainieren, es auf diese Aufgabe »scharfstellen«.

Manche Leute, die mich in meiner Haltung gespannter Konzentration am Brett sitzen sehen, den Kopf in den Händen ruhend und mit starrem Blick das Brett fixierend, glauben, ich verfolge damit das Ziel, meinen Gegner zu ängstigen oder einzuschüchtern, wie Tal mit seinem berühmten durchdringenden Blick. Das ist ein Irrtum, wenn ich auch zugeben muß, daß ich auf einen schwachen, leicht zu beeindruckenden Gegner gelegentlich eine solche Wirkung haben kann. Das Ganze hat aber wirklich nur den Zweck, jegliche Ablenkung auszuschalten und mich selbst zur stärksten Konzentration zu zwingen, damit ich in den Tiefen meines Geistes nach den richtigen Kombinationen suchen kann. Man muß seine Gedanken zusammenhalten und darf nicht zulassen, daß sie sich bei starker Beanspruchung zerstreuen.

Ich glaube keineswegs, daß diesem Vorgang etwas Mysteriöses innewohnt. Ihn mit der Ekstase eines Derwischs oder mit der Trance eines Mediums zu vergleichen, wäre falsch. Ein besserer Vergleich wäre der mit einem Künstler oder Wissenschaftler, die beide aus einem spezifischen Fundus von Wissen schöpfen – der eine aus dem Wissen über Techniken der künstlerischen Darstellung, der andere aus der Kenntnis der Naturgesetze – und aus diesen Ressourcen im Idealfall selbst etwas Originelles und Schöpferisches entwickeln, sei es ein Kunstwerk oder eine wissenschaftliche Entdeckung. Um dies zu erreichen, muß man tief in sich selbst hineinhorchen, bis zu den Wurzeln des eigenen Ichs hinabtauchen – und vor allem muß man sich konzentrieren.

Wenn ich gegen das Schach der Karpow-Ära etwas einzuwenden habe, dann dies, daß diese grundlegende Einsicht, das Wissen um die Quelle aller schachlichen Kreativität, in Vergessenheit geraten war. Karpow legt großen Wert auf eine gründliche Vorbereitung, auf das Auswendiglernen erfolgversprechender Züge. Maximale Konzentration am Brett war bei dieser Spielweise nicht unbedingt erforderlich. Man brauchte sich nur »gute Züge« einzuprägen. Man mußte nicht einmal unbedingt den *besten* Zug finden, sondern nur den, der zum Gewinn einer Partie ausreichte. Wenn es dazu nicht langte, konnte man immer noch auf ein Remis ausgehen, und Remisen gab es in dieser Ära wahrlich mehr als genug. Es war sehr langweilig. Man brauchte kein gutes Schach zu spielen, solange man nur gute Resultate erzielte. Gegen diese Einstellung begehrte ich auf. Selbst den Schachexperten kam bei dieser Art des Schachspiels das Gähnen.

Auch für das Publikum, für die wirklich eingeschworenen Anhänger des Schachsports, war diese Entwicklung nicht gut. Die Leute wollen brillante Züge sehen, kühne Einfälle, ein kraftvolles Angriffsspiel. Ihnen weniger als das zu bieten, heißt sie zu betrügen. Das ist die Erklärung dafür, daß das Publikum mich ins Herz schloß und die sowjetischen Schachfunktionäre nicht. Ich fordere immer das Maximum – beim Schachspielen ebenso wie im Leben. Ich schaffe Komplikationen – im Leben wie beim Schachspielen. Es gab eine Zeit, da dies in der Sowjetunion mit Stirnrunzeln betrachtet wurde. Aber diese Zeit ist, so scheint mir, vorbei. *Meine* Zeit ist angebrochen.

Inzwischen hat sich dies alles geändert, denn es ist der Weltmeister, der die stilistischen Maßstäbe setzt. Er zeigt die Wege, weist die Richtungen, andere folgen in seinen Spuren. Karpow führte die Schachwelt in ein kleines, stickiges Zimmer. Ich führte sie wieder hinaus in den Sonnenschein und an die frische Luft. Die Rolle des Schrittmachers und Initiators übernehmen zu müssen, ist wegen der damit zwangsläufig übernommenen Verantwortung für jeden Weltmeister ein besonderes Problem. Es ist leichter, zu folgen, als zu führen. Nachdem ich die Führungsrolle übernommen hatte, sah sogar Karpow sich gezwungen, seine Spielweise zu ändern. Auch für ihn genügte es nicht mehr, auf Remisen auszugehen; er mußte lernen anzugreifen. Nach meinem ersten Titelgewinn gegen Karpow soll der jugoslawische Großmeister Ljubomir Ljubojevic gesagt haben: »Für Karpow war es Pech, für das Schach ein Glück, daß Kasparow Weltmeister geworden ist.«

In der Zeit, in der Karpow als Weltmeister amtierte, war sein Stil der dominierende. Er begründete eine Orthodoxie, die das Schach lähmte. Dahinter stand eine statische Schachauffassung anstelle einer dynamischen. Wie in vielen Bereichen des gesellschaftlichen Lebens in der Sowjetunion, mußten auch im Schach erst wieder die Türen für eine ehrliche Bestandsaufnahme und für neue Ideen geöffnet werden. Dies ist das Ziel, für das ich so viele Jahre lang gekämpft habe. Es sieht so aus, als sei dieser Kampf von Erfolg gekrönt. Erfinderisch und abenteuerlustig zu sein, Spürsinn und Fingerspitzengefühl zu haben, entbindet einen nicht von der Notwendigkeit, gründlich an sich zu arbeiten. Im Gegenteil, man muß unaufhörlich an seinem Spiel feilen, Eröffnungen und Endspiele studieren, die Analyse vorantreiben. Nichts an diesem Spiel ist sakrosankt. Schach erschöpft sich nicht in einem festgelegten oder statischen Kanon von Regeln. Es ist dynamisch. Auch meine eigenen Schriften, die kommentierenden Anmerkungen zu meinen Partien, sind keine ewigen Wahrheiten. Ich halte sie gerne auf dem neuesten Stand, weil erprobte und bewährte Ideen, auch wenn es die eigenen sind, immer wieder in Frage gestellt werden sollten. Keine Lehrmeinung ist unerschütterlich. Ich bin ein normaler Mensch. Ich mache Fehler. Es macht mir Spaß, in der Analyse einer gespielten Partie meine eigenen Fehler zu erörtern. Ich verstecke nichts.

Von Kindesbeinen an habe ich dieses Spiel geliebt. Nichts tat ich lieber, als Schachpartien zu analysieren. Ich liebte das Leben, das sich mit dem Schach verband – die neuen Freunde, die Atmosphäre, den Kampf. Vielleicht war der Umgang mit erwachsenen Männern für mich irgendwie ein Ersatz für den Verlust meines Vaters. Aber als Kind konnte ich natürlich nicht wissen, wohin mich dies alles führen würde. Dann, als ich mit 13 und 14 Jahren sowjetischer Jugendmeister wurde und einige Turniere gewann, begann der künftige Verlauf meines Lebens sich vor meinen Augen abzuzeichnen. Ich wußte, daß ein beschwerlicher Weg vor mir lag, durch unwegsames Gelände und feindliches Territorium, doch ich wußte jetzt wenigstens, wo das Ziel lag. Die Gewißheit, das richtige »Programm« für mein Leben gefunden zu haben, machte mich sehr glücklich. Ohne die Gesellschaft von Schachspielern, ohne den beständigen Kontakt zu dieser Mentalität besonderer Art konnte ich mir mein Leben nicht mehr vorstellen. Das war das meiner Persönlichkeit, meinen Talenten und meinen überschäumenden Kräften entsprechende Betätigungsfeld. Ich konnte mich glücklich schätzen. Wie viele Menschen in aller Herren Ländern finden niemals den ihnen gemäßen Platz in der Welt, und welch eine bedauerliche Vergeudung menschlicher Anlagen ist das!

Nach dem Turnier in Banja Luka erhielt ich meine erste FIDE-Wertung: Mit 2545 Punkten tauchte ich in der aktuellen Wertungstabelle vom 1. Juli 1979 auf. Danach nahm ich als Mitglied der aserbeidschanischen Mannschaft an der Spartakiade (einer Art UdSSR-internen Olympiade) teil. Hinter Großmeister Bagirow am 2. Brett spielend gewann ich vier Partien, verlor eine und beendete drei mit Remis. Mein wertvollster Sieg war der über

Polugajewski, mit dem ich mir das gewohnte heiße Gefecht lieferte. Zum Sieg in der Mannschaftswertung reichte es leider nicht.

Die wirklich wichtige Aufgabe bestand für mich in diesem Jahr darin, meine Position in der obersten Schachliga der UdSSR zu festigen oder, so hoffte ich, zu verbessern. Es kommt oft vor, daß ein junger Spieler sich den höchsten Schachgipfeln zunächst in kraftvollem Ansturm nähert und dann auf halber Höhe innehält, als brauche er nach seinem Kraftakt eine kurze Rast. Dies kann gefährlich sein, wenn man sich in der Gesellschaft sowjetischer Großmeister bewegt. Auf der Stelle zu treten, bedeutet in ihrer Gegenwart meistens zurückzufallen. Es gibt keine windgeschützten Refugien auf dem Schacholymp.

Trotzdem spielte ich bei der 47. UdSSR-Einzelmeisterschaft in Minsk sehr vorsichtig, so vorsichtig, daß Salo Flohr, Botwinniks alter Freund und Rivale aus den 30er Jahren, über meine so untypisch defensive Spielweise erstaunt war. »Keine Figurenopfer – mehr wie Karpow oder Petrosjan«, meinte er nach meinem Sieg über Georgadse. Auch mein anschließender Sieg über Sweschnikow, den Meister der Sizilianischen Verteidigung, war die Frucht eines diszipliniert geführten Positionsspiels. In der dritten Runde traute ich mich jedoch aus der Deckung und besiegte Jussupow in einem Stil, der zumindest einen Kommentator an Aljechin erinnerte.

Leider war ich in den ersten Runden dadurch ein bißchen ins Hintertreffen geraten, daß ich mich gegen schwächer eingeschätzte Spieler nicht richtig hatte durchsetzen können. In sechs aufeinanderfolgenden Partien hatte ich nur Remisen erreicht, gegen Lerner einen eindeutigen Vorteil verschenkt, gegen Anikajew durch einen unüberlegten Zug und gegen Beljawski durch sträfliches Verschlafen eines Stellungsvorteils verloren. Auf der anderen Seite konnte ich Waganjan, Kupreitschik und Dolmatow schlagen und gegen Balaschow und Tal ein Remis halten. Am Ende gewann ich gemeinsam mit dem punktgleichen Balaschow die Bronzemedaille hinter Geller und Jussupow. Gegen die elf an dem Turnier teilnehmenden Großmeister verzeichnete ich vier Siege, sechs Remisen und eine Niederlage. Gegenüber dem Vorjahr hatte ich mich um sechs Plätze verbessert, was in jedem Fall einen zufriedenstellenden Fortschritt darstellte.

Zu Beginn des Jahres 1980 betrug meine FIDE-Wertung 2595 Punkte, 50 Punkte mehr als im Vorjahr, aber noch immer 130 Punkte weniger als Karpow. In die zehnköpfige sowjetische Mannschaft, die zum Finale der Europameisterschaft im schwedischen Skara entsandt wurde und der drei Weltmeister angehörten – Karpow, Tal und Petrosjan –, kam ich als Zehnter gerade noch hinein. Ich war zwar nur zweiter Ersatzmann, doch war ich nun immerhin erstmals für ein Seniorennationalteam der UdSSR nominiert worden. Ich leistete einen positiven Beitrag zu unserem Sieg über die ungarische Mannschaft, indem ich fünfeinhalb von sechs möglichen Punkten holte.

Ich hatte zwar in Banja Luka schon meine erste Großmeisternorm erfüllt und für den Rest des Jahres 1979 wie ein Großmeister aufgespielt; unser Wertungssystem erforderte jedoch, daß ich diese Qualifikation zweimal unter Beweis stellte. Erfreulicherweise gelang mir dies ausgerechnet in meiner Heimatstadt Baku, bei einem vom Zentralen Schachklub der UdSSR organisierten Turnier kurz nach meinem siebzehnten Geburtstag. Das Teilnehmerfeld war so spielstark, daß ich für die Erfüllung der Norm zehn Punkte benötigte. Wie schon in Banja Luka übererfüllte ich meine Norm, indem ich das Turnier mit elfeinhalb Punkten gewann, eine Nasenlänge vor Beljawski.

Siebente in diesem Turnier wurde die heutige Schachweltmeisterin Maja Tschiburdanidse, das Mädchen aus Georgien, das sich im selben Jahr den sowjetischen Meistertitel bei den Juniorinnen geholt hatte wie ich bei den männlichen Junioren. Ihre große Vorgängerin Nona Gaprindaschwili war ebenfalls eine Georgierin.

Puschkin schrieb einmal an seine Frau: »Ich danke dir, mein Herz, daß du Schachspielen gelernt hast. Es ist ein absolutes Muß für eine gut organisierte Familie.« Es ist freilich eine Tatsache, daß im Schach die Frau dem Manne nicht das Wasser reichen kann. Obwohl Schachwettkämpfe für Frauen seit über 100 Jahren durchgeführt werden, hat bislang noch keine Spielerin Resultate erzielt, die sich mit denen männlicher Spitzenspieler messen können. Warum ist das so?

Bobby Fischer hat einmal behauptet, er könne jeder Frau der Welt einen Springer vorgeben und trotzdem gewinnen. Ich halte das für zu großsprecherisch – ein Springer ist zuviel. Ich würde mir zutrauen, einen Bauern vorzugeben und trotzdem noch gegen jede Frau zu gewinnen; aber es gibt einige Frauen, bei denen ich in einer Partie, die ich unbedingt gewinnen müßte, dieses Wagnis nicht gerne eingehen würde. Ich werde demnächst einmal ein Simultanmatch gegen die sechs stärksten Schachspielerinnen der Welt bestreiten – danach werde ich mich vielleicht genötigt sehen, meine Meinung zu ändern.

Botwinnik ist der Überzeugung, daß Frauen schon aufgrund anlagebedingter Unterschiede immer schlechter Schach spielen werden als Männer. Ihr Nervensystem ist, so glaubt er, auf ihre biologische und gesellschaftliche Rolle als Mutter zugeschnitten; ihre Neigung und Fähigkeit, Entscheidungen zu treffen, sei entsprechend weniger ausgeprägt. Über diese Frage kann man gewiß trefflich streiten, zumal in einer Zeit, da die Emanzipation der Frau auf der Tagesordnung steht. Aber ich muß zugeben, daß ich die Auffassung Botwinniks für richtig halte. Wie der historische Überblick zeigt, haben Frauen zu allen Zeiten geringere Befähigungen in Bereichen des abstrakten Denkens gezeigt, wie etwa in der Musik, in der Mathematik oder eben im Schach. Unter den größten Komponisten oder Malern finden wir keine Frau. Die weibliche Psyche ist, so scheint es, in abstrakten Welten wie der euklidischen Geometrie einfach nicht zu Hause. Frauen vollbringen größere Leistungen in Bereichen mit einem ausgeprägten Zug zum Menschen wie etwa in der Medizin oder in der Dichtung. Dazu kommt, daß meiner Erfahrung nach zum Schachspiel auf höchstem Niveau ein Ausmaß an Aggressionsbereitschaft gehört, das den meisten Frauen wesensfremd ist.

Mit Interesse habe ich gelesen, daß Botwinniks Auffassungen neuerdings von der wissenschaftlichen Forschung bestätigt werden. Bei Tests, die die Fähigkeit zu räumlich-visuellem Denken prüfen – wie etwa zum Zerlegen komplexer Muster in kleinere Untereinheiten, eine für den Schachspieler sehr wichtige Fähigkeit –, schneiden Männer deutlich besser ab als Frauen. Auch lassen sich Frauen leichter als Männer durch äußere Reize, wie etwa das Geschrei eines Säuglings, aus einem konzentrierten

Gedankengang reißen. Das ist nicht etwa ein Ergebnis ihrer Konditionierung auf die Frauenrolle durch die Umwelt, sondern genetisch verankert. Die Folge ist, daß, um es in der Computersprache auszudrücken, ihr Gedächtnisspeicher mit zahllosen Daten über »kleine« Ereignisse, auf die zu reagieren sie programmiert sind, überladen ist, worunter ihre Konzentrationsfähigkeit leidet. Daß eine Frau eine Partie gegen den amtierenden Schachweltmeister gewinnt, das gibt es vorläufig nur im Roman (*Damengambit* von Walter Tevis).

Jussupow hatte 1977 die Juniorenweltmeisterschaft gewonnen. Drei Jahre später war er 20 und damit für diesen Wettbewerb zu alt; so machte ich mich als Vertreter des sowjetischen Juniorenschachs nach Dortmund auf. Da ich unter allen Teilnehmern die höchste Elo-Zahl hatte, galt ich als Favorit. Diese Rolle kann jedoch zur Belastung werden, besonders wenn man plötzlich wieder gegen jugendliche Gegner antreten muß, nachdem man sich schon an die Spielweise ausgewachsener Großmeister gewöhnt hat. Ich errang gleichwohl einen überzeugenden Sieg und distanzierte Nigel Short um eineinhalb Punkte. Nigel sagt, er erinnere sich lebhaft an den starken Eindruck, den ich über das Brett hinweg auf ihn machte: »Noch nie bin ich einem derart aufmerksamen Spieler gegenübergesessen, noch nie habe ich eine solch geballte Energie und Konzentration, so viel Siegeswillen und Heißhunger über das Schachbrett zu mir herüberlodern gefühlt.«

Jetzt hatte ich einen Weltmeistertitel. Ich muß zugeben, daß es ein sehr gutes Gefühl war, und natürlich bereitete es auch meinen Lehrern und Schulkameraden daheim in Baku große Freude. Überall wurde mein Konterfei, mit der Siegesmedaille um den Hals, ausgestellt, als sei ich eine Schönheitskönigin. Den Abschluß dieses wunderbaren Jahres 1980 bildete die Schacholympiade in Malta, bei der die UdSSR und Ungarn sich eine erbitterte zweieinhalbwöchige Schlacht lieferten, die unsere Mannschaft erst im Stechen für sich entscheiden konnte. Ich verlor im ganzen Turnier nur gegen den Bulgaren Georgieff, der in meiner für gewöhnlich guten Eröffnungsvorbereitung eine Schwachstelle aufspürte. Ich war in der sowjetischen Mannschaft die Nummer sechs hinter Karpow, Polugajewski, Tal,

Geller und Balaschow, errang aber gleichwohl die höchste Punktzahl (neuneinhalb von zwölf möglichen Punkten, ein Quentchen mehr als Karpow).

Das Erlebnis einer Olympiade versetzt mich immer wieder in Erregung. Die vielen Menschen aus so vielen Ländern – manche sehr reich, andere ganz arm, manche kommunistisch, andere kapitalistisch –, und alle beseelt von der gemeinsamen Begeisterung für das Schachspiel. Der Saal, in dem gespielt wird, erstreckt sich, so weit das Auge reicht, und beherbergt inzwischen alle Hautfarben und Rassen, die es auf Erden gibt. Auf den ersten Blick glaubt man, ein Paradebeispiel dafür vor Augen zu haben, wie die Menschen und Völker der Welt in Freundschaft und Frieden ihre Kräfte miteinander messen können. Aber leider geht es nie ohne kleinliches Gezänk ab.

Raymond Keene, der britische Großmeister, der so viel für die Popularität des Schachspiels in seinem Land getan hat, sah mich bei der Olympiade auf Malta zum ersten Mal spielen. »Ich wußte sofort«, sagte er später, »daß Garri einmal Weltmeister werden würde. Ich sah mir drei oder vier seiner Partien an und war überzeugt: Dieser Junge ist ein Genie.«

Als am 1. Januar 1981 die neue Wertungsliste herauskam, hatte ich mich auf 2625 Punkte verbessert, während Karpow ein wenig abgesunken war und nunmehr auf 2690 Punkten stand. Ich rückte ihm immer näher – ein Umstand, der dem Weltmeister und dem wachsenden Troß von Mitläufern, den er in den Jahren um sich geschart hatte, nicht verborgen bleiben konnte. War ich ihm vielleicht schon zu nahe, ungemütlich nahe, auf den Pelz gerückt? Ich sollte es bald wissen.

KAPITEL 5

Sturmwarnungen

Ein herannahender Sturm schickt Blitze, rollenden Donner und heftige Windböen als Vorboten seiner ungestümen Gewalt. Über mich und über die ganze internationale Schachwelt sollte das Unwetter am 15. Februar 1985 hereinbrechen, als Campomanes und seine Bundesgenossen im Lager Karpows meine Ansprüche auf den Weltmeistertitel just in dem Augenblick abwürgten, als ich ernsthafte Anstalten machte, zu gewinnen. Aber erste Sturmwarnungen hatte es schon Jahre zuvor gegeben.

Rückblickend erkenne ich, daß Karpow schon 1978 Gefahr gewittert haben muß, als ich mich 15jährig für die oberste sowjetische Schachliga qualifizierte. So etwas hatte es nie zuvor gegeben. Ich war noch nicht einmal Internationaler Meister, geschweige denn Großmeister. Damals müssen beim Weltmeister die Alarmglocken zu schrillen begonnen haben. Allerdings war er zu jener Zeit von seiner Titelverteidigung gegen Kortschnoi in Anspruch genommen und hatte noch andere Dinge im Kopf. Mir fiel auf, daß er in Interviews oder bei der Aufzählung vielversprechender junger Spieler meinen Namen nicht mehr erwähnte. In seiner 1980 veröffentlichten, reichlich narzißtischen Autobiographie findet sich mein Name nicht einmal im Personenverzeichnis. Ich glaube, er war damals schon beunruhigt. Andere Großmeister werden ihm von diesem ebenso begabten wie ehrgeizigen Jungen aus Baku erzählt haben, der immer besser wurde und mit dem zu rechnen war. Wenn ein Londoner Schachjournalist mich schon 1975, als ich noch keine zwölf Jahre alt war, als den kommenden Herausforderer Karpows ausgemacht hatte, mußte man eigentlich davon ausgehen, daß der Weltmeister diese potentielle Bedrohung registriert hatte.

In dieser Zeit ahnte ich allerdings noch nichts von den Machtkämpfen jenseits des Schachbretts, in deren Strudel ich später geraten sollte. Ich kam gar nicht auf die Idee, daß einmal so viele »politische« Probleme auf mich zukommen könnten. Zum ersten Mal hatte ich während des sogenannten Turniers der Generationen, das der Schachverband der UdSSR im Februar 1981 zu Ehren des 26. Parteitags der Kommunistischen Partei veranstaltete, das unbehagliche Gefühl, daß etwas Ungutes im Gang sein könnte. Vier Mannschaften nahmen daran teil: die erste und zweite Nationalmannschaft der UdSSR, ein Altherrenteam und eine Nachwuchsmannschaft mit Kasparow, Jussupow und Maja Tschiburdanidse in ihren Reihen.

Unter den acht Spielern der ersten UdSSR-Mannschaft waren vier Weltmeister – Karpow, Spasski, Petrosjan und Tal. Die »Altherren« stellten mit Smyslow ebenfalls einen ehemaligen Weltmeister und mit Bronstein den Mann, der wohl von allen Herausforderern in der Geschichte der Schachweltmeisterschaft den Titel am knappsten verfehlt hat. Er hatte 1951 gegen Botwinnik nur ein Unentschieden erreicht, nachdem er zwei Partien vor Ende des Wettkampfs noch geführt hatte. Ich habe immer das Gefühl gehabt, daß es manchen Spielern bestimmt ist, Weltmeister zu werden, und manchen eben nicht. Bronstein, Larsen oder Kortschnoi jedenfalls waren nicht dazu ausersehen, Weltmeister zu werden.

Ich rechnete natürlich, wie alle anderen auch, damit, am ersten Brett der Nachwuchsmannschaft zu spielen, war ich doch trotz meiner Jugend unbestreitbar der stärkste Spieler der Mannschaft. Doch dann entwickelte sich die Aufstellungsfrage plötzlich zu einem erbitterten Ringen, aus Gründen, die mir erst viel später klar wurden. Die Funktionäre bestanden darauf, Lew Psachis müsse am ersten Brett spielen, da er kurz zuvor UdSSR-Juniorenmeister geworden war. Oder wenn nicht er, dann Jussupow. Ich war jedoch unbestritten der beste Spieler; ich hatte eine imposante FIDE-Wertung, eine der höchsten unter allen sowjetischen Spitzenspielern, eine höhere als die Exweltmeister Smyslow, Petrosjan und Tal. Was gab es da noch zu deuteln?

Heute weiß ich, wo der Hase im Pfeffer lag. Karpow, der als Weltmeister selbstverständlich am Brett 1 der ersten UdSSR-Mannschaft spielen würde, wollte mir aus dem Weg gehen. Nach vielen Diskussionen forderte unsere Mannschaft schließlich eine demokratische Abstimmung darüber, wer am 1. Brett spielen würde. Den Offiziellen gefiel das zwar nicht, aber wir ließen ihnen keine Wahl. Die Abstimmung ergab fünf Stimmen für mich, eine für Psachis (seine eigene) und zwei für Jussupow (seine eigene und die seines Freundes Dolmatow). So mußte »Tolja« doch gegen mich antreten, und wir ließen uns zu unserer ersten direkten Kraftprobe am Brett nieder. Wir spielten zwei heftig umkämpfte Partien, in denen es auf Biegen und Brechen ging und die die Zuschauer in Atem hielten. Ein Kommentator schrieb: »Das ist Schach zum Zuschauen, wie es sein soll. Beide Großmeister holen alles aus sich heraus. Angriff, Gegenangriff, Verteidigung – unter Einbeziehung beider Könige – rollen über das Brett, während die Uhren unerbittlich ticken.« Beide Partien endeten remis. In beiden mußte der Weltmeister sich mit Händen und Füßen gegen die drohende Niederlage wehren. Er wußte hinterher ganz bestimmt, daß er harte Arbeit hatte leisten müssen. Von allen am ersten Brett ihres Teams Spielenden verzeichnete ich die höchste Punktzahl.

Was unsere Partien für die Schachenthusiasten besonders interessant machte, war die Gegensätzlichkeit unserer Spielweise. Karpow ist der geborene Positionsspieler; er hat die Begabung, Situationen auf dem Brett instinktiv zu erfassen, die Züge zu finden, die seine Stellung stärken. Komplikationen weicht er jedoch am liebsten aus. Er gehört zu den Spielern, die über Schach meist nur dann nachdenken, wenn sie am Schachbrett sitzen. Er hat einmal über sich selbst gesagt: »Riskantes Spiel im Stil von Schachmusketieren mag Leuten liegen, die scharfe Konflikte mögen, aber nach meinem Geschmack ist es nicht. Ich habe mich bemüht, meine Möglichkeiten nüchtern abzuschätzen und mir nicht das Gehirn zu zermartern.« Ich dagegen bin ein »forschender« Spieler, immer auf der Suche nach neuen Varianten, wobei mir viele Stunden geleisteter Analysearbeit zugute kommen, ich liebe Komplikationen – und zermartere mir das Gehirn damit.

Wenn man so generelle Charakterisierungen vornimmt, sollte man sich freilich immer die Warnung Petrosjans vergegenwärtigen: »Jeder Großmeister ist ein ziemlich kompliziertes Individuum, und das Klischeebild, das von ihm gemalt wird, entspricht nicht immer der Wirklichkeit. Tal ist nicht nur ›opferfreudig‹, Fischer war nicht bloß ein ›Elektronenhirn‹, Petrosjan ist nicht nur ›vorsichtig‹.« In einem der allerwichtigsten Punkte sind Karpow und ich derselben Meinung: Beide glauben wir, daß das Schachspiel zuerst und vor allem ein Kampf ist, ein Kampf, bei dem es gilt, den Gegner zu besiegen. Während freilich für den einen dieser Kampf etwas mit Kunst und Eleganz zu tun hat, sieht der andere darin ein kaltes Geschäft. Ich will gewinnen, ich will alle schlagen, aber ich will es stilvoll und in ehrlichem, sportlichem Wettstreit tun.

Botwinnik meint, Karpows Spielweise ähnele der von Capablanca, die meine dagegen eher der von Aljechin. Er hat gegen beide gespielt. Capablancas Stärke lag in der messerscharfen Klarheit seines nüchternen Urteils, das ihn fast unfehlbar die richtige Option wählen ließ, gleich wie vertrackt oder gefährdet seine Stellung auch war.

Botwinnik hat sogar noch gegen Emanuel Lasker gespielt, der von 1894 bis 1921 Weltmeister war. Lasker, mit Einstein befreundet, war ein großer Kämpfer, der aus jeder Partie einen Nervenkrieg gegen seinen Widersacher am Brett machte. Wie er zu sagen pflegte: »Ich spiele nicht mit leblosen weißen oder schwarzen Bauern. Ich spiele mit menschlichen Wesen aus Fleisch und Blut, von denen jedes für mich eine ausgeprägte Persönlichkeit mit ihren schwachen und starken Seiten besitzt.« Botwinnik hat mir erzählt, daß Lasker einmal eine ungenau gehende Uhr mit den Worten aus dem Haus warf: »Ich kann keine Lügner gebrauchen. Es ist die Aufgabe einer Uhr, die richtige Zeit anzuzeigen!«

Wenn wir Großmeister zuweilen exzentrisch, manchmal gar ein bißchen verrückt erscheinen, der sollte daran denken, was Spasski einmal gesagt hat: »Alle großen Schachspieler sind schwierige Charaktere – schwierig in ihrer Einzigartigkeit, ihrer Eigentümlichkeit und in dem gebieterischen Drang, sich immer als Kämpfer und Mann zu beweisen.« Die Probleme entstehen daraus, daß im Spitzenschach regelmäßig zwei starke Persönlichkeiten aufeinander treffen – in einem Spiel, bei dem es für beide Beteiligte zur Spielstrategie gehört, die psychologische Überlegenheit zu erringen. Wenn Giganten miteinander kämpfen, sprühen nun einmal die Funken.

Botwinnik schrieb 1981 über Karpow und mich: »Karpow rechnet Varianten sehr sorgfältig durch. Das ist aber nicht seine größte Stärke. Worin er Kasparow bei weitem übertrifft, ist das Positionsverständnis. Schon in sehr jungen Jahren zeigte Karpow ein feines Verständnis für die strategischen Prinzipien des Schachspiels. Was die Zweckmäßigkeit der Figurenaufstellung betrifft, kann niemand es mit Karpow aufnehmen. Seine Figuren sind in der Regel unverwundbar, während er auf die seines Gegners ständigen Druck ausübt. In dieser Beziehung ist Karpows Spielweise der von Petrosjan weit überlegen, der von dem Augenblick an, da er für die eigenen Figuren eine absolut sichere Stellung erreicht hat, geduldig auf einen Fehler seines Kontrahenten wartet. Karpow wartet nicht: Er spielt aktiv.« Karpow saß zu diesem Zeitpunkt schon sechs Jahre auf dem Weltmeisterthron. Er war knapp 30 Jahre alt und befand sich auf dem Zenit seines Könnens, während ich erst 17 war.

Zwischen unserem ersten Aufeinandertreffen und dem Weltmeisterschaftsmarathon drei Jahre später spielten wir noch eine Partie gegeneinander, und zwar im April 1981 beim Turnier der Großmeister im Moskauer Handelszentrum. Es war eine glanzlose Remispartie von nur 18 Zügen Dauer – Karpow hatte zu diesem Zeitpunkt den Turniersieg schon so gut wie sicher und brauchte nur noch ein Remis. Ich war bis zu meinem Geburtstag, der genau in die Mitte des Turniers fiel, sehr erfolgreich; doch dann konnte ich gegen den Schweden Ulf Andersson eine Gewinnstellung nicht zum Sieg nützen und verlor danach gegen Petrosjan. Karpow gewann das Turnier zwar mit klarem Vorsprung, aber ich landete auf dem zweiten Platz, so daß er nicht mehr im Zweifel darüber sein konnte, wer nach seinem nächsten Titelverteidigungskampf gegen Kortschnoi Ende 1981 in Meran als sein wahrscheinlich nächster Herausforderer zu Hause auf ihn warten würde.

Während Karpow sich auf seine Titelverteidigung vorbereitete, trug ich zum Sieg des sowjetischen Teams bei der Mannschaftsweltmeisterschaft in Graz bei, an der 26 Nationalteams teilnahmen. Ich erzielte das beste Einzelergebnis: acht Siege und zwei

Remisen in zehn Partien. Wladimirow und ich teilten uns in Graz ein Zimmer und suchten zum Essen regelmäßig ein chinesisches Restaurant auf. Nach diesen Mahlzeiten spielte ich immer sehr gut; dann jedoch stellten wir die Restaurantbesuche ein, und prompt folgten meine zwei Remispartien. Wladimirow meinte: »Gehen wir lieber wieder hin! Du brauchst kräftige Fleischspeisen und Bier.« So machten wir es, und siehe da, ich gewann wieder.

Eric Schiller, ein amerikanischer Meister, muß mich bei dieser Veranstaltung sehr aufmerksam beobachtet haben. Um mir nicht selbst peinliche Komplimente machen zu müssen, zitiere ich seinen Bericht kommentarlos – einfach um zu zeigen, wie ich damals auf diesen aufmerksamen westlichen Beobachter wirkte:

»Auf dieser Veranstaltung bekam ich einige von Garris abergläubischen Neigungen mit. Wie Samson scheint er zu glauben, daß Rasieren seinem Spielglück schadet; nach seinem Remis gegen Kouatly (zu dieser Partie war er glattrasiert erschienen) nahm sein Gesicht bohèmehaftere Züge an. Daraufhin begann er wieder zu siegen und beendete das Turnier mit einer atemberaubenden Siegquote von 90 Prozent – und das bei einem Teilnehmerfeld von achtbarem internationalen Format.

Die beiden beeindruckendsten Partien waren die gegen den Briten Speelman und den Amerikaner John Fedorowicz. Gegen letzteren zeigte Kasparow ein Spiel, in dem ein Wesenselement seines Stils zum Tragen kam. Als John immer mehr in Zeitnot geriet und seine Figuren auf die Damenseite zu wandern begannen, beschloß Garri, ihn ein wenig ›zeitnervös‹ zu machen. Diese Taktik ging auf bewundernswerte Weise auf.

Garri bereitet sich unmittelbar vor Beginn einer Partie nochmals konzentriert vor: Er erscheint frühzeitig am Ort und versenkt sich in tiefe Konzentration, um auf diese Weise seine inneren Kraftströme zu aktivieren. Sein Gesicht, kurz vorher noch ruhig und entspannt, weist Anzeichen höchster Anspannung auf. Nimmt man ihm gegenüber Platz, so spürt man regelrecht die von ihm ausgehende Hochspannung. Er ist, einfach gesagt, ein beängstigender Gegenspieler.

Außerhalb des Wettkampfs zeigt er sich von einer ganz anderen Seite. Er spielt begeistert ›Blitzschach‹, doch wird ihm dies, wenn er nur auf schwache Gegenwehr stößt, schnell langweilig. Die einhellige Meinung im Kreise einiger unserer besten amerikanischen Blitzschachspieler war, daß er einfach unglaublich gut ist. Wie Garri mir sagte, gibt es für ihn eigentlich nur einen interessanten Blitzschachgegner – Karpow. Sein Selbstvertrauen ist enorm, schlägt aber nie in Arroganz um. Und er hält nach wie vor das Vermächtnis Bobby Fischers in Ehren. Uns verbindet eine gemeinsame ›Krankheit‹ – wir leiden beide an einer leichten Klaustrophobie. Inmitten größerer Menschenansammlungen fühlt Garri sich unwohl.

Garri ist ein ausgezeichneter Lehrer. In Graz hielt er einen Vortrag, in dem er die Partien einiger Teilnehmer aus der Dritten Welt analysierte. Die Art, wie er die Botwinnik-Ausbildungsmethode darstellte, war vorzüglich, seine praktischen Ratschläge erwiesen sich als nützlich. Ich muß zugeben, daß mein eigenes Spiel sich im Verlauf der folgenden Monate merklich verbesserte – dabei hatte ich nur als Übersetzer fungiert!«

Ich meinerseits muß zugeben, daß ich nicht mehr tat, als aus einer Sammlung von Schachkommentaren vorzulesen, die Nikitin und ich später in Buchform veröffentlichten. Über dieses Buch hieß es in einer Besprechung: »[Kasparows] Schreibstil unterscheidet sich völlig von dem Fischers; das Niveau seiner Allgemeinbildung ist deutlich höher. Er ist ein begieriger Leser und hat immer anspruchsvollen Lesestoff im Reisegepäck.«

Es ist wahr, daß ich immer und überall Bücher mit mir herumschleppe: Geschichtsdarstellungen, Biographien, die Gedichte meines heißgeliebten Lermontow. Es interessiert mich immer brennend, Neues über die Länder zu erfahren, die ich besuche. Als ich in Spanien war, besuchte ich den Escorial-Palast in Madrid und brachte meine Fremdenführerin in Verlegenheit, weil ich, so schien es, über das Gebäude mehr wußte als sie. Immer wieder gab ich ihr Hinweise und Stichworte. Ich habe eben ein so gutes Gedächtnis, daß ich mich an jede Einzelheit, jede Zeitangabe erinnern kann, die mir irgendwann vor Augen gekommen ist. Als Junge konnte ich mein Wissen nie für mich behalten; später lernte ich, meine »Gelehrsamkeit« etwas besser zu beherrschen. Es ging mir nicht darum, mit meinem Wissen zu glänzen, ich wollte nur meine Kenntnisse mit allen Leuten teilen. Meine Erinnerungen an diese Zeit bestehen, soweit es die Vorgänge außerhalb des Schachspiels betrifft, aus einer Fülle ziemlich verschwommener Eindrücke – eine scheinbar endlose Abfolge von Flugreisen, Hotelübernachtungen, Restaurantbesuchen, Wettkämpfen, Interviews, Partie-Analysen. Was noch am besten haften bleibt, sind Probleme, und meine Probleme spielten sich vorwiegend auf dem Schachbrett ab. Ich registrierte natürlich meinen wachsenden Bekanntheitsgrad, und es wäre unaufrichtig, so zu tun, als hätte ich mich darüber nicht gefreut. Andererseits begann ich, Restaurants und andere Orte, wo ich von wildfremden Leuten erkannt und angesprochen werden konnte, zu meiden. Wadim Minasjan mußte feststellen, daß es uns nicht mehr möglich war, ungestört durch Baku zu spazieren. Immer wieder wurden wir von Leuten angehalten, die sich mit mir unterhalten oder mir gratulieren oder mir Glück wünschen wollten. Später erging es mir auch in anderen sowjetischen Städten so, selbst in Moskau, und auch in einigen anderen europäischen Großstädten, namentlich in Holland, Großbritannien und Spanien, wo das Schach sich besonderer Beliebtheit erfreut.

Meine Probleme im Umgang mit anderen Menschen meines Alters blieben bestehen. Mit prominenten oder wichtigen Leuten hatte ich Kommunikationsschwierigkeiten, weil sie, wie mir schien, immer etwas von mir wollten und ich in ihrer Gegenwart daher nie locker sein konnte. Mit Leuten, die dem gleichen Milieu wie ich entstammten, hatte ich Kommunikationsprobleme, weil meine exotisch klingenden Berichte über die Länder und Städte, die ich gesehen, und die Dinge, die ich getan hatte, sie offenbar erschreckten und auf Distanz zu mir gehen ließen.

Eine Zeitlang, in meinem 16. oder 17. Lebensjahr, verkehrte ich in einer Gruppe gewöhnlicher »kleiner Leute« aus Baku, in deren Gesellschaft ich mich pudelwohl fühlte. Es war eine bunte Gesellschaft von Arbeitern: Kraftfahrer, Mechaniker, einfaches Volk. Sie waren keine politisch bewußten »blatnoi« – Rebellen oder Dissidenten –, sondern hatten lediglich ihre Freude daran, aufmüpfige und unkonventionelle Dinge zu machen. Sie bewunderten mich und gaben mir so etwas wie Nestwärme. Sie wollten nichts von mir; meine Gegenwart genügte ihnen, und das tat mir gut. Im Gegensatz zu meinen Schulkameraden waren sie neugierig auf meine Erzählungen über die Schriftsteller, Schauspieler und sonstigen Prominenten, denen ich begegnet war. Diese Jungen schienen frei von gewöhnlichen Hemmungen und Zwängen. Sie fanden nichts dabei, offen über Mädchen zu reden, zu trinken oder über die Stränge zu schlagen. Bei ihnen fand ich eine Atmosphäre, ein Lebensgefühl, in das ich mich verliebte. Wegen des abgehobenen Lebens, das ich führte, hatte ich bis dahin kaum Gelegenheit gehabt, gewöhnliche Leute kennenzulernen; daher war dies für mich eine neue und lehrreiche Erfahrung. Wir unternahmen zusammen Dinge, die harmlos, aber trotzdem aufregend waren. Ich finde es eigenartig, daß ich sowohl mit hochgestellten Personen, Spitzenfunktionären, Politikern und dergleichen, als auch mit Leuten aus der Unterschicht gut und locker zurechtkomme, nicht aber mit den »mittleren Rängen«.

Meine nächste Auslandsreise führte mich ins holländische Tilburg, zum sogenannten Interpolis-Super-Großmeister-Turnier. Es war für mich ein ernüchterndes Erlebnis, zeigte es mir doch, daß ich noch eine Menge zu lernen hatte. Bis jetzt hatte ich immer die wirksame Geheimwaffe der Überraschung einsetzen können. Keiner meiner Gegner hatte in dem noch jugendlichen Knaben, der ich war, einen wirklich bedrohlichen Gegner gesehen. Die ausländischen Großmeister hatten sich nicht sehr aufmerksam mit meinen Partien beschäftigt. Das war ein Vorteil für mich. Aber Ende 1981 war dieser Bonus dahin: Die Großmeister hatten mich »entdeckt«. Mein Name und mein Ruf eilten mir voraus, wo immer ich jetzt antrat. Man war auf mich vorbereitet. Ich lernte schnell, daß die besten internationalen Großmeister Männer von großem Ideenreichtum und immer für Überraschungen gut sind. Später sollte ich begreifen, daß dies eine heilsame Erfahrung für mich war, eine notwendige Etappe meiner Ausbildung sozusagen; damals jedoch wirkte sie auf mich wie ein Schock. Ich war an Mißerfolge nicht gewöhnt.

Wenn ich von Mißerfolgen spreche, ist dies natürlich auf meine eigenen Erfolgsmaßstäbe bezogen. Die meisten Außenstehenden würden es für einen achtbaren Erfolg halten, wenn ein Achtzehnjähriger unter 14 international erfahrenen Großmeistern den siebenten Platz belegt. Ich verlor und gewann je drei Partien; alles andere waren Remisen. Ich selbst empfand meine Leistung als zutiefst frustrierend und enttäuschend. Was mir und meinen

Betreuern am meisten Kopfzerbrechen bereitete, war die Tatsache, daß es mir nicht gelang, aus überlegenen Stellungen das Bestmögliche zu machen. Die Großmeister verstanden es mit größerem Geschick, als ich es angenommen hatte, sich aus schwierigen Situationen zu retten, besonders im Endspiel. In meinem Innersten wußte ich genau, daß ich sie schlagen konnte; aber wie schon immer: mein größter Gegner war ich selbst.

Ich erinnere mich daran, daß beispielsweise der ungarische Großmeister Lajos Portisch in der zweiten Runde aus einer praktisch aussichtslosen Lage heraus ein Remis gegen mich erzwang. Gegen Boris Spasski brachte ich mich anschließend in alle möglichen Schwierigkeiten, verpaßte mindestens zwei Siegchancen und verlor schließlich durch Zeitüberschreitung. Gegen Tigran Petrosjan wagte ich einen tollkühnen Zug, nach dem ich seinen König über das Brett jagen konnte, aber der gewitzte Armenier, der nicht wie ein Tiger spielte, sondern eher wie eine Pythonschlange, wurde mit diesem Problem fertig und bezwang mich am Ende. Ich nahm mir die Lektion zu Herzen, die er mir bei dieser Gelegenheit erteilte, und lernte daraus genug, um sie ihm später, in Bugojno und Nikšić, heimzahlen zu können.

Als kleine Ehrenrettung betrachtete ich meinen Sieg gegen Ulf Andersson in einer der, wie ich nach wie vor glaube, besten Partien meines Lebens. Petrosjan, der meine Begabung unbeirrt auch in Zeiten rühmte, in denen es offiziell nicht erwünscht war, dies zu tun, schrieb danach: »Bei Kasparow ist es in der Regel so, daß alle [Figuren] einbezogen werden. Diese Fähigkeit zur geduldigen Mobilisierung der ›Reservetruppen‹ vor dem entscheidenden Angriff ist eines von Kasparows Erfolgsgeheimnissen. Nur äußerst selten läßt er sich bei einem vorwitzigen Angriff ertappen. Weite Nachschubwege benötigt er nie! Man kann nicht umhin, die Art und Weise zu bewundern, in der er jede einzelne Figur, den König ausgenommen, in den Angriff einbezieht und dabei dafür sorgt, daß es für Schwarz absolut keine Möglichkeit gibt, den Austausch irgendeiner Figur zu erzwingen.« Am Schluß dieser Partie rief Andersson aus: »Gegen Kasparow spiele ich nie mehr!« – und hielt die Uhr an. Aber natürlich spielten wir wieder gegeneinander.

Es war ein schweres Turnier für mich. In manchen Partien

spielte ich sehr gut, aber unter dem Strich ließen die Ergebnisse zu wünschen übrig. Vielleicht war ich noch zu jung und zu versessen darauf, den Wettbewerb zu gewinnen. Die Großmeister bestraften meine zu große Risikobereitschaft. Das brachte mich zu der Erkenntnis, daß ich mehr Erfahrung und Spielpraxis gegen ausländische Großmeister brauchte. Ich mußte mich im Kampf gegen die besten internationalen Turnierspieler »abhärten«, wie gegen Jan Timman, den holländischen Großmeister, der mir immer schwere Nüsse zu knacken gab. Meine Betreuer und ich stimmten darin überein, daß dies die wichtigste Lektion des Tilburger Turniers war. Ich ahnte damals nicht, welche Konflikte mit den sowjetischen Behörden mir diese Einsicht bescheren würde.

Schon im folgenden Monat bekam ich in der »Höchsten Liga« der 49. UdSSR-Meisterschaft in Frunse Gelegenheit, einige Scharten auszuwetzen. Dieses Turnier bietet viele Möglichkeiten zum Improvisieren, zum Ausprobieren neuer Ideen und ganz allgemein zur Erweiterung des praktischen und theoretischen Schachwissens. Viele der bei diesem Turnier gespielten Partien sind festgehalten worden und dienen den Großmeistern als Studienmaterial, wie etwa mein Eröffnungssieg gegen Gawrikow, einen bekannten Spezialisten der Tarrasch-Verteidigung. Ich entschloß mich, direkt auf seinen König loszugehen, was gegen diese Spielweise normalerweise selbstmörderisch und so gut wie nie versucht worden ist. Es ging gut, und ich gewann die Partie.

Eric Schiller zeigte sich besonders angetan davon, was ich vom 23. Zug an mit einem meiner Läufer machte. »Behalten Sie diese Figur im Auge«, schrieb er in einem Kommentar zu dieser Partie. »Wie von allen Teufeln der Hölle verfolgt, stürzt dieser Läufer sich in ein wahres Himmelfahrtskommando. Die Antwort von Schwarz ist erzwungen. Es ist nicht der Zug als solcher, der unsere Bewunderung verdient, sondern der unglaubliche Angriffsschwung, die Odyssee dieses Läufers.« In einer anderen Partie, gegen Jussupow, brachte ich ein verblüffendes Springeropfer, das viele für den besten Zug des ganzen Turniers halten. Selbst nach der neunten Runde war noch kaum abzusehen, wer das Turnier gewinnen würde, da ich noch mit vier Hängepartien im Rückstand war. An einem Abend mehrere Hängepartien zu Ende zu spielen, ist verständlicherweise schwierig. Für eine gründliche Analyse bleibt wenig Zeit, da man sich nicht auf eine Stellung konzentrieren kann, sondern die Aufmerksamkeit auf mehrere Partien und deren mögliche Verläufe verteilen muß. Anders als bei nationalen Meisterschaften in anderen Ländern, werden den Spielern zwischen zwei Partien hier nur 15 Minuten Pause zugestanden; es fällt schwer, in dieser kurzen Zeit die vorausgegangene Partie zu vergessen und sich auf die nachfolgen-de einzustellen. Ich erinnere mich, daß einer meiner Gegner, Dolmatow, aufgab, ohne noch einmal anzutreten, aber gegen Beljawski, Kusmin und Karpows alten Mitstreiter Kupreitschik mußte ich in die Schlacht ziehen. Jede dieser Partien warf ihre besonderen analytischen Schwierigkeiten auf, so daß Nikitin und ich den Großteil der Nacht damit verbrachten, die vielen mögli-chen Varianten durchzuspielen, die sich an die mir unbekannten Abgabezüge meiner Gegner knüpfen würden.

Die Partie gegen Beljawski konnte ich schließlich gewinnen, obwohl Nikitin und ich in unserer nächtlichen Analyse auf einen Abgabezug gestoßen waren, mit dem mein Gegner wahrschein-lich ein Remis hätte erzwingen können. Glücklicherweise fand sich in dem versiegelten Umschlag ein anderer Zug. Die beiden anderen Hängepartien konnte ich, wie erhofft, mit Remis been-den. Wenngleich am Ende Psachis vor mir lag, war es doch ein gutes Turnier für mich gewesen, besonders in der letzten Runde. Einer der Vorteile bei Turnieren wie diesem ist, daß man theore-tische Varianten praktisch ausprobieren und sogar die eine oder andere allgemein akzeptierte Schachweisheit in Frage stellen kann. Eine der klassischen Schachweisheiten besagt beispiels-weise, daß der mit den schwarzen Figuren Spielende sozusagen von Natur aus in die Rolle des Verteidigers gedrängt ist und daher vorrangig versuchen muß, Ausgleich zu erreichen. Innova-tive Schachspieler lassen sich durch solche Rollenzuweisungen nicht in ihrer Gestaltungsfreiheit einengen. Heute kennen wir Eröffnungen, bei denen Schwarz die sonst dem Anziehenden vorbehaltene Rolle des Spielgestalters übernimmt. Wenn Schwarz frühzeitig eine kompromißlose Haltung an den Tag legt, kann er Weiß die Initiative entreißen.

Hier wie in so vielen anderen Bereichen war es Botwinnik, der die Richtung wies. Er erläuterte das Problem anhand eines Vergleichs mit einem tanzenden Paar, bei dem die Dame führt. Botwinnik war übrigens selbst ein ausgezeichneter Tänzer, der im Foxtrott und im Charleston mit Berufstänzern mithalten konnte. Galina Ulanowa, die berühmte Ballerina vom Bolschoitheater, sagte einmal zu ihm: »Ich hätte nie gedacht, daß Schachspieler tanzen können!«, worauf er hinzufügte, daß sie eine ziemlich schlechte Foxtrottänzerin sei.

Botwinnik wandte oft Eröffnungen an, die von den Theoretikern als »minderwertig« abgetan worden waren. Er stützte sich auf seine eigenen gründlichen Analysen und ein exaktes Verständnis der jeweiligen Stellung. Mit dieser Art des Spiels erzielte er zahlreiche Erfolge. Die sogenannte Botwinnik-Variante der Halbslawischen Verteidigung gehört zu den bekanntesten unter seinen Lieblingswaffen. Gegen Dorfman und Timoschtschenko, die mir später, bei der Weltmeisterschaftsvorbereitung, so unschätzbare Dienste als Trainingspartner und Betreuer leisteten, lieferte ich in Frunse ausdauernde Schlachten um diese Botwinnik-Variante. Meistens geht Weiß dieser Variante aus dem Weg, doch ich ließ mich auf sie ein und gewann.

Es ist jedoch im Schach nicht immer so, daß der Gewinn einer Partie den theoretischen Disput entscheidet. Es könnte schließlich sein, daß der Gegner einen Fehler begangen hat, den der nächste Kontrahent nicht machen wird. Vielleicht wird die gewählte Strategie sich dann als Fehler erweisen. In der Partie gegen Timoschtschenko hing alles von einem Bauernopfer beim 30. Zug ab. Ich konnte mir hinterher kein sicheres Urteil darüber bilden, ob das Opfer wirklich korrekt gewesen war. Gab es vielleicht einen besseren Gegenzug für Schwarz?

Diese Frage bewegte nicht nur mich. Fast alle Turnierteilnehmer schalteten sich in die Diskussion darüber ein. Es wurde eine sehr geräuschvolle Diskussion, in deren Verlauf sich die allgemeine Überzeugung breit machte, daß Schwarz die Partie hätte gewinnen können! Sweschnikow, der mein nächster Gegner sein sollte, tönte, er werde mir das in unserer Partie beweisen. Die Frage beschäftigte mich so, daß ich im Hotel eine Zeitlang keine Ruhe fand. War es denkbar, daß die ganze Partieanlage von Weiß nur ein Bluff war, den ein aufmerksamer Gegner durchschauen und platzen lassen konnte? Immer wieder durchgrübelte ich dieses Problem, bis ich endlich um zwei Uhr morgens Schlaf fand.

Am nächsten Vormittag ließ ich mich wieder auf die Botwinnik-Variante ein, und Dorfman und ich legten die ersten 30 Züge im Eiltempo zurück, weil wir so schnell wie möglich zur kritischen Stellung kommen wollten. Die Zuschauer staunten, als wir nach 40 Minuten schon 30 Züge hinter uns hatten. Dorfman war nach gründlicher Analyse zu der Gewißheit gelangt, er würde gewinnen. Ich war sicher, daß meine Analyse die richtige sei. Im Anschluß an den 35. Zug aber zeigte sich, daß die schwarzen Figuren aufgrund ihrer unglücklichen Stellung ihrem König nicht zu Hilfe eilen konnten. Der Versuch, die Variante zu rehabilitieren, war gescheitert.

Aber vielleicht würde Sweschnikow eine andere, bessere Antwort finden. Ich sollte es nie erfahren, denn der Großmeister aus Tscheljabinsk war offenbar zu dem Schluß gekommen, daß Vorsicht der bessere Teil der Tapferkeit ist – er ging bei unserer Begegnung dem Botwinnik-System von vornherein aus dem Weg. Allerdings sprachen wir in der Analyse nach der Partie noch einmal darüber.

Zu Beginn der letzten Runde lag Lew Psachis einen halben Punkt vor mir. Ich hatte gegen ihn den kürzeren gezogen, nachdem ich ein frühes Remisangebot abgelehnt hatte. Er schien den Turniersieg schon in der Tasche zu haben, konnte er doch in seiner letzten Partie gegen Agsamow mit den weißen Figuren spielen, während ich nach einem Remis in meiner Hängepartie gegen Romanischin noch mit den schwarzen Figuren gegen den gefürchteten Tukmakow antreten mußte, der nur noch ein Remis benötigte, um sich die Bronzemedaille zu sichern. Aber Schlußrunden unterliegen nicht immer den Gesetzen der Logik. Psachis hätte auf ein sicheres Remis ausgehen können, denn selbst wenn ich gegen Tukmakow ebenfalls ein Remis erreichte – und mehr schien für mich nicht drin –, würde ihm dies zum Gesamtsieg reichen. Doch Lew beschloß sympathischerweise, aufs Ganze zu gehen und das Turnier mit einem Sieg zu beenden.

Unterdessen fragte ich mich, wie ich mit Tukmakow fertig werden sollte. In diesem kritischen Augenblick meiner Karriere ging es auch für mich um alles oder nichts. Ich wählte die Königsindische Verteidigung, eine alte und bewährte Waffe.

Das von Tukmakow gewählte System versprach aus seiner Sicht nicht allzuviel, hatte aber den Vorteil, ein aktives Gegenspiel der schwarzen Figuren so gut wie unmöglich zu machen. Aus seiner Sicht war dies vernünftig, denn mit einem Remis, wie glanzlos auch immer, war ihm ja gedient. Ich jedoch konnte es mir, so wie die Dinge lagen, nicht leisten, die Partie in ruhiges Fahrwasser abgleiten zu lassen. Das wußte natürlich auch Tukmakow. Er spekulierte darauf, daß ich, wenn ich auf Sieg spielen wollte, die ausgetretenen Pfade verlassen und etwas Unorthodoxes und möglicherweise Riskantes probieren mußte.

Nach den ersten Scharmützeln spürte ich, daß Tukmakow an eine Siegchance glaubte. An einer Stelle bot sich ihm eine erkennbare Gelegenheit, eine ganze Abtauschserie einzuleiten, die zu dem Remis hätte führen können, das ihm zum Gewinn der Bronzemedaille genügt hätte. Aber er unterließ diesen Zug, wie ich mit Interesse registrierte, zugunsten einer konstruktiveren Variante. Augenscheinlich glaubte er, mich für mein riskantes Eröffnungsspiel bestrafen zu können. Er begann, dynamischere Positionen aufzubauen. Mir war das nur recht, konnte ich doch immer mehr Figuren nach vorn bringen, was ihn zwang, mit größter Sorgfalt zu reagieren, da der kleinste Fehler verhängnisvolle Folgen für ihn haben konnte.

Ich erhielt dadurch ein Stückchen Freiraum für eigene Initiative, und das war alles, was ich brauchte. Ich konnte jetzt mit jedem Zug neue Gefahren für ihn heraufbeschwören und meine Kräfte mobilisieren. Ich kam zu der Überzeugung, daß diese Partie nicht durch Materialüberlegenheit entschieden würde, sondern durch stürmische Verwicklungen; deshalb opferte ich zwei Bauern. Dies lockte den weißen Turm auf Abwege und deckte eine unerwartete Schwachstelle auf der weißen Grundlinie auf. Unversehens wanderten die weißen Figuren auf die Damenseite, weg vom eigentlichen Kampfgeschehen, das sich in die Nähe des weißen Königs verlagerte. Die schwarzen Figuren begannen seine Residenz zu belagern.

Ich merkte intuitiv, daß Tukmanov sich der Gefahr, in der er schwebte, nicht voll bewußt war und sich auf die Stärke seiner

Stellung verließ; und auf den ersten Blick schien es tatsächlich so, als hätte Weiß die Dinge unter Kontrolle. Aber das ungeheure Kraftpotential, das in der Stellung der schwarzen Figuren steckte, hatte gerade erst begonnen, sich zu entfalten. Mit Verspätung begann Tukmakow, Verstärkungen von der Damenseite herüberzuholen, womit er mir allerdings nur neue weiße Angriffsobjekte vor die Nase setzte.

Ich hätte in dieser Situation mit einem bestimmten Manöver ein Remis herbeiführen können und hätte mich, da ich mit Schwarz spielte, in jeder anderen Situation als dieser auch dafür entschieden. Aber an diesem Tag wollte ich, zu jedem Risiko bereit, ein Remis vermeiden. Am Ende unterlief Tukmakow ein grober Fehler, der die Partie für mich entschied. Er befand sich in ernster Zeitnot und sah sich, da die schwarzen Figuren alle Schlüsselfelder besetzt hielten, allen möglichen Bedrohungen ausgesetzt. Er hätte vielleicht auch ohne seinen Fehler verloren. Aber so schenkte er mir den Sieg kampflos. Angesichts des besonderen Sterns, unter dem diese Partie stand – ich meine ihre Bedeutung für den Ausgang des Turniers und die psychologische Atmosphäre, in der sie stattfand –, möchte ich sie als eine der wichtigsten in meiner gesamten Schachlaufbahn bezeichnen.

Auch die Partie von Psachis näherte sich ihrem Ende. Einmal sah es so aus, als habe er die besseren Karten, aber sein Kontrahent konnte durch hartnäckige Verteidigung den Kopf aus der Schlinge ziehen. Psachis beschloß daraufhin, kein Risiko mehr einzugehen, und steuerte auf ein Remis zu. Als er dieses seinem Gegner anbot, lehnte der es zu seiner Überraschung ab. Auch ich war überrascht – besser gesagt, ich konnte es gar nicht glauben. Die Partie endete schließlich doch mit einem Remis in etwas unübersichtlicher Stellung, ein Ergebnis, das für einige Aufregung sorgte. Lew sagte mir später: »Vielleicht hätte ich weiterspielen und gewinnen können, aber ich war mit meinem Nervenkostüm nicht so gut beisammen. Ich dachte mir: Wenn ich ein Remis mache, kann ich in mein Zimmer gehen und eine Flasche Champagner aufmachen.«

Wir beide lagen jetzt genau gleichauf, zweieinhalb Punkte vor dem nächstplazierten Spieler. Wir hatten ein dramatisches Rennen hinter uns, in dessen Verlauf die Führung mehrmals gewech-

Ein anderes
Simultanspiel –
diesmal gegen
Kortschnoi. Es ende-
te remis, aber ich
hatte gute Chancen.

Sowjetische Jugend-
meisterschaften in
Vilnius 1975. Ich bin
der kleine Junge in
der Mitte der vorde-
ren Reihe.

Unten links:
Äußerst kon-
zentriert.

Unten rechts:
Spiel im Palast der
Pioniere in Baku.

Ansichten meiner Heimatstadt Baku, in der ich gerne spazierengehe.
Unten: Die Bucht mit Kirows Standbild im Vordergrund

In der Schule.

Oben: Mit meiner Lehrerin Alexandra.

Mitte: Während einer Physikstunde.

Unten: Mit meiner Mutter und meinem Trainer Nikitin, als ich mich mit 15 Jahren für die sowjetische Spitzenliga qualifizierte.

Größen der Vergangenheit

Oben: Blindschach von Aljechin gegen 28 französische
Meister.

Mitte: Weltmeister
Botwinnik.

Unten: Der junge Tal verteidigt seinen Titel gegen Botwinnik.

selt hatte. In einer solchen Situation greift man gewöhnlich auf irgendein Verfahren oder eine Zusatzwertung zurück, um den Gewinner zu ermitteln. In diesem Fall jedoch wurde entschieden, uns beiden eine Goldmedaille zu verleihen – womit sowohl Lew als auch ich uns einverstanden erklärten. Ich war jetzt sowjetischer Komeister, aber leider waren in dieser Stunde weder meine Mutter noch Nikitin noch sonst jemand da, mit dem ich hätte feiern können.

Es war jetzt klar, daß ich aus meinen Partien gegen die anderen sowjetischen Großmeister eine Menge gelernt hatte – vielleicht hatten sie ja auch einiges von mir gelernt. Innerhalb der obersten Liga war ich binnen drei Jahren vom neunten über den dritten auf den ersten Platz geklettert. Ich war jetzt 18 Jahre alt und bereit, ins eiskalte Wasser des internationalen Turniersports zu springen.

Eine Woche vor Beginn des geschilderten Turniers im Sportpalast von Frunse hatte Karpow in Meran seinen Weltmeistertitel gegen Kortschnoi verteidigt. Die nächste Herausforderungsrunde um den Weltmeistertitel mußte in Kürze beginnen. Wer würde 1984 der Herausforderer Karpows sein? Ich spürte in meinen Knochen, daß ich das Zeug hatte, es zu werden, auch wenn ich gerade erst 21 Jahre alt und damit der jüngste Herausforderer in der Geschichte der Schachweltmeisterschaft wäre. Doch seit Tilburg wußte ich, daß meine Chance, in all den anstehenden Kandidatenausscheidungen auf den verschiedenen Ebenen zu triumphieren, gleich Null war, wenn ich nicht schnellstens weitere Erfahrung in erstklassig besetzten Turnieren im Ausland sammelte.

Das bevorstehende Jahr 1982 versprach ein für meine zukünftige schachliche Entwicklung höchst wichtiges Jahr zu werden. Ich studierte die Liste der für dieses Jahr angesetzten internationalen Turniere. Eingeladen war ich zu allen, aber am interessantesten erschienen mir die Turniere von London, Turin und Bugojno. Ich besprach mich mit meinen Trainern, und wir einigten uns auf das jugoslawische Turnier. Ich wußte natürlich, daß ich dort nur mit Genehmigung des sowjetischen Schachverbands und des Sportkomitees würde antreten können, nahm aber an, dies werde nicht viel mehr als eine Formalität sein. Welchen Grund sollten

97

sie haben, der Karriere eines verheißungsvollen jungen sowjetischen Großmeisters Steine in den Weg zu legen?

Was Nikolai Krogius, Leiter der Schachabteilung des Sportkomitees, mir dann tatsächlich anbot, war ein zweitrangiges Turnier in Dortmund; meine Teilnahme an einem der großen Turniere schloß er ausdrücklich aus. Sie mußten wissen, daß dies für einen Spieler mit meiner Ergebnisbilanz eine Beleidigung war. Alle anderen Großmeister durften an den bedeutenden Turnieren teilnehmen, nur nicht Kasparow, der inzwischen sogar sowjetischer Meister war und eine höhere FIDE-Wertung vorweisen konnte als viele derjenigen, denen man erlaubte, was man ihm verwehrte. Eine Begründung wurde mir nicht gegeben. Auf Diskussionen ließ man sich nicht ein.

Ich begann mich zu fragen: Warum muß mir das widerfahren? Warum ausgerechnet mir und nur mir allein? Was habe ich falsch gemacht? Ich kam mir vor wie in eine kafkaeske Welt bürokratischer Schikanen versetzt und wußte nicht, womit ich dies verdient hatte. Ich sah eine Mauer bürokratischer Sturheit vor mir und hatte nicht die geringste Ahnung, was oder wer sich dahinter verbarg. Was ich damals noch nicht begriff, war, daß eine Art kalter Krieg gegen mich begonnen hatte. Wenn ich heute aus der Perspektive des durch Erfahrung klüger Gewordenen zurückblicke, kommt es mir so vor, als hätten nicht einmal alle meine damaligen Gegner voll und ganz verstanden, worum es ging.

Als ich von Krogius wissen wollte, weshalb meinem sportlichen Fortkommen solche Steine in den Weg gelegt wurden, entgegnete er mit entwaffnender Schlichtheit und ohne das geringste Anzeichen einer persönlichen Abneigung gegen mich (die stellte sich erst später ein): »Im Moment haben wir schon einen Weltmeister und brauchen keinen anderen.«

KAPITEL 6

Lang lebe der König

Daß Anatoli Jewgenjewitsch Karpow im Reich des sowjetischen Schachs ein mächtiges Zepter schwang, hatte ich immer gewußt, nicht aber, daß er darin herrschte wie ein Zar. Er war der Weltmeister, natürlich. Er hatte nach der schockierenden Niederlage von Boris Spasski 1972 in Reykjavik gegen Bobby Fischer, den ersten nichtsowjetischen Weltmeister seit Kriegsende, die verletzte sowjetische Ehre wiederhergestellt. Botwinnik, Smyslow, Tal, Petrosjan, Spasski – bis der exzentrische Amerikaner diese »Erbfolge« durchbrach, hatten wir in der Schachwelt unangefochten die erste Geige gespielt. Die Niederlage Spasskis wurde in der Sowjetunion als niederschmetternd empfunden, besonders weil der Usurpator Amerikaner war und die Krone im hellen Rampenlicht der internationalen Öffentlichkeit an sich gerissen hatte.

Ich war zum Zeitpunkt dieser dramatischen Ereignisse noch ein Kind, aber natürlich hörte ich von den älteren Schachspielern, die Fischer bei Turnieren begegnet waren, allerlei Gerüchte, die über diesen seltsamen Amerikaner im Umlauf waren. Es hieß, er sei zwar ein glänzender Schachspieler, leide jedoch an schwerwiegenden charakterlichen Mängeln. Das folgende, von Paul Keres stammende Urteil kann stellvertretend für die Meinung vieler sowjetischer Großmeister über Fischer stehen:

»Was ich zu sagen habe, ist keineswegs dazu bestimmt, seine Leistungen herabzusetzen oder polemisches Stroh zu dreschen; es soll vielmehr ein Ratschlag eines alten und erfahrenen Großmeisters an die Adresse eines jungen Kollegen sein. Nach meiner Auffassung, mit der ich nicht allein stehe, ist Bobby Fischers größter Fehler ein Mangel an Objektivität gegenüber seinen Leistungen, seinen Fähigkeiten und der Spielstärke *seiner Gegner. Ohne solche Objektivität ist es heutzutage kaum mehr möglich, in einem erstklassig besetzten Turnier um den Sieg mitzuspielen. Es ist bedauernswert, daß ein Spieler mit so viel Talent, mit so viel Liebe zum Schach, mit einem so enormen Heißhunger auf gründliche Analyse und mit einer so außerordentlich kraftvollen Spielweise es nicht vermocht hat – zumindest bis jetzt nicht –, bestimmte Unzulänglichkeiten in seinem Charakter zu überwinden.«*

Worin Fischers Problem lag, darin war man sich in Ost und West einig. George Steiner meinte, was Fischer zu schaffen mache, sei das »drastische Ungleichgewicht zwischen einem Schachvirtuosen und einem kaum über erste Ansätze von Erziehung und Bildung hinausgekommenen, in seiner emotionalen Entwicklung und seinen Erfahrungen mit normalen zwischenmenschlichen Beziehungen gerade erst am Anfang stehenden jungen Menschen«. In den Ansichten, die Fischer vertrat, und in seiner Persönlichkeit lag etwas krankhaft Einseitiges. Er war ein junger Mann mit dem Schachverstand eines ausgereiften Meisters, jedoch in jeder anderen Beziehung mit den emotionalen und geistigen Anlagen eines Halbstarken.

Nach allem, was man hört, fristet Fischer in Kalifornien das Dasein eines Sonderlings; er soll als religiöser Einsiedler leben und einmal sogar von der Polizei als Vagabund aufgegriffen worden sein. Wie es scheint, ist er auf den gleichen einsamen Weg geraten, den vor ihm der einzige andere amerikanische Schachweltmeister ging: Paul Morphy, der ebenfalls auf dem Gipfel seines Erfolgs mit dem Schachspielen aufhörte und sich in eine private Welt zurückzog, in der niemand ihn erreichen konnte, wie Achilles in seinem Zelt sitzend und die Welt verachtend. Das Ende vom Lied war, daß Karpow nie gegen Fischer antreten konnte, der an einen Titelkampf immer neue Bedingungen knüpfte, nur um sie dann wieder abzulehnen und zu verschärfen. Nachdem die FIDE ihm in den drei Jahren nach Reykjavik alle nur denkbaren Chancen gegeben hatte, seinen Titel zu verteidigen, blieb ihr 1975 keine andere Wahl, als Karpow die Schachkrone auf dem Silbertablett zu servieren. Dieser hatte sich in einer Serie von Ausscheidungskämpfen durch Siege über Polugajewski, Spasski und Kortschnoi von den anderen Kandidaten abgesetzt.

Gleichwohl war es keine befriedigende Lösung, den Titel durch Nichterscheinen des Gegners zu erringen, weder für Karpow noch für die Sowjetunion. Ich hatte immer das Gefühl, daß Karpow deswegen an einem Minderwertigkeitskomplex litt. Dies könnte eine Erklärung dafür sein, daß er an so vielen internationalen Turnieren teilnahm – viel öfter als alle seine Vorgänger auf dem Weltmeisterthron. Vielleicht glaubte er, der Welt beweisen zu müssen, daß er die Krone zu Recht trug. Er trat 1975 in Portoroz und Mailand an, 1976 in Skopje, Amsterdam und Montilla, 1977 in Las Palmas und Tilburg, und sammelte Siege und Titel wie Briefmarken für seine legendäre Sammlung. Nach Reykjavik machte sich in der sowjetischen Schachführung die Ansicht breit, unsere alten Großmeister seien vielleicht dadurch ein bißchen zahnlos geworden, daß sie die ganze Zeit nur gegeneinander gespielt hatten; vielleicht würde es ihnen guttun, häufiger rauhe Turnierluft im Ausland zu schnuppern. Man hörte viele Klagen und Vorwürfe über zu viel Selbstzufriedenheit im sowjetischen Schach. Es bedürfe, so die Devise, einer entschlosseneren Haltung und einer strafferen Disziplin. Die vereinigten Hoffnungen wurden in den neuen Mann Karpow investiert, für den sich plötzlich alle Türen öffneten und dem Genehmigungen für Auslandsreisen bereitwillig erteilt wurden. Keine Mühe wurde gescheut für die große, neue Hoffnung des sowjetischen Schachs.

Man sollte nicht vergessen, daß sowjetische Funktionäre unter schwachen Leistungen der von ihnen betreuten Sportler ebenfalls leiden können. Sportlicher Erfolg und gesellschaftliche Anerkennung sind für Spieler wie Offizielle zwei Seiten ein und derselben Medaille. Die Erfolge Fischers brachten viele Leute im sowjetischen Lager in Schwierigkeiten, denn es wurde die Parole ausgegeben, Ausbildung und Disziplin der sowjetischen Schachspieler ließen zu wünschen übrig und müßten verbessert werden. Niemand wollte akzeptieren, daß das Problem schlicht und einfach die Genialität Fischers war.

Als beispielsweise Mark Taimanow in Vancouver von Fischer mit 6:0 deklassiert wurde, sah er sich bei seiner Rückkehr nach Hause mit der Drohung konfrontiert, man werde ihm seinen Ehrentitel eines Meisters des sowjetischen Sports und sein staatliches Schachspielergehalt aberkennen. Das bedeutete neben finanziellen Einbußen und dem Verlust von Reisemöglichkeiten auch eine Schmälerung des Prestiges. Erst als der bedeutende dänische Großmeister Larsen mit demselben Ergebnis gegen Fischer verlor, wurde diese Drohung zurückgezogen, denn niemand konnte Larsen mangelnden Trainingsfleiß oder gar mangelnde persönliche Disziplin nachsagen. Petrosjan verlor, nachdem er gegen Fischer eine Niederlage kassiert hatte, seinen Posten als Redakteur der Schachzeitschrift 64. Da so viel auf dem Spiel stand, war es nicht allzu überraschend, daß einige unserer älteren Großmeister die Chance einer demütigenden Niederlage gegen den amerikanischen Superstar gern ausschlugen; sollte doch jemand anderem diese Ehre zuteil werden!

Als Karpow auf der Bildfläche erschien, wußten die sowjetischen Offiziellen, daß ihre eigene Zukunft – und die ihrer Familien – mit diesem aufgehenden Stern verknüpft sein würde. Wenn er auf den Boden zurückstürzte, würden vielleicht auch sie mit ihm fallen. Solange er jedoch hell am Firmament erstrahlte, würden ihre Positionen gesichert sein – und nicht nur ihre Positionen und ihre Gehälter, sondern auch all die damit verbundenen Privilegien, wie beispielsweise die vielfältigen Auslandsreisen. Für Witali Sewestjanow, den Exkosmonauten, der es inzwischen zum Vorsitzenden des sowjetischen Schachbunds gebracht hatte, war Karpow ein neuer Sputnik, den er starten lassen konnte.

So wurde also, um ein anderes Bild zu gebrauchen, das Flaggschiff des sowjetischen Schachs in »Karpow« umbenannt. Die Passagiere machten ihre Absicht deutlich, so lange an Bord – in ihren Erster-Klasse-Kabinen – zu bleiben, wie das Schiff in die richtige Richtung fuhr. Das bedeutete, daß man allen, die zusteigen wollten, erklärte, das Schiff sei voll besetzt. Zusätzliche Passagiere waren nicht erwünscht, man wollte den Genuß des hohen Lebensstandards, der auf dem Schiff herrschte, nicht mit anderen teilen.

Das sowjetische Schachestablishment betrachtete, nachdem es den Schock der Niederlage Spasskis verwunden hatte, den neuen jungen Meisterspieler aus dem Ural mit Wohlgefallen. Er schien der ideale Mann für ihre Zwecke. Er verhieß einen Neubeginn und verkörperte nach der erlittenen Demütigung die neue Hoffnung des sowjetischen Schachs. Er war ein umgänglicher, hart arbeitender Russe, bei dem man sicher sein konnte, daß er das eigene Nest nicht beschmutzen würde. Anders als viele seiner Schachspielerkollegen hatte er ein ruhiges Naturell. Er wußte, wie man an die Speckseite herankam – und wie man sich mit den Maden, die darin schon hausten, arrangierte.

Als der frühere Schachweltmeister Max Euwe am 24. April 1975 inmitten der weißen Marmorpracht des Moskauer Säulensaals unter funkelnden Kristalleuchtern im Rahmen eines mit Reden, Interviews und Blumen gespickten Galaabends Karpow den begehrten Titel verlieh, hatten die sowjetischen Funktionäre allen Grund zum Optimismus. Bezeichnenderweise bestand Karpows erste Amtshandlung als Weltmeister darin, einen Triumphzug durch seinen Heimatbezirk zu unternehmen, mit Vorträgen und Schaukämpfen in Schulen und Fabriken.

Für die sowjetischen Behörden war Karpow ein bequemer Weltmeister. Er war ein verläßliches Produkt des ihnen vertrauten Systems. Er kam aus Zentralrußland. Klein, unscheinbar (»Dieser Knabe ist zu schmächtig, um ein Großmeister zu sein«, sagte Eduard Gufeld, selbst ein Mann von gigantischen Proportionen, einmal über ihn) und auf den ersten Blick die Bescheidenheit selbst, wirkte er wie die personifizierte Anpassung. Wie der britische Großmeister Michael Stean es ausdrückte: »Mit seiner zerbrechlichen Gestalt und seinem zurückhaltenden Benehmen wirkt er wie der Prototyp des Jungen von nebenan. Daher ist seine große Popularität in der Sowjetunion leicht zu erklären. Er sieht aus wie einer von vielen, und entsprechend leicht fällt es vielen, sich mit ihm zu identifizieren.« Er war weder Jude wie Botwinnik und Tal noch Armenier wie Petrosjan. (Ich dagegen bin von beidem etwas.)

Woher es kommt, daß Juden in der Geschichte des Schachs eine Sonderstellung einnehmen, ist nicht klar. Manche Leute meinen, das Studium des Talmud fördere eine bestimmte, dem Schachverstand zuträgliche Art zu denken. Andere meinen, das Schach sei ein passendes Spiel für das Leben im Getto gewesen, da es wenig Mitspieler, wenig Raum und wenig Vorbildung voraussetzt und keine teuren Anschaffungen erfordert. Diese Ansicht vertritt beispielsweise der deutsche Großmeister Robert Hübner, der, wenn er nicht Schach spielt, seine Zeit mit der Entzifferung altgriechischer Texte auf Papyrusdokumenten verbringt. Seiner Überzeugung nach ist das Schach in einer neutralen Sphäre beheimatet und kann sich in relativer Unabhängigkeit von den übrigen gesellschaftlichen Vorgängen entwickeln. Andere verweisen auf die Affinität zur Musik, in der Juden auch eine herausragende Rolle spielen. Man könnte eine Erklärung für beides in der Tatsache sehen, daß sowohl Musik- als auch Schachtalente offenbar am besten in Gemeinschaften mit ausgeprägtem Familiensinn gedeihen. Ich kann mir die Sonderrolle der Juden wirklich nicht erklären, glaube aber, George Steiner hat recht, wenn er sagt: »Daß die Juden sowohl im Spitzenschach als auch in der modernen mathematischen Physik als auch in der Musik (wenn auch hier weniger als Komponisten denn als reproduzierende Solisten) überrepräsentiert sind, dürfte kein Zufall sein.« Ich habe gelesen, daß es im südlichen Rußland schon vor einigen Jahrhunderten wandernde jüdische Schachspieler gab. Vielleicht war unter ihnen ein Weinstein!

Ich einigen westlichen Presseberichten war zu lesen, der Umstand, daß mein Vater Jude war, sei mit ein Grund für meine Schwierigkeiten mit den sowjetischen Behörden gewesen. Meiner Meinung nach trifft das nicht zu. Ich bin nach Kultur und Bildung Russe und werde von jedermann in der Sowjetunion, auch von den Moskauern, als Russe akzeptiert. Ich habe immer russische Bücher gelesen und beschäftige mich seit der Schulzeit mit russischen Autoren. Russisch ist meine Muttersprache, nicht Armenisch oder Aserbeidschanisch.

Vielleicht war es ein Glück für mich, in Baku zur Welt gekommen zu sein, wo ein so kunterbuntes Völkergemisch herrscht, daß es einfach eine praktische Notwendigkeit war, das Russische als Einheitssprache, als »lingua franca«, zu benutzen. Natürlich kommt es vor, daß hier und da »echten« Russen landsmannschaftliche Protektion gewährt wird, aber ich glaube kaum, daß dies ein auf die Sowjetunion beschränktes Phänomen ist. In den Vereinigten Staaten gibt es große Mentalitätsunterschiede zwischen den Bewohnern der Ostküste und denen der Westküste, und beide unterscheiden sich wiederum erheblich von der Bevölkerung der Südstaaten. In Deutschland gibt es, wie ich höre,

Rivalitäten zwischen Bayern und sogenannten »Nordlichtern«. Ich kann sagen, daß unter meinen einflußreichsten Förderern und Freunden in Moskau zahlreiche Russen sind.

Botwinnik wurde einmal gefragt, welchem Volk oder welcher Volksgruppe er sich eigentlich zugehörig fühle. Seine Antwort lautete: »Meine Position ist schwer zu bestimmen. Der Abstammung nach bin ich Jude, der Kultur nach Russe, der Erziehung nach Sowjetbürger.« So ähnlich würde ich mich auch einordnen, nur daß die Sache bei mir noch ein wenig komplizierter liegt, weil ich je zur Hälfte jüdischer und armenischer Abstammung bin. Ich bin kein religiöser Mensch, habe aber mit großem Interesse Bücher über die Ursprünge einer ganzen Reihe von Religionen, darunter auch der jüdischen, gelesen. Ich bin mir, namentlich bei meinen Reisen in westliche Länder, der Existenz einer globalen jüdischen Gemeinschaft bewußt, mit der ich durch meinen verstorbenen Vater verbunden bin. Das ist alles.

Die einzige Diskriminierung, die er je hinnehmen mußte, war die Weigerung eines Mädchens, ihn zu küssen – weil er Jude war. »Ich war platt«, sagte er, »nicht so sehr darüber, daß sie mich nicht küssen wollte, als über den Grund, den sie dafür angab.« Von Problemen dieser Art bin ich bislang verschont geblieben. Mein Konflikt mit Karpow hat nichts mit der Frage der Volkszugehörigkeit zu tun, sondern beruht auf viel tiefer reichenden Ursachen, wie ich nachfolgend erläutern möchte.

Karpow hatte das Vertrauen, das die sowjetischen Funktionäre in ihn setzten, sehr rasch gerechtfertigt, indem er wichtige Turniere im Ausland gewann und die Lücke wieder schloß, die der Schatten Bobby Fischers in der Schachwelt hinterlassen hatte. Im Grunde hatte er den Weltmeistertitel seinem knappen Sieg gegen Viktor Kortschnoi im Finale der Kandidatenwettkämpfe Ende 1974 in Moskau zu verdanken. Kortschnoi blieb ein Jahrzehnt lang sein ernsthaftester Herausforderer – genau bis zum Dezember 1983, als ich den Exilrussen in London besiegte und mir – nach einem weiteren Wettkampfsieg über Smyslow – das Recht sicherte, Karpow herauszufordern.

Man sagt, das Glück eines Menschen seien seine Freunde. Manchmal können es auch seine Feinde sein. Für Karpow war es ein bedeutsamer Glücksfall, daß der Mann, der jahrelang sein gefährlichster Konkurrent war, in der Sowjetunion in Ungnade fiel und zum Abtrünnigen wurde, denn dieser Umstand erlaubte es Karpow, sich mit einem besonderen Heiligenschein zu schmücken und nicht nur als Held des Schachs, sondern als Bannerträger des sowjetischen Systems überhaupt aufzutreten. Auch die Schachfunktionäre profitierten von dieser Konstellation, die ihre Stellung in der sowjetischen Gesellschaft stärkte. Für sie bedeutete es, daß sich ihre von Hause aus sportliche und politisch neutrale Aufgabe um eine politische Dimension erweiterte. Im Kampf gegen den Renegaten konnten sie jetzt auf allerhöchste politische Unterstützung zählen und sicher sein, daß sie bei ihrer Kampagne gegen Kortschnoi und gegen den Geist Bobby Fischers, der ihnen noch immer im Nacken saß, aus vollen Kassen schöpfen konnten.

Niemand sollte sich dem neuen Sowjethelden in den Weg stellen dürfen, schon gar nicht Kortschnoi, der der offiziellen Ächtung anheimgefallen war, nachdem er in etlichen emotionsgeladenen und kritischen Presseerklärungen behauptet hatte, die sowjetischen Schachfunktionäre hätten ihn im Bestreben, einen Sieg Karpows sicherzustellen, benachteiligt. Er warf ihnen vor, Karpow mit besseren Betreuern, der besseren Unterkunft und besseren Autos versorgt zu haben. Kortschnoi hatte keine Freunde im System, die für ihn hätten Partei nehmen können. 1976, nach Abschluß des IBM-Turniers in Amsterdam, zog er einen Schlußstrich unter eine Phase wachsender Entfremdung von seinem Vaterland, indem er politisches Asyl im Westen beantragte. Noch während des Turniers war er herumgegangen und hatte westliche Trainer gefragt, wie das Wort »Asyl« ausgesprochen werde; trotzdem scheint niemand erraten zu haben, mit welchen Absichten er sich trug. Soviel zur vielgerühmten Intelligenz der Schachspieler und zu ihrer Fähigkeit, viele Züge im voraus durchzudenken!

Kortschnois Absprung war ein politischer Donnerschlag, der für die sowjetischen Schachspieler allerhand Schwierigkeiten nach sich zog, da sie sich nun gezwungen sahen, den vom sowjetischen Schachverband verhängten Boykott gegen ihn bei internationalen Turnieren zu unterstützen. Die FIDE erklärte allerdings, daß bei Kandidatenwettkämpfen – in denen es um das Recht ging, den Weltmeister herauszufordern – jeder Spieler, der sich weigerte, zu einem Match gegen Kortschnoi anzutreten, zum Verlierer erklärt würde. Es gab also keine Möglichkeit, ihm auszuweichen, und so mußten Polugajewski, Petrosjan und Spasski gegen Kortschnoi ans Brett. Alle diese Begegnungen fanden in einer äußerst angespannten Atmosphäre statt, in der kein freundliches Wort gewechselt und selbst Remisangebote durch eine neutrale Person übermittelt wurden.

Kortschnoi schien die besondere Spannung ebenso zu genießen wie die Chance, seine Exlandsleute zu schlagen. Er besiegte Petrosjan (der krank war) und Polugajewski (der offensichtlich seine Nervosität nicht abzulegen vermochte). Petrosjan und Kortschnoi entwickelten eine besondere Abneigung gegeneinander. Einmal behauptete der Exilrusse, Tigran habe absichtlich mit dem Tisch gewackelt, um ihn zu irritieren. Das Finale zwischen Kortschnoi und Spasski in Belgrad wurde zu einem Schmierentheater, als jeder den anderen beschuldigte, er versuche ihn zu hypnotisieren. Für die Dauer einiger Partien zog Spasski sich in eine eigens auf dem Podium aufgebaute Kabine zurück und kam nur ans Brett, um seine Züge auszuführen. Zwar gelang es Boris in einer denkwürdigen Aufholjagd, bei der er vier Partien nacheinander für sich entschied, einen aussichtslos erscheinenden Rückstand von 7½ zu 2½ Punkten nahezu aufzuholen, aber am Ende trug Kortschnoi doch noch den Sieg davon.

Für die sowjetische Schachobrigkeit war dies eine große Überraschung, denn der 47jährige Kortschnoi spielte gegen Spasski ein aggressiveres Schach als je zuvor in seiner Laufbahn. Der Konflikt mit der Sowjetunion schien sein Spiel mit neuer Energie zu erfüllen. Er hatte 1947 den Titel eines sowjetischen Juniorenmeisters errungen und war danach viermal UdSSR-Meister geworden, doch in der Schachwelt herrschte die Ansicht vor, daß er seine beste Zeit als Schachspieler hinter sich hatte.

1957 hatte sich Abramow so über die Spielweise Kortschnois geäußert:

»Viele hochqualifizierte Schachmeister teilen meine Meinung über die Spielweise Kortschnois und erklären, daß sie sie einfach nicht begreifen. Manchmal ist sein Spiel äußerst tiefgründig und weitsichtig. Wir müssen

jedoch fragen, ob Kortschnois Bemühen, sich von den Gesetzen des Positionsspiels zu lösen, für ihn nicht zu einem Selbstzweck geworden ist. Ignoriert er nicht manchmal Wege zu einfachen Problemlösungen auf dem Schachbrett?«

Zu dem häufig gegen ihn erhobenen Vorwurf, er verletze die Regeln des Positionsspiels bloß um der Regelverletzung willen, hatte Kortschnoi folgendes zu sagen:

»Wie Emanuel Lasker seinerzeit bemerkte, verlaufen Partien bei Kräftegleichheit häufig inhaltsarm und gehen oft remis aus. Der Schachspieler, der das Remis nicht mag (und zu dieser Sorte gehöre ich), muß das Kräftegleichgewicht irgendwie zerstören. Entweder er opfert und kann aufgrund dessen die Initiative ergreifen, oder er überläßt dem Gegner die Initiative und verschafft sich dafür einen dauerhaften Vorteil, den er später auszunutzen hofft.«

Nichts paßte zu Kortschnois Naturell besser als eine Philosophie des Gegenangriffs. Zum Zeitpunkt seines ersten gescheiterten Griffs nach der Schachkrone 1978 in Baguio schrieb ein Beobachter über ihn:

»Sein Siegeswille und seine Energie sind phänomenal. Wenn er zu einer Partie Platz nimmt, ist alles andere vergessen. Er muß den Mann auf der anderen Seite des Bretts besiegen. Er muß um jeden Preis gewinnen.«

Kortschnoi gegen Karpow – wieder sprachen manche Beobachter vom Schachmatch des Jahrhunderts. Ein paar Begegnungen dieser Kategorie hatte es schon vorher gegeben: Lasker gegen Tarrasch 1908, Lasker gegen Capablanca 1921, Capablanca gegen Aljechin 1927, Botwinniks Revanchekampf gegen Tal 1961, Spasski gegen Fischer 1972. Das mit so vielen Vorschußlorbeeren bedachte Match zwischen Karpow und Kortschnoi 1978 in Baguio auf den Philippinen, im Vorfeld als der bedeutendste Schachwettkampf der Geschichte angekündigt, wurde den Erwartungen nicht gerecht. Allerdings entwickelte er sich zu einem der erstaunlichsten Spektakel der Schachgeschichte. Es ist nicht zu leugnen, daß in Baguio hochklassiges Schach gespielt wurde und daß Karpow sich als großartiger und stellenweise brillanter Stratege am Brett erwies. Von der zweiten Begegnung der beiden in Meran kann ich dies leider nicht behaupten. Das Match von Baguio wird aber unglücklicherweise nicht so sehr wegen der Qualität des dort gebotenen Schachs in Erinnerung bleiben als wegen der surrealen Begleitumstände der ganzen Veranstaltung. Da war zunächst der exotische Austragungsort. Baguio liegt fünf Fahrstunden von Manila entfernt und 1500 Meter über dem Meeresspiegel. An manchen Tagen war die Stadt in einen dichten Nebel gehüllt. Einige Beobachter sprachen spöttisch von der »Stadt im Reich des Feuchten«, denn der Wettkampf fand in der Regenzeit statt, was sicherlich beiden Spielern zu schaffen machte. In den Schrank gehängte Anzüge setzten nach wenigen Tagen Schimmel an. Sicherlich fragten sich die Spieler und andere sehr oft, wieso ausgerechnet dieser Ort zum Schauplatz einer Schachweltmeisterschaft erkoren worden war, zumal keiner der Spieler dafür votiert hatte. Beide hatten Baguio als ihre zweite Wahl genannt, weil sie glaubten, es komme überhaupt nicht in Frage und werde daher nur die Wahl ihres Wunschaustragungsorts wahrscheinlicher machen.

Auf der Suche nach des Rätsels Lösung stößt man sehr schnell auf die kleine, quirlige Gestalt eines unendlich gerissenen Filipinos namens Florencio Campomanes, der hier seinen ersten Auftritt auf der Bühne des Weltschachs inszenierte. Campomanes, ein guter Freund des ehemaligen philippinischen Diktators Marcos, hatte enge Kontakte zu Sewestjanow und Viktor Baturinski von der »Firma Karpow« geknüpft; er war oft wodkatrinkend im Karpow-Lager anzutreffen – ein Vorgeschmack auf die unheilige Allianz, die diese drei Männer später gegen mich praktizieren sollten. In meinem persönlichen Dämonenkabinett figurieren diese drei als Ebenbilder der drei Hexen aus Shakespeares *Macbeth*, die giftige Elixiere zusammenbrauen. In Baguio legte Campomanes oder Campo, wie wir ihn später nannten, den Grundstein für seine Anwartschaft auf die Spitzenposition im Weltschach, indem er sich bei den sowjetischen Funktionären und bei Karpow einschmeichelte. Er gewährte dem Weltmeister allen erdenklichen Beistand, obgleich er als Organisator des Wettkampfs moralisch zur Neutralität verpflichtet war. Die

109

Belohnung dafür kassierte er vier Jahre später in Luzern, als er mit sowjetischer Unterstützung zum Präsidenten der FIDE gewählt wurde.

Ärger gab es in Baguio schon, bevor die erste Partie eröffnet wurde: Karpow weigerte sich, mit den für das Turnier bereitgestellten Figuren zu spielen. Carlos Benites, ein bekannter philippinischer Rennfahrer, mußte mit Vollgas die fast 1000 Kilometer nach Manila und zurück fahren, um einen Satz Staunton-Figuren zu holen, offenbar den einzigen, den es auf den Philippinen gab. Howard Staunton (1810–74), im Hauptberuf Shakespeare-Forscher, war der führende englische Schachspieler des 19. Jahrhunderts; 1843 gewann er im Café de la Régence in Paris ein berühmt gewordenes Match gegen Pierre de St. Amant. Die Schachfiguren mit dem inzwischen klassisch gewordenen Design tragen seinen Namen, obwohl sie in Wirklichkeit von einem Handwerker namens Nathaniel Cook entworfen wurden.

Die ältesten je in der Sowjetunion gefundenen Schachfiguren wurden 1972 in Usbekistan ausgegraben und auf das 2. nachchristliche Jahrhundert datiert. Sie hatten Tierköpfe. Primitive Schachfiguren, die in anderen Ländern gefunden wurden, legen Zeugnis dafür ab, daß das königliche Spiel ursprünglich ein Kriegsspiel gewesen ist, mit einem König und verschiedenen ihm untergeordneten Offizieren.

Karpows Beschwerde hatte übrigens einen ernsten Hintergrund; es ist schon vielen Schachspielern passiert, daß sie in Zeitnot versehentlich eine falsche Figur griffen. Wenn es um jede Sekunde geht, muß der Spieler die Figuren sozusagen mit den Fingerspitzen erkennen können. Mindestens zwei Großmeister, Hübner und Petrosjan, haben aufgrund einer Figurenverwechslung eine wichtige Partie verloren.

Noch grotesker als der Austragungsort und die rasende Kurierfahrt des Carlos Benites war der sogenannte Joghurtkrieg. Kortschnois Sekundanten, zu denen der britische Großmeister Raymond Keene gehörte, wollten wissen, weshalb Karpow während einer Partie ein Becher Heidelbeerjoghurt gereicht worden war. War es eine verschlüsselte Botschaft? Keene schrieb dem Schiedsrichter Lothar Schmid: »Klar ist, daß mittels einer ausgeklügelten Verabreichung von Mahlzeiten an einen Spieler diesem verschlüsselte Signale übermittelt werden könnten; ein Joghurt könnte bedeuten: ›Wir raten zu einem Remis-Angebot.‹ Eine Portion eingelegte Wachteleier könnte heißen: ... « Schmid verfügte, daß Karpow künftig nur noch einen Becher blauen Joghurts erhalten dürfe, und zwar pünktlich um 19.30 Uhr. »In einem Bananen-Split könnte eine verschlüsselte Botschaft stecken«, sagte er, »aber niemand nahm 1972 Anstoß an Fischers sauren Heringen.«

Anschließend tauchte das Problem mit Dr. Suchar auf, dem Psychologen aus der Delegation Karpows, der von seinem Platz in der ersten Reihe aus Kortschnoi anstarrte. War dies ein Versuch, den Herausforderer hypnotisch zu beeinflussen? Kortschnoi verlangte die »Versetzung« des Psychologen. Er forderte darüber hinaus die Aufstellung eines Einwegspiegels zwischen den Spielern und dem Publikum. Unter dem Schachtisch war zuvor bereits eine hölzerne Trennwand angebracht worden, für den Fall, daß die Spieler versuchen sollten, einander mit Fußtritten zu traktieren. Am Ende einigte man sich auf einen Kuhhandel: Karpow willigte ein, daß Dr. Suchar sich in den hinteren Teil des Saals zurückzog, und Kortschnoi erklärte sich bereit, die riesige, spiegelnde Sonnenbrille abzunehmen, die er getragen hatte, um sich gegen den durchdringenden Blick des Weltmeisters zu wappnen.

An diese Episode reihte sich die große »Guru-Kontroverse«; sie entzündete sich daran, daß Kortschnoi zwei orangefarben gekleidete Mitglieder der Ananda-Marga-Sekte in den Saal bat, um ihm beim Meditieren zu helfen. Wie sich später herausstellte, standen die beiden unter Anklage wegen versuchten Mordes und befanden sich gegen Kaution auf freiem Fuß. Als sich dann noch weitere Gurus einfanden und sich der meditierenden Gruppe anschlossen, mußte der Saal geräumt werden.

Inzwischen hatte Kortschnoi durch drei Siege in vier Partien punktemäßig wieder mit Karpow gleichgezogen. Die Entscheidung mußte in der letzten Partie fallen, zu der sich Dr. Suchar plötzlich wieder weit vorne im Publikum, in der vierten Reihe, eingefunden hatte. Nachdem Karpow die Partie und damit das Match für sich entschieden hatte, verklagte Kortschnoi ihn wegen der Verletzung ihres Gentlemen's Agreement.

Die beiden müssen am Schachtisch ein ungewöhnliches Bild abgegeben haben. Da ich selbst nicht dort war, kann ich nur aus der Schilderung zitieren, die der britische Journalist Gavin Young für den *Observer* verfaßte:

»Um Punkt siebzehn Uhr treten Kortschnoi und Karpow, einer von links, einer von rechts, aus den Kulissen heraus. Fast scheint es so, als wollten sie vom Podium herabschlendern und grinsend vor einem unsichtbaren Orchester zu einem lässigen Steptanz ansetzen. Aber nein. In ernster Haltung treten sie an den ins Scheinwerferlicht getauchten Schachtisch mit den spielfertig aufgestellten schwarzen und weißen Figuren... Kortschnoi größer, leicht vorgebeugt, mit schütterem Haar, wie ein freundlicher Bär, der junge Karpow ein Strich in der Landschaft, etwas plattfüßig, mit braunem, knabenhaft über die eine Augenbraue fallendem Haar. Sie würdigen weder sich noch das in sorgfältig ausgemessenen 12,50 Metern Abstand sitzende Publikum eines Blickes. Mit unbeweglicher, abwesender Miene schütteln sie einander die Hände (es ist nur die Andeutung eines Händeschüttelns). Darin schwingt keine ausgesprochene Antipathie mit. Es ist einfach so, daß in dieser konzentrierten Phase, in der sie sich drei exakt abgestoppte Minuten lang den Fotografen stellen müssen, die Anwesenheit des Kontrahenten gar nicht wahrgenommen wird. Im Publikum wird geraunt. Die Fotografen werden des Saales verwiesen.
Karpow, der zerbrechliche Jüngling im hellblauen Anzug, prüft seinen weißen Stuhl, stützt die Ellbogen auf den Tisch, faltet seine Hände vor dem Mund wie ein knabberndes Eichhörnchen, knickt die ausgebeulten Hosenbeine unter dem Tisch nach hinten und schiebt einen Schuh hinter den anderen, seine blassen Augen starr aufs Brett geheftet. Kortschnoi lehnt sich in seinem Spezialstuhl für 15 000 Dollar bedächtig nach vorn, mit Daumen und Finger seine dunkle Brille zurechtrückend, die mit ihren verspiegelten Gläsern den offensichtlich entnervenden Blick Karpows abblocken soll.«

So ging das wohl drei Monate lang jeden Abend, während es draußen in Strömen regnete. Die dunkle Brille Kortschnois war nicht das einzige umstrittene Requisit. Einmal machte das Gerücht die Runde, die Stühle selbst könnten radioaktiv bestrahlt oder gar mit Abhör-»Wanzen« bestückt sein. Mein persönliches

Interesse an diesem Match gilt nicht so sehr dem absurden Begleittheater als dem Schach, das Karpow in dieser Begegnung zeigte, denn meiner Ansicht nach befand er sich damals auf dem Höhepunkt seines Könnens. Was mich an Baguio ferner interessiert, ist die Tatsache, daß dies der Ort war, an dem Karpow und Campomanes ihre Freundschaft begründeten und an dem – eine ominöse Parallele zu dem, was mir selbst 1985 widerfuhr – der erste Versuch unternommen wurde, ein Weltmeisterschaftsmatch vorzeitig abzubrechen.

In einer bemerkenswerten Aufholjagd konnte Kortschnoi seinen 2:5-Rückstand wettmachen. Das Match stand jetzt Spitz auf Kopf, der nächste Sieg würde alles entscheiden. Es kursierte damals das Gerücht, die Russen hätten den Vorschlag gemacht, das Match beim Spielstand von 5:5 abzubrechen, aus Sorge darüber, Karpow könne am Ende seiner Kraft sein – nach einem solchen Abbruch hätte natürlich Karpow als amtierender Weltmeister den Titel behalten. Dieses Gerücht wurde damals nicht ernst genommen, aber rückblickend sehe ich das mit etwas anderen Augen. Fest steht, daß der damalige FIDE-Präsident Max Euwe zu Raymond Keene, einem von Kortschnois Sekundanten, sagte, seiner Meinung nach solle das Match in dieser Situation beendet werden. Er gab dies zwar als seine eigene Idee aus, aber es könnte sein, daß ihm nahegelegt worden war, diesen Vorschlag in die Welt zu setzen. Genau sieben Jahre später wurde seinem Nachfolger Campomanes unter ähnlichen Umständen nahegelegt, ein Match im Interesse Karpows abzubrechen. Nach dem, was ich 1985 selbst erlebt habe, glaube ich heute, daß es 1978 in der Tat ein solches Vorhaben gab und daß Sewestjanow, Baturinski und Campomanes – die alle sowohl in Baguio als auch in Moskau dabei waren – sich 1985, als der Weltmeister wieder einmal ihrer Hilfe bedurfte, um nicht vom Schachthron zu purzeln, an jene Episode erinnerten und sie mit größerem Erfolg neu in Szene setzten.

Der Sieg Karpows über Kortschnoi war für das sowjetische Schach in jeder Hinsicht von großer Bedeutung; er tilgte die Erinnerung an Reykjavik und stellte die Ehre des sowjetischen Schachs wieder her. Er lieferte den Beweis dafür, daß der neue junge Held nicht bloß ein »Papierweltmeister« war, wie Kortschnoi ihn genannt hatte, sondern ein Mann, der im Ernstfall eine Schlacht gewinnen konnte. Er hatte nunmehr die Feuerprobe bestanden. Dazu kam als zusätzlicher politischer Bonus, daß der »Verräter« Kortschnoi aus dem Felde geschlagen worden war. Einem unbequemen Kritiker der Sowjetunion war eine Lektion erteilt worden. Rückblickend kann man erkennen, daß beide, Fischer und Kortschnoi, ihrem Erzfeind Karpow einen großen Dienst erwiesen. Der eine überließ ihm kampflos den Weg zum Weltmeistertitel, der andere machte ihn unwillentlich zum politischen Nationalhelden.

Die sowjetischen Machthaber hatten allen Grund, dem sowjetischen Schachverband für diesen Dienst an der nationalen Ehre dankbar zu sein – und nach der gleichen Logik schuldeten die Funktionäre ihrerseits ihrem Schützling Karpow Dank. Es wurde auf viele Schultern geklopft, aber keiner hatte das Schulterklopfen so verdient – und ließ es so bereitwillig über sich ergehen – wie der Weltmeister. Er wurde mit zahlreichen Vergünstigungen belohnt, darunter einigen höchst exklusiven Vorrechten bezüglich Westreisen und Westgeschäften.

So erhielt er beispielsweise die Erlaubnis, mit der Firma Novag-Sysis einen enorm hoch dotierten Werbevertrag für deren Schachcomputer Supersystem 3 abzuschließen. Erst Jahre später, als der deutsche Vermittler des Geschäfts eine Summe von rund 450 000 Dollar nicht weiterleitete und dies vor Gericht zur Sprache kam, wurden Einzelheiten dieses Vertrags in der Öffentlichkeit bekannt. Hatten die Behörden ihre schützende Hand über dieses Geschäft gehalten? Drückten sie vor seinem Bankkonto im Westen beide Augen zu? Oder fand das alles hinter ihrem Rücken statt? Diese Fragen sind nie beantwortet worden. Es gilt als sicher, daß ihm bei seinen späteren Bemühungen, an das Geld heranzukommen, Hilfe seitens der sowjetischen Behörden wie auch seitens der FIDE zuteil wurde. (Hier tat sich neben Campomanes vor allem der westdeutsche Funktionär Kinzel hervor, der im Februar 1985 zusammen mit Campo und Karpow gegen mich intrigierte.) Aus all dem geht hervor, daß unser großer Nationalheld selbst auf dem Höhepunkt seiner Macht und seines Ruhmes ein Koloß auf tönernen Füßen war.

Als Karpow Ende 1981 in Meran zum zweiten Mal seinen Titel gegen Kortschnoi verteidigte – dieses Mal mit einem klaren 11:7-Vorsprung –, wurde »unser Tolja« zum Helden einer von hysterischer patriotischer Begeisterung getragenen Kampagne. Man hatte ihm die besten Betreuer zur Seite gestellt und ihm alle Hilfen gewährt, die der sowjetische Staatsapparat aufbieten konnte; für so wichtig hielt man seinen Sieg über den Abtrünnigen. Kortschnoi stand ein weiteres Mal allein. Er hatte sich auch diesmal durch Siege gegen Petrosjan und Polugajewski für das Kandidatenfinale qualifiziert, in dem Hübner vorzeitig das Handtuch geworfen hatte. Der sensible Deutsche konnte die vergiftete Atmosphäre nicht mehr ertragen. Wäre er am Brett geblieben, so hätte er vielleicht eine Chance gehabt. So paßte es am Ende allen in den Kram, daß Karpow erneut gegen den Exilanten spielte.

In welcher Atmosphäre des Mißtrauens das Match in Meran stattfand, läßt sich daraus ersehen, daß ein sowjetischer Voraustrupp, dem auch Karpow angehörte, einige Wochen vor Matchbeginn das Terrain erkundete – geprüft wurden das Trinkwasser, das Klima, der Geräuschpegel und die in der Region herrschende radioaktive Strahlung (so erzählte jedenfalls der Vorsitzende des Organisationskomitees in einem Interview mit der schweizerischen Zeitschrift *Schachpresse*).

Die politische Dimension des Ereignisses war inzwischen schon wichtiger geworden als die Frage, wer der weltbeste Schachspieler war. Die beiden Spieler bewegten sich zu diesem Zeitpunkt bereits auf ganz unterschiedlichem Niveau. Während der eine grausam schlecht vorbereitet war, konnte der andere sich auf die Hilfe fast aller sowjetischer Großmeister stützen. Dazu kam, daß Karpow der jüngere von beiden war und ganz einfach der bessere Spieler. Es war ein ungleicher Kampf.

Kortschnoi nutzte die Gelegenheit, um seiner Kampagne für die »Freilassung« seiner Frau und seines Sohnes, die noch in Leningrad festgehalten wurden, öffentlichen Nachdruck zu verleihen. Er stand zu dieser Zeit unter dem Einfluß seiner Freundin Petra Leeuwerik, die in Rußland wegen Spionage im Gefängnis gesessen hatte und nun einen erbitterten antisowjetischen Kreuzzug führte. Das Zusammensein mit dieser fanatischen Dame dürfte

115

der Qualität von Kortschnois Schachspiel wohl kaum zugute gekommen sein.

Kortschnoi behauptete, die erzwungene Trennung von Frau und Sohn bedeute für ihn so viel, als ob er jede Partie mit zwei Figuren weniger spielen müßte. Als dann, nach dem Wettkampf in Meran, seiner Familie die Ausreise in den Westen erlaubt wurde, registrierte die Öffentlichkeit mit Erstaunen, daß er es nicht einmal für nötig hielt, sie vom Flughafen abzuholen.

In seiner Enttäuschung suchte Kortschnoi die Schuld für seine Niederlage bei allen anderen, nur nicht bei sich selbst. Dabei ist doch selbstverständlich, daß derjenige, der die Figuren auf dem Brett bewegt, am Ende die Verantwortung auf sich nehmen muß, was immer auch seine Sekundanten ihm geraten haben mögen. Kortschnois Erbitterung und Undankbarkeit sprengten jedes Maß. Sogar seinen loyalsten Mitstreiter, Raymond Keene, der so viel für ihn getan hatte, bezichtigte er der Mitschuld an seiner Niederlage. Er ging sogar so weit, die Teilnahme Keenes an einem Turnier in seiner Wahlheimat, der Schweiz, zu verhindern. Dabei war es hauptsächlich Keenes Verdienst, daß der von einigen Turnierveranstaltern gegen Kortschnoi verhängte inoffizielle Boykott aufgehoben worden war.

Ungefähr um diese Zeit erschien ich auf der Bildfläche. Tatsächlich begann die »Höchste Liga« der 49. UdSSR-Meisterschaft – es war diejenige, bei der ich gleichauf mit Lew Psachis den ersten Platz belegte – genau eine Woche nach Meran. Im Anschluß daran verweigerte der Verband mir die Möglichkeit, bei Turnieren im Ausland Erfahrungen zu sammeln, eine Entscheidung, die mich damals aus allen Wolken fallen ließ. Heute ist mir klar, daß die Funktionäre meine sportliche Weiterentwicklung bremsen wollten. Für ihren Geschmack verlief meine Karriere ein wenig zu steil.

Karpow war jetzt der unbestrittene König der Schachwelt. In den sechs Jahren seiner Amtszeit als Weltmeister hatte er allerhand Macht angehäuft. Er war nicht nur Mitglied der Kommunistischen Partei, sondern saß auch im Zentralkomitee des Bundes Junger Kommunisten. Er war Vorsitzender des sowjetischen Friedensfonds und Anwärter auf die Verleihung des Leninordens und, für seinen Sieg über Kortschnoi, des Roten Banners der Arbeit. Beim Schachmagazin *64* löste er Petrosjan als Chefredakteur ab. Er war in der Lage, Posten an seine Freunde zu verteilen und sich so einen Apparat aufzubauen, der ein starkes Interesse an der Fortsetzung seiner Herrschaft hatte. Nach dem Abtauchen Fischers schien ihm eine lange Amtszeit als Weltmeister sicher, und so bemühten sich die Karrieristen aller Länder um seine Gunst. Er besaß die Macht, Protektion zu gewähren, beispielsweise zu entscheiden, wer von seinen Mitarbeitern ins Ausland reisen durfte, was ein sehr begehrtes Vorrecht war. Niemand hatte ein Interesse daran, diesen eingespielten Mechanismus zu stören. Alle hatten sich im Status quo bequem eingerichtet. Es war dasselbe wie in anderen Bereichen der sowjetischen Gesellschaft vor den Reformen Michail Gorbatschows. Ich konnte dieser Geisteshaltung nichts abgewinnen, zumal ich spürte, daß die Zeiten sich zu ändern begannen.

Wie ich weiter oben berichtet habe, sagte mir der sowjetische Schachverbandsfunktionär Krogius: »Im Moment haben wir schon einen Weltmeister und brauchen keinen anderen.« Sie hatten einen, also weshalb sich die Mühe machen, einen neuen heranzuziehen? Diese Denkhaltung ist mir immer wie ein perfekter Ausdruck der »alten« Verhältnisse in der Sowjetunion erschienen, nicht nur im Schachsport, sondern auch in vielen anderen Bereichen unserer Gesellschaft. Karpow hatte Aussichten, bis zur Jahrhundertwende Weltmeister zu bleiben. Warum an diesem stabilen Zustand etwas ändern? Etwas zu verändern, birgt immer Gefahren, bringt Unruhe in den Status quo, stört die eingespielte Ordnung der Dinge. Hinter dieser Einstellung steckte kein böser Wille und ursprünglich auch keine Animosität gegen mich. Ich war halt derjenige, der das Pech hatte, zur falschen Zeit mit den falschen Ambitionen an der falschen Stelle aufzutauchen. Ich kam ungelegen.

»Pack deine Genialität weg und komm später damit wieder, wenn wir sie vielleicht besser gebrauchen können« – das war die Empfehlung, mit der die Bürokratie mich abfertigte. Es empörte mich verständlicherweise, zu erfahren, daß mein Land meine Talente im Moment nicht gebrauchen konnte. Als ich darüber nachdachte, wurde mir klar, daß hier nur *ein* Mann seine persönliche Meinung geäußert hatte. Das war in jener guten alten Zeit

oft entscheidend. Das Wort eines Funktionärs konnte Gesetzes-
kraft haben. Aber in eine Gesellschaft, die sich selbst reformie-
ren, die funktionstüchtiger werden wollte und keine Angst vor
Wandel und Erneuerung hatte, paßten solche Zustände nicht
mehr. Mir begann zu dämmern, daß die Sturheit, gegen die ich
hier ankämpfte, identisch war mit der allgemeinen trägen Mentalität, die den Fortschritt unserer Gesellschaft hemmte.

Als Karpow für seinen Sieg über den abtrünnigen Kortschnoi
mit dem Leninorden ausgezeichnet wurde, beglückwünschte
Leonid Breschnew ihn persönlich, was er als einen der Höhe-
punkte in seinem Leben bezeichnete. Breschnew sagte ihm bei
dieser Gelegenheit: »Wenn man die Krone errungen hat, muß
man sie festhalten und darf sie sich nicht aus der Hand nehmen
lassen.« Ich glaube nicht, daß Breschnew dies so wörtlich meinte, wie Karpow es aufnahm – er mißverstand den Rat offenbar als
militärischen Befehl, dem er Folge leisten mußte.

Was die Bürokraten an mir auszusetzen hatten, war, so sehe ich es
heute, nicht meine jüdisch-armenische oder aserbeidschanische
Herkunft, nicht meine Aufsässigkeit oder mein Charakter – dies
alles waren nur die Vorwände, die sie sich später, als ich gegen sie
zu kämpfen begann, zur Rationalisierung ihrer sturköpfigen
Haltung einfallen ließen. Ich war zu jener Zeit ja politisch
vollkommen unbedarft und hätte nicht die geringste Chance
gehabt, mich gegen diese bürokratische Hierarchie durchzusetzen – wenn ich nicht das Glück gehabt hätte, daß meine persönliche Bewußtseinsentwicklung als Bürger zufällig mit einer allgemeinen Bewußtseinsänderung in unserer Gesellschaft einher-
ging. Wäre dies nicht gewesen, dann hättte ich eben das Pech
gehabt, meine Anlagen nicht entwickeln oder jedenfalls nicht zur
vollen Entfaltung bringen zu können – »Wir brauchen im Moment keinen anderen Weltmeister«. Wie viele Landsleute von mir
sind, so frage ich mich, durch diese alte Denkweise daran
gehindert worden, ihre Fähigkeiten, in welchen gesellschaftlichen Bereichen auch immer, zur Geltung zu bringen? Karpow
war sicher nicht der einzige Apparatschik, der dafür zu sorgen
versuchte, daß dort, wo er saß, kein Gras mehr wuchs.

Das einzige, das ihn ins Wanken bringen konnte, war eine
Niederlage am Schachbrett. Aber wer sollte ihn schon besiegen?

118

Karpow selbst kannte die Antwort – er kannte sie schon seit 1978. Sie lautete: Kasparow. Deshalb war er beim Moskauer Superturnier im April 1981 nur widerstrebend gegen mich angetreten. Deshalb versuchte man zu verhindern, daß ich im Ausland Turniererfahrung sammelte. Kasparow mußte gebremst werden. Karpow mußte Weltmeister bleiben, koste es, was es wolle. Für die Vorbereitung auf sein Match gegen Kortschnoi hatte er sich die Hilfe der besten sowjetischen Großmeister gesichert. Wir alle sollten ihm Informationen über unsere Hausanalysen zur Verfügung stellen, sollten unsere »Berufsgeheimnisse« lüften. Man gab uns zu verstehen, daß dies unsere patriotische Pflicht sei, denn der Verräter Kortschnoi mußte vernichtet werden. Viele Großmeister fügten sich, sei es bereitwillig, sei es zähneknirschend, in diese offizielle Order.

Ich hingegen sagte nein. Ich sagte, ich sähe nicht ein, warum ich mich für Karpow ins Zeug legen sollte. Die Sportfunktionäre meinten, es sei im Interesse des Vaterlandes notwendig. Ich erwiderte, für den Sieg über Kortschnoi sei es jedenfalls nicht notwendig, denn dieser stehe von vornherein fest. Mein Verdacht war der, daß Karpow die Situation lediglich dazu nutzen wollte, die anderen sowjetischen Großmeister auszuschlachten, sich ihre neuen Ideen anzueignen, damit er seine Herrschaft unangefochten weiter ausüben konnte. Im bevorstehenden Jahr, 1982, sollte der nächste Zyklus der Kandidatenwettkämpfe für die Weltmeisterschaft beginnen. Karpow interessierte sich natürlich brennend dafür, wer sein nächster Herausforderer sein würde, und beobachtete nach seiner Rückkehr aus Meran sehr genau, was sich in dieser Beziehung tat. Ich wußte, daß ich, um mich für das bevorstehende Interzonenturnier in Moskau zu wappnen, unbedingt Turniererfahrung im Ausland sammeln mußte. Ich bin sicher, daß die sowjetischen Verbandsfunktionäre am liebsten sogar meine Teilnahme am Interzonenturnier verhindert hätten, obwohl ich um diese Zeit schon zu den vier oder fünf spielstärksten Großmeistern der Welt gehörte. Ein Funktionär, der es später zum Vorsitzenden des Sportkomitees brachte, scheute sich nicht, öffentlich – und noch ausgerechnet in Baku – zu erklären: »Das Sportkomitee wird alles in seiner Macht Stehende tun, um eine Begegnung Kasparow–Karpow in diesem

WM-Zyklus zu verhindern.« Als dies einigen Leuten in Baku zu Ohren kam, Leuten mit Ehrgefühl, erklärten sie sich bereit, mir zu helfen, wenn immer ich Hilfe brauchte.

Ich bemühte mich, wie ich im vorausgegangenen Kapitel schon geschrieben habe, um die Teilnahme an einem der großen Auslandsturniere in Bugojno, London oder Turin. Was man mir statt dessen anbot, war ein zweitrangiges Turnier in Dortmund. Ich lehnte dies ab und beschloß, für mein Anliegen zu kämpfen. Es war an der Zeit, Politik mit Politik zu beantworten. Aber welche politischen Waffen konnte ich, ein Jüngling von 18 Jahren, schon aufbieten, verglichen mit der furchteinflößenden Streitmacht des Weltmeisters? Hier stand David vor Goliath. Ich blickte mich suchend nach einer Schleuder um.

Ich fand sie nicht weit von meiner Haustür. Geidar Alijew war der führende Politiker meiner Heimatrepublik Aserbeidschan, ein Mann, dessen Wort auch im Kreml großes Gewicht hatte. Er besaß nicht nur Macht und Einfluß, sondern war auch ein Mensch, bei dem man sicher sein konnte, daß er die faire sportliche Auseinandersetzung wünschte. Ich glaube, er war stolz darauf, wieviel Ehre ich mit meinem Schachspiel unserer gemeinsamen Heimat Aserbeidschan gemacht hatte; er schien mich zu mögen. Wir hatten bei mehreren Gelegenheiten miteinander geplaudert. Ich wurde eingeladen, beim Parteitag der Kommunistischen Partei von Aserbeidschan eine Rede zu halten. Es sollte nur eine kurze Ansprache von etwa zehn Minuten sein. Einige hohe Funktionäre des sowjetischen Schachverbands und des Sportkomitees kamen, als sie davon erfuhren, aus Moskau angereist. Ich weiß nicht, wer – oder ob überhaupt jemand – sie eingeladen hatte. Aber da sie nun einmal da waren, ergriff ich die Gelegenheit beim Schopfe, um einige speziell an ihre und Alijews Adresse gerichtete Bemerkungen einzuflechten. Ich sagte, ich sei stolz darauf, mir bei allen meinen Schachkämpfen des Beistands meiner wunderbaren Republik sicher sein zu können, und ich empfände es als große Ehre, mich des in mich gesetzten Vertrauens würdig zu erweisen.

Was ich ihnen zwischen den Zeilen zu verstehen gab, war, daß ich nicht der unbedarfte Junge aus Baku war, mit dem sie machen konnten, was sie wollten. Mir lag daran, ihnen klarzumachen, daß hinter mir eine große, von einem der mächtigsten Männer im Kreml geführte Sowjetrepublik stand. Auch ich hatte Freunde an höchster Stelle. Und ich ließ Alijew wissen, daß ich seine Hilfe vielleicht benötigen würde. Meine versteckten Hinweise verfehlten die beabsichtigte Wirkung nicht. Die Wirkung grenzte schon fast an Zauberei. Die Funktionäre wurden angewiesen, mich im Ausland spielen zu lassen. Karpow konnte, so groß seine Macht innerhalb der Schachwelt auch war, diesem politischen Druck nichts Gleichwertiges entgegensetzen. Plötzlich erhielt ich die Genehmigung, am Superturnier der Großmeister in der bosnischen Stadt Bugojno teilzunehmen. Verschiedentlich wurde die Version kolportiert, Alijew sei mit mir nach Moskau geflogen, um die Funktionäre umzustimmen. Das stimmt nicht. Einer solchen Reise bedurfte es gar nicht. In der Sowjetunion kann ein Telefon, wenn es von der richtigen Person benutzt wird, ein Machtinstrument ersten Ranges sein.

Wenig später wurde bekanntgegeben, daß Anatoli Karpow, seines Zeichens Schachweltmeister, 1982 an zwei Turnieren im Ausland teilnehmen werde – in London und in Turin. Also nicht in Bugojno, wo ich spielen würde. Er wußte, daß er mir aus dem Weg gehen mußte, denn er lief Gefahr, sein Gesicht zu verlieren, falls ich ihn besiegte. Die bloße Aussicht darauf, daß dies passieren könnte, machte ihm Angst.

Nachdem nun alle Vorfeldhindernisse aus dem Weg geräumt waren, ging es für mich darum, die schwer erkämpfte Chance auch optimal zu nutzen, war dies doch für mich die letzte Gelegenheit, vor Beginn der heißen Phase der Kandidatenwettkämpfe Turniererfahrung gegen internationale Großmeister zu sammeln. In Bugojno sah ich mich einer Phalanx sehr starker Spieler gegenüber: Spasski, Petrosjan, Hübner, Larsen, Polugajewski, Gligoric, Andersson und Ljubojevic, dem führenden jugoslawischen Großmeister, der auf heimischem Territorium sicher stark spielen würde.

Mit Erleichterung stellte ich fest, daß die Fehleinschätzungen und Unsicherheiten, die mir in Tilburg so zu schaffen gemacht hatten, von mir gewichen waren. Ich blieb ungeschlagen und gewann das Turnier mit eineinhalb Punkten Vorsprung vor Ljubojevic und Polugajewski. Meine schwerste Partie war, wie immer, die gegen den holländischen Großmeister Jan Timman; nach dem Verlust einer Figur gelang es mir glücklicherweise, Verwicklungen heraufzubeschwören und mir schließlich ein hart erkämpftes Remis zu sichern. Eine weitere schwer errungene Punkteteilung brachte meine Partie gegen Spasski. Petrosjan besiegte ich in einer Partie, die zeigte, wieviel ich seit dem Vorjahr an Erfahrung dazugewonnen hatte. Botwinnik schreibt über diese Partie:

»Ausgerechnet gegen Tigran Petrosjan, einen der größten Strategen in der Geschichte des Schachs, gelang ihm eine raffinierte Positionspartie. Am Ende hatte Petrosjan, obwohl kein Kontrahent einen Materialvorteil verbuchen konnte, nicht einen einzigen akzeptablen Zug zur Verfügung. Kasparow war von dieser Partie so angetan, daß er sie zur besten seines Lebens erklärte.«

Gleich nach unserer Rückkehr aus Jugoslawien wurden Petrosjan und ich zur UdSSR-Meisterschaft der Vereinsmannschaften in Kislowodsk abgeordnet; wir spielten dort beide für die Gewerkschaftsmannschaft Spartak. Alle organisierten sowjetischen Schachspieler müssen einem dieser Sportclubs angehören, und wenn man in eine Auswahlmannschaft seines Clubs berufen wird, kann man sich dieser Ehre nur entziehen, wenn man dringende anderweitige Verpflichtungen nachweisen kann. Ich spielte eine denkwürdige Angriffspartie mit Schwarz gegen Kupreitschik, aber ansonsten waren meine Ergebnisse eher dürftig.

Es war jetzt an der Zeit, mich auf das sportliche Großereignis dieses Jahres vorzubereiten, das Interzonenturnier in Moskau. Die beiden Erstplazierten dieses Turniers sollten zusammen mit sechs weiteren Mitbewerbern 1983 durch Ausscheidungskämpfe im K.O.-System den Herausforderer ermitteln, der 1984 gegen Karpow um den Weltmeistertitel spielen würde. Die Weltmeisterschaft ist, wie man hieraus ersieht, eine langwierige Angelegenheit, und man kann davon ausgehen, daß nur Spieler mit starken Nerven und guter körperlicher Kondition – und das heißt, nicht notwendigerweise die begabtesten Schachspieler – diese Prozedur durchstehen. Es ist ein System, das jüngere

Spieler begünstigt – nur der mittlerweile über 60 Jahre alte Smyslow durchbrach diese allgemeine Regel, indem er sich im Interzonenturnier in Las Palmas durchsetzte.

Bevor es nach Moskau ging, mußte ich am Fremdspracheninstitut in Baku, wo ich mit Englisch als Hauptfach studierte, meine Prüfungen absolvieren. Ich kniete mich hinein und absolvierte in zehn Tagen fünf Prüfungen. Es ist behauptet worden, ich hätte dies bewerkstelligt, indem ich meine Lehrbücher auswendig gelernt und ihren Inhalt Wort für Wort reproduziert hätte. Diese Darstellung ist übertrieben; ich bin froh, sagen zu können, daß es nicht nötig war, den gesamten Inhalt dieser Bücher zu lernen. Ich gebe aber gern zu, daß mein schachgeübtes Gedächtnis mir recht nützlich war.

Ich werde oft über mein Gedächtnis ausgefragt. Durch jahrelanges Schachtraining und Schachspiel ist es sicherlich zu einem Hochleistungsinstrument herangereift. Ein Großmeister muß Tausende von Partien abrufbereit in seinem Kopf gespeichert haben, denn Partien sind für ihn dasselbe wie für normale Menschen die Wörter ihrer Muttersprache oder wie die Noten für Musiker. Eine durchschnittliche Person hat einen aktiven Wortschatz von vielleicht 12 000 Wörtern – man kann sich also vorstellen, was ich meinem Gehirn abverlangen muß.

Ich kann ein Buch an einem Abend durchlesen und dabei eine »Lesegeschwindigkeit« von 100 Seiten pro Stunde erreichen; der Text bleibt dann in meinem Gedächtnis für die Dauer von zwei oder drei Stunden vollständig und bis ins Detail gespeichert, wie auf einer Fotoplatte. Botwinnik erinnert sich daran, daß ich dieses Kunststück einmal mit einer Napoleon-Biographie vorgeführt habe. Ich nutze diese Fähigkeit jedoch sehr sparsam. Informationen, mit denen ich nichts anfangen kann, präge ich mir nicht ein. Ich kenne sehr viele Gedichte auswendig, wahrscheinlich so viele, daß ich mehr als einen Tag bräuchte, um sie alle zu rezitieren.

Es gibt eine Anekdote über Bobby Fischers Gedächtnis. Es heißt, er habe einmal einen Großmeister aus Island angerufen, der jedoch nicht zu Hause war; seine kleine Tochter nahm den Anruf entgegen. Fischer sprach nur Englisch, das Mädchen nur Isländisch. Die Kleine erklärte, wo ihre Eltern waren und wann sie zurück sein würden. Fischer rief daraufhin einen anderen isländischen Schachspieler an und wiederholte das, was er auf isländisch gehört hatte, ohne auch nur ein Wort davon verstanden zu haben. Der Isländer übersetzte es ihm, und Fischer rief den Großmeister dann zu dem von dem Mädchen genannten Zeitpunkt an.

Ich wurde gefragt, ob ich so etwas auch könnte. Meine Antwort war: Wenn die Botschaft sich auf drei oder vier Sätze beschränken würde, wie in diesem Fall, wäre das für mich überhaupt kein Problem. Ich studiere Sprachen. Isländisch ist mit anderen skandinavischen Sprachen und mit dem Englischen verwandt. Schwerer täte ich mich wahrscheinlich bei einer Sprache, die aus einer mir völlig fremden Sprachfamilie kommt wie das Chinesische. Versuchen würde ich es trotzdem.

Redakteure des deutschen Nachrichtenmagazins *Der Spiegel* legten mir einmal Stellungen aus fünf historischen Schachpartien vor und fragten mich, ob ich sie identifizieren könne. Ich erkannte sie alle binnen weniger Sekunden. Ich weiß jetzt noch, welche Partien es waren: Karpow gegen Miles 1984 in Oslo; Botwinnik gegen Fischer 1962 in Warna; Hübner gegen Timman 1965 in Linares (hier setzte ich für Timman versehentlich Ljubojevic ein); Aljechin gegen Capablanca 1927 in Buenos Aires; Sokolow gegen Agsamow 1985 in Riga.

Ich wurde nach meiner Meinung über einige von Harry Pillsbury, einem amerikanischen Schachmeister, der 1906 im Alter von 34 Jahren starb, öffentlich vorgeführte Gedächtniskunststücke gefragt. Bei einer dieser Vorführungen wurden Pillsbury 50 numerierte Zettel vorgelegt, auf denen jeweils fünf Worte standen. Die Zettel wurden in einen Zylinder geworfen und dann einzeln gezogen. Jemand las die Nummern vor, und Pillsbury zitierte die jeweils dazugehörenden Wortfolgen.

Ich würde so etwas nicht tun, da ich es für schädlich halte. Ein sowjetischer Schachtrainer, Alexander Aslanow, führte vor Jahren mir und anderen Schuljungen ein ähnliches Experiment vor. Wir schrieben 30 Hauptwörter auf und numerierten sie. Er las sie einmal durch. Dann riefen wir ihm zuerst die Wörter zu, und er nannte die zugehörige Zahl; anschließend gaben wir die Zahl vor, und er nannte das zugehörige Wort. Anschließend memorierte er

150 Wörter aus einem Wörterbuch und sagte sie aus dem Gedächtnis auf. Danach wirkte er zehn Tage lang leicht verwirrt.

Ein anderes von Pillsburys Experimenten bestand darin, sich zwei Minuten lang die folgenden Wörter einzuprägen: Antiphlogistin, Periosteum, Takadistase, Plasmon, Threlkeld, Streptokokkus, Staphylokokkus, Mikrokokkus, Plasmodium, Mississippi, Freiheit, Philadelphia, Cincinnati, Athletik, kein Krieg, Etchenberg, Amerikaner, Russe, Philosophie, Piet Potgelter's Rost, Salamagundi, Oomisellecootsie, Bangmanvate, Schlechter's Neck, Manzinyama, Theosophie, Katechismus, Ambrosia, Madjesoomalops. Er legte den Zettel nach zwei Minuten beiseite und sagte die Wörter der Reihe nach auf – erst nach vorn, dann rückwärts.

Ich sagte den Leuten vom *Spiegel*, ich sei bereit, mich diesem Experiment zu unterziehen – allerdings in russischer Sprache, unter Verwendung einer willkürlichen Zusammenstellung von 30 russischen und erfundenen Wörtern, die absolut keine Verbindung zueinander haben. Ich zweifle nicht daran, daß ich es schaffen könnte, aber es gibt gewiß weit sinnvollere Verwendungsmöglichkeiten für mein Erinnerungsvermögen.

Eine sehr sinnvolle Betätigung war sicher die Vorbereitung auf das Interzonenturnier, die ich mit meinen Betreuern in Zagulba, meinem Trainingslager nördlich von Baku, absolvierte. Zwei Sommermonate verbrachten wir sechs Stunden täglich mit der Lektüre der neuesten Schachliteratur, mit der Erprobung von Eröffnungen und Varianten. Während der Arbeit höre ich gern Musik, besonders Popmusik. Aber wir betätigten uns nicht nur geistig. Wir spielten Fußball und gingen im Kaspischen Meer schwimmen, und öfter als einmal schwang ich mich auf mein Peugeot-Rennrad, auf dem ich, wenn ich voll in die Pedale trete, bis zu 50 km/h schnell bin. Mein Betreuerteam bestand aus dem nicht wegzudenkenden Sascha Nikitin, aus Alexander Schacharow, Jewgeni Wladimirow und Valeri Tschechow.

Die Vorbereitung muß gut gewesen sein, denn ich gewann das Turnier überlegen mit sechs gewonnenen und sechs Remispartien. Als zweiter qualifizierte sich Beljawski, der Tal knapp hinter sich ließ, für die Kandidatenrunde 1983. Dazu kamen Ribli, Smyslow, Portisch und Torre, die sich in den beiden anderen Interzonenturnieren qualifiziert hatten, sowie Kortschnoi und Hübner, die als Finalisten von 1980 automatisch dabei waren.

Noch lag eine weite Strecke vor mir, aber zumindest hatte ich die Tür, durch die der Weg zum Weltmeistertitel führte, aufgestoßen. Ein Traum begann in Erfüllung zu gehen. Ich fühlte mich in allen Schachangelegenheiten und auch sonst sehr stark. Ich glaubte an mein Können und war exzellent vorbereitet. Ich versuchte, die bösen Vorahnungen zu verscheuchen, die in meinem Kopf herumspukten – »Was können sie jetzt noch ersinnen, um mir meinen Traum kaputtzumachen?« Es gibt Dinge, die man verdrängen muß, um nicht den Glauben an das zu verlieren, worauf es ankommt. In diesem Sinn war ich fest entschlossen, die dunklen Vorahnungen nicht an mich herankommen zu lassen. Ich sagte mir: »Es kann nichts passieren, und es wird nichts passieren.« Mir dies immer wieder suggerierend, spielte ich Schach und nichts anderes als Schach. Doch bald kam der Augenblick, in dem ich mich der Realität stellen mußte – und dann begriff ich plötzlich, daß ich in Wirklichkeit mit allem, absolut allem, rechnen mußte.

KAPITEL 7

Krieg und Frieden

Die schweizerische Fremdenverkehrsstadt Luzern mit ihrem schönen See und ihren schneebedeckten Berggipfeln scheint von der Natur dazu bestimmt, ein Hort des Friedens zu sein. Allein, kaum hatte dort die 25. Schacholympiade begonnen, da hallte die Stadt von kriegerischem Getöse wider. In Luzern nämlich wurden Ende 1982 die Machtpositionen im Weltschach neu verteilt, und dabei fiel der Löwenanteil der Macht in die Hände eines einzigen, noch dazu höchst exzentrischen Mannes. Ich war zu dem Zeitpunkt erst 19 und mehr am Schachspiel interessiert als an den politischen Kombinationen im Umfeld des Bretts – eine jungfräuliche Unschuld, die ich bald abstreifen sollte. Heute weiß ich, daß damals in Luzern der Grundstein zu meinen Problemen gelegt wurde.

Wer würde auf die Idee kommen, daß der Schachsport eine große, weltumspannende Organisation benötigt? Um Schach zu spielen, braucht man ein Brett und 32 Figuren. Sind die Figuren erst einmal aufgestellt, was bleibt dann noch zu tun? Man braucht vielleicht einen Schiedsrichter, damit gewährleistet ist, daß üble Tricks nicht angewendet werden, wie beispielsweise der von Ruy Lopez, einem spanischen Priester aus dem 16. Jahrhundert, empfohlene: »Setze deinen Gegner so, daß ihm die Sonne in die Augen scheint.« Alle übrigen den Modus und die Durchführung betreffenden Fragen lassen sich sicherlich im Rahmen eines Gentlemen's Agreement regeln. So ähnlich äußerte sich Zukertort, der 1886 im ersten Weltmeisterschaftskampf gegen Steinitz unterlag, auf die Frage, nach welchen Regeln ein solcher Wettkampf ablaufen sollte. Die Art und Weise, wie das Match dann durchgeführt wurde, zermürbte ihn so, daß er daran psychisch zerbrach und vor Kummer eines frühen Todes starb.

Heute sind wir weiter und haben die FIDE (»Fédération Internationale des Echecs«).

Die FIDE wurde 1924 gegründet und blieb im wesentlichen ein Amateurverband, bis die Sowjetunion ihr 1947 beitrat. Danach entwickelte sie sich zu einem echten Weltverband mit einem gewählten Präsidenten, einem Generalsekretär, einem Sekretariat, fünf regionalen Vizepräsidenten (einem für jeden Erdteil), einem Exekutivausschuß, einem Zentralkomitee und einer Generalversammlung, vor der sich alle vorgenannten Instanzen verantworten müssen. Wie ein erfahrener Beobachter es ausgedrückt hat: »Die Schachpolitik ist ein furchtbares, sich hemmungslos ausbreitendes Ungeheuer. Der Grund dafür ist, daß das Schach tiefwurzelnde, heftige menschliche Leidenschaften entfesselt ... Die FIDE hat sich zu einem fast exakten Ebenbild der Vereinten Nationen entwickelt: Gezänk, Machtblöcke, zwischenstaatliche Rivalitäten, Werbung um Stimmen und Intrigen hinter den Kulissen – das ganze Repertoire diplomatischen Lebens ist vorhanden.«

Wie in aufgeblähten internationalen Organisationen üblich, bewirkt auch bei der FIDE das Mehrheitsprinzip, daß das Schwergewicht der Macht in eine diffuse Mitte rutscht und die geschäftsführende Instanz, in diesem Fall der Präsident, eine weitgehende De-facto-Autonomie genießt. Der Abstimmungsmodus schafft viele Probleme, weil er nicht die realen Machtverhältnisse in der Schachwelt widerspiegelt, sondern dazu führt, daß kleine Länder die großen bevormunden. Solange demokratisch gesinnte Männer wie der Holländer Max Euwe oder der Isländer Fridrik Olafsson das Ruder führten, ging alles noch ganz gut, denn diese Männer verstanden sich als ehrliche Makler, die versuchten, zwischen den rivalisierenden Fraktionen zu vermitteln und dabei soweit wie möglich auch die Wünsche der Spieler zu berücksichtigen. In der Fischer-Ära beispielsweise, in der die FIDE auf manche harte Probe gestellt wurde – ja sogar nahe daran war, auseinanderzubrechen –, bewiesen beide Männer Integrität, Flexibilität und vor allem ein überragendes Engagement für die Sache des Schachsports. Heute zählen innerhalb der FIDE nur noch Stimmen und Mehrheiten, und die noch so wohlbegründeten Meinungen von Großmeistern zählen nicht mehr viel. Die

А.КАРПОВ   Г.КАСПАРОВ

rei Weltmeister auf einem Bild: der gegenwärtige, ein früherer und der zukünftige. Karpow
eobachtet Tal, der einen meiner Züge in einem Match gegen Karpow begutachtet.

Oben: Michail Tals berühmter Blick (1960).

Unten: Viktor Kortschnoi (1983).

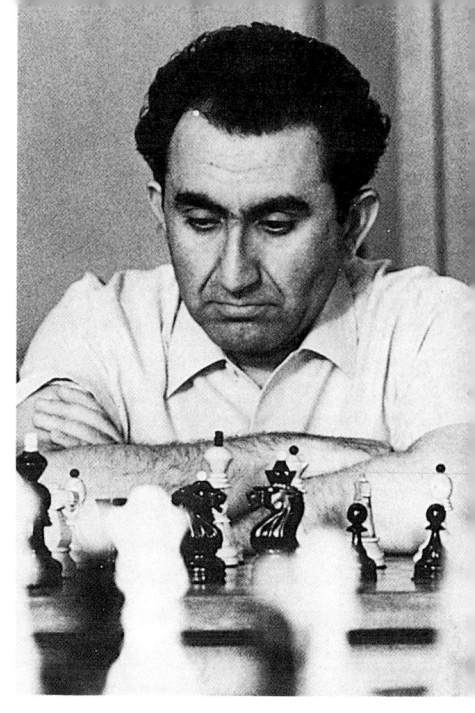

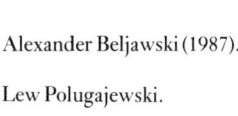

Boris Spasski (1985).

Alexander Beljawski (1987).

Tigran Petrosjan (1968).

Lew Polugajewski.

Oben: Partie gegen Ulf Andersson auf der Schach-Olympiade in Luzern, 1982.

Unten: Match gegen Kortschnoi im Halbfinale des Weltmeisterschaftsturniers in London, 1983.

Kombinationen werden in der Schachwelt von heute nicht mehr auf den Brettern ausgeheckt, sondern in den Gremien der FIDE; hinter verschlossenen Türen werden dort Abstimmungsergebnisse arrangiert und faule Kompromisse geschlossen.

Niemand räumte Florencio Campomanes, dem Kandidaten von den Philippinen, eine reelle Chance ein, sich bei der Wahl zum FIDE-Präsidenten gegen den Isländer Olafsson durchzusetzen. Viele der in Luzern Versammelten sahen in dem quirligen Filipino, der auf einer von den Ländern der Dritten Welt favorisierten und von der Sowjetunion finanzierten Liste kandidierte und in der Art eines amerikanischen Politikers Wahlkampf führte und Wahlgeschenke wie Konfetti auf die Delegierten herabregnen ließ, eher eine Witzfigur. Campomanes brüstete sich im eigenen Land: »Wenn ich Präsident Marcos um zwei Millionen Dollar bitte, fragt er mich schlimmstenfalls, ob er mir das Geld sofort vorbeibringen soll oder ob ich auf einen per Post übersandten Scheck warten kann.« Dies war, wie seine Zuhörer wohl wußten, keine bloße Angeberei, denn Campo hatte immerhin 1978 den über eine Million Dollar teuren, emotionsgeladenen Weltmeisterschaftskampf Karpow—Kortschnoi in Baguio organisiert. Was seine Qualitäten als Schachspieler anging, so hatte er aktiv an fünf Schacholympiaden teilgenommen und charakterisierte sich selbst mit typischer Unbescheidenheit als einen »begabten Klötzchenschieber«.

Beim Beginn der Abstimmung in Luzern bemerkte ein Delegierter hämisch: »Haben Sie je das Gesicht eine Mannes erlebt, der 50 000 Dollar auf Rot gesetzt hat, und dann kommt Schwarz?« Er meinte Campomanes, aber er täuschte sich. Campo hatte den Lauf der Roulettekugel nicht dem Zufall überlassen. Als die Stimmen abgegeben und gezählt waren, jedoch bevor noch das Ergebnis bekanntgegeben werden konnte, kam es zu einem merkwürdigen Zwischenspiel, das für die sowjetische Delegation von großer Bedeutung war und das mir seither, wenn ich daran zurückdenke, besonders symbolträchtig erscheint. Dem Versammlungsleiter wurde eine Botschaft überbracht, die er in ernstem Ton verkündete: »Ich bedaure, Ihnen den Tod von Präsident Breschnew bekanntgeben zu müssen! Wir wollen uns alle für zwei Schweigeminuten erheben.«

Nach dieser Gedenkpause wurde in die betroffene Stille hinein der Wahlsieg von Campomanes verkündet. Sein Amtsantritt und der Tod Breschnews sind in meiner Erinnerung seither auf diese bizarre Weise verknüpft. Ersterer zeitigte schlimme Konsequenzen für mich und mein Land. Nachträglich kommt es mir so vor, als hätten die Delegierten damals weniger ihre Trauer über den Tod Breschnews bezeigt als vielmehr ihre Sorge um die Zukunft des Schachsports.

Vorerst schien freilich alles in bester Ordnung zu sein, sowohl für mich als auch für das sowjetische Team, das bei dieser Schacholympiade seine beste Leistung seit langem zeigte. Wir gewannen mit sechseinhalb Punkten Vorsprung vor der Tschechoslowakei und verloren im ganzen Turnier nur drei Partien. Ich selbst war vom 6. Brett, an dem ich bei der vorherigen Olympiade gespielt hatte, ans 2. Brett aufgerückt – am ersten spielte natürlich Karpow. Wieder errang ich von allen Spielern unserer sowjetischen Mannschaft die meisten Punkte: sechs gewonnene und fünf Remis-Partien.

Großes Interesse erregte verständlicherweise meine Partie gegen Kortschnoi, der für sein neues Heimatland, die Schweiz, am 1. Brett spielte. Unsere eigene Nummer eins, Karpow, wich seinem alten Erzfeind diplomatischerweise aus und gab mir damit Gelegenheit, zum ersten Mal gegen den umstrittenen Exilrussen anzutreten. Karpow tat dies wohl zum einen, weil er mit den schwarzen Figuren hätte spielen müssen und nicht das Risiko einer Niederlage eingehen wollte, die die Erinnerung an seine früheren Siege über Kortschnoi hätte trüben können, zum andern aber sicherlich auch, weil er glaubte, ich werde mir eine blutige Nase holen. Tatsächlich erwies er mir damit, ganz gegen seine Absicht, einen überaus nützlichen Dienst.

Es war vielleicht ganz gut so, daß Karpow und Kortschnoi nicht aufeinandertrafen, denn das persönliche Verhältnis zwischen ihnen hatte sich so verschlechtert, daß ihrem Spiel wohl kaum der richtige olympische Geist innegewohnt hätte. In seiner kurz zuvor erschienenen Autobiographie hatte Karpow von »Kortschnois krankhaftem Stolz und seiner maßlosen Eitelkeit« gesprochen.

In dieser weitgehend von Karpows Mitarbeiter Alexander Roschal, dem Schachjournalisten, verfaßten Biographie wird Kortschnoi mit dem mißgünstigen Wiener Hofkomponisten Salieri und Karpow mit dem genialen Mozart verglichen, der unter den Intrigen Salieris zu leiden hatte. Roschal schreibt in diesem Zusammenhang:

»*Wenn man einen Vergleich anstellt zwischen großen Schachspielern und bedeutenden Komponisten – Paganini, Tschaikowski, Mozart –, kommt man nicht umhin, Kortschnoi mit Salieri zu vergleichen. Die Analogie drängt sich auf, wenn man erlebt, wie entlarvend Kortschnoi sich verhält, sobald er sich vom Schachtisch erhebt. Was im Gespräch mit ihm zunächst einmal auffällt, ist seine Ungeschminktheit und die Rücksichtslosigkeit seiner Selbstkritik. Das allein wäre noch nicht schlimm. Aber er läßt seinen überreizten Gefühlen freien Lauf, die er während des Spiels profihaft zu zügeln weiß (wenn auch nicht so gut wie die meisten anderen Großmeister), und stellt seinen Mangel an Objektivität nachhaltig unter Beweis.*
Wenn Kortschnoi auf seinen hochbegabten jungen Gegner zu sprechen kommt, gelingt es ihm nur mit Mühe, seine Mißgunst zu verbergen, die sich in dem beständigen Versuch manifestiert, bei seinem Kontrahenten Mängel zu entdecken. Man könnte hier einwenden, daß Salieri die Genialität Mozarts durchaus anerkannte ...
Im tiefsten Innern tut das auch Kortschnoi gegenüber Karpow, aber nach außen hin bestreitet er sie. Wir haben es also mit einer Spielart des Salieri-Komplexes zu tun, verschlimmert durch einen Mangel an Objektivität.«

Es ist interessant, daß ausgerechnet ein Karpow-Mann diese Parallele zu Mozart und Salieri zieht, denn andere Leute haben zu bemerken geglaubt, daß Karpow mir gegenüber an einem Salieri-Komplex leidet. Ich glaube kaum, daß Roschal es noch einmal riskieren wird, von Mozart und Salieri zu sprechen.
Roschal trifft auch eine Unterscheidung zwischen Spielern mit quasi angeborener Begabung – Smyslow, Tal, Petrosjan, Spasski, Fischer oder (von Roschal natürlich auch in diese Kategorie aufgenommen) Karpow, die wie Raketen unvermittelt in die Schachwelt einschlagen – und Spielern wie Kortschnoi, die jahrelang intensiv an sich arbeiten müssen, ehe sie das Niveau von Spitzenspielern erreichen. Als ich dies las, fragte ich mich,

ob der Autor heute wohl ehrlich genug wäre, Kasparow in die Liste der »Raketen« aufzunehmen.

Ich glaube, er hätte es getan, wenn er meine Partie gegen Kortschnoi in Luzern miterlebt hätte. Diese Partie bereitete mir große Genugtuung – so sehr, daß ich nach Beendigung des Spiels mit hochgereckter, geballter Faust triumphierte, eine Geste, die der jugoslawische Schachreporter Ratko Knezevic in einem berühmt gewordenen Foto festhielt. Leider vermittelt dieses Bild den Eindruck, als wolle ich Tolja selbst mit einem knallharten Haken k.o. schlagen.

Für viele Zeitungsleser im Westen war dies das erste Bild von mir, das sie zu Gesicht bekamen. Die Londoner *Times* schrieb dazu: »Wenn ein neuer Stern erscheint, erzittert das Firmament.« Der Verfasser dieses Satzes, David Spanier, beschrieb mich in seinem Beitrag wie folgt:

»Mittelgroß, etwas blaß, mit einem Büschel dunkler Kraushaare und einem weißen Rollkragenpullover, erinnert Kasparow äußerlich an einen tatendurstigen Rocker von der Londoner West Side. Er sitzt nervös am Brett, rutscht andauernd auf dem Stuhl hin und her, runzelt die Stirn über dichten Augenbrauen, starrt aus zusammengekniffenen Augen auf die Figuren. Oder er stapft umher und wartet auf den Zug seines Gegners. Die Spieler schüttelten einander zu Beginn der Partie nicht die Hände (das war auch nicht zu erwarten), wenngleich man Kasparow zugute halten muß, daß er halbherzige Anstalten dazu machte; es war Kortschnoi, der den Händedruck verweigerte.

Kortschnoi eröffnete mit dem Damenbauern, worauf Kasparow mit der Modernen Benoni-Verteidigung konterte, seiner Standardreaktion auf diese Eröffnung. Nach wenigen Zügen allerdings schlug Kasparow eine neue Richtung ein – ob nach einem vorgefaßten Plan oder einer spontanen, am Brett geborenen Idee folgend, war für das Feuerwerk, das folgte, ohne Belang. Er ließ einen Springer sieben Züge lang en prise *stehen; er stellte seine Dame auf die gegnerische Grundlinie, wo sie scheinbar allen Schutzes entblößt war; er hielt die Zuschauer, die die Partie an Ort und Stelle und auf den Fernsehmonitoren verfolgten, in seinem Bann. So provozierend und komplex waren seine Spielideen, daß nicht einmal die Experten beurteilen konnten, ob oder wie er gewinnen würde. Es stellte sich vielmehr ein überwältigendes Gefühl der Souveränität ein, der Unaus-*

weichlichkeit dessen, was da kommen sollte, der Wachablösung zwischen
den Generationen.«

Diese Partie, eine denkwürdige Begegnung, ist mittlerweile von
zahlreichen Großmeistern analysiert worden und gilt heute
schon als Klassiker der Schachgeschichte. Kortschnoi hätte übrigens beim 33. Zug Remis durch ewiges Schach erzwingen
können, wie er hinterher selbst erkannte.

Weniger befriedigend für mich waren andere »Züge«, die noch
vor Ende der Schacholympiade in Luzern gemacht wurden und
die der Ermittlung der Paarungen für die 1983 bevorstehenden
Kandidatenwettkämpfe dienten. Was hier gezogen wurde, waren
Lose. Als mein Gegner wurde Beljawski ausgelost – ich zog
seinen und meinen Namen eigenhändig aus dem Lostopf. Ich
habe nie aufgehört, mich darüber zu wundern, daß diese Auslosung so eigenartige Ergebnisse erbrachte. Folgende Paarungen
wurden ermittelt (in Klammern die FIDE-Punktzahl eines jeden
Spielers):

Hübner (2630) – Smyslow (2565)
Ribli (2580) – Torre (2535)
Kasparow (2675) – Beljawski (2620)
Kortschnoi (2635) – Portisch (2625)

Drei der in den beiden erstgenannten Paarungen antretenden
Spieler waren viel schwächer als die vier letztgenannten. Ich
hatte schon zuvor erklärt, daß Beljawski und Kortschnoi für mich
die gefährlichsten Gegner sein würden. Jetzt sollte ich in aufeinanderfolgenden Ausscheidungskämpfen gegen beide antreten,
während in den anderen Paarungen schwächere Gegner unter
sich blieben. Konnte das wirklich bloßer Zufall sein?

Das ganze Geschäft des Loseziehens kam mir sehr seltsam vor.
Keiner von uns verstand, weshalb dieses Verfahren angewendet
wurde. Portisch, der ungarische Großmeister, zog unter Protest
aus. Er war sehr unglücklich darüber, daß man ihm Kortschnoi
zugelost hatte, und warf den Organisatoren Betrug vor. Dies
beschwor eine sehr gespannte Situation herauf, und das ausgerechnet in dem Moment, als die Wahl zwischen Olafsson und
Campomanes anstand. Vielleicht ging alles mit rechten Dingen

zu, aber das Ganze war ein schlechtes Omen für meinen ersten Auftritt auf der Bühne des Weltschachs. Wer immer meinen Ansturm auf den von Karpow besetzten Thron erschweren und mir Steine in den Weg legen hätte wollen, hätte es nicht besser anstellen können, als diese Paarungen auszulosen.

Nicht daß Beljawski sich in diesem Fall als ein Hindernis ersten Ranges erwiesen hätte. Ich besiegte ihn in einem auf zehn Partien angesetzten Wettkampf in Moskau mit 6:3. Dem Publikum wurde ein packender, kompromißloser Kampf geboten, dessen Ausgang praktisch durch meinen Sieg mit den schwarzen Figuren in der achten Partie vorentschieden wurde. Mein Sieg in der fünften Partie war das Ergebnis einer dreitägigen Hausanalyse; es ging um einen bestimmten Läuferzug, der Beljawski mit einem Schlag in eine hoffnungslose Defensivposition brachte. Als ich ihm nach Beendigung der Partie die Hand schüttelte, sagte ich unter Anspielung auf die unglückliche Auslosung zu ihm: »Es ist schade, daß wir so bald aufeinandergetroffen sind!«

Dieses Ausscheidungsmatch fand im März 1983 statt. Mein Halbfinalkampf gegen Kortschnoi sollte im August ausgetragen werden. Aber wo? Die Auseinandersetzung, die über diese Frage entbrannte, spaltete die FIDE in zwei Parteien und bescherte Campomanes die erste von vielen Krisen, die er als Präsident des Weltverbandes heraufbeschwören sollte. Es war eine höchst überflüssige Krise, zu der es nie hätte kommen müssen, wie jedem Beobachter ohne weiteres klar war. Auch im Rückblick kann ich noch nicht ganz verstehen, wie es geschehen konnte, daß diese Krise sich so zuspitzte. Eins ist jedoch gewiß: daß der sowjetische Schachverband und Campomanes mit vereinten Kräften meine Chancen, den Weltmeistertitel zu erringen, zunichte gemacht hätten, wenn ich nicht selbst das Gesetz des Handelns an mich gerissen hätte. Im Licht der späteren Ereignisse ist es interessant, Mutmaßungen über ihre Motive für dieses Handeln anzustellen.

Drei Städte hatten sich um die Ausrichtung meines Halbfinalkampfes gegen Kortschnoi beworben: Las Palmas, Rotterdam und Pasadena. Das sowjetische Sportkomitee favorisierte Las Palmas, wo schon oft Schachturniere stattgefunden hatten; die zweite Wahl war Rotterdam. Kortschnoi votierte eindeutig für

Rotterdam. Dann, am 1. Juni, legte Campomanes Feuer unters Dach mit seiner Entscheidung, das Match an Pasadena zu vergeben. Zufällig war das auch die Stadt, in die Bobby Fischer sich zurückgezogen hatte, ein Umstand, der in etlichen Gehirnen die Vermutung aufkommen ließ, Campomanes verfolge heimlich den Plan, Fischer aus der Versenkung zu holen und ihn zu dem ehedem nicht zustande gekommenen WM-Kampf gegen Karpow antreten zu lassen.

Campo begründete seine abstruse Entscheidung damit, daß die kalifornische Stadt das beste finanzielle Angebot unterbreitet habe, unter anderem die Zusage, 40 000 Dollar zur Förderung des Schachs in der Dritten Welt zu spendieren, dessen Wohl Campomanes angeblich besonders am Herzen liegt. Es war anzunehmen, daß dieses Geld dem FIDE-Präsidenten persönlich zur Verfügung gestellt würde, damit er es nach eigenem Gutdünken verteilen konnte.

War die Entscheidung für Pasadena schon unverständlich, so machte Campomanes das Maß voll, indem er das zweite Halbfinale zwischen dem 62jährigen Smyslow und dem ungarischen Großmeister Ribli nach Abu Dhabi in den Vereinigten Arabischen Emiraten vergab. Dieser Austragungsort war auch für den sowjetischen Verband unannehmbar, weil die für einen Schachwettkampf unerläßliche Atmosphäre der Ruhe und Kontemplation, wie sie besonders ein Veteran wie Smyslow brauchte, an einem so heißen und exotischen Ort nicht gewährleistet war. Hübner war durch Losentscheidung ausgeschieden, nachdem sie sich am Brett unentschieden (7:7) getrennt hatten.

Viele Leute machten sich falsche Vorstellungen von den Motiven, aus denen heraus der sowjetische Verband Pasadena als Austragungsort ablehnte. In manchen Berichten hieß es, die Sowjets befürchteten Sicherheitsprobleme oder hätten gar Angst, das Neonlicht und der glitzernde Luxus der kalifornischen Metropole Los Angeles könne ihren jungen Superstar in Versuchung führen, sich abzusetzen! Ich selbst glaubte damals, der eigentliche Grund sei, daß die sowjetischen Funktionäre Campomanes einmal zeigen wollten, daß es einfach nicht anging, derart willkürliche Entscheidungen zu treffen. Beide Spieler hatten die Bereitschaft erkennen lassen, in Rotterdam anzutreten

135

– der eine hatte es als seine erste, der andere als seine zweite Wahl genannt –, und somit wäre die holländische Stadt sicher die richtige und naheliegende Lösung gewesen. Campo war einfach vom vernünftigen Kurs abgekommen.

Als Pasadena erstmals als möglicher Austragungsort zur Sprache kam, erklärten mir einige sowjetische Schachfunktionäre, es sei kein geeigneter Ort für einen Schachwettkampf (obwohl zur selben Zeit dort die Schachmeisterschaften der USA ausgetragen werden sollten). Ich ging davon aus, daß diese Männer wußten, wovon sie sprachen. Ich mußte ihrem Urteil vertrauen. Vielleicht gab es daneben auch einen wichtigen politischen Grund. Ich war selbst nie in Amerika gewesen und konnte mir daher kein eigenes Urteil bilden. Ich setzte als selbstverständlich voraus, daß die sowjetischen Funktionäre auf meiner Seite standen und in dieser Situation nach bestem Wissen und Gewissen meine Interessen vertreten würden.

Vergessen wir nicht, daß dies das erste Mal war, daß ich mit internationaler Schachpolitik in Berührung kam. Ich hielt das, was hier vorging, für die Eröffnungszüge einer größeren diplomatischen Partie, und glaubte, unsere Funktionäre verfolgten das Ziel, Campomanes seine Grenzen aufzuzeigen und ihn zur Rücknahme seiner Entscheidung zu zwingen. Ich vermeinte zu erkennen, daß nationales Prestigedenken mit im Spiel war. Sie hielten es, so glaubte ich, für politisch geboten, Pasadena als Austragungsort abzulehnen. Natürlich glaubte ich, daß es ihnen darum ging, einen anderen Austragungsort zu finden. Daß der Wettkampf als solcher auf dem Spiel stehen könnte, daran dachte ich nicht im Traum.

Campo kam nach Moskau, um zu verhandeln. Das sowjetische Sportkomitee war unnachgiebig: Pasadena kam nicht in Frage. Karpow stieß zu der Gesprächsrunde und redete mit, als ob auch er ein Schachfunktionär sei. Seine Haltung war ebenfalls ablehnend. Mir war nicht klar, was er bei den Gesprächen zu suchen hatte. Er trug nichts dazu bei, sie aus der Sackgasse herauszubringen. Campo beharrte auf seinem Recht, als Präsident der FIDE den Austragungsort zu bestimmen. Es kam kein Kompromiß zustande. Beide Seiten schienen innerlich davon überzeugt, daß die Gegenpartei irgendwann nachgeben würde. Campo hatte sich inzwischen zusätzliche Rückendeckung verschafft, indem er ein Votum des Exekutivausschusses der FIDE für Pasadena herbeigeführt hatte. Unterdessen war es schon Ende Juli, und Kortschnoi weilte bereits in Pasadena, um sich zu akklimatisieren.

Der August kam, und noch immer war keine Einigung in Sicht. Die sowjetische Verhandlungskommission hatte einlenkend erklärt, Smyslow könne vielleicht doch in Abu Dhabi spielen, aber Kasparow auf keinen Fall in Pasadena. Dies erschien mir höchst seltsam. Vollends verunsichert war ich, als die Funktionäre anfingen, mir zu verstehen zu geben, daß ich, wenn der Wettkampf gegen Kortschnoi nicht zustande komme, dafür beim nächsten WM-Zyklus wieder mitspielen könne. Ich sei schließlich jung, hätte noch viele Jahre vor mir und so weiter. »Es ist schade, daß du diese Chance verpaßt hast, aber du wirst noch viele andere bekommen«, sagten sie. »Wir werden dich auf viele internationale Turniere schicken. Du bist jung, du kannst noch drei Jahre warten.«

Mir begann zu dämmern, daß sie mich ausmanövrieren wollten. Hatte nicht das Sportkomitee in Baku öffentlich erklärt, es dürfe in diesem WM-Zyklus nicht zu einem Aufeinandertreffen Karpow–Kasparow kommen? Sie hatten mich an der Nase herumgeführt. »Keine Sorge, wir lassen nicht zu, daß das Match platzt, wir sind eine Weltmacht, wir werden uns für dich einsetzen.« Diese und ähnliche Versicherungen kamen nicht nur vom sowjetischen Schachverband und vom Sportkomitee, sondern auch von einem Abteilungsleiter im Zentralkomitee der KPdSU (er ist jetzt nicht mehr im Amt). Es war alles so glatt inszeniert, es ging runter wie Honig. Als ich endlich merkte, was gespielt wurde, als ich das raffinierte Zusammenspiel von FIDE und Sportkomitee durchschaute, wurde mir regelrecht schwindlig.

Es war eine schwere Zeit für mich. Nur meine Mutter weiß, was ich durchmachte. Ich mußte mich mit dem Gedanken anfreunden, nicht Weltmeister werden zu können – und zwar nicht wegen mangelnder eigener Fähigkeiten, sondern aus Gründen, über die ich keine Macht hatte. Ich konnte die Hindernisse, die vor mir aufgetürmt wurden, nicht beseitigen, weil sie einer rationalen Auseinandersetzung nicht zugänglich waren. Ich fragte mich, wie ich mit dieser Situation zu Rande kommen sollte.

Die Zeit lief ab. Am Vormittag des 6. August 1983 zog Viktor Kortschnoi einen grauen Anzug an, fuhr ins Auditorium des Pasadena City College, schüttelte dem Schiedsrichter die Hand, setzte sich ans Schachbrett und machte einen Bauernzug. Dann drückte er die Uhr seines nicht anwesenden Gegenspielers. Während der folgenden Stunde schritt er, laut Bericht der *Los Angeles Times*, mit auf dem Rücken verschränkten Händen und gesenktem Kopf auf und ab; mit ausdrucksloser Miene und in feierlichem Ernst absolvierte er diese Farce. Er wurde zum Gewinner des Wettkampfs erklärt und erhielt ein Viertel der bei regulärer Austragung fällig gewesenen Börse. Die FIDE erklärte, Kortschnoi habe das Kandidatenfinale erreicht. Ich war ausgeschieden, ohne einen einzigen Zug gemacht zu haben.

Derweil saß ich ziemlich schockiert in Baku und versuchte mir darüber klarzuwerden, was die Männer in Moskau, denen meine Interessen anvertraut waren, eigentlich taten und worauf sie hinauswollten. Kortschnoi hatte erklärt, sie versuchten Karpow vor mir zu schützen; aus diesem Grund hätten sie diese künstliche Krise vom Zaun gebrochen. Kortschnoi hatte schon viele abstruse und verrückte Dinge gesagt, aber konnte es nicht sein, daß er in diesem Fall recht hatte? Ich wurde nachdenklich.

Eine andere Theorie, die zu dieser Zeit aufgestellt wurde, besagte, Karpow werde Kortschnois »Sieg« nicht anerkennen und sich mit Billigung des sowjetischen Verbands weigern, gegen diesen Herausforderer anzutreten. Falls es die FIDE dann wagen sollte, den Weltmeister zu disqualifizieren, wie sie 1975 Fischer disqualifiziert hatte, würde dann die Sowjetunion aus der FIDE austreten und eine Spaltung des Weltschachs provozieren? War das ihr geheimer Plan? In der Anfangsphase der Krise hatten sie erklärt, sie seien jederzeit bereit, die FIDE zu spalten. Später sagten sie, dies sei unmöglich. Ich war von all dem sehr schockiert. Ich begann mich zu fragen: Was für eine Krise war das eigentlich, die ich unwillentlich vom Zaun gebrochen hatte? War ich in dieser Situation vielleicht nur ein Bauer, der geopfert werden sollte? In meiner Analyse erwog ich zahlreiche Deutungsmöglichkeiten. Eine davon besagte, daß Karpow sich wünschte, noch einmal ein großes Finale gegen Kortschnoi zu spielen und damit einen Schlußpunkt unter ihre erbitterte Fehde zu setzen. Die Leute vom sowjetischen Verband könnten ihn in diesem Sinne bearbeitet und davon überzeugt haben, daß dies gut für ihn und die Sowjetunion sein würde. Karpow war sich zu diesem Zeitpunkt wohl sicher, daß er dem wesentlich älteren Kortschnoi überlegen war und große Chancen hatte, seinen Titel gegen ihn zu verteidigen – deutlich größere jedenfalls als gegen mich. Ein erneuter Sieg Karpows gegen Kortschnoi würde den Höflingen Karpows ihre Stellungen in der sowjetischen Schachhierarchie sichern; daher würden auch sie diese Lösung bevorzugen. Und auch den sowjetischen Sportbehörden würde es ins Konzept passen, wenn sie dem neuen politischen Führer des Landes, Juri Andropow, einen international beachteten sowjetischen Triumph über den abtrünnigen Exsowjetbürger würden präsentieren können. Das Ansehen, das der Schachsport bei dem neuen Herren im Kreml genoß, würde sich dadurch ebenso erhöhen wie das persönliche Prestige der Funktionäre, die sich diesen Erfolg an die Brust heften würden.

Und konnte es nicht sein, daß letzten Endes auch Campo und die FIDE mit diesem Gang der Dinge zufrieden sein würden? Einer zum Duell zwischen einem sowjetischen Meister und einem Abtrünnigen hochstilisierten Schachweltmeisterschaft würde sicherlich Beachtung und Publizität zuteil; Publizität wiederum würde ein guter Köder für Sponsoren sein, die dem Schachverband Millionen von Dollars in die Kasse bringen konnten. Wenn dies die Überlegungen waren, die von den verschiedenen Beteiligten angestellt wurden, dann hatte ich tatsächlich nur die Rolle eines Pingpongballs gespielt, der zwischen der FIDE und den sowjetischen Sportbehörden hin und her gespielt wurde. Ich kann mir ausmalen, wie sie untereinander sagten oder zumindest dachten: Wer will denn eigentlich ein Match zwischen zwei Russen mit ähnlich klingenden Namen? Davon konnte sich weder die FIDE noch die Sowjetunion viel versprechen. Sie hatten ja schon einen sowjetischen Weltmeister, an dem aus ihrer Sicht nichts auszusetzen war.

Falls ihnen, was ich bezweifle, je der Gedanke gekommen sein sollte, daß eine auf solchen Erwägungen beruhende Strategie ziemlich unfair gegenüber Kasparow war, konnten sie sich immer mit dem Argument trösten, daß ich noch jung war und viel

Zeit hatte. Ich brauchte mich nur in Geduld zu üben; meine Zeit würde kommen. Genau dies hatten sie mir ja schon gesagt ... Sie waren in der Tat auch schon sehr nahe daran, ihr Ziel zu erreichen, denn Kortschnoi war bereits zum Sieger des Ausscheidungskampfes gegen mich erklärt worden, und was seinen Finalgegner Smyslow betraf, so konnte sich der jederzeit aus »Alters- und Gesundheitsgründen« zurückziehen. Die Weichen schienen also gestellt für ein drittes Aufeinandertreffen Karpow−Kortschnoi. Es war einfach eine Tatsache, daß mein Auftauchen auf der Bühne des Weltschachs zu einem so frühen Zeitpunkt allen etablierten Schachmächten ungelegen kam. Ich war ein Störfaktor, der in ihre gemütliche, geordnete Welt eingebrochen war, sie aus dem Tritt zu bringen und vielleicht sogar ihre Privilegien zu gefährden drohte − mußten sie das hinnehmen? Mir dämmerte allmählich, daß und warum sie mich fürchteten oder vielleicht sogar haßten. Karpow war ein idealer Held für sie. Er war ein Symbol der Macht, ein Symbol auch der Sowjetmacht, und so erfreute er sich der Protektion höchster Stellen. In Anbetracht der politischen Entwicklung in der Sowjetunion hatte dieser Machtklüngel wohl das Gefühl, ein besonders günstiger Zeitpunkt zur Festigung seiner Machtposition sei gekommen.

Allerdings war es auch ein günstiger Zeitpunkt für diejenigen, die für Veränderungen im gesellschaftlichen Leben der Sowjetunion eintraten. Wenn Karpow ein Kind der Ära Breschnew war, so war ich eines der neuen Zeit, ein Kind des Umbruchs. Ich hatte das instinktive Gefühl, Bestandteil und Verkörperung einer Revolution im Denken der sowjetischen Menschen zu sein − ich wünschte mir nur, ich hätte den Mut, mit der gleichen Offenheit, mit der andere gegen Stagnation, Schwindel und Korruption in den verschiedensten Bereichen des sowjetischen Lebens auftraten, für Ehrlichkeit und Demokratie im Schach einzutreten. Ich mußte gegen das alte Denken, die alte Mentalität ankämpfen, wenn ich nicht selbst ihr Opfer werden wollte. Das Risiko, das ich dabei einging, war, daß ich an diesem Kampf zerbrechen würde!

In meiner Entschlossenheit, den Kampf aufzunehmen, wurde ich durch Gespräche mit anderen Großmeistern bestärkt, die ich bei einer Sitzung des Spielerrates in Nikšić traf. Sie sagten, sie verstünden und respektierten meine Entschlossenheit, mich nicht dem Diktat von Campomanes zu unterwerfen. Es mußte schon eine sehr prinzipielle Entschlossenheit sein, wenn ich dafür das Risiko in Kauf nahm, aus dem Wettbewerb um den Weltmeistertitel, den Traum eines jeden Großmeisters, ausgeschlossen zu werden. Lohnte es sich wirklich, alles aufs Spiel zu setzen, was ich bisher als mein Lebensziel betrachtet hatte? War es wirklich wichtiger, Campomanes in die Schranken zu weisen, als Schachweltmeister zu werden? Würde es nicht leichter sein, erst einmal auf dem Weg des geringsten Widerstandes Weltmeister zu werden und mir auf diese Weise eine bessere Machtposition zu verschaffen, von der aus ich den Kampf mit größeren Erfolgsaussichten würde aufnehmen können?

Ich bat meine Kollegen, einen Brief mit der Forderung nach meiner Wiederzulassung zum laufenden WM-Zyklus zu unterschreiben. Alle Großmeister aus den westlichen Ländern gaben ihre Unterschrift. Es war vermutlich die erste Petition, die von praktisch allen Großmeistern der Welt unterzeichnet wurde. Indes, Jan Timman, Yasser Seirawan, Tony Miles und andere sagten mir: »Wir unterschreiben natürlich, weil du gegen Kortschnoi spielen sollst; du gehörst in die Kandidatenausscheidung, du mußt gegen Karpow spielen. Aber sag mal, warum bist du eigentlich nicht in Pasadena angetreten? Wie kannst du deine ganze Karriere aufs Spiel setzen, nur weil dir der Austragungsort nicht paßt?« Ich konnte ihnen keine Antwort geben. Es war mir unmöglich, ihnen die wirklichen Hintergründe zu erklären – heute kann ich darüber sprechen. Aber die Unterredungen, die ich in Nikšić führte, brachten mich zu der Überzeugung, daß es höchste Zeit war, etwas zu tun.

Ich beschloß, das Gesetz des Handelns selbst in die Hand zu nehmen. Ich konnte nicht mehr darauf vertrauen, daß die Schachfunktionäre in meinem Interesse oder auch nur im Interesse des sowjetischen Schachs, wie ich es verstand, handelten. Für mich war jetzt klar, daß der sowjetische Schachbund Karpows Firma war, ein Bund *gegen* den Schachsport. Allein, ich brauchte Helfer, denen ich vertrauen konnte, denn meine Gegner waren, wie ich nur zu gut wußte, schlau, skrupellos und sehr mächtig.

Ich wandte mich ein weiteres Mal an Geidar Alijew, den Präsidenten der Aserbeidschanischen Sowjetrepublik, und auch diesmal erwies sein Einfluß sich als entscheidend. Freilich handelte es sich diesmal um eine weitaus ernstere, immerhin das Interesse der Weltpresse weckende Krise. Ich konnte über das Tempo, mit dem die Ereignisse nun abliefen, nur ungläubig staunen. Es ging jetzt nach dem Motto »Kommando zurück«. Ampeln, die zuvor hartnäckig Rot gezeigt hatten, standen plötzlich auf Grün. Die sowjetischen Sportbehörden befanden sich natürlich in einer höchst peinlichen Lage. Sie mußten bei Campomanes und der FIDE zu Kreuze kriechen mit der Bitte, die getroffenen Entscheidungen rückgängig zu machen und mich doch noch gegen Kortschnoi antreten zu lassen. Schlimmer noch für sie dürfte gewesen sein, daß sie auch bei dem verhaßten Abtrünnigen selbst demütig anklopfen und ihm irgendwie die Zustimmung dazu abringen mußten, daß sein »Sieg« gegen einen Phantomgegner in Pasadena für null und nichtig erklärt wurde – zu einem Nicht-Ereignis mit einer Nicht-Person.

Wie wurde dieser wundersame Kurswechsel bewerkstelligt? Das Zaubermittel hieß: Geld. Es war der allmächtige Dollar, der die blockierten Räder der Schachdiplomatie ölte und sie wieder zum Rollen brachte. 210 000 Dollar, um genau zu sein. Ein Teil davon ging an Kortschnoi, als Kompensation für das Match von Pasadena, das er »gewonnen« hatte. Mit einem anderen Teil wurden die Organisatoren dieses Matchs abgefunden. Und schließlich wollte auch die FIDE für entgangene Einnahmen entschädigt werden. Dies war der Preis, den die sowjetischen Sportbehörden entrichten mußten, um die Schäden zu begleichen, die sie mit ihren Machenschaften im Zusammenhang mit meinem Halbfinalkampf angerichtet hatten. Ein Teil dieses Geldes wurde in der Folgezeit durch die Preisgelder, die sowjetische Spieler bei Turnieren im westlichen Ausland einspielten, wieder zurückgeholt. Aber unter dem Strich blieb noch immer ein erklecklicher Verlust für die sowjetische Devisenkasse.

Eine Schlüsselrolle bei der Suche nach einer praktikablen Lösung spielte dieses Mal Ray Keene, der britische Großmeister, der zu jener Zeit den Vorsitz im Weltrat der Großmeister führte. Er flog nach Moskau, konferierte mit den führenden Männern des sowjetischen Schachbundes und zeichnete ihnen die Umrisse einer

Kompromißlösung vor. Er war überrascht, als Nikolai Krogius, Leiter der Schachabteilung im sowjetischen Sportrat, ihm die ungewöhnliche Ehre erwies, ihn am Flughafen abzuholen, und noch überraschter, als Krogius mit allem Nachdruck versicherte, wie sehr seiner Behörde das Wohl Kasparows am Herzen liege. Das war ein neuer und ungewohnter Zungenschlag.

Keene erklärte, er sei in der Lage, kurzfristig die Austragung beider Semifinalkämpfe in London zu arrangieren, doch müßten die Russen zuvor öffentlich erklären, daß Campomanes mit seiner Entscheidung für Pasadena seine Kompetenz als FIDE-Präsident nicht überschritten hatte; ferner müßten die Sowjets die geforderte Entschädigung bezahlen. Den FIDE-Präsidenten selbst hatte Keene durch einen geschickten Schachzug bereits für die neue Lösung gewonnen: Er hatte die Verleger meiner Bücher dazu bewogen, zum Zwecke der Förderung des Schachs in den Entwicklungsländern eine große Anzahl von Schachbüchern zu stiften.

Keene deutete auch an, wie Kortschnoi dazu gebracht werden konnte, seine Zustimmung zu diesem Arrangement zu geben: Man müsse ihm erstens eine finanzielle Entschädigung gewähren und zweitens den gegen ihn verhängten Turnierboykott aufheben. Moralisch hatte Kortschnoi sowieso keine andere Wahl, als gegen mich anzutreten. Er hatte mehr als einmal Karpow vorgeworfen, ein »Papierweltmeister« zu sein. Weigerte er sich jetzt, gegen mich zu spielen, mußte er damit rechnen, als »Papierherausforderer« hingestellt zu werden. Die sowjetische Presse war schon dabei, kräftig in diese Kerbe zu hauen.

Als dies alles besprochen war, flog einer der ranghöchsten sowjetischen Sportfunktionäre, der Vizeminister für Sport Iwonin, der wenig später seiner Stellung enthoben wurde, mit dem Auftrag nach Luzern, um jeden Preis eine Übereinkunft mit Campomanes auszuhandeln. Nach einwöchigen Gesprächen wurde ein weitgehend an den von Keene vorgeschlagenen Bedingungen orientierter Kompromiß geschlossen. Die sowjetische Seite hatte weitreichende Zugeständnisse machen müssen, und Campo sonnte sich in seinem Erfolg und ergriff jede Gelegenheit, sich an unserer Schmach zu weiden. Es war ein denkwürdiger Augenblick der sowjetischen Schachgeschichte. Nachdem unsere Sportbürokraten Campomanes in der Presse erbittert angegriffen hatten, steckten sie ihm jetzt Geld zu und mußten als Bittsteller zu ihm kommen, um ihm die Zustimmung zu dem angestrebten Kompromiß abzuhandeln. So stark war der Druck, unter den Alijew sie gesetzt hatte.

Ich glaubte damals, diese Vorgänge würden das grelle Licht der Öffentlichkeit auf die Schachmafia lenken, und einige exponierte Vertreter dieser Mafia würden dastehen wie erschreckte Kaninchen im Scheinwerferlicht eines Autos. Aber ich unterschätzte ihre Schlauheit und Zähigkeit. Sie waren nicht bereit, alles zu riskieren. Sie wagten nicht, offen gegen mich Stellung zu beziehen. Sie mußten zunächst einmal sich selbst schützen und den Kopf einziehen, in der Hoffnung, der aufgekommene neue Wind werde abflauen oder sogar bald wieder in eine andere Richtung blasen.

Das war meine erste Berührung mit der konfliktgeladenen und unendlich komplexen Welt der internationalen Schachpolitik. Ich hatte festgestellt, daß auf der diplomatischen Bühne, wie auf dem Schachbrett, eine realistische Einschätzung der Kräfte das Geheimnis des Erfolges ist.

So landeten die Halbfinalkämpfe nach einer »Geisterfahrt« rund um die Erdkugel – von den Kanarischen Inseln nach Kalifornien und in die Arabischen Emirate – schließlich und endlich im Great Eastern Hotel in London, nahe dem schmuddeligen Liverpool-Street-Bahnhof. Die Computerfirma Acorn hatte sich mit einem Angebot von 75 000 Pfund die offizielle Sponsorschaft erkauft und dabei Konkurrenten aus Holland, Österreich und Jugoslawien ausgestochen. Die publizistische Beachtung, die den schachpolitischen Konflikten zuteil geworden war, hatte das weltweite Interesse an den Halbfinals eher noch verstärkt.

Ich selbst hatte nicht viel Zeit und Energie auf die Vorgänge außerhalb des Schachbretts verschwendet und fühlte mich sowohl physisch als auch geistig topfit. Ich fühlte, im Zenit meiner Leistungskraft zu stehen, und vibrierte geradezu vor explosiver Energie, wie eine startbereite Rakete. Ich hatte mich in Baku unter den allerbesten Voraussetzungen, die es jemals für mich gab, vorbereitet und im Juli, Teil meines Trainingspensums für das Match gegen Kortschnoi, an der in vierjährigem Zyklus stattfindenden Spartakiade in Moskau teilgenommen und dabei gegen Beljawski und Tal jeweils ein heiß umkämpftes Remis erreicht.

Dann ließ ich im jugoslawischen Nikšić, zwei Autostunden von Dubrovnik entfernt, ein starkes Feld internationaler Großmeister hinter mir – Larsen, der Nächstplazierte, lag zwei Punkte zurück. Ich verlor nur eine Partie, und zwar gegen Spasski. Die Kommentatoren schwärmten von meinen »Zauberkräften« und meiner »sagenhaften, raketenartigen Dynamik«, besonders nach einer Partie gegen Portisch, für die das Sportkomitee der UdSSR mir in Anerkennung der »überragenden schöpferischen Leistung des Jahres 1983« einen Sonderpreis zuerkannte.

Das war nicht die einzige internationale Auszeichnung, die ich in diesem Jahr erhielt; auf dem Weg nach London machte ich in Barcelona Station, um meinen ersten Schach-Oscar in Empfang zu nehmen, den begehrten Preis, der von den Schachjournalisten der ganzen Welt verliehen und von der spanischen Kaufhauskette El Corte Ingles finanziert wird. Der Schach-Oscar wird an Spieler verliehen, die in Partien gegen andere Großmeister ein besonderes Maß an Einfallsreichtum, Spielstärke und Innovation zeigen. Ich erhielt 1021 Stimmen, Karpow 943.

Ein bemerkenswerter Aspekt dieser Europareise war, daß meine Mutter mich hier zum ersten Mal begleiten konnte. Es kommt selten vor, daß sowjetische Spieler Familienangehörige mit ins Ausland nehmen dürfen. Erhält man die Erlaubnis hierzu, so kommt dies einem offiziellen Vertrauensbeweis gleich: Die Behörden rechnen nicht damit, daß man sich absetzen wird. In meinem Fall war dies gleichbedeutend mit einer Art offizieller Freisprechung, denn meine Feinde in der Sowjetunion hatten zuvor oft den Verdacht ausgestreut, ich würde mich gerne in den Westen absetzen, um einem anderen Lebensstil frönen zu können. Ich habe meinerseits den Verdacht, daß sie sich insgeheim wünschten, ich würde mich absetzen, und sie könnten mich dann zum Staatsfeind erklären, wie mit Kortschnoi geschehen. Karpow wäre auf diese Weise seine gefährlichste Konkurrenz im Lande losgeworden.

Ich habe schlechte Nachrichten für diejenigen, die so denken. Ich denke nicht daran, in den Westen zu gehen. Warum sollte ich? Ich bin in der Sowjetunion tief verwurzelt, ich hänge an meiner Familie, an meinen Freunden und an meinem geliebten Baku. Ich reise oft ins Ausland, wo ich neuerdings auch viele Freunde habe. Ich habe genug Geld, um mir zu Hause einen mich befriedigenden Lebensstil leisten zu können. Vielleicht könnte ich im Westen noch mehr Geld verdienen, aber wegen der Steuern wäre es wohl nicht sehr viel mehr. Außerdem ist für mich Geld nicht das Wichtigste im Leben.

Von materiellen Erwägungen abgesehen, ist da noch die Tatsache, daß sich in meinem Land derzeit aufregende Veränderungen vollziehen, an denen ich gerne nach Kräften Anteil nehmen möchte. Ich habe das Gefühl, daß Abtrünnige manchmal vor sich selbst davonlaufen, vor ihrer eigenen Bestimmung, und dies der Grund dafür ist, daß viele von ihnen im Exil alles andere als glücklich sind. In der westlichen Presse wird meine Lage manchmal mit der Kortschnois verglichen. Allein, er traf seine Entscheidung für das Exil in einer anderen Epoche der sowjetischen Geschichte, und er hatte im politischen System jener Zeit keine Freunde. Bei mir liegt der Fall in beiderlei Hinsicht anders, und ich kämpfe für andere Ziele.

Als Kortschnoi und ich uns schließlich im November 1983 ans Schachbrett setzten, geschah dies in einer friedlicheren Atmosphäre, als man es hätte erwarten können. Es schien fast so, als hätten sich alle Leidenschaften schon an den Manövern und Intrigen im Vorfeld des Wettkampfs abreagiert und erschöpft. Jetzt galt unsere ganze Konzentration dem Schach. Unseren persönlichen Beziehungen war es zugute gekommen, daß wir wenige Monate zuvor bei einem Blitzschachturnier in Hercegnovi an der jugoslawischen Adriaküste aufeinandergetroffen waren. Jede Partie hatte dort nur fünf Minuten gedauert. Ich hatte dieses Turnier gewonnen und dabei Kortschnoi zweimal besiegt. Ich glaube, er erkannte es als eine sportliche Geste von mir an, daß ich diesem Turnier nicht ausgewichen war, obwohl es zu einem Zeitpunkt stattfand, als die Verhandlungen über die Kandidatenwettkämpfe noch in einer kritischen Phase waren. Wir hatten in Jugoslawien mehrmals Gelegenheit gehabt, offen über unser wahrscheinliches Aufeinandertreffen zu sprechen und uns gegenseitig zu versichern, daß wir gegeneinander spielen

146

wollten. Kortschnoi betrachtete meine Teilnahme an dem Turnier als ein Zeichen des guten Willens von seiten des sowjetischen Schachverbands, und ein Stückchen von der dadurch geschaffenen Vertrauensbasis hielt bis zum Halbfinalmatch in London vor.

Dazu kam, daß ich zu jung war, um an den Ereignissen um die Ausbürgerung Kortschnois im Jahr 1976 und an dem Bann, den einige sowjetische Großmeister in der Folge über ihn verhängten, irgendeinen Anteil gehabt zu haben – ich war damals erst 13 Jahre alt gewesen. Er konnte keinen Grund haben, mir böse zu sein oder mich gar zu hassen, wie er Karpow, Petrosjan und andere haßte. Vielleicht freute er sich sogar, wenn ich einige seiner Erzfeinde unter den Großmeistern besiegte. Indirekt hatte er es meinem Kampf gegen den Skandal von Pasadena zu verdanken, daß der sowjetische Boykott gegen ihn aufgehoben worden war. All die oberschlauen Tricks, mit denen sie mich hatten hereinlegen wollen, schadeten ihnen letztlich selbst. Als sie mich damals in Luzern gegen Kortschnoi ins tiefe Wasser warfen, in der Hoffnung, ich würde ertrinken, war ich mit einem Lorbeerkranz auf dem Haupt den Fluten entstiegen.

Kortschnoi war ein gefährlicher Gegner, den ich nicht unterschätzen durfte. Er war am Schachbrett mit allen Wassern gewaschen und verfügte über einen großen Fundus an Spielerfahrung. Er hatte in seiner Karriere zwei Weltmeisterschaftskämpfe bestritten und zahlreiche internationale Turniere gewonnen. Ich bereitete mich sorgfältig auf ihn vor, zumal ich mir ausmalen konnte, daß sein propagandistischer Erfolg gegen die sowjetischen Behörden ihm ebenso Auftrieb geben würde wie die Hoffnung auf eine dritte Chance, Karpow die Schachkrone zu entreißen.

Zwischen uns lag ein Altersunterschied von 32 Jahren, was für mich einen großen Vorteil in puncto kreativer Energie bedeutete; aber Kortschnoi war ein alter Fuchs, der viele Tricks beherrschte. Ich wußte, daß ich ihm nicht gestatten durfte, die Initiative an sich zu reißen. Und vor allem durfte ich ihn, sobald ich einmal einen Stellungsvorteil erreicht haben würde, nicht mehr aus dem Schwitzkasten lassen.

So investierte ich einen großen Teil (rund 40 Prozent) meiner

Vorbereitungszeit in die Verbesserung meines Endspiels; ich las zu diesem Thema jedes wichtige Buch, dessen ich habhaft werden konnte. Im Match zahlte es sich dann aus, daß ich nicht nur Eröffnungstheorie getrieben, sondern mich mit den Problemen des Endspiels beschäftigt und die besten in der Praxis der letzten 25 Jahre vorgekommenen Endspiele durchstudiert hatte. Wir hatten das so gemacht, daß meine Betreuer mir eine Stellung aus einer gespielten Partie aufbauten und ich mir eine Fortsetzung zurechtlegte; dann verglichen wir meine Züge mit den tatsächlich gespielten. Diese Übung trug im Match Früchte.

Sehr viel Mühe verwendeten wir auch auf die psychische Vorbereitung; hierzu gehörte ein Training, das mich in die Lage versetzen sollte, am Brett mehr Geduld und innere Ruhe aufzubringen. Dieses Training zahlte sich sehr bald aus, nämlich nach meiner Niederlage gleich in der ersten Partie. Ich verlor dieses Spiel, obwohl ich Weiß hatte und meine Leib-und-Magen-Variante gegen Kortschnois Damenindische Verteidigung spielte. Ohne das vorhergegangene mentale Training hätte diese Niederlage mir womöglich den Nerv geraubt. Eine große Hilfe war mir, wie immer, »der Doktor«, Chalid Gassanow aus Baku, der einen ungeheuer beruhigenden Einfluß auf mich hat. Er hat die Angewohnheit, in jeder Krisensituation beschwörend das Wort »natürlich« auszusprechen und dabei mit den Händen eine Gebärde zu machen, die geeignet ist, jede angespannte Situation zu entschärfen. Um welche Frage es auch geht, seine Antworten oder Kommentare beginnen immer mit demselben Wort: »Natürlich...«

Kortschnoi hatte mit einem Höchstmaß an Tempo und Selbstvertrauen zu spielen begonnen, wogegen ich für meine ersten 18 Züge zwei Stunden gebraucht hatte. Während mir danach für die restlichen 22 Züge nur noch eine halbe Stunde blieb, konnte Kortschnoi aus einer Zeitreserve von eineinhalb Stunden schöpfen. Er opferte einen Bauern, gewann ihn zurück und nahm mir einen weiteren. Bei dem Versuch, diesen Verlust wettzumachen, ließ ich es zu, daß einer seiner Bauern meiner Wachsamkeit entwischte; er konnte ihn verwandeln und hatte damit den Sieg in der Tasche. Es war ein Triumph der Erfahrung über die Hoffnung.

Für meine Psyche war das ein ziemlicher Schlag ins Kontor, doch fand ich Trost in der Erinnerung an das Match zwischen Botwinnik und Flohr genau 50 Jahre zuvor. Botwinnik hatte damals gegen den souverän und unerschütterlich scheinenden Flohr einen Zwei-Punkte-Rückstand aufgeholt. Er hatte sich bewußt darauf verlegt, die psychische Stabilität seines Gegners zu untergraben, da er hier Flohrs Schwachstelle vermutete.

Am Schachbrett hatte Botwinnik sich damals auf die Taktik verlegt, Flohr mit scheinbar harmlosen Zügen in ein ruhiges Fahrwasser zu locken, so daß er nichts befürchten zu müssen glaubte, um dann im richtigen Moment die Falle zuschnappen zu lassen. Das schreckte den nichts ahnenden Flohr doppelt so sehr, als wenn Botwinnik seine Überraschungswaffe gleich bei erster Gelegenheit gezogen hätte.

Der Wendepunkt des Matchs kam in der sechsten Partie, in der sich ein Standardendspiel, wie ich es in meiner Vorbereitung durchgespielt hatte, abzeichnete. Nach einer über 57 Züge hinweg sehr stürmisch geführten Partie kam es zu einem alltäglich aussehenden Turm-Bauern-Endspiel. Es war abzusehen, daß Weiß (Kortschnoi) irgendwann seinen Turm gegen den schwarzen Bauern tauschen mußte. Um seinerseits den Gegner zum Turmopfer zu zwingen, würde er seinen eigenen Bauern vorwärtsbringen müssen. Das war meine Chance, und ich nutzte sie konsequent und gewann die Partie. Daraufhin schien Kortschnoi einzuknicken, wie es 50 Jahre zuvor auch Flohr passiert war.

In einem Interview nach Beendigung des Matchs, das ich mit 7:4 für mich entschied, erklärte Kortschnoi: »Nach der sechsten Partie verlor ich den Glauben an meine Technik und meine Sekundanten. Der Punktestand war ausgeglichen, aber psychologisch war das Match entschieden. Mein Vorurteil über Kasparow, daß er ein Spieler ist, der nur den einen großen Schlag landen kann, war falsch. Kasparow spielt für sein Alter sehr überlegt. Risiken geht er nur ein, wenn er sich hundertprozentig sicher ist, daß sie gerechtfertigt sind.«

Einige britische Schachkommentatoren waren von meiner bewußt vorsichtigen Spielweise offensichtlich enttäuscht; sie hatten, so schien es, ein Feuerwerk erwartet. Harry Golombek schrieb in der *Times*: »Kasparows Brillanz blitzte nur gelegentlich auf. Normalerweise haucht er den Stellungen Leben und Feuer ein.« Raymond Keene schrieb: »Kasparow hat gespielt wie Karpow, hat von den Fehlern Kortschnois profitiert, anstatt selbst etwas zu unternehmen. Er ist seinem Naturell nach ein einfallsreicher und genialer Spieler, aber er hat hier wenig von seinen wahren Fähigkeiten gezeigt.« Jonathan Speelman meinte allerdings, nach der wichtigen sechsten Partie habe »[Garri sich] aus einem gequälten Hund in einen freigelassenen Löwen verwandelt.«

Zwischen diesem freigelassenen Löwen und seiner Beute Anatoli Karpow stand jetzt nur noch Wassili Smyslow, der alte Haudegen, der in den 50er Jahren der große Rivale Botwinniks gewesen war und sechs Jahre vor meiner Geburt den Weltmeistertitel errungen hatte. Der alte Moskauer hatte im anderen Halbfinalkampf zu jedermanns Überraschung viel Spielwitz und Energie an den Tag gelegt und den nur halb so alten Ungarn Ribli geschlagen. Smyslows große Stärke lag immer in seiner Fähigkeit, durch harmlos wirkende Tauschmanöver mikroskopisch kleine Vorteile herauszuschlagen und diese dann im Endspiel, das er virtuos wie kein anderer beherrschte, konsequent für sich zu nutzen. Die britische Presse nannte ihn den »unsterblichen Altmeister«. Tatsächlich war er in puncto Unverwüstlichkeit drauf und dran, in die Fußstapfen Laskers zu treten, der im Alter von 68 Jahren noch munter andere Großmeister besiegte.

Unser Match, das auf ein Maximum von 16 Partien angesetzt war (so daß 8½ Punkte zum Sieg ausreichten) fand im litauischen Wilna statt, und zwar kurz vor meinem 21. Geburtstag, den ich dann in der frohen Gewißheit begehen konnte, der offizielle Herausforderer des Weltmeisters zu sein. Smyslow sagte vor Beginn unseres Matchs zu mir: »Wissen Sie, junger Mann, daß Sie, wenn das Ganze vor 1983 passiert wäre, nie bis ins Halbfinale gekommen wären?« Ich war mir sicher, daß er mit dieser Einschätzung des politischen Wandels, der allein mich den Fallgruben und -stricken meiner Gegner hatte entrinnen lassen, richtig lag. In 99 von 100 Fällen war es ihnen bis dahin gelungen, die Entfaltung von Talenten im Keim zu ersticken. Ihre »Erfolgstaktik« beweist das. Aber ich war der 100.

Fall, und ich hatte Glück. Das war es, glaube ich, was der betagte Großmeister meinte.

Ich besiegte Smyslow mit 8½:4½ Punkten. Meine wirksamste Waffe war in diesem Match die Tarrasch-Verteidigung, wenn ich mit den schwarzen Figuren spielte. Es ist für das Selbstvertrauen eines Schachspielers sehr wichtig, wie er mit den schwarzen Figuren spielt. Wenn man mit Schwarz gut zurechtkommt, kann man in den anderen Partien, in denen man den Anzugsvorteil hat, zuversichtlich auf Angriff spielen. Gut für mein Selbstvertrauen war auch, daß ich die Fähigkeit bewies, in komplizierten Stellungen Übersicht und Zielstrebigkeit zu bewahren.

Meine Siege über Kortschnoi und Smyslow brachten mir meinen zweiten Schach-Oscar ein; diesmal lag ich mit 984 zu 918 Stimmen vor Karpow. Meine Elo-Bewertung wurde auf 2715 Punkte angehoben und war damit erstmals höher als die von Karpow.

Trotz dieser Erfolge und der internationalen Anerkennung, die mir zuteil wurde, blieben die sowjetischen Medien in ihrer Berichterstattung über meine WM-Ausscheidungskämpfe seltsam zurückhaltend. Vor einem Match wurden meine Chancen immer heruntergespielt. Meine Begabung wurde stets nur sehr verhalten gelobt. Wenn ich einmal auf der Verliererstraße zu sein schien, löste dies kaum Bekundungen des Bedauerns aus, nicht einmal, wenn mein Gegner der verhaßte Kortschnoi war. Es widerstrebte ihnen, etwas Positives über mich zu sagen, und ich hatte das Gefühl, sie seien nur zu bereit, über mich herzufallen, sollte ich je einmal versagen. Dies war für mich ein sicheres Zeichen dafür, daß Karpow nach wie vor alle Fäden in der Hand hielt.

Eine der wenigen Ausnahmen bildete Petrosjan, der gelegentlich anerkennende Worte für mich fand, was mir zeigte, daß es unter den sowjetischen Großmeistern zumindest einige wenige gab, die die Hoffnung hegten, ich könnte die festgefahrenen Machtverhältnisse im sowjetischen Schach aufbrechen und die Herrschaft Karpows und seiner Konsorten beenden. Nach meinem Sieg über Kortschnoi in London sagte Karpow in einem Interview: »Ich möchte Kasparows Leistung nicht schmälern, aber Kortschnoi hat seine Zeit hinter sich.« Was war das anderes als ein Versuch, meine Leistung zu schmälern? Zumal er es damit nicht genug sein ließ, sondern hinzufügte, das Match sei »ein Fiasko« gewesen, und es habe sich gezeigt, daß »der König keine Kleider anhatte«. Kortschnoi sei unlängst sogar von einem indischen Nachwuchsspieler besiegt worden. Es war ein sehr gehässiges und schäbiges Interview. In Wirklichkeit war Kortschnoi nach wie vor ein starker Spieler – es war schließlich nur zwei Jahre her, daß Karpow selbst in Meran gegen ihn gespielt und ihn ungefähr mit dem gleichen Punktvorsprung geschlagen hatte. Der Unterschied war nur, daß Karpow damals den gesamten Apparat der Schachgroßmacht Sowjetunion hinter sich gehabt hatte.

Karpow lehnte es in diesem Interview ab, eine Prognose zum Ergebnis meines Matchs gegen Smyslow abzugeben. Er erklärte lediglich, er schätze unsere Spielstärke etwa gleich hoch ein und glaube, daß unser Kräftemessen – das er als einen Kampf »zwischen Jugend und Wagemut auf der einen und Besonnenheit und Erfahrung auf der anderen Seite« charakterisierte – dem »ewigen Kampf zwischen der tobenden See und dem festen Land« gleiche. Wie wir alle wissen, verliert die tobende See diesen »ewigen Kampf« in der Regel – sonst wäre das feste Land längst fortgespült.

In Wirklichkeit war Karpow zu diesem Zeitpunkt sicher, daß ich Smyslow besiegen würde; eine sowjetische Zeitschrift hatte ihre Leser aufgefordert, das Resultat meines Kampfs gegen Smyslow vorauszusagen, und eine der eingesandten Prognosen stammte von Karpow selbst. Sie stimmte übrigens haargenau: 8½:4½. Wie sich später zeigte, hatten auch andere Großmeister darauf getippt, daß ich der Herausforderer Karpows sein würde. Und doch hatte die sowjetische Presse vor jedem Kandidatenmatch meine Chancen heruntergespielt. Weshalb? Hatte irgend jemand Angst davor, mir Zuversicht einzuflößen oder meinen sportlichen Ruf aufzupolieren?

Karpow konnte sich über meine Spielstärke jetzt nicht mehr im unklaren sein – das bewies er nicht zuletzt mit seiner genauen Prognose meines Resultats gegen Smyslow. Er wußte also sehr genau um meine Chancen, ihm seine Krone streitig zu machen, auch wenn er in dem besagten Interview erklärt hatte, schon das Recht, gegen den Weltmeister spielen zu dürfen, sei ein Ziel,

»von dem die meisten Menschen nicht einmal zu träumen« wagten. Karpow ist ein kühler Rechner, der Risiken und Chancen objektiv einzuschätzen weiß. Das gleiche galt für die Leute in seinem Umkreis, die alle ganz genau wußten, daß ihre Stellung und damit ihr Einfluß vom Status des Weltmeisters abhängig war und die aus Gründen, die auf der Hand lagen, Karpow so lange wie nur möglich auf dem Weltmeisterthron sehen wollten. In der UdSSR gibt es ein Märchenungeheuer namens »Unsterblicher Kaschai«, von dem es heißt, es lebe zurückgezogen in seinem Reich und schicke Abgesandte aus, die den Auftrag hätten, alle Eindringlinge zu töten. Wenn dies nichts helfe, schicke er noch mehr Abgesandte, dann noch mehr und noch mehr, ganze Heere von Verteidigern. Nur in allerletzter Not, wenn sein Reich in akuter Gefahr ist, läßt Kaschai sich herab, seine Burg zu verlassen und eigenhändig gegen die Eindringlinge zu kämpfen. Es ist ähnlich wie in Tolkiens *Herr der Ringe*, wo der Held zahlreiche Kämpfe, unter anderem gegen die von Sauron ausgeschickten schwarzen Reiter, bestehen muß, bevor er auf das Supersuperwesen mit seinen übermenschlichen Kräften trifft. Erst indem er einen Sieg nach dem anderen erringt, erkämpft er sich die Chance, die entscheidende Schlacht zu schlagen, in der Hoffnung, auch sie siegreich zu beenden. Hätte der Feind gleich zu Anfang seine stärksten Kräfte gegen ihn aufmarschieren lassen, unser Held hätte den Kampf bestimmt verloren, wie gerecht auch immer seine Sache und wie groß sein Löwenmut auch gewesen wäre. Dies ist die Ironie, die ich nie verstehen werde: gerade durch die einem auferlegten Prüfungen und Bewährungsproben gewinnt man eine Kraft, die man anfangs nicht hatte.
Ich wußte jetzt, daß ich in das Reich des Bösen eingedrungen war. Ich kannte die Kampfregeln nicht, die hier galten, und wollte nicht derjenige sein, der den ersten Schuß abfeuern würde. Ich hatte die Macht meines Gegners in all ihrer Roheit kennengelernt, aber von Angesicht zu Angesicht war ich ihm noch nicht gegenübergetreten. Diese Konfrontation war jetzt angesagt.

KAPITEL 8

Ins Feuer

Wie heute die ganze Welt weiß, waren Karpow und ich nicht die einzigen, die im Frühjahr 1984 in Moskau einen Machtkampf austrugen. Juri Andropow war im Februar nach langer Krankheit gestorben. Sein Nachfolger Konstantin Tschernenko war 72 Jahre alt und, gelinde gesagt, nicht bei bester Gesundheit. Er hatte viele Jahre lang dem engsten Kreis um Breschnew angehört. Sollte dies bedeuten, daß die Ansätze zu gesellschaftlichen und wirtschaftlichen Veränderungen, die sich nach dem Tod Breschnews abzuzeichnen schienen, jetzt wieder abgeblockt würden? Konnte die Bürokratie dem Geist der Reform trotzen? Diese Fragen bewegten 1984 und 1985 viele Menschen in der Sowjetunion. Das Land war innerlich bereit zu Veränderungen. Wir hofften, daß Michail Gorbatschow, 20 Jahre jünger als Tschernenko und eindeutig der zweite Mann hinter ihm, die Fahne der Reform hochhalten werde. Wir wurden nicht enttäuscht. Er hatte bereits die sowjetische Landwirtschaft revolutioniert und trat für wirtschaftliche Reformen auf breiter Front ein. Als er ein Jahr später – kurz nach meinem ersten, vergeblichen Griff nach der Schachkrone – die Nachfolge Tschernenkos antrat, gab er sogleich die Parole der »perestroika« (Reform) aus. Wenig später propagierte er ein weiteres revolutionäres Motto: »glasnost« (Transparenz oder Offenheit); diese beiden Prinzipien übten eine weittragende und elektrisierende Wirkung auf unsere Gesellschaft aus.
Ich erwähne diese politischen Faktoren, weil ich meinen Weg zur Schachspitze, ohne sie zu beachten, nicht gehen konnte. Das sowjetische Schach ist immer politischen Einflüssen ausgesetzt gewesen, schon in den Tagen des Schachspielers Lenin. Während der Dauer der Karriere Botwinniks trat die Einflußnahme

der Zentralregierung deutlich in Erscheinung. Als er 1936 im englischen Nottingham sein erstes Turnier im Westen gewann – wobei er sich den Sieg mit dem legendären Capablanca teilte und Aljechin, Euwe (den damals amtierenden Weltmeister), Flohr, Reschewski und den greisen Lasker hinter sich ließ –, meldete die *Prawda* seinen Erfolg auf der Titelseite und feierte ihn als große sowjetische Errungenschaft. Sein devotes Telegramm an Stalin wurde weltbekannt. Er sprach darin von Stalin als seinem »geliebten Lehrer und Führer« und versicherte ihm: »Mein glühender Wunsch, die Ehre des sowjetischen Schachs zu wahren, ließ mich all meine Kraft, mein Wissen und meine Energie in mein Spiel legen.«

Das jedenfalls ist die Version, die in den Geschichtsbüchern steht. Botwinnik erklärte später, die Sache habe sich ein bißchen anders zugetragen. Er habe nie einen solchen Brief geschrieben. Es sei die Idee von N. W. Krylenko gewesen, dem Oberaufseher des sowjetischen Schachs, der aus dem großen Sieg Botwinniks möglichst viel politisches Kapital schlagen wollte. Er arrangierte, daß jemand anders in Botwinniks Namen den Brief schrieb und ihn an Stalins Datscha schickte. Mischa, der viel zu bescheiden war, um solch einen Brief zu schreiben, erhob keinen Widerspruch, solange unter dem Strich etwas für das Schach heraussprang. Ihrem Initiator Krylenko nützte die Aktion freilich wenig: Zwei Jahre später ließ Stalin ihn erschießen. Im Jahr 1953 zeigte Botwinnik Mut, indem er einen offenen Brief *nicht* unterzeichnete, in dem die sogenannte »Ärzteverschwörung« angeprangert wurde, obwohl er als Jude ganz besonders zur Unterschrift gedrängt wurde. Es war eine sehr gefährliche Zeit für ihn und viele andere.

Ich stehe nicht an, die Schachmafia um Karpow politisch mit der Bürokratie zu identifizieren, die im Endstadium der Amtszeit Breschnews das Sagen hatte und die sich verbissen an ihre Macht und ihre Privilegien klammerte und ihr Bestes tat, alle Initiative zu ersticken. Was zwischen uns ablief, war nicht bloß ein Machtkampf, sondern ein Wertekonflikt. Es standen sich nicht nur zwei gegensätzliche Persönlichkeiten gegenüber, sondern zwei unterschiedliche Lebensauffassungen. Veränderung und Modernisierung waren die Gebote der Stunde, im Schach wie auf vielen anderen Gebieten – im Sport, in Staat und Gesellschaft, in der Mentalität unserer Bevölkerung. Ich ließ mich nicht in dem Netz einfangen, das sie für mich ausgelegt hatten.

Einige Leute warnten mich; sie sagten, ich beschritte einen gefährlichen Weg, zu gefährlich für einen Jüngling aus Baku mit so wenig Lebenserfahrung. Meine Mutter, in schwereren Zeiten aufgewachsen, war von Natur aus vorsichtig und mußte mich manchmal daran hindern, in jugendlichem Überschwang impulsive Dinge zu sagen. Aber in den Zielen stimmte sie vollständig mit mir überein. In unseren spätabendlichen Gesprächen, in denen ich ihr meine innersten Gedanken anvertraute und nichts vor ihr verbarg, half sie mir, die Werte, für die ich kämpfen wollte, genauer zu definieren. Sie erschrak, wie sie heute zugibt, nicht selten über die Größe der Aufgabe, die ich mir stellte, und über die imposante Phalanx der Gegner, die mir gegenüberstand, aber sie verstand, daß ich nicht anders konnte. Ich meinerseits wußte, daß ich mich immer darauf verlassen konnte, von ihr den besten und aufrichtigsten Rat und Beistand zu bekommen, wie ihn nur ein liebendes Herz zu spenden vermag.

In den ersten Monaten des Jahres 1984, als ich mich auf meinen ersten Anlauf zur Eroberung der Schachkrone vorbereitete, war noch nicht klar abzusehen, welchen Weg die sowjetische Gesellschaft einschlagen würde. Allein, ein inneres Gefühl sagte mir, daß die Entwicklung in die von mir gewünschte Richtung gehen würde. Es war eine Sache der historischen Zwangsläufigkeit. Ich war mir dessen so sicher, daß ich mir Kühnheiten herausnahm. Schon vor Tschernenkos Tod hatte Gorbatschow in einer Reihe von Reden angedeutet, daß vieles im Land sich endlich wieder in Bewegung gesetzt hatte. Ich spürte, daß eine neue Zeit anbrach, und fühlte mich im Gleichklang mit ihr; andererseits war ich realistisch genug, zu wissen, daß an der Oberfläche einer historischen Tiefenströmung jederzeit auch Strudel und Stürme auftreten und ihre Opfer fordern können.

Als der Generalsekretär später seine Ideen über den künftigen Weg unseres Landes näher erläuterte, übersetzte ich seine Äußerungen sogleich in die Sphäre des Schachs und erkannte, daß meine Zuversicht nicht unbegründet gewesen war. Es folgen kurze Auszüge aus einigen seiner Reden, die veranschaulichen sollen, worum es mir geht:

»Das Leben selbst veranlaßt uns, manche theoretischen Ideen und Konflikte in einem neuen Licht zu betrachten . . . Im wirklichen Leben ist alles komplizierter.«

»Wir verspüren ein dringendes Bedürfnis nach ernsthaften philosophischen Grundeinsichten, wohlfundierten wirtschaftlichen und gesellschaftlichen Prognosen und gründlicher historischer Forschung. Wir können uns nicht der Einsicht verschließen, daß unsere Philosophie und unsere Ökonomie, wie überhaupt unsere Sozialwissenschaften als Ganzes sich ein gutes Stück von den Notwendigkeiten des Lebens entfernt haben. Scholastizismus, doktrinäres Denken und Dogmatismus sind Fesseln, die jeden echten Wissensfortschritt behindern. Sie führen zu einer Stagnation des Denkens, mauern die Wissenschaft in einen Elfenbeinturm ein, trennen sie vom wirklichen Leben und hemmen ihre Weiterentwicklung. Eine Atmosphäre der Kreativität ist für die Sozialwissenschaften besonders förderlich. Wir hoffen, daß unsere Ökonomen und Philosophen, Juristen und Soziologen, Historiker und Literaturkritiker diese Gelegenheit zur Formulierung kühner und innovativer Problemstellungen und zu schöpferischer theoretischer Arbeit nutzen.«

Das waren goldene Worte für einen »schöpferischen« Menschen mit einer »kühnen und innovativen« Einstellung zum Leben und zum Schach, für einen Menschen, der immer schon gegen »doktrinäres Denken und Dogmatismus« angegangen war. An die Adresse derjenigen, die sich noch an die »alten Klischees des Denkens und Tuns« klammerten, richtete Gorbatschow diese Warnung:

»Es fällt schwer, für diejenigen Verständnis aufzubringen, die sich einer Haltung des ›Erst-einmal-Abwartens‹ befleißigen, oder für jene, die einfach gar nichts tun, gar nichts verändern. Es wird keine Versöhnung geben mit dem von Funktionären dieser Sorte eingenommenen Standpunkt. Unsere Wege müssen sich einfach von ihnen trennen. Erst recht müssen wir uns von denen lossagen, die darauf setzen, daß die Wogen sich glätten und alles wieder werden wird wie früher. Das wird nicht geschehen, Genossen!«

Ich habe nie damit gerechnet, daß ich ein leichtes Leben haben würde. Der frühe Verlust des Vaters bewirkt, daß man glaubt, man müsse alles ziemlich ernst und dürfe nichts auf die leichte Schulter nehmen. Ich komme aus einer Arbeiterfamilie. Der Ausruf Irinas in der Schlußszene von Tschechows *Drei Schwestern* kommt mir immer wieder in den Sinn: »Die Zeit wird kommen, da werden es alle erfahren, warum das alles... und bis dahin müssen wir leben... müssen arbeiten, nur arbeiten!« Es gibt, wie ich freilich zugeben muß, noch einen besonderen Grund für meine enge Beziehung zu diesem Stück. Nach einem Besuch der *Drei Schwestern* in Moskau wurde ich der berühmten sowjetischen Schauspielerin Marina Nejolowa vorgestellt, die die Mascha verkörperte. Sie und ich wurden enge Freunde und blieben es zwei Jahre lang. Danach haben sich unsere Wege wieder getrennt. Sie ist inzwischen Mutter eines kleinen Mädchens geworden – dessen Vater, wie ich hinzufügen muß, nicht ich bin, trotz anderslautender Andeutungen in der westlichen Presse. (Marina hat mich nie als den Vater ihres Kindes bezeichnet.)

Ich hatte im Frühjahr 1984 das Gefühl, genau zu wissen, wozu all die Arbeit gut gewesen war und wohin sie mich hoffentlich bald führen würde – zum Weltmeistertitel. Doch zunächst einmal mußte ich wieder nach England reisen, dem Ort meines Sieges über Kortschnoi; dort war, in der ungewöhnlichen Umgebung der Londoner Docklands, ein Match angesetzt zwischen der UdSSR und dem Rest der Welt. Unsere Mannschaft enthielt viele Namen, die in diesem Buch bereits vorgekommen sind: Karpow, Kasparow, Polugajewski, Tukmakow, Smyslow, Waganjan, Beljawski, Tal, Jussupow, Sokolow, Romanischin und Rasuwajew. Gegen uns spielten Andersson, Timman, Kortschnoi, Ljubojevic, Ribli, Seirawan, Larsen, Nunn, Chandler, Hübner, Miles und Torre. Kurz vor unserem Abflug aus Moskau erhielt Tigran Petrosjan die Bestätigung, daß er an einer tödlichen Krankheit litt. Er konnte nicht glauben, daß er so schwer krank sein sollte, und wollte unbedingt spielen, aber man ließ ihn nicht reisen und schickte an seiner Stelle Rasuwajew mit. Zwei Monate später starb Tigran.

Wir gewannen das Match mit 21 zu 19 Punkten, ein Beweis für das große Reservoir an Spitzenspielern im sowjetischen Schach.

Ich spielte meine vier Partien gegen Jan Timman, den holländischen Großmeister, und konnte ihn in der letzten Partie mittels eines stilvollen Gegenangriffs besiegen, nachdem wir zuvor dreimal unser übliches Kampfremis gespielt hatten.

Während meines Aufenthalts in London spielte ich in den Limehouse-Studios auf der Isle of Dogs ein Simultanmatch mit Zeitkontrolle an zehn Brettern. Es war insofern eine technische Premiere, als nur die Hälfte meiner Gegner, fünf junge Engländer, leibhaftig anwesend waren – die anderen saßen im Intercontinental-Hotel in New York und waren über Satellit und Fernsehschirm zugeschaltet. Es war der erste Satellitenschachwettkampf der Geschichte. Ich gewann sieben Partien und spielte dreimal Remis, was die *Times* wie folgt kommentierte: »Er zeigt sich fähig, brillanteste Züge und tiefgründigste Ideen zu produzieren, ohne irgendein Anzeichen besonderer Anspannung oder Beanspruchung zu zeigen.« Der Verfasser dieser Zeilen war Harry Golombek, der große alte Mann der britischen Schachszene. Dieser angesehene Schachkommentator sollte später, als der Weltmeisterschaftstitelkampf endlich zustande kam, wesentlich ungnädigere und strittigere Urteile über mich fällen.

Nach diesem Zwischenspiel ging es heimwärts gen Baku, zur konzentrierten Vorbereitung auf die wichtigste Auseinandersetzung meines Lebens. Im Sommer ist es heiß in Baku, manchmal zu heiß fürs Schachtraining; wir fuhren daher oft hinauf zum Blauen See in den Bergen nahe der Stadt. Einmal spielte ich dort eine Partie Backgammon mit Narriman, einem Schachfunktionär aus Baku. Er gewann, und ich verlangte ein Revanchespiel, worauf er mir sagte: »Sieh mal, Garri, das hier ist nicht Schach, das ist Backgammon. Beim Backgammon kann man gelegentlich ein Spiel verlieren!«

Alex Genritschowitsch hat eine ähnliche Geschichte auf Lager; sie handelt von einer spielerischen Kraftprobe zwischen mir und seinem Sohn. Letzterer besiegte mich einmal bei einem Tischfußball-Spiel und kostete seinen Triumph weidlich aus. »Du bist vielleicht ein Schachmeister«, sagte er, »aber ich bin im Tischfußball der Größte.« Anscheinend muß ich dies als ernste Demütigung empfunden haben, denn ich lief dunkelrot an und forderte Revanche – aber am Backgammon-Brett. Danach konnte ich auftrumpfen: »Du bist vielleicht der Größte im Tischfußball, aber im Backgammon wirst du mich nie schlagen.«

Wenn ich auf einer Revanche bestehe, dann sofort, unter dem unmittelbaren Eindruck einer Niederlage. Anders Karpow. Ich habe einen Freund, der vor Zeiten mit dem damals elfjährigen Tolja zwei Monate lang Tag für Tag Schach spielte. Wenn der Mann von der Arbeit nach Hause kam, wartete Karpow immer schon ungeduldig auf ihn. Eines Tages war dem Betreffenden nicht nach Schachspielen zumute, aber Tolja kannte keine Gnade. Sie spielten Blitzschach, und Karpow verlor. Seine Angehörigen beschwerten sich darüber, weil es für Tolja nicht gut sei, zu verlieren. Viele Jahre später, als Karpow schon Weltmeister war und sich auf seine Titelverteidigung in Baguio vorbereitete, rief er den alten Spielpartner an und forderte ihn zu einer Partie, die er mit voller Konzentration durchspielte und gewann. In dem Moment, als er den König matt setzte, blickte er meinen Freund durchdringend an und sagte: »Elf.« Die verlorene Blitzpartie hatte 17 Jahre lang an ihm genagt.

Der Titelkampf fand im Säulensaal des Gewerkschaftshauses statt, das im Herzen Moskaus gelegen ist, am Schnittpunkt von Marx-Prospekt und Puschkin-Straße. Umstanden von 28 weißen korinthischen Säulen, stehen hier auf roten, über das Parkettmosaik des Fußbodens gebreiteten Teppichen die Sarkophage verschiedener Sowjetführer, überwölbt von einem diamantenen Regenbogen aus funkelnden Kristalleuchtern.

Das Palais selbst wurde im 18. Jahrhundert erbaut und diente zunächst als Senatsgebäude. Der prächtige Säulensaal, entworfen von dem Architekten Kasakow, kam bei einem späteren Umbau hinzu. Es war der größte Ballsaal von Moskau. Alle unsere Schriftstellergrößen – Puschkin, Lermontow, Tolstoi, Turgenjew und Dostojewski – haben, so heißt es, zu ihrer Zeit in diesem Saal getanzt. Tschaikowski und Rachmaninow haben dort Konzerte gegeben. Nach der Revolution von 1917 ging das Gebäude, das kurz zuvor noch einmal umgebaut worden war, in den Besitz des Moskauer Gewerkschaftsrates über. Lenin hielt im Säulensaal viele Reden und wurde nach seinem Tod 1924 als erster Sowjetführer hier aufgebahrt.

Für Schachveranstaltungen genutzt wurde das Gebäude schon

gegen Ende des 19. Jahrhunderts durch einen Moskauer Schachklub. 1936 war der Säulensaal Schauplatz des großen Moskauer Turniers, das Capablanca vor Botwinnik und Lasker gewann. Ebenfalls im Säulensaal wurde 1975 Anatoli Karpow von Max Euwe zum Schachweltmeister erklärt. Würde Karpow hier seine Krone auch wieder verlieren?

Ich war nicht glücklich darüber, daß das Match schon am 10. September beginnen sollte. Ich hätte lieber noch einen Monat gewartet, dann wären seit meinem Kandidatenfinalkampf sechs Monate vergangen gewesen. Ich hätte sechs Monate Vorbereitungszeit für mich nur recht und billig gefunden, nachdem ich anstrengende Wettkämpfe gegen Kortschnoi und Smyslow hatte bestehen müssen, während Karpow nichts anderes zu tun brauchte, als auf mich zu warten und sein Spiel weiterzuentwikkeln. Sie hatten einen neuen, nur zweijährigen Titelverteidigungszyklus eingeführt und bei der Gelegenheit auch Teile des Regelwerks verändert. Ich vertrat den Standpunkt, der bevorstehende Titelkampf sei noch Bestandteil des letzten, alten, das heißt dreijährigen Zyklus, so daß auf ihn noch die alten Regeln angewandt werden müßten. Allein, Campomanes und die sowjetischen Schachfunktionäre richteten sich, wie immer, allein nach den Wünschen des Weltmeisters. Was ich vorbrachte, hatte für sie keinerlei Gewicht.

Vier Tage vor Matchbeginn holten sie zu einer psychologischen Attacke auf mich aus. Baturinski, Karpows Delegationsleiter, erklärte, wenn ich nicht bis zum folgenden Tag die Wettkampfregeln unterschrieben hätte, würde ich, ohne einen einzigen Zug gemacht zu haben, zum Verlierer erklärt. Es fiel mir schwer, mich dieser Erpressung zu unterwerfen. Daß sie die neuen, für den nachfolgenden Zyklus gemachten Regeln bereits auf den jetzigen Titelkampf anwenden wollten, der noch zum alten Zyklus gehörte, gefiel mir ganz und gar nicht. Es war nicht klar, was sie damit bezwecken wollten. Eine der neuen Regeln räumte Campomanes, dem FIDE-Präsidenten, erweiterte Entscheidungsbefugnisse ein, eine Neuerung, deren praktische Bedeutung fünfeinhalb Monate später deutlich, allzu deutlich wurde. Ich hatte das unbehagliche Gefühl, daß ich, wenn ich die geforderte Unterschrift leistete, das Match verlieren würde.

Tatsächlich blieb mir keine Wahl, wie ein hoher Verbandsfunktionär meinem Delegationsleiter Juri Mamedow klarmachte. Aber diese Episode raubte mir sehr viel Nervenkraft, und dies in einem Augenblick, da ich sie am dringendsten benötigte – sicherlich hatten sie genau dies beabsichtigt. Ich ging nicht in ruhiger und entspannter Gemütsverfassung an den Start. Ich fühlte mich bei Matchbeginn sogar ausgesprochen schlecht. Ich wußte, daß ich einige schwere Hindernisse zu überwinden haben würde, und fühlte mich sehr unsicher. Hinterher gab es Stimmen, die behaupteten, ich sei mit zuviel Selbstbewußtsein in das Match gegangen. In Wirklichkeit war es genau umgekehrt. Ich wußte, daß Karpow viel mehr Erfahrung mit solchen Marathonwettkämpfen besaß als ich.

Meine bisherigen Siege waren mir so leicht gefallen, daß ich es nie nötig gehabt hatte, meine Leistungsfähigkeit und meine Kraftreserven vollständig auszuschöpfen. Jetzt war ich dazu gezwungen, aber nicht richtig darauf vorbereitet. Ich ähnelte einem Boxer, der alle seine Kämpfe durch K.o. in der ersten Runde gewonnen hat und dann unvermittelt gegen einen zähen Gegner über 15 Runden gehen muß; er ist darauf nicht eingestellt. Dazu kam, daß ich mit der Spielweise Karpows nicht wirklich vertraut war, während er genug Zeit gehabt hatte, meinen Stil sorgfältig und mit Hilfe der besten sowjetischen Großmeister zu studieren. Folglich kannte er seinen Gegner wesentlich besser als ich den meinen. Außerdem hatte er bereits zwei Welttitelkämpfe gespielt und gewonnen, eine Erfahrung, die ihm Selbstsicherheit verlieh. Für mich war es der erste Titelkampf – und es hätte leicht mein letzter sein können.

Sieger sollte derjenige sein, der als erster sechs Partien für sich entscheiden würde. Dieser Modus erinnerte an den legendären Titelkampf zwischen Aljechin und Capablanca 1927 in Buenos Aires, den Aljechin gewann. Dieses Match dauerte nicht weniger als zweieinhalb Monate. Manchmal verliefen die Partien so langweilig, daß Capablanca sogar am Brett einschlief und wachgerüttelt werden mußte. Kurioserweise hat Botwinnik meine Spielweise mit der Aljechins und die von Karpow mit der Capablancas verglichen – der in der Tat Karpows erstes Schachidol war. Als Knabe hatte er Panows Capablanca-Buch an einem Kiosk billig erstanden.

Manche Beobachter entdeckten noch weitere Ähnlichkeiten. Capablanca war ein disziplinierter Mensch, der stets ruhig und ernst wirkte. Aljechin strahlte mehr Anspannung und Unruhe aus und hatte ein nervöses und abergläubisches Naturell. Er erarbeitete sich seine Schachkunst schwer, während Capablanca ein Mensch war, dem alles leichzufallen schien. War der eine ein hervorragender Positionsspieler, so bevorzugte der andere einen komplizierten Aufbau. Im ganzen machte der Vergleich mir Freude, weil damals der Herausforderer den Sieg davongetragen hatte.

An einem anderen Punkt beginnt der Vergleich mit Aljechin meines Erachtens zu hinken. Während des Londoner Turniers von 1922 waren er und Capablanca zum Besuch einer Revue eingeladen worden. Capablanca habe, so heißt es, seine Augen keinen Moment von den tanzenden Mädchen abgewandt, wogegen der Exilrusse sich die ganze Zeit seinem mitgebrachten Reiseschach gewidmet und kein einziges Mal aufgeschaut habe. In dieser Hinsicht wenigstens würde ich, wie ich mich kenne, eher dem Kubaner nacheifern – gewisse Qualitäten der Tanzgirls natürlich vorausgesetzt.

Der Titelkampf zwischen Karpow und mir gliederte sich in drei deutlich gesonderte Phasen. In der ersten (1. bis 7. Partie) geriet ich drei Punkte in Rückstand. In der zweiten (8. bis 27. Partie) verlor ich zwei weitere Partien und war damit nur noch einen Schritt vom Abgrund entfernt. In der dritten Phase (28. bis 48. Partie) holte ich drei Punkte auf, davon zwei in den beiden letzten Partien, nach denen der Wettkampf unter jenen Umständen abgebrochen wurde, die bis heute umstritten und noch nicht zufriedenstellend erklärt sind. Vielleicht werden wir die volle Wahrheit nie erfahren. Ich werde den Leser mit meiner Version noch bekanntmachen.

In der ersten Phase verlief das Match sehr offen, wie die ersten Runden eines Boxkampfes, in denen die beiden Kontrahenten einander abtasten. Sowohl Karpow als auch ich hätten versuchen können, die Initiative zu ergreifen. Ich beging einige kapitale Fehler, besonders in der 2. Partie, die Ray Keene als »eine der heftigsten und turbulentesten« beschrieben hat, die er je erlebt habe. Es kam zu einer Stellung, aus der heraus ich normalerweise hätte gewinnen müssen. (Keene bemerkte dazu in seiner Analyse: »Kasparow schlägt zu wie ein Berserker!«) Am Ende war ich froh, mich in ein Remis retten zu können.

Karpow gewann die 3., 6. und 7. Partie und ging damit klar in Führung. In der dritten schoß ich beim 12. und 16. Zug zwei Riesenböcke; Karpow nützte sie kühl und überlegen aus und ließ mich zum ersten Mal kalten Stahl schmecken. Der Aufbau, den ich als Schwarzer in dieser Partie wählte, wird hin und wieder »der Igel« genannt; in diesem Spiel wurde der Igel leider zertreten! Beim 27. Zug in der 6. Partie tat sich eine riesengroße Gewinnchance für mich auf, aber ich verpaßte sie, und nach meinem Abgabezug wurde der Rest der Partie, wie ein Kommentator es ausdrückte, zur »Tortur für Weiß, der in die Paralyse getrieben wird«. Es war ein gutes Spiel des Titelträgers, der nach meinem Fehler sehr geschickt von der Verteidigung auf den Angriff umschaltete. In der 7. Partie fand er ein Gegengift gegen die Tarrasch-Verteidigung, die mir in meinen Ausscheidungswettkämpfen so gute Dienste geleistet hatte.

Was lief in diesen Anfangspartien falsch? Ich führe meinen schlechten Start hauptsächlich auf mangelnde Erfahrung zurück – womit ich mangelnde Schacherfahrung meine. Nur ganz wenige Leute können ermessen, was dies wirklich bedeutet. Vor diesem Titelkampf hatte ich selbst davon nur eine vage Ahnung. Im Schach gibt es so viele Unwägbarkeiten. Worauf es ankommt, ist, die eigenen »Truppen« richtig zu organisieren, den kritischen Moment zu erkennen und dann nicht die Nerven zu verlieren. Tarrasch selbst sprach einmal von der Schwierigkeit, »eine gewonnene Partie zu gewinnen«. Genau daran haperte es bei mir. In den letzten Partien des Wettkampfs konnte ich zeigen, daß ich dies inzwischen gelernt hatte. Aber es war ein schmerzhafter Lernprozeß: Die abschließenden Lektionen wurden mir mit einer Peitsche eingebleut, die der Weltmeister eigenhändig schwang.

Es lag nicht an einer unzureichenden Vorbereitung meinerseits, denn vorbereiten kann man sich im wesentlichen nur auf die verschiedenen Eröffnungen, und in dieser Beziehung hatte er mir nichts voraus. Seine Stärke lag im Mittelspiel, wo er seine Chancen wahrnahm und ich ihm nicht Paroli zu bieten vermochte. Manche Leute behaupten, ich hätte den Weltmeister unter- und meine eigenen Chancen überschätzt, ich sei zu selbstsicher gewesen. Ich glaube wirklich nicht, daß dies mein Fehler gewesen ist. Mein Hauptproblem war, daß ich es anfangs einfach nicht schaffte, zu meinem Spiel zu finden. Karpow spielte um keinen Deut besser als sonst; ich aber spielte viel schlechter, und er besaß die Erfahrung und die Geistesgegenwart, meine Fehler zu erkennen und auszunützen.

Was ich tatsächlich unterschätzt hatte, war die Größenordnung der ganzen Veranstaltung. Ich hatte mir nicht vorstellen können, daß der Welttitelkampf ein so viel »größeres« Ereignis sein würde als die anderen Wettkämpfe, die ich ausgetragen hatte. Natürlich spielte auch die Tatsache eine Rolle, daß Karpow wesentlich stärker spielte als die anderen Großmeister, mit denen ich es bis dahin zu tun gehabt hatte; die psychologische Seite der Auseinandersetzung trat dadurch stärker in den Vordergrund. Eine Rolle spielte aber auch, daß die ganze »Firma Karpow« größer war als alles, was mir im Schach je begegnet war. Ich stand der stärksten und effizientesten Schachmaschinerie gegenüber, die die Welt je gesehen hatte.

Was ich dagegen aufbieten konnte, war eine Gruppe loyaler und liebevoller Freunde, die sogenannte Baku-Mafia, verstärkt durch meine Trainer und Sekundanten. Ich gebe im folgenden wieder, welche Eindrücke Eric Schiller bei seinem Besuch im Kasparow-Lager vor der 3. Partie gewann. Ich kurierte zu diesem Zeitpunkt gerade eine fiebrige Erkältung aus.

»Am Samstag fühlte der Herausforderer sich erheblich besser, und ich konnte ihn eine Zeitlang in seiner Suite im Hotel Rossija besuchen. Die Berichte, denen zufolge Kasparow von Nervosität befallen sei, sind unsinnig. Er ist gut gelaunt, fühlt sich wohl und hat sich vollkommen unter Kontrolle. Die einzige Gelegenheit, bei der ihm ein Lächeln entwischt, ist, wenn seine Mutter Clara Kasparow darauf besteht, ihm alte aserbeidschanische Hausmittel gegen seine Erkältung zu verabreichen, die sie unter Verwendung eines speziellen, von ihrer Schwester gelieferten Öls zusammenbraut.

Die Kasparows haben einen ganzen ›Flügel‹ des Hotels mit Beschlag belegt. Sogar die ›Deschurnaja‹ (in sowjetischen Hotels eine Art Stock-

werks-Concierge, die die Schlüssel für alle Zimmer auf ihrer Etage ausgibt) ist eine der Ihren. In dem großen zentralen Wohnraum steht ein riesiger Fernsehapparat (der nie benutzt wird), und überall liegen Früchte und Süßigkeiten herum. Kasparow entspannt sich durch Musikhören; seine Cassetten sind über den ganzen Raum verstreut. Mozart überwiegt eindeutig, aber daneben ist auch die Musik anderer klassischer Komponisten vertreten, und gelegentlich werden auch moderne Rhythmen aufgelegt.

Clara bereitet, unterstützt von ihrer Schwester, alle Mahlzeiten für Garri zu. Eine Kochplatte im zentralen Wohnraum sorgt für konstanten Tee- und Kaffeenachschub. Eine Sache, über die sich alle Mitglieder des Kasparow-Teams klar und einig sind, ist die Schwere dieses Wettkampfs. Garri war mit der ersten Partie zufrieden, über den Verlauf der zweiten jedoch unglücklich. Er hat großes Vertrauen zu seinen Beratern Wladimirow, Timoschtschenko, Nikitin, Schakarow und dem neu hinzugekommenen Dorfman.

Er vervollständigt sein Wissen über neuere Partien mit Hilfe eines stetigen Stroms von Zeitschriften aus dem Ausland. Somit ist er lückenlos über die aktuellsten Partien orientiert. Er hat keine Zeit für Fernsehen oder Filme, aber die Atmosphäre ist trotzdem oft humorgetränkt, besonders wenn er liest oder hört, was die Presse über die gespielten Partien schreibt. Seiner Meinung nach neigt die einheimische Presse dazu, jeden halbwegs ordentlichen Zug von Karpow mit einem Ausrufezeichen zu versehen, die Züge Kasparows dagegen mit Gleichgültigkeit zu quittieren. Wie Garri sagt: › Viele Ausrufezeichen für Karpow – eines für mich. Trotzdem habe ich ein Remis gemacht – erstaunlich. ‹

Kasparow rechnet mit einem langen Match, bis Ende November. Ich sagte ihm, ich hielte dies für optimistisch; der Kampf könnte sich womöglich bis Dezember hinziehen. Dadurch kamen wir auf das schreckliche Wetter in Moskau zu sprechen, wo jeder Tag kalt und regnerisch ist. Garri ist noch jung und zieht sich nicht immer so warm an, wie seine Mutter es gern sähe. So hat er sich eine Erkältung geholt. Trockene Kälte würde ihm nichts ausmachen, aber diese Feuchtigkeit ist ein Problem. Natürlich wäre ihm das Klima seiner Heimatstadt Baku lieber. «

Nicht nur wegen des Klimas wäre mir Baku lieber gewesen: Für Moskau habe ich nie eine Schwäche gehabt. Für meinen Geschmack ist diese Stadt immer zu laut gewesen, zu hastig, mit zuviel Verkehr und einem ungesunden Lebensrhythmus. Was die Dauer des Titelkampfs betraf, so sollte sich herausstellen, daß auch Schiller noch zu optimistisch gewesen war. Zu dem von mir anvisierten Zeitpunkt, Ende November, hatten wir 29 Partien gespielt und noch 19 vor uns – nur 60 Prozent des Weges zurückgelegt. Die FIDE und die sowjetischen Schachfunktionäre hatten sich noch gewaltiger verschätzt; sie waren offensichtlich davon ausgegangen, daß der Titelkampf rechtzeitig zum Start der Schach-Olympiade in Saloniki am 19. November beendet sein würde. Man verschob diese Veranstaltung dann bis zum 4. Dezember, aber daraus entstand für mich insofern ein verschärftes Problem, als die Behörden mich nun drängten, angesichts meiner mittlerweile angeblich hoffnungslosen Lage (es stand 5:0 für Karpow) aufzugeben, damit die UdSSR den Weltmeister zur Schach-Olympiade schicken konnte. Tatsächlich trug die sowjetische Mannschaft auch ohne Karpow überlegen den Sieg davon. Am Jahreswechsel standen wir bei Partie Nr. 36. Der Rekord für den längsten Welttitelkampf der Schachgeschichte, den bis dahin Capablanca und Aljechin mit 35 Partien gehalten hatten, war gebrochen, und noch immer kein Ende abzusehen. Am Vorabend des Wettkampfs hatte die britische Tageszeitung *Sunday Express* geschrieben: »Es könnte drei Wochen dauern, bis wir das Ergebnis kennen.« In Wirklichkeit hatten wir nach drei Wochen ganze sieben Partien gespielt und damit erst weniger als ein Sechstel des Weges zurückgelegt.

Die zweite Phase des Wettkampfs (8. bis 27. Partie) war geprägt durch meine Erkenntnis, daß ich meine Strategie ändern mußte, wollte ich verhindern, daß das Match ein unvermitteltes und für mich höchst unangenehmes Ende nahm. Von jetzt an spielte ich nur noch defensiv. Diese farblose Strategie entsprach überhaupt nicht meinem Wesen, aber ich wußte, daß ich keine andere Wahl hatte. Es ging um Sein oder Nichtsein. Ein Ertrinkender, der sich an einen Rettungsring klammert, sollte in dieser Situation nicht anfangen, akrobatische Schwimmübungen zu machen. Das Gebot der Stunde lautete zunächst einmal, die Niederlage abzuwenden; dann mußte ich allmählich zu meinem Spiel und wieder zu mir selbst finden.

Die meisten Beobachter hatten mich bereits abgeschrieben. Ray

Keene hatte nach der 7. Partie geschrieben, er könne sich nicht vorstellen, daß der Wettkampf über mehr als zwölf Partien gehen werde: »Kasparow hat im Lauf seiner glänzenden, aber kurzen Karriere nicht genügend Defensiverfahrung sammeln können, um den psychologischen Schock wiederholter Niederlagen wegstecken zu können.« Nach der 9. Partie sah es so aus, als könne Ray recht behalten. Ich beging beim 46. Zug aus reiner Müdigkeit oder Trägheit einen Fehler, den Karpow zum Sieg und zum Ausbau seiner Führung auf 4:0 nutzte. Keene stand mit seinem Urteil, daß »Kasparows defensive Qualitäten, wenn auf höchstem Niveau gespielt wird, zu wünschen übrig lassen«, nicht allein.

An mir war es jetzt, dieses Urteil zu widerlegen. Ich mußte voll auf Verteidigung umschalten. In der Folge unternahm ich, wenn ich mit Weiß spielte, kaum den Versuch, die Initiative zu ergreifen, während ich mich mit den schwarzen Figuren nach allen Regeln der Kunst einigelte. In diesen Partien verpaßte Karpow seine Chance. Er lag klar in Führung. Er hätte zum Angriff blasen müssen, selbst auf die Gefahr hin, ein oder zwei Partien zu verlieren. Er konnte es sich leisten, ein kalkuliertes Risiko einzugehen. Statt dessen wartete er bloß darauf, daß ich einen Fehler beging. Das war *sein* Fehler, wie er später in einem *Tass*-Interview einräumte: »Ich selbst machte bei einem Vier-Punkte-Vorsprung nicht den Versuch, riskante Stellungen zu suchen; das war mein Fehler.« Es war mehr als ein Fehler, es war eine große strategische Dummheit, denn ich glaube, daß er bei risikofreudigerem Spiel spätestens nach zwanzig Partien mit vielleicht 6:2 Punkten gewonnen hätte.

Karpows Freund Alex Roschal erklärte später, was seiner Meinung nach in dieser Phase in Karpow vorging: »Nachdem Karpow mit 2:0 in Führung gegangen war, nahm er sich vor, 6:0 zu gewinnen. Alles andere würde unbefriedigend sein. Daher wollte er keinerlei Risiko eingehen. Es kam ihm nicht so sehr darauf an, zu gewinnen, als seinen Gegner mit 6:0 zu überfahren.« Irgendwie habe ich Verständnis für diesen Wunsch. Wäre ich in der gleichen Lage, ich würde mich wahrscheinlich ebenso verhalten. Aber er brachte die Kraft zum entscheidenden Schlag nicht auf. Das könnte teilweise daran gelegen haben, daß er nach der schnellen 4:0-Führung den unbedingten Siegeswillen nicht mehr ganz mobilisieren konnte. Er fühlte sich als der sichere Sieger und produzierte nicht mehr soviel Adrenalin. Er lehnte sich entspannt zurück und wartete darauf, daß ich mir eine Blöße gab. Er wagte nicht, einen tödlichen Schlag anzusetzen, weil er fürchtete, er werde dabei vielleicht selbst einen Kratzer abbekommen. Das war eine Charakterschwäche Karpows. Man könnte in der Tat die These vertreten, daß sich alle im Lauf dieses Wettkampfs begangenen Fehler, die seinen wie die meinen, aus dem Charakter der Spieler erklären lassen. Was mich betrifft, so gebe ich gern zu, daß ich ein impulsiver Mensch bin. Meine Fähigkeit, über lange Zeiträume hinweg gleichbleibend gut zu spielen, war und ist unterentwickelt.

In diesem Stadium des Titelkampfs hatte die Anteilnahme der Öffentlichkeit eine Intensität erreicht, wie sie im Westen vielleicht bei Fußballgroßereignissen oder in den USA bei der Superbowl zu verzeichnen ist. In der ganzen Sowjetunion wurden die Partien im Fernsehen übertragen und sogar in Bahnhöfen auf große Leinwände projiziert. Das Match bildete das Hauptgesprächsthema in Schulen, Büros und Fabriken, und zwar weit über die fünf Millionen aktiven Schachspieler unseres Landes hinaus. Trotz Schnee und Frost stellten sich Hunderte von Leuten vor dem Säulensaal an, in der Hoffnung, eine Eintrittskarte zu ergattern. Viele taten es vielleicht in dem Gefühl, Karten für eine Hinrichtung zu erstehen – nur daß in diesem Fall der Verurteilte sich weigerte zu sterben. Oder genauer gesagt: Der Henker hatte mir die Schlinge um den Hals gelegt, konnte sie aber nicht zuziehen.

Ich spürte, wie die Schlinge sich allmählich immer mehr lockerte. Die Wende kam in der 15. Partie, die mit einem Mehrbauern für Karpow vertagt wurde. Die Partie dauerte 93 Züge, ohne daß Karpow seinen Vorteil hätte nutzen können. Ich sah seinen Gesichtsausdruck und wußte, er hatte die Initiative verloren. Schon in der nächsten Partie hatte ich eine Gewinnchance, die ich aber verpaßte. Wir überboten den Weltrekord, indem wir siebzehnmal hintereinander Remis spielten. Das ist sicher nicht der Schachrekord, auf den ich am stolzesten bin, aber es war ganz und gar nicht leicht, ihn aufzustellen. Ich mußte eine Zähigkeit und Ausdauer an den Tag legen, die ich mir nicht zugetraut hatte. Und ich fürchte fast, daß auch meine Betreuer eher schwarz sahen, die wahrscheinlich ebenso schlimme Qualen durchlitten wie ich – meine Mutter vielleicht noch schlimmere. Ich konnte wenigstens jeden Tag hingehen und spielen, sie aber konnten nur warten und beten, ich möge keine schweren Fehler machen. Nikitin setzte sich manchmal in den Presseraum, blätterte in einer Zeitung und verfolgte die laufende Partie auf dem Monitor. Einmal ließ er seine Zeitung erschrocken auf den Boden fallen, als er sah, was für einen Zug ich gemacht hatte.

Hinter den Kulissen war es für uns alle eine schreckliche Zeit gewesen, ein einziger langer Alptraum. Der Tag nach der Partie, mit der Karpow auf 5:0 davonzog, war besonders schlimm. Uns allen war klar, daß ein 6:0 ein Debakel für mich sein würde, die klarste Niederlage in der Geschichte der Schachweltmeisterschaften. Nur Bobby Fischer hatte bislang einigen seiner Gegner eine solche Bestrafung zuteil werden lassen, allerdings nicht in einem Titelkampf um die Weltmeisterschaft. Mit Grausen stellte ich mir vor, was die Karpow-Partei und ihre Freunde in der Presse aus einer solchen Abfuhr gemacht und welche Urteile sie über mich gefällt hätten. Ich frage mich heute noch, wie ich persönlich mit einer solchen Demütigung fertig geworden wäre, wo doch manchmal schon viel banalere Dinge genügen, um mich in depressive Stimmung zu versetzen. Im Rückblick kann ich kaum begreifen, wie ich es geschafft habe, zwei ganze Monate lang unter der Belastung eines 5:0-Rückstands zu spielen. Ich muß wohl sehr ruhig und abgeklärt gewesen sein, was aber ziemlich unwahrscheinlich klingt.

Meine Bakuer Freunde taten, was sie konnten, um mich mit Scherzen und durch ihr Für-mich-dasein bei Stimmung zu halten. Meistens saßen sie herum und pokerten. Einmal sagte ich zu Onkel Leonid: »Gib mir deine Karten« – und nach zehn Minuten hatte ich alles Geld verspielt. »Du hast kein Glück, Leonid«, sagte ich. Aber danach hatte mein Onkel eine Gewinnsträhne. Er sagte zu mir: »Wenn dein Glück weg ist, dann ist es weg.« Wir suchten, abergläubisch wie wir waren, nach glückverheißenden Talismanen. Als einmal Onkel Leonids Sohn Timur in unserem Wagen zum Match mitfuhr, sagten wir ihm: »Wenn Garri heute gewinnt, bist du ab jetzt jedes Mal dabei.« Die Partie endete remis. Ein Freund aus Baku, der fanatisch an mich glaubte, weigerte sich, die Hoffnung aufzugeben. Er wettete sein Auto – ein kostbarer Luxusartikel in der Sowjetunion – darauf, daß ich auch nach einem 0:5-Rückstand noch gewinnen würde.

Eine psychische Zerreißprobe war diese Zeit auch für meine Trainer, die nicht wußten, wozu sie mir bei diesem prekären Punktestand raten sollten, wußten sie doch, daß ein falscher Ratschlag mich ins Verderben führen konnte. Einige meiner Betreuer trugen sich mit dem Entschluß zurückzutreten. Sie fühlten sich für mein bis dahin so schlechtes Abschneiden verantwortlich. Für mich wäre dies jedoch eine psychische Belastung gewesen, und so überredete meine Mutter sie alle zum Bleiben. Ich gewöhnte mir an, abends allein lange Spaziergänge zu unternehmen, auf denen ich die Situation so objektiv wie möglich zu analysieren versuchte. Morgens nahm ich Futter für die Eichhörnchen im Gorki-Park mit. Auf mir lastete ein starker psychologischer Druck, aufzugeben und damit mir und den anderen einzugestehen, daß meine Lage hoffnungslos war. Vielen hätte ich damit einen großen Gefallen getan, vor allem natürlich dem Karpow-Clan und der FIDE, aber auch den internationalen Journalisten, von denen die meisten ungeduldig darauf warteten, nach Hause fahren zu können. Aber ich wollte nicht klein beigeben. Meine Mutter sagte mir später, daß ich ihrer Überzeugung nach in einer Nervenklinik gelandet wäre, wenn ich aufgegeben hätte.

Clara spielte für mich in dieser Phase eine lebenswichtige Rolle. Ich glaube nicht, daß ich es ohne sie geschafft hätte. Es gab Leute, die ihr die Schuld an meinen frühen Partieverlusten zuschoben, weil sie mir, so glaubten sie, eine zu große Siegesgewißheit eingeimpft und mich dadurch zu einem gewissen Leichtsinn verleitet hätte. Das ist unwahr und unfair. Niemand, der uns kennt, würde auf eine solche Idee verfallen. Meine Mutter ist an den Vorbereitungen auf meine Schachwettkämpfe nicht beteiligt. Sie kümmert sich um die Probleme des täglichen Lebens und hilft mir, das richtige atmosphärische Umfeld herzustellen. Ganz ohne Zweifel hätte ich ohne meine Mutter nicht zu diesem frühen Zeitpunkt Weltmeister werden können.

Ihr größter Vorzug bestand darin, daß ich mit ihr reden kann wie mit sonst niemandem. Bei ihr kann ich sicher sein, daß sie bei allem, was sie sagt und tut, nur an mein Wohl denkt – nicht an ihr eigenes, nicht an das Wohl des Schachsports oder an das der Menschheit, sondern schlicht und einfach an das meine. Daß man einer Stimme, der zu vertrauen man seit vielen Jahren gewöhnt ist, in einer kritischen Situation Gehör schenkt, ist nur natürlich. Wenn man mit jemandem rückhaltlos sprechen kann, ohne irgend etwas zu verschweigen, so bedeutet dies, daß man ihm das Problem in aller Offenheit so darstellen kann, wie es ist. Da ich meiner Mutter nichts vorzumachen brauche, komme ich auch nicht in die Versuchung, mir selbst etwas vorzumachen. In den meisten Fällen erkenne ich dann selbst die richtige Lösung des Problems. Clara spielt für mich eine ähnlich wichtige Rolle wie ein Katalysator für bestimmte chemische Reaktionen.

Mit einem Rückstand von 0:4 und später sogar 0:5 weiterzuspielen, jeden Abend das Podium zu betreten, die Fernsehkameras und die Augen von Hunderten von Zuschauern und Presseleuten aus aller Welt auf sich gerichtet zu sehen und zu wissen, daß ein einziger grober Fehler, ein einziger nur, das Aus bedeuten konnte, vielleicht für immer – daß dies nicht leicht war, kann sich jeder Leser ausmalen. In dieser Situation tat es mir gut, einen Blick zum Balkon hinauf zu werfen, wo Clara saß. Das flößte mir Kraft ein und gemahnte mich daran, um welch hohen Einsatz an diesem Brett gerungen wurde und wie viele Hoffnungen eine ganze Reihe von Menschen in mich setzten.

Wir diskutierten oft bis spät in die Nacht. Schließlich gingen wir dazu über, im selben Zimmer zu schlafen für den Fall, daß ich nachts aufwachte und nochmals etwas durchsprechen wollte, was häufig vorkam. In einer Situation, in der ich mir vorkam wie ein Verirrter in einem fremden, weglosen Land in stockschwarzer Nacht, kristallisierte sich in diesen Gesprächen mit Clara eine sehr wichtige Einsicht heraus, ein Gefühl, an das wir uns inmitten aller Dunkelheit und aller unserer Fast-Verzweiflung klammerten. Ich sage Fast-Verzweiflung, weil wir in keinem Augenblick die Hoffnung aufgaben. Selbst in der düstersten Phase, als manchmal die Versuchung stärker wurde, den einfachen Weg einzuschlagen, sich durch Aufgabe diesem großen Druck zu entziehen, achselzuckend nach Baku zurückzukehren und zu sagen: »Vielleicht klappt es beim nächsten Mal besser« – auch in diesen Augenblicken ließen wir die winzige, flackernde Kerze der Hoffnung nicht ausgehen. Der Tiefpunkt kam, nachdem Karpow seinen fünften Punkt gemacht hatte: Da war unsere Zuversicht wirklich kaum noch mehr als ein Pfeifen im dunklen Wald, eine magische Geste, um die bösen Geister fernzuhalten. Nach meinem ersten Punkt zum 5:1 jedoch hatten wir endlich etwas Handfestes, auf das wir unsere Hoffnung gründen konnten – zugegebenermaßen nicht viel, aber doch etwas Positives, etwas Reales.

In dieser Zeit wurde ein Mensch sehr wichtig für uns, von dem ich nur sagen möchte, daß es sich um eine in der Sowjetunion wohlbekannte Persönlichkeit handelt, dessen Namen ich aber nicht nennen kann. Ich habe über die Rolle, die dieser Mann gespielt hat, bisher nie gesprochen. Aber Karpow kennt ihn – ich sah, wie sich das Gesicht des Weltmeisters tiefrot färbte, als er mich später einmal mit diesem Mann sah. Er kam 1986 an einem Tag nach Leningrad, als ich gerade drei Partien nacheinander verloren hatte. Er brachte mir Glück. Er ist sozusagen mein Talisman, vielleicht sogar mein Guru.

Ich begegnete diesem Mann zum ersten Mal beim Stand von 0:4 im ersten Titelkampf. Er besuchte mich und meine Mutter, und wir sprachen lange Zeit miteinander. Er erkannte die Bedeutung meines Kampfes in allen seinen menschlichen und politischen Aspekten. Er begriff, daß ich ein Symbol für die guten Tendenzen in der sowjetischen Gesellschaft war, für das Positive und Hoffnungsvolle. Es war wichtig, daß ich nicht verlor, wichtig nicht nur für mich, sondern auch für andere. Er war mit der Mentalität der Leute, gegen die ich angetreten war, vertraut und wußte, wieviel davon abhing, ihnen nicht den Sieg zu überlassen. Sein Zuspruch half mir, die Phase der scheinbaren Hoffnungslosigkeit zu überbrücken.

Er selbst spielt nicht Schach, besitzt aber die Gabe, das Ergebnis einzelner Partien vorauszusehen. Er stellte das in Moskau und später auch in Leningrad unter Beweis. Er gab nicht für jede Partie eine Prognose ab, aber wenn er eine Vorahnung äußerte, behielt er jedesmal recht. Er impfte uns die Überzeugung ein,

173

daß ich den Wettkampf nicht zwangsläufig verlieren würde, nicht einmal beim Stande von 0:4 oder 0:5. Der Vorsprung Karpows war nicht uneinholbar, das Blatt konnte sich wenden – er half uns, daran zu glauben.

Auch ich bin ein intuitiver Mensch. Ich sehe normalerweise die Konturen des vor mir liegenden Weges und glaube manche Dinge im voraus zu spüren. Tief in meinem Innern weiß ich, wie die Dinge sich für mich entwickeln werden. Aber in diesem Fall hatte ich keine Ahnung, was passieren würde. Meine Intuition ließ mich im Stich. Meine Mutter sagte, es ergehe ihr ebenso, und sie meinte, dieses Gefühl sei vielleicht wichtig und ein gutes Zeichen. Sie konnte jedenfalls nicht glauben, daß ich verlieren würde.

Trotz aller Vorzeichen vermochten wir uns den Ausgang dieses Wettkampfs nicht auszumalen. Sosehr wir uns auch bemühten, es gelang nicht, den weiteren Verlauf vorauszusehen. Wir konnten uns die Situation, daß Karpow seine 6. Partie gewinnen würde und wir dann wie geprügelte Hunde nach Baku zurückkehren würden, einfach nicht vorstellen. Irgendwo tief drinnen wußten wir, daß es nicht so kommen würde. Es war keine logische Berechnung, nur eine Intuition, aber sie hielt uns in der Situation, in der alles verloren schien, aufrecht. Wie das Match dann tatsächlich zu Ende gehen würde, konnten wir natürlich nicht ahnen. Wohl niemand hätte das Fiasko voraussehen können, das Campomanes viele Wochen später, am 15. Februar 1985, herbeiführen sollte.

Meine Mutter und ich rückten in dieser Zeit sehr eng zusammen, enger, als es wohl sonst zwischen Müttern und Söhnen üblich ist. Sie half mir, ich half ihr. Es fällt schwer, dieses Erlebnis nachträglich in Worte zu fassen. Wir kamen uns vor, als ob wir in einer irrealen Welt lebten, losgelöst von den anderen Menschen. Jeden Morgen, wenn wir nach einer unruhigen Nacht aufwachten und die Wirklichkeit uns wieder hatte, empfand meine Mutter, wie sie heute sagt, Verwunderung darüber, daß wir noch lebten.

Für meine Mutter war es so, als müßte sie noch einmal die Zeit kurz vor und nach dem Tod meines Vaters durchleben. Sie hatte damals eine so tiefe persönliche Krise durchlitten, daß sie mir jetzt meine Probleme nachfühlen konnte. Ihre Intensität ließ

174

mich begreifen, daß auch ich viel in mich hineinhorchen mußte, um meine eigene Lösung zu finden, genauso wie sie damals die ihre gefunden hatte. Ich mußte jeden Schritt selber tun, jede Barriere selbst überwinden. Ich mußte es machen wie ein verwundetes Tier, das dem Sterben trotzt und langsam und mühselig den Willen und die Kraft zum Leben wiedererlangt. Im Winter 1984/85 wurde ich erwachsen.

Eine große Stütze war mir in dieser prekären Zeit auch mein geliebter Wyssotzkij. Er war ein Schauspieler, Sänger und Dichter von großer emotionaler Ausstrahlungskraft. Als er 1980 im Alter von 42 Jahren nach einem Herzanfall starb, herrschte in der Sowjetunion große Trauer. Noch heute besuchen viele Leute sein Grab auf dem Wawanskowa-Friedhof in Moskau und legen Blumen nieder. Erst nach seinem Tod erschienen in der Sowjetunion erstmals ein Gedichtband und eine Platte von ihm, doch war er schon vorher vielen Leuten durch Musikcassetten vertraut, die er in Frankreich aufgenommen hatte, wo seine Frau eine berühmte Filmschauspielerin ist. Unter seinen Fans zirkulierten auch Cassetten mit selbstgemachten Mitschnitten. Meine Mutter hatte einmal eine bekommen, nachdem sie ihn im Haus von Freunden zur Gitarre hatte singen hören. Es stimmt mich traurig, daß ich ihm zu seinen Lebzeiten nie begegnet bin, aber durch seine Musik ist er mir so vertraut wie ein guter alter Freund.

Eine halbe Stunde vor jeder Partie setzte ich mir die Kopfhörer auf und vertiefte mich zehn Minuten lang in ein Wyssotzkij-Lied. Das flößte mir Kraft ein und versetzte mich in die richtige geistige Verfassung für den Kampf am Brett. Sein Gedichtband trägt den Titel *Nerv*, und die meisten seiner Lieder handeln davon, wie man die innere Kraft finden kann, um mit den Problemen des Lebens fertig zu werden. In seiner knisternden Stimme schwingt soviel Emotion mit, als breche ihm bei jedem Lied das Herz.

Seine Lieder handeln davon, wie man die innere Kraft findet, weiterzumachen. Sie handeln von starken Menschen, die sich ihrem Schicksal, ihrem Verhängnis oder allem, was die Zukunft sonst noch für sie bereithalten mag, würdevoll und mutig stellen. Für mich, der ich jeden Abend in diesen Saal hinausgehen mußte in dem Wissen, daß ich bei einem einzigen Fehltritt in den

Abgrund stürzen würde, besaßen diese Lieder eine ganz direkte Bedeutung. Ich kann heute auf diese schlimme Zeit mit einer eigenartigen Genugtuung zurückblicken, weil ich die »Fortsetzung« des Dramas kenne. Ich stand es durch, und das allein war ein großer Sieg.

Wer mich und die Motive meines Kampfes verstehen, wer wissen möchte, was mich treibt, der sollte Wyssotzkij lesen. Er entführt uns, so glaube ich, in die Tiefen der menschlichen Seele, spricht die Emotionen und Werte an, die in uns und um uns herum allem anderen Anschein zum Trotz glimmen und vielleicht sogar der Urgrund der Schöpfung sind. In meinen Augen verbindet er die Gegenwart mit der Ewigkeit, indem er den Gleichklang zwischen dem Leben des einzelnen und der Menschheitsgeschichte herausarbeitet. Er führt uns die Realität vor Augen und sagt uns, wie wir leben sollen. Wir müssen uns gegen unser Schicksal stemmen, nicht nur unseretwegen, sondern auch zum Wohle derer, die nach uns kommen werden. Nur so können wir der noblen Bestimmung des Menschen gerecht werden.

»Du kannst einen leichteren Weg wählen,
Aber wir suchen uns den aus, der der schwierigste ist
Und gefährlich wie ein Kriegspfad.«

Eines seiner Gedichte, *Horizont*, ging mir während des nervenverzehrenden Schachmarathons immer wieder durch den Kopf, und ich hörte es mir auf der Cassette viele Male an:

»Meine Ziellinie ist der Horizont, das Ende der Welt.
Ich muß den Horizont als erster erreichen . . .
Die Regel heißt immer, der Straße nach, und nie nach links und rechts sich wenden.
Ich folge der Straße Meile auf Meile,
Doch hie und da erblick' ich 'nen Schatten vor mir,
Eine schwarze Katze manchmal, und manchmal jemand in Schwarz.
Sie werden versuchen, ich weiß es, meine Fahrt zu stoppen.
Ich weiß, wo und wie sie mir eine Falle stellen werden.
Ich weiß, wann sie grinsend versuchen werden, mich aus dem Rennen zu nehmen.

Ich weiß, wo sie ein dickes Seil über die Straße spannen werden…
Die Fahrbahn schmilzt, mein Auto quietscht,
Schmetterlinge im Bauch, das Ziel ist so nahe.
Ich zerreiße das Seil mit meiner nackten Brust…
Meine Ziellinie, der Horizont, ist noch weit.
Ich sehe das Ziel noch nicht, aber ich habe das Seil überwunden.
Es hat mir nicht das Genick gebrochen.
Aber sie versuchen jetzt, auf meine Reifen zu schießen.
Ich fahre dieses Rennen nicht um Geld.
Ich wollte nur mit eig'nen Augen seh'n,
Ob die Welt nicht irgendwo zu Ende ist
Und ob der Horizont sich nicht verschieben ließe.
Meile um Meile lege ich zurück.
Sie sollen meine Reifen nicht zerschießen.
Aber dann – versagen meine Bremsen,
Und ich schieße über den Horizont hinaus.«

Immer wieder fiel mir auf, wie gut seine Metaphern zu meiner
bedrängten Situation paßten – das Balancieren am Rand eines
bodenlosen Abgrunds, der Schmerz enttäuschter Hoffnungen,
die Freude über die eigene Leistung, das beständige Bemühen
um schöpferische Qualität. In der Zeit meines 0:5-Rückstandes
identifizierte ich mich mit dem von Jägern gestellten Wolf:

»Gleich geht's mit mir zu Ende.
Der Jäger, der es auf mich abgesehen hat,
Hebt lächelnd seine Flinte.
Doch ich bin keiner, der den Kopf hinhält,
Zu groß ist meine Lust am Leben.
Sie hatten mich bereits umstellt,
Doch ich ging ihnen durch die Lappen.«

Wenn ich Abend für Abend auf das Podium hinausging, die
Gefahr des »plötzlichen Todes« durch eine einzige weitere Nie-
derlage am Brett vor Augen, fühlte ich mich wie der Seiltänzer in
Wyssotzkijs wahrscheinlich bekanntestem Gedicht – zu meinem
Glück sollte ich freilich glimpflicher davonkommen als er:

177

Auf dem Hochseil

»Ohne Rang und Namen, dazu noch recht klein,
ihn reizt nicht Ruhm noch Geld, wenn unnachahmlich
wie im Leben er hoch über der Arena schreitet,
über das singende Seil, das sich spannt wie der Nerv.

Seht, dort geht er frei auf dem Seil!
Links wie rechts zu seinen Füßen gähnende Leere.
Wohin immer er auch fällt – retten kann ihn keiner.
Nur ihm ist der Grund bekannt, der ihn vorwärts treibt –
vier volle Viertel seines Wegs.

Lichtstrahlen stören seinen Schritt, er strauchelt,
den Kopf in Licht getaucht; die Trompete schmettert für zwei.
Bravo, Bravissimo braust's in seinem Ohr,
dumpf döhnender Paukenschlag hämmert an seine Schläfen.

Seht, dort geht er frei auf dem Seil!
Links wie rechts zu seinen Füßen gähnende Leere.
Wohin immer er auch fällt – retten kann ihn keiner.
Seid endlich ruhig, hört doch auf! Noch weiter muß er,
noch drei volle Viertel des Wegs.

Wie unheimlich riskant und schaurig schön –
drei Minuten Todeslauf. Fiebrig erwartungsweite Münder.
Bang starren aus dem Parkett herauf
Liliputaner ungezählt – so scheint's ihm in seiner Höhe.

Seht, dort geht er frei auf dem Seil!
Links wie rechts zu seinen Füßen gähnende Leere.
Wohin immer er auch fällt – retten kann ihn keiner.
Seid endlich ruhig, hört doch auf! Weiter muß er nun,
nur noch zwei Viertelchen des Wegs.

Er verlachte den vergänglichen Ruhm,
wollte doch nur den Anfang machen des Versuch-es, Ruinier- dich!
Doch auf dem Seil über der Arena
ging er über Nerven, unter Trommelwirbel über Nerven.

Seht, dort geht er frei auf dem Seil!
Links wie rechts zu seinen Füßen gähnende Leere.

Wohin immer er auch fällt – retten kann ihn keiner.
Seid endlich ruhig, hört doch auf! Noch weiter muß er
das letzte Viertelchen des Wegs.

Da schrie der Dompteur, hart ein Kommando,
und an der Bahre kuschten die Bestien – zu spät, aus und vorbei.
Seiner zu sicher war er dieses Mal,
und ins Sägemehl, ins Sägemehl vergoß er Ärger und Blut.«

Wer sich dafür interessiert, was während dieser Zeit in mir
vorging, braucht nur dieses abgeschottete Reich der Poesie zu
betreten und die dichte Emotionalität, die es erfüllt, auf sich
wirken zu lassen:

»Nah am Abgrund, hart am Rand
Peitsch' ich, jag' ich meine Pferde.
. . .
Langsamer, Pferde, nicht so schnell,
Doch mir wurden launische Pferde gegeben . . .«

Mit der Niederlage konfrontiert, erschienen mir Zeilen wie die
folgenden als Gleichnis meines eigenen Geschicks:

»Viele Leute verbringen ihr ganzes Leben damit,
Daß sie vom Ufer aus sehr interessiert zusehen, wie
Andere sich an den Klippen und Schründen Hals und Beine brechen.
Sie sehen ihren Tod mit Bedauern, aber nur von weitem.
Auch ich bin einmal dran, schon fühl' ich, wie der Wind mich näher an
den Abgrund treibt.
Es ist wie ein Alptraum, die Vorahnung,
Daß auch ich mir Hals und Beine brechen werde.
Und die Leute meinen Tod mit Bedauern seh'n werden, aber nur von
weitem.«

Bei aller persönlichen Dramatik hinter den Kulissen ging der
Wettkampf selbst doch in einer Atmosphäre vonstatten, die, wie
ein Beobachter zutreffend bemerkte, »verblüffend wenig vergif-

tet war«. Er stellte fest, daß »Karpow und Kasparow vollkomme-
ne Gentlemen sind«. Wir analysierten jede beendete Partie anschließend in freundschaftlichem Plauderton. Meine Betreuer
wollten mir dies ausreden; sie meinten, ich verriete dem Gegner
zuviel über meine Spielauffassung und gewährte ihm zuviel
Einblick in mein Denken. Aber ich sagte ihnen: »Wie soll ich das
abstellen?« Ich wollte nicht derjenige sein, der als erster einen
unfreundlichen Akt beging.
Nicht einmal das überraschende Auftauchen von Dr. Wladimir
Suchar, des »Parapsychologen«, der sechs Jahre zuvor auf den
Philippinen so viel Unfrieden zwischen Karpow und Kortschnoi
gestiftet hatte, konnte das friedfertige Klima trüben. Wir verwendeten so viel Energie auf das Spiel, daß Begleiterscheinungen
unsere Aufmerksamkeit nicht zu stören vermochten. Die Londoner *Times* gab eine Schilderung unseres Verhaltens am Brett
während der langen Remis-Serie:

*»Läßt man den Blick an den weißen Säulen und den glitzernden
Kronleuchtern entlangwandern bis zu dem Tisch auf dem mit rotem
Teppich belegten Podium, an dem die beiden Männer spielen, dann kann
man studieren, wie in der Körpersprache die Gemütsverfassung des
Weltmeisters und des Herausforderers zum Ausdruck kommen.*
*Karpow, blaß und helläugig, sitzt entspannt und doch lauernd da,
manchmal das Kinn auf die gefalteten Hände gestützt, manchmal mit
gedrehtem Kopf gleichgültig ins Publikum starrend. Gelegentlich steht er
auf und verschwindet hinter den Vorhängen, wie ein Magier. Kasparow
dagegen sitzt breit und klobig da; er macht mit seiner athletischen, gut
gebauten Figur einen etwas unbeholfenen Eindruck in diesem Krieg der
Nerven. Er starrt unbewegt auf das Brett und denkt lange über seine Züge
nach.«*

Einmal freilich wurde ich in meiner Konzentration auf das
Geschehen am Brett durch ein Randereignis gestört, das ausgerechnet von der *Times* ausging. Noch überraschender war, daß
der große britische Schachspieler Harry Golombek dafür verantwortlich zeichnete; er äußerte die lächerliche Mutmaßung, ich sei
von den sowjetischen Behörden dazu vergattert worden, das
Match zu »schmeißen« und Karpow gewinnen zu lassen. »Viel-

leicht hat man Kasparow nahegelegt, nicht gut zu spielen; vielleicht hat man ihm zu verstehen gegeben, daß er andernfalls Schlimmes für sich und seine Familie befürchten müsse«, schrieb Golombek.

Juri Mamedow, mein Delegationsleiter, stellte in einem Schreiben an die FIDE klar, daß diese Behauptung unsinnig war. Campomanes sprach von einer »skurrilen und unbegründeten, absurden und lächerlichen« Unterstellung. Wenigstens hatten wir beide jetzt etwas gefunden, über das wir einer Meinung waren. Kortschnoi konnte es sich natürlich nicht verkneifen, Golombek recht zu geben. Der Londoner *Daily Telegraph* rückte dann aber die Maßstäbe wieder zurecht: »Von denen, die den Wettkampf verfolgen, sind diese Unterstellungen mit Befremden zur Kenntnis genommen worden.« Wenn, so hieß es in dem Artikel weiter, ich meine »Bekümmertheit und bittere Enttäuschung« über meine frühen Partieverluste nur gespielt hätte, würde ich es eher verdienen, als »einer der großen Schauspieler denn als einer der großen Schachspieler des Jahrhunderts« anerkannt zu werden.

Rückblickend muß ich sagen, daß Golombek nicht ganz falsch lag, als er schrieb, diesem Titelkampf habe »etwas Abnormales« angehaftet. Das war sicherlich der Fall. Viele meiner Freunde sahen, wie ich offensichtlich einer Niederlage entgegenging, und konnten nicht verstehen, weshalb ich mich nicht mit aller Kraft dagegen aufbäumte. Sie suchten nach verborgenen Gründen dafür, aber es war ganz verfehlt, meinem Verhalten politische Motive zu unterlegen. Ich muß zugeben, daß auch einiges an Golombeks Schachanalyse richtig war, so etwa seine Beobachtung, ich hätte in den ersten Partien Angriffe vorgetragen, die nicht gut genug vorbereitet waren, und einige meiner Eröffnungen seien ungewöhnlich und zudem meinem Gegner vertraut gewesen. Man benötigt jedoch zur Erklärung dieses Verhaltens keine »Verschwörungstheorie«, sondern kommt mit der einfachen Weisheit aus, daß manche Dinge eben furchtbar ins Auge gehen können. Niemand, Mister Golombek, befahl mir, so zu spielen, wie ich es tat. Ich tat es, so unglaublich das manchem scheinen mag, aus freien Stücken.

Unwahr und absurd war auch die in einer kalifornischen Schachzeitschrift aufgestellte Behauptung, ich hätte »über das Brett gekotzt« – wenngleich es in der ersten Phase des Wettkampfs durchaus Augenblicke gab, in denen mir danach zumute war.

Die Wahrheit ist, daß von der 28. Partie (also vom Beginn der dritten Phase) an bei mir jegliche Angst, Karpow könnte den Sieg davontragen, geschwunden war. Ich war entspannt und tatendurstig. Ich fühlte, ich war über den Berg. Endlich konnte ich ruhig und befreit Schach spielen.

Nach der Niederlage in der 27. Partie, die das Ende der langen Remis-Serie markierte, gelang es mir, obwohl ich jetzt nur noch einen Schritt vom Abgrund entfernt war, den Gedanken an die Niederlage vollkommen zu verdrängen. Die neue Zuversicht, die ich jetzt schöpfte, war nicht gerade logisch, aber nichtsdestoweniger real. Das einzige, was mir jetzt noch blieb, war, der Welt zu beweisen, daß ich Schach spielen konnte. Vor allem aber wollte ich es mir selbst beweisen.

Die Gegenseite war jetzt überzeugter denn je, mich im Sack zu haben. In der sowjetischen Schachzeitschrift 64 hieß es auf einmal, ich hätte alle meine bisherigen Erfolge durch glückliche Zufälle errungen, und einige der anderen jungen Spieler seien im Grunde talentierter als ich. Der Herausgeber dieser Zeitschrift heißt zufällig Anatoli Karpow. Sein Chefredakteur ist Alexander Roschal; seine Hauptaufgabe besteht darin, die Stimme seines Herrn zu sein und Loblieder auf ihn zu singen.

Der Gnadenstoß war für die 31. Partie geplant. Karpow erschien zu ihr in einem neuen dunklen Anzug. Irgendwie nahm ich das erfreut zur Kenntnis; es war nämlich höchste Zeit, daß er einmal den Anzug wechselte, er hatte bis dahin Tag für Tag denselben getragen. Sein ganzer Hofstaat hatte sich an diesem Abend in Schale geworfen, als ob eine Feier bevorstünde. Der sowjetische Schachbund hatte für die Krönung des Siegers einen Lorbeerkranz bereitgestellt. Und er spielte tatsächlich gut. Er erkämpfte sich einen Mehrbauern und schien auf der Siegesstraße. Dann geschah etwas Außerordentliches: Er geriet in Panik. Eigentlich wäre es meine Sache gewesen, in Panik zu geraten, aber ich war vollkommen ruhig. Ich zog sogar mein Jackett aus. Er hatte es in der Hand, 6:0 zu gewinnen. Es war eine normale Stellung, und er hatte einen Bauern mehr. Aber er war nicht imstande, die

Initiative zu ergreifen. Er wartete auf den entscheidenden Fehler von mir. Er gestattete mir, den Kopf aus der Schlinge zu ziehen. Er gab mir die Chance, ein Gegenspiel zu inszenieren, was mir gelang, und damit war sein Vorteil dahin. Er hatte den entscheidenden Moment verpaßt. Diese Partie muß ihm noch heute in seinen Alpträumen wiederkehren. Er hatte mich im Visier, genau im Fadenkreuz, aber er konnte nicht abdrücken.

Als er in Zeitnot geriet, bot ich ein Remis an, das er akzeptierte. Wie ein Augenzeuge registrierte, »zitterten seine Hände, und er nahm das Remisangebot mit einem eigenartigen Ausdruck der Erleichterung an«. Vielleicht hätte ich weiterspielen sollen; zehn Partien später hätte ich es sicher getan. In diesem Moment jedoch war ich einfach heilfroh, daß ich den Verlust der Partie und damit des Wettkampfs abgewendet hatte. Es hatte ihm an der letzten Kaltblütigkeit gefehlt, mich in die Tiefe zu stoßen. Nun bewegte ich mich, langsam aber sicher, mit allmählich zunehmendem Tempo, vom Abgrund weg.

Wie ein elektrischer Funke war die Initiative von seiner auf meine Seite des Tisches übergesprungen – ich war mir dessen ganz sicher und glaube, daß auch er es spürte. Aber beim Stand von 5:0 für ihn hatte ich natürlich nicht gerade das Gefühl, es könne mir nichts mehr passieren. Wie auch immer, es war keine Überraschung, daß ich die nächste Partie gewann, obwohl ich einen Eröffnungsvorteil vorübergehend aus der Hand gegeben hatte. Es war mein erster Sieg nach 94 Tagen Wettkampfdauer, mein erster Sieg über Karpow überhaupt nach unserem ersten Zusammentreffen zehn Jahre zuvor bei einem Simultanmatch, bei dem ich, damals noch ein Schuljunge, einer seiner Gegner gewesen war. Er verlor die Partie im Grunde durch einen lustlosen 9. Zug, über den er mehr als eine halbe Stunde nachgedacht hatte. Er überließ mir den Abgabezug und verständigte Gligoric am nächsten Tag telefonisch von seiner Aufgabe. Er kam gleich anschließend in den Genuß einer Erholungspause, weil der Säulensaal für eine Sitzung der Sowjetischen Akademie der Wissenschaften benötigt wurde. Diese Unterbrechung war bereits lange vorher geplant und von beiden Parteien akzeptiert worden.

Wegen des undramatischen Endes der 32. Partie und der Unterbrechung hatten meine Anhänger im Saal keine Möglichkeit, meinen ersten Sieg gebührend zu feiern. Sie machten das Versäumte wett, als ich zur nachfolgenden Partie erschien. Um aus dem Bericht des *Reuter*-Korrespondenten zu zitieren: »Der Jubel über den ersten Sieg Kasparows wurde aufgespart und erst heute dargebracht, als der Herausforderer von einer stehenden Menge mit langem, lautem und rhythmischem Klatschen begrüßt wurde. Auch Karpow wurde ein lautstarker und warmer, aber längst nicht so frenetischer Empfang bereitet. Garris Mutter Clara ist nach wie vor an ihrem Platz auf dem Balkon zu finden, und die Blicke, die Kasparow hinaufwirft, machen deutlich, daß er ganz genau weiß, wo sie sitzt.«

Bald folgte eine weitere, diesmal länger als eine Woche andauernde Unterbrechung, weil der Säulensaal für die Aufbahrung eines unserer großen sowjetischen Nationalhelden benötigt wurde, des Verteidigungsministers Marschall Ustinow. Im Krieg hatte er die größte Rüstungsfabrik der UdSSR geleitet, und als die deutschen Panzer sich Leningrad näherten, hatte er die Verlagerung von 1500 Fabrikationsstätten ins Uralgebiet und nach Kasachstan organisiert, wo sie innerhalb kürzester Zeit wieder aufgebaut und in Betrieb genommen wurden – einer der größten Kraftakte unserer Geschichte. Nachdem die sterblichen Überreste des Marschalls bei minus 22°C an der Kremlmauer beigesetzt worden waren, konnten wir unseren Wettkampf fortsetzen.

Die Dauer des Matchs warf nun immer mehr Probleme auf. Abgesehen davon, daß das Gebäude für andere Veranstaltungen gebraucht wurde, die zum Teil schon ein Jahr im voraus terminiert worden waren, hatten wir die Schach-Olympiade in Saloniki verpaßt, wo Beljawski am ersten Brett der sowjetischen Mannschaft die rote Fahne unseres Landes hochgehalten hatte. Die Spitzenfunktionäre der FIDE wurden an beiden Veranstaltungsorten gebraucht. Für einige Mitglieder unserer Delegation stellte sich das Problem, daß ihre Besuchsvisa für Moskau ausgelaufen waren. Immer mehr Leute mußten abreisen, weil sie berufliche Verpflichtungen hatten oder ihre Familie wiedersehen wollten oder irgendwelche seit langem bestehenden Terminzusagen einhalten mußten. In manchen Ehen begann es wegen der unplanmäßig langen Abwesenheit des in Moskau weilenden Partners zu kriseln. Viele der Betreuer Karpows mußten als aktive Großmeister Turnierverpflichtungen wahrnehmen, und so lichteten sich die Reihen seines Lagers. Ich mußte Dorfman einen Monat lang entbehren, weil sein Verein ihn für Punktspiele benötigte.

Auch die Kosten des Wettkampfs kletterten unaufhaltsam. Angeblich bezahlte die FIDE für den Säulensaal an die 20 000 Mark Miete pro Tag; das kalkulierte Budget war längst überzogen, und wer sollte für das Defizit aufkommen? Einige Filmproduktionen warteten darauf, in dem Gebäude drehen zu können. Es mehrten sich die Stimmen derer, die für einen Umzug ins Hotel Sport, zehn Kilometer vom Moskauer Stadtzentrum entfernt (und vermutlich sehr viel billiger), eintraten. Karpow konnte mit Hilfe eines seiner vielen hochgestellten Freunde im Ministerium für Kultur und Sport erreichen, daß wir zunächst einmal im Gewerkschaftshaus bleiben durften.

Aber das war nur eine Galgenfrist. Die Unterbrechungen, die sich durch kollidierende Ansprüche auf den Säulensaal ergaben, wurden untragbar. Nachdem ich die 47. Partie und damit meinen zweiten Punkt gewonnen hatte, wurde bekanntgegeben, daß wir nun doch ins Hotel Sport umziehen müßten. Das war so etwas wie eine Verbannung, die Degradierung eines großen Ereignisses; es war so, als würde man Königin Elizabeth von England bitten, zur Thronrede ausnahmsweise mit der U-Bahn ins Parlament zu fahren, da die königliche Karosse gerade für Filmdreharbeiten gebraucht werde.

Der Umzug verschaffte Karpow eine Extraerholungspause, die er auch nötig zu haben schien. Wie Keene in seinem Kommentar zur 47. Partie schrieb: »Karpows Spiel war überraschend schwach, und gegen Ende der Partie lief er knallrot an – gewöhnlich ein zuverlässiges Indiz für eine seiner seltenen Niederlagen. 5:2 ist nach wie vor eine klare Führung, aber Karpow hat jetzt seit über zwei Monaten keine Partie mehr gewonnen und denkt sicherlich mit Unbehagen daran, wie Kortschnoi 1978 einen 2:5-Rückstand aufgeholt hat.« Nicht nur Karpow erinnerte sich an Baguio und den Versuch, das Match abzubrechen, als er erschöpft war. Campomanes, Sewestjanow und Baturinski, sie alle waren schon damals dabeigewesen.

Ausgerechnet in dieser Situation brachte Karpow sein neuestes

Buch *Wie man aus seinen Niederlagen lernt* heraus, eine ironische Pointe, die nicht unbemerkt blieb. In den letzten 20 Partien hatte er nur zweimal energisch auf Sieg gespielt. Sie müssen auf ihn eingeredet haben: »Mach schon, Tolja, gib ihm den Rest.« Aber er hatte es jetzt mit dem wirklichen Kasparow zu tun, und da war das nicht mehr so leicht. Um zu gewinnen, hätte er ein aktives Spiel zeigen müssen, aber das war ihm in dieser Phase des Wettkampfs aus psychischen Gründen nicht möglich.

Nicht daß er je damit gerechnet hätte, den Kampf zu verlieren. Ich glaube im Gegenteil, er war sich des Sieges lange so sicher, daß er sich den Tag seiner Siegesfeier schon vorgemerkt hatte. Für den 29. Januar war im Moskauer Polytechnischen Museum ein Vortrag über den Verlauf des Weltmeisterschaftskampfes angesetzt. Ich habe meine Eintrittskarte aufbewahrt. Alles war für den Sieg des Titelverteidigers vorbereitet, aber am 30. Januar betrug der Spielstand noch immer 5:2. In einem Brief an das Sportkomitee hatte Karpow sogar versprochen, daß der Wettkampf nicht länger als bis Ende Januar dauern würde. Ich glaube, damals tauchte zum ersten Mal in einigen Köpfen der Gedanke auf, dem Match ein vorzeitiges Ende zu setzen. Nach meinem Sieg in der 47. Partie wurde die Sache mit einem Mal dringlicher. Als ich dann auch noch die 48. Partie gewann, wurde ihre Situation verzweifelt. Es schlossen sich einige Spielunterbrechungen an, die sich zu einer Pause von einer Woche addierten, nach deren Ablauf dann Campo am 15. Februar mit seinem Paukenschlag aufwartete, auf den ich im folgenden Kapitel eingehen werde.

Einige Leute, vor allem aus dem Karpow-Lager, haben die Behauptung aufgestellt, das Spielniveau habe in der Schlußphase stark nachgelassen, woraus deutlich werde, daß der Weltmeister wirklich krank gewesen sein müsse und meine Siege daher mit einem Makel behaftet seien. Diese Abwertungsversuche halten einer genaueren Analyse nicht stand. Von den Schachgroßmeistern sind die folgenden Partien wegen »herausragender technischer Qualität, brillanten Ideen oder besonders spannendem Verlauf« hervorgehoben worden: die 6., die 9., die 27., die 32., die 36. und – die 48., also die allerletzte des Wettkampfs.

Die Leute um Karpow begriffen nicht, was vor sich ging. Da er in der Anfangsphase so leichte Siege über mich errungen hatte, glaubten sie, als er am Ende zu verlieren begann, er müsse krank sein. Karpow selbst wußte es besser. Er wußte, daß ich im letzten Spiel, einer guten Partie, einen einzigen Fehler von ihm erkannt und konsequent genutzt hatte. Seine Leute merkten es nicht. Sie dachten, wenn Karpow verlor, müsse er krank sein, und sie müßten ihn retten – natürlich auch in ihrem eigenen Interesse. Das definitive Urteil über diesen Wettkampf hat meiner Ansicht nach Großmeister Keene gefällt. Ich zitiere seine Worte, um mich nicht selbst loben zu müssen:

»Wie soll man dies alles bewerten? Karpow hat meiner Meinung nach immer unter dem Makel gelitten, ein Weltmeister zu sein, der seinen Titel am grünen Tisch gewann (1975 gegen Fischer). Die Tatsache, daß ihm jetzt durch das Eingreifen eines deus ex machina in Gestalt des FIDE-Präsidenten die Chance eröffnet wird, sich einer kritischen Situation zu entziehen, kann seinem Ruf nur Schaden zufügen. Er hätte wesentlich klüger daran getan, weiterzuspielen und das Risiko der Konsequenzen zu tragen.

Was Kasparow betrifft, so hat er nach einem völlig verpatzten Start das mit großer Sicherheit eindrucksvollste Rückzugsgefecht geliefert, das je ein Sportler in irgendeiner Disziplin in der überlieferten Geschichte des Sports gezeigt hat. Vergegenwärtigen wir uns, daß der erste Spieler, der sechs Partien für sich entscheidet, den Wettkampf gewinnt. In den Partien eins bis neun erlitt Kasparow vier Niederlagen, während fünf Partien remis endeten. Er schien am Boden zerstört, aber keine Hand rührte sich in diesem Augenblick zu seiner Rettung.

Danach gelang es ihm mit bemerkenswerter Standfestigkeit und Reife, Karpow in einem langwierigen Zermürbungskrieg (10. bis 26. Partie) auf Granit beißen zu lassen. Das Publikum mag diese lange Remis-Serie als ermüdend empfunden haben, aber sie war wichtig für die psychische Wiederaufrichtung Kasparows.

Durch den Verlust der 27. Partie wurde die Lage Kasparows vollkommen verzweifelt, aber das Unvermögen seines Gegners, ihm den Gnadenstoß zu versetzen, ließ ihm Zeit, die Reparatur seiner Psyche zu vollenden und schließlich selbst in die Offensive zu gehen. Die Wertung der letzten 39 Partien (10. bis 48. Partie) ergibt einen überzeugenden 3:1-Vorsprung für Kasparow mit 35 Remisen.

Kasparow spielte vier Monate lang mit dem Dolch an der Kehle, aber er gab sich nie geschlagen, und am Ende besaß er vielleicht sogar die besseren Siegchancen. Auf jeden Fall spielte er das wesentlich bessere Schach, und viele Beobachter dürften jetzt der Ansicht sein, daß er den Anspruch, der legitime Weltmeister zu sein, mit größerer Berechtigung erhebt als Karpow.«

Die Schlußphase des Wettkampfs war eigentlich ein Spiegelbild der Anfangsphase mit umgekehrten Vorzeichen. Zu Beginn hatte Karpow seine normale Spielstärke gezeigt, während ich die meine nicht fand. Am Ende hatte ich zu meiner gewohnten Form zurückgefunden, während er unter seinen Möglichkeiten blieb. Er war in der Schlußphase genauso verunsichert wie ich zu Beginn des Matchs. Er hatte einfach Angst.

Viele Leute äußerten sich enttäuscht über die große Zahl von Remispartien, die ich als Schachspieler auch bedaure. Als Sportler muß ich jedoch sagen, daß meine defensive Spielweise eine Folge des außergewöhnlichen Spielstands war. Ich habe deshalb kein schlechtes Gewissen. Es wird wahrscheinlich nicht wieder vorkommen.

Die Leute schwärmen von den Zeiten, als Bobby Fischer noch aktiv war, da er, so sagen sie, immer auf Sieg spielte. Karpow möchte nur so viele Partien gewinnen, wie er rechnerisch benötigt. Ich stehe irgendwo zwischen beiden. Im tiefsten Grunde bin ich auch ein Alles-oder-nichts-Typ, aber ich besitze nicht Fischers bedingungslose Kühnheit. Das ist sicher bedauerlich, aber nicht zu ändern. Dafür habe ich vielleicht andere Qualitäten, die Fischer fehlten. Vor allem möchte ich sagen, daß ich ein Sportler bin. Für Karpow ist der Begriff »Sport« ein bedeutungsloses, inhaltsleeres Wort, auch wenn er den Titel eines »Verdienten Meisters des Sports« trägt. Wir fanden das ziemlich schnell heraus.

Als ich die 48. Partie gewann – mein zweiter Sieg in Folge –, erzitterten die Grundfesten der Schachwelt. Die sowjetischen Schachfunktionäre sahen sich plötzlich mit einer unerwarteten und unerwünschten Möglichkeit konfrontiert: daß der Herausforderer möglicherweise gewinnen würde. Der schon Totgeglaubte hatte nicht nur die Augen aufgeschlagen, sondern begann sich sogar aufzurappeln. Karpow hatte nach der 47. Partie eine ganze Woche Zeit gehabt, sich zu erholen – ein Luxus, der mir in der Anfangsphase, als ich eine Erholungspause dringend nötig gehabt hätte, nicht vergönnt gewesen war –, und doch hatte er eine erneute Niederlage kassiert. Würde das Undenkbare eintreten? Nein, das durfte nicht sein.

Für Karpow und seine beamteten Gefolgsleute war das Wort »Weltmeister« gewissermaßen Bestandteil seines Namens: »Anatoli Weltmeister Karpow«. Es war wie ein verbriefter Namenszusatz bei einem Adligen. Seine Ausrufung zum Weltmeister hatte einer Königskrönung geglichen. Er hatte den Titel nicht im sportlichen Wettbewerb errungen. Ich kam mir fast vor, als müßte ich den Winterpalast erstürmen. Der Versuch, Karpow vom Thron zu stoßen, grenzte an Hochverrat. Sie durften es nicht zulassen. Nach den ersten verlorenen Gefechten ihres Sieges nicht mehr so sicher, forderten die Feldherren Verstärkung an. Der ritterliche Teil des Kampfes war jetzt beendet. Das Schachbrett wurde beiseite geräumt, es hatte ausgedient. Die wirkliche Schlacht begann. Wie immer, fanden sich bei Wyssotzkij die richtigen, dem Anlaß angemessenen Zeilen:

»Leg an die Waffen und sieh, was auf dich zukommt.
Prüfe, ob du nun Feigling oder Kämpfer,
und schmecke den richtigen Kampf.«

KAPITEL 9

Campos Zirkus

Nach der 48. Partie sagte Botwinnik zu mir: »Es gibt drei verschiedene Möglichkeiten, wie der Wettkampf enden kann. Die erste ist die unwahrscheinlichste: Karpow gewinnt eine Partie, das Match ist zu Ende. Die zweite: Kasparow gewinnt drei Partien. Das ist wahrscheinlicher. Die dritte Möglichkeit ist die, daß der Wettkampf abgebrochen wird. Das ist die wahrscheinlichste, weil die zweite wahrscheinlicher ist als die erste.« Wie wir alle wissen, sollte es genauso kommen, wie Botwinnik es voraussagte. Aber wie kam es dazu, und was waren die Motive derer, die dieses Ende herbeiführten? Die volle Wahrheit wird vielleicht nie herauskommen, denn es gab viele Unterredungen, an denen ich nicht teilnahm – von denen ich, um es genau zu sagen, sorgfältig ferngehalten wurde – und über die die Beteiligten zweifellos Stillschweigen bewahren wollen. Um nur ein Beispiel zu nennen: Campomanes gab bei seiner Pressekonferenz zu, daß er eine halbe Stunde vorher noch mit Karpow verhandelt hatte – worüber verhandelt, muß man fragen. Ich werde im folgenden meine Mutmaßungen hierüber zum besten geben.

Den ersten Hinweis darauf, daß Versuche im Gang waren, den Wettkampf abzubrechen, erhielt ich am 1. Februar 1985, als Campomanes bei meinem Delegationsleiter Juri Mamedow einen in diese Richtung zielenden Vorstoß unternahm. Er machte den Vorschlag, noch acht weitere Partien zu spielen und, wenn auch diese keine Entscheidung brachten, das Match abzubrechen und im September einen neuen, auf 24 Partien begrenzten Wettkampf anzusetzen, der beim Spielstand von 0:0 beginnen sollte. Campomanes flog anschließend nach Dubai und überließ die weiteren Verhandlungen Alfred Kinzel, dem früheren Präsidenten des Schachbunds der BRD, der beim Titelkampf als Vorsitzender der Berufungskommission amtierte und Campomanes in dessen Abwesenheit vertrat. Der Vorstoß vom 1. Februar setzte eine Dynamik in Gang, die schließlich zu dem bekannten Ergebnis führte. Nachdem die Idee eines Abbruchs einmal im Raum stand, war ihre Verwirklichung im Grunde nur noch eine Frage der Zeit. Kinzel hatte den Auftrag, die Bedingungen eines Abbruchs mit beiden Spielern auszuhandeln. Natürlich sprach er zuerst mit Karpow, und dadurch wurde eine ohnehin schon heikle Operation mit einer zusätzlichen Komplikation – genauer gesagt, mit mehreren zusätzlichen Komplikationen – befrachtet. Was mich betraf, so konnte ich den Vorschlag so, wie er formuliert war, natürlich nicht annehmen. Der Spielstand betrug zu diesem Zeitpunkt 2:5 gegen mich. Wenn nur noch acht Partien gespielt werden sollten, mußte ich vier davon für mich entscheiden, um das Match zu gewinnen, was schon in einem normalen Turnier praktisch ein Ding der Unmöglichkeit gewesen wäre, geschweige denn in einem Weltmeisterschaftskampf. Im bisherigen Verlauf des Matchs hatte es in 48 Partien nur acht Siege beziehungsweise Niederlagen gegeben, das heißt fünf von sechs Partien waren remis ausgegangen, und nun hätte ich vier von acht verbleibenden Partien gewinnen müssen. Ich hätte bedingungslos auf Angriff spielen, also hohe Risiken eingehen müssen, während mein Gegner nur auf einen einzigen Patzer von mir zu warten brauchte, um das Match für sich zu entscheiden. Karpow hingegen hätte acht »Matchbälle« gehabt. Er hätte aufs Ganze gehen und sich dabei noch drei Niederlagen leisten können. Es war sonnenklar, daß ich darauf nicht eingehen konnte.

In diesem Moment beging ich den taktischen Fehler, der mir später teuer zu stehen kam. Ich lehnte den Vorschlag mit den acht Restpartien ab und erklärte, man könne doch, wenn man schon der Ansicht sei, der Wettkampf sei festgefahren, das Match sofort abbrechen und im September neu beginnen. Diese Äußerung gab Kinzel später die Möglichkeit, zu behaupten, ich sei derjenige gewesen, der für einen Abbruch des Matchs plädiert habe, während Karpow weiterspielen wollte. Das war das Totschlagargument, das sie mir in den sich anschließenden Konflikten immer wieder um die Ohren schlugen.

Ich stand unter schwerem Druck. Nachdem ich mich Schritt für

Schritt vom Abgrund weggekämpft hatte, bot sich nun die Möglichkeit, einem langwierigen Ringen, das nicht nur für Karpow und mich, sondern für die ganze Schachwelt, das Publikum eingeschlossen, nervenzehrend und ermüdend geworden war, ein würdiges und billiges Ende zu bereiten. Alles, was ich zum Ausdruck bringen wollte, war: Wenn schon niemand mehr Lust hatte, den Wettkampf nach den festgelegten Regeln zu Ende zu führen, weshalb ihn dann überhaupt noch fortsetzen?

Ich hätte mich gleich zu Verhandlungsbeginn im Prinzip mit einem Abbruch des Wettkampfs einverstanden erklärt - wenn sie mich als gleichberechtigten Verhandlungspartner akzeptiert und mir annehmbare Bedingungen angeboten hätten. Aber sie taten weder das eine noch das andere. Die Vorschläge der FIDE wurden nicht Karpow und mir gleichzeitig unterbreitet, sondern immer zuerst Karpow; nachdem dieser sie dann nach seinen Bedürfnissen zurechtgeschnitten hatte, wurden sie uns vorgelegt. Für seine Bereitschaft, sich im September einem neuen, auf 24 Partien befristeten Wettkampf zu stellen, setzte er die folgenden Bedingungen:

1. Kasparow muß sich als Verlierer des abgebrochenen Wettkampfs bekennen.

2. Wenn Kasparow den im September beginnenden Wettkampf nicht mit einem Vorsprung von mehr als drei gewonnenen Partien beendet, darf er sich nur bis zum 1. Januar 1986 als Weltmeister bezeichnen. Danach fällt der Titel automatisch wieder an Karpow zurück, weil Kasparow nicht unter Beweis gestellt hat, daß er wirklich der bessere Spieler ist.

3. Wenn Kasparow den nächsten Wettkampf mit einem Vorsprung von vier oder mehr Siegpartien gewinnt, darf er sich Weltmeister nennen [Vielen Dank!], ist aber verpflichtet, den Titel in einem Rückkampf gegen Karpow zu verteidigen.

Ich fragte Kinzel, ob er nicht auch meine, daß dieser Vorschlag eine Beleidigung sei. Er forderte mich auf, über ihn nachzudenken, denn es könne sein, daß das Septembermatch im Ausland ausgetragen werde, wo das Preisgeld wesentlich höher sei. Ich erklärte ihm, Geld könne kein Ausgleich für begangenes Unrecht sein. Er sagte, dem Match müsse ein Ende gemacht werden, da beide Spieler erschöpft seien. Darauf entgegnete ich, als einer der beiden Betroffenen könne ich guten Gewissens sagen, daß dies einfach nicht stimme, denn zumindest ich fühle mich derzeit in besserer Verfassung als zu Beginn des Wettkampfes.

Kinzel sagte dann etwas sehr Wichtiges: Irgendwelche eigenständigen Verhandlungen zwischen Karpow und mir seien nicht gestattet, alles müsse unter den Augen des Weltschachbundes vor sich gehen. Ich erwiderte: »Ich werde auf Herrn Karpow am Schachbrett im ›Hotel Sport‹ warten, dann können wir alle Probleme unter den Augen der FIDE lösen. Wir brauchen dazu keinen Herrn Campomanes und keinen Herrn Kinzel. Alles, was wir brauchen, ist ein Brett mit 16 weißen und 16 schwarzen Figuren.«

Wir diskutierten noch runde zwei Stunden weiter. Kinzel versuchte alles, um mich umzustimmen. Es war mir sehr unangenehm, einem wesentlich älteren Mann gegenüber eine so harte Sprache führen zu müssen. Gegen Ende des Gesprächs gab ich die folgende, sehr wichtige Erklärung ab: »Von jetzt an werde ich mich kategorisch weigern, über Vorschläge, die von Ihnen kommen, zu diskutieren.« Für mich war das Gespräch damit beendet. Wir waren zu keiner Einigung gekommen. Ich hatte seine – von Karpow redigierten – Vorschläge abgelehnt. Er hatte kein Recht, hinterher zu behaupten: »Kasparow hat einen Matchabbruch angeboten«, als sei das noch eine aktuelle Option gewesen. Nichts dergleichen war schriftlich vereinbart oder gar von mir unterschrieben. Es war ein im Lauf einer ergebnislosen Diskussion geäußerter Gedanke. Es war wie ein Remisangebot, das nicht angenommen wird. Wenn ich nach dem 30. Zug einer Partie ein Remisangebot mache, das abgelehnt wird, kann mein Gegner nicht nach dem 35. Zug sagen, er wolle das Angebot nun doch annehmen.

Als Kinzel dem Weltmeister über unsere Diskussion Bericht erstattete, lehnte Karpow einen sofortigen Matchabbruch ab, es sei denn, ich erklärte mich mit seinen Bedingungen einverstanden. Darauf konnte er sich später berufen, als er die trügerische

Behauptung aufstellte, ich hätte einen Abbruch gewünscht, er aber habe weiterspielen wollen. Er war gegen einen Abbruch ohne Bedingungen, weil er seinen Zwei-Punkte-Vorsprung in das Wiederaufnahmematch hinüberretten wollte. Das räumte er in einem Interview, das er später in Holland gab, auch ganz offen ein: »Ein Abbruch war für mich akzeptabel in der Form einer zwei- bis dreimonatigen Unterbrechung; weshalb sollte ich einen Vorsprung von zwei Punkten wegwerfen?« Erst nachdem klar geworden war, daß eine Anrechnung seines Vorsprungs nicht in Frage kam und daß das neue Match beim Spielstand von 0:0 beginnen würde, sprach er sich öffentlich für die Fortsetzung des Wettkampfs aus.

Ich hatte in dem Gespräch mit Kinzel meinerseits zwei Bedingungen genannt, unter denen ich mit einem Matchabbruch einverstanden sein würde: Karpow müsse auf den Weltmeistertitel verzichten und müsse erklären, daß er am Ende seiner physischen Kraft sei. Daß ich diese Bedingungen gestellt habe, tue ich hiermit zum erstenmal öffentlich kund. Nach meiner Ansicht waren es vernünftige Bedingungen. Ich erhob nicht den Anspruch, mich Weltmeister nennen zu dürfen (obwohl sicherlich viele Leute gesagt hätten, daß mir nach einem auf Wunsch von Karpow herbeigeführten Matchabbruch der Titel hätte zufallen müssen). Meine erste Bedingung war nur die Konsequenz aus der Tatsache, daß Karpow das Match nicht gewonnen und damit seinen Titel nicht verteidigt hatte. Man hätte den Weltmeistertitel dann eben auf Eis legen müssen, bis die Entscheidung im nächsten Wettkampf gefallen war.

Der nächste Akt des Dramas fand wieder am Schachbrett statt. Wir traten zur 48. Partie an. Es hätte seltsam ausgesehen, wenn das Match nach 47. Partien abgebrochen worden wäre – wie hätte man diese Zahl dem Publikum verständlich machen sollen? Sie brauchten noch eine Partie, um hinterher, wie sowohl Campomanes als auch Sewestjanow es taten, den Vorwand herbeiziehen zu können, daß das Match nun schon genau doppelt so lange daure wie die vorausgegangenen Titelkämpfe. Das sah nach einem zumindest für Bürokraten recht plausiblen Argument aus. Hätten sie vorher abgebrochen, so wäre deutlich geworden, daß es sich hier um eine Notbremse handelte und daß Karpow einfach am Ende war. Wegen des Umzugs ins Hotel Sport blieb ihm eine ganze Woche, in der er sich von seinen Ärzten aufpäppeln lassen konnte. Er ging in die 48. Partie (die nach seinem und Campomanes' Willen die letzte sein sollte) in der festen Absicht, ein Remis zu erzielen.

Natürlich war es sehr peinlich für sie, daß ich diese Partie gewann, und noch peinlicher, daß ich sie mit so gutem Spiel gewann. Dies strafte nämlich ihre Schutzbehauptung Lügen, wir seien beide zu »ausgelaugt«, um noch gutes Schach spielen zu können. John Nunn hat darauf hingewiesen, daß 48 Partien innerhalb von fünf Monaten für Großmeister kein aus dem Rahmen fallendes Pensum darstellten und daß einige der 40 Remispartien, die wir in Moskau spielten, ziemlich kurz waren. Ich erklärte jedem Funktionär, der mir über den Weg lief, daß ich mich jetzt in besserer Verfassung fühlte als im September.

Der wirkliche Grund für den Abbruch war schlicht und einfach der, daß Karpow sich in einer Verfassung befand, in der er Gefahr lief, seinen Vorsprung einzubüßen und das Match zu verlieren. Falls er verlor, würde es dem Reglement gemäß einen Rückkampf nach denselben Regeln, jedenfalls mit offenem Ende, geben, und es war nun klar geworden, daß er nicht das Stehvermögen besaß, sich in einem solchen Wettkampf zu behaupten. Als sie sich für diesen Wettkampfmodus entschieden – anläßlich des Titelkampfs Karpow gegen Kortschnoi in Baguio –, hatten sie es unter der Voraussetzung getan, daß Karpow es mit einem wesentlich älteren Mann zu tun hatte. Jetzt hatten sich die Tücken dieses Reglements gegen Karpow selbst gekehrt.

Wenn sie sich für eine dreimonatige Unterbrechung und eine Wiederaufnahme im September beim Stand von 5:3 entschieden hätten, wäre ihnen, wie sie wohl wußten, von einem empörten Kasparow die Hölle heiß gemacht worden. Sowohl eine Unterbrechung als auch eine Fortsetzung des Wettkampfs war also mit Gefahren verbunden. Um diesem Dilemma zu entrinnen, brauchte man einen Deus ex machina. So wurde Campomanes in Marsch gesetzt, souffliert von Karpow und seinen Freunden.

Noch am Tag meines Sieges in der 48. Partie rief der jugoslawische Großmeister Gligoric, der als Oberschiedsrichter amtierte, Campomanes in Dubai an und forderte ihn auf, sofort nach

Moskau zurückzukehren. Als Campomanes den Hörer auflegte und sich zu Ray Keene umwandte, der gerade ins Zimmer kam, sagte er: »Karpow kann nicht weitermachen.« Es liegt also ziemlich klar auf der Hand, wie der Hase lief. Es hat Mutmaßungen darüber gegeben, ob es wirklich Gligoric war, der diesen Anruf tätigte, und auf wessen Geheiß er es tat. Ich muß davon ausgehen, daß er der Anrufer war, weil es unabhängige Zeugen dafür gibt. Gligoric hat später erklärt, er sei von Kinzel zu dem Anruf veranlaßt worden.

Ich empfand und empfinde Unbehagen darüber, daß Gligoric, dessen Aufgabe es war, den Wettkampf als unparteiischer Schiedsrichter zu leiten, Dinge in die Wege geleitet hat, die den Schauplatz des Kampfes vom Schachbrett weg verlagerten und die einseitig im Interesse des einen Kontrahenten lagen und mit dem anderen nicht abgesprochen waren. Ich machte ihm meinen Standpunkt wenig später in einem offenen Brief deutlich, der in der Belgrader Zeitung *Politika* abgedruckt wurde, in der er zuvor sehr unfreundliche Dinge über mich geschrieben hatte. Ich respektiere Gligoric als hervorragenden Schachspieler; er war zwölfmal jugoslawischer Meister und erreichte 1968 das Viertelfinale der Weltmeisterschaftskandidatenwettkämpfe. Es hatte mich traurig gemacht, ihn als Werkzeug in einem Intrigenspiel mißbraucht zu sehen. In meinem offenen Brief an ihn schrieb ich: »Die Schachwelt durchlebt gegenwärtig schwere Zeiten. Eine Schlacht um die Reinheit der Ideale des Schachs ist im Gang. Es fällt schwer, zu glauben, daß ein so angesehener Spieler wie Sie auf der falschen Seite steht. Campomanes und Konsorten haben überhaupt nichts für die Schönheit des Schachspiels übrig, aber Sie sind ein wirklicher Schachspieler, und ich bin überzeugt, daß das Schicksal dieses Spiels Ihnen nicht gleichgültig ist. Diese Leute sind nicht die richtige Gesellschaft für Sie, Großmeister.«

Am 11. Februar, einen Tag nach der 48. Partie, nahm ich eine Auszeit. Ich bin gefragt worden, warum ich das tat, wo ich doch sozusagen mitten in einer Siegessträhne war. Rückblickend frage ich mich natürlich auch, was wohl passiert wäre, wenn ich diese Auszeit nicht genommen hätte. War Karpow überhaupt noch in der physischen Verfassung, weiterhin antreten zu können? Es gab Gerüchte, daß er sich in einer Klinik behandeln ließ. Wer hätte einen Abbruch des Matchs verfügt? Campomanes war auf dem Flug von Dubai nach Moskau. Hätte Kinzel es auf die eigene Kappe genommen, den Wettkampf vor Campos Eintreffen zu unterbrechen? Wir werden die Antwort auf diese Fragen nie erfahren. Ich hatte mich schon kurz nach Ende der 48. Partie entschlossen, die Auszeit zu nehmen; ich brauchte sie. Meine Betreuer waren einverstanden. Ich wußte, daß Karpow in diesem Stadium nicht mehr die Kraft besaß, mir eine Niederlage beizubringen, aber es hätte durchaus sein können, daß ich mich ihm durch einen Fehler auslieferte, und darauf wartete er ja nur. Nach all der Aufregung brauchte ich Zeit, um Atem zu schöpfen. Da der darauffolgende Tag ein Sonntag war, würde ich durch die Auszeit zwei Tage Vorbereitungszeit gewinnen – so glaubte ich in meiner Naivität jedenfalls.

Am Montag, dem 13. Februar, lieferte der sowjetische Schachbund Campomanes genau den Vorwand, den er brauchte, um die Zügel in die Hände zu nehmen. In einem offiziellen Schreiben wurde er aufgefordert, wegen der »jeden Rahmen sprengenden Dauer« des Wettkampfs und aus Rücksicht auf den angeblich besorgniserregenden »Gesundheitszustand der Spieler« das Match für drei Monate zu unterbrechen. Unterschrieben war der Brief von »Pilot-Kosmonaut V. I. Sewestjanow, zweifacher Held der Sowjetunion, Vorsitzender des Schachbundes der UdSSR«. Sein Stellvertreter in dieser Funktion war kein anderer als Baturinski, der Leiter von Karpows Weltmeisterschaftsteam. Pressesprecher des sowjetischen Schachbundes war Roschal, Karpows Mitarbeiter in der Redaktion der Schachzeitschrift 64. Ein weiterer Spitzenfunktionär des Schachbundes, Balaschow, amtierte derzeit als Sekundant Karpows, und so weiter und so fort. Kaum nötig zu sagen, daß niemand mich nach meiner Meinung fragte oder sich auch nur nach meiner Gesundheit erkundigte. Ich erfuhr von dem Schreiben erst im nachhinein

Am 14. Februar verkündete Campomanes seinerseits eine »technische Auszeit« und weckte damit die Neugier der Weltpresse, die sich nun wieder verstärkt einzufinden begann. Gerüchte und Spekulationen machten die Runde. Am Abend dieses Tages kam Campo mit Gligoric in mein Hotel. Es war Valentinstag, aber sie brachten keine Blumen mit. Was sie dabeihatten und mir zeigten,

war der Brief von Sewestjanow. Ich weigerte mich, mit Campomanes zu verhandeln, getreu dem »Versprechen«, das ich Kinzel gegeben hattte. Ich erklärte, es gebe nichts zu besprechen, ich wolle mich nicht an irgendeinem Kuhhandel hinter verschlossenen Türen beteiligen. Entweder wir hielten die Spielregeln ein oder nicht. Ich sagte, es gebe nur zwei Alternativen:
Entweder Karpow gab aus Gesundheitsgründen auf; in diesem Fall müsse nach dem Reglement ich zum Weltmeister erklärt werden. Oder er gab nicht auf; in diesem Fall müßten wir ans Brett zurückkehren. Zu diskutieren gebe es in beiden Fällen nichts. Beim Gehen sagte Campomanes: »Es gibt eine dritte Möglichkeit: daß ich eine Entscheidung treffe!«
Das war ein sehr wichtiger Augenblick. Im ersten Moment erkannte ich die Tragweite dieser Bemerkung nicht. Später am Abend, gegen Mitternacht, wurde mein Delegationsleiter Mamedow durch einen offiziellen Anruf davon in Kenntnis gesetzt, daß am nächsten Tag der Präsident der FIDE auf einer Pressekonferenz seine Entscheidung verkünden werde, den Wettkampf abzubrechen. Ich wurde zu dieser Pressekonferenz nicht eingeladen. Man versicherte mir lediglich mehrmals, daß alles sich zum Besten wenden werde, daß ich mir keine Sorgen zu machen brauche. Man vermittelte mir den Eindruck, der einzige klärungsbedürftige Punkt betreffe die Bedingungen, unter denen der Rückkampf stattfinden würde, aber darüber könne man sich später einigen. Ich ging davon aus, daß von dem ursprünglichen Vorschlag der FIDE die Rede war: jetzt abzubrechen und im September beim Stand 0:0 neu zu beginnen. Damit konnte ich leben. Ich war mir sicher, daß ich den zweiten Wettkampf gewinnen würde. Ich hatte aus meinen Fehlern in der Anfangsphase dieses Matchs gelernt. Bei 0:0 anzufangen, war besser, als bei 3:5 weiterzuspielen.
Außerdem: Was hätte ich in dieser Situation tun können? Ich hätte lauthals protestieren können, aber wer hätte auf mich gehört? Ich hatte meinen Standpunkt gegenüber der FIDE, gegenüber dem sowjetischen Schachbund und dem Sportrat klargestellt. Ich hatte dies mit der größten Entschiedenheit getan, die mir möglich war, aber ich war ein 21jähriger Jüngling und hatte es mit den führenden Honoratioren der Schachwelt zu tun.

Gligoric hielt es bei einer späteren Gelegenheit für nötig, mich daran zu erinnern, daß er schon viele Jahre, bevor ich geboren wurde, Großmeister gewesen sei. Die Funktionäre vom Sportkomitee gaben sich jovial und sagten, ich bräuchte mir keine Sorgen zu machen. Natürlich stellten sie sich schützend vor Karpow und legten mir nahe, ich solle mich wie ein Gentleman, wie ein wirklicher Sportsmann betragen und kein Kapital aus dem Zustand Karpows schlagen. Nun ja, er war schließlich seit zehn Jahren Weltmeister, und offenbar hatten sich alle an diese Sachlage gewöhnt und sie liebgewonnen. Ich glaube, ich weiß recht gut, wann es in diesem Leben angebracht ist, zu kämpfen, und wie man einen Kampf besteht, aber ich kann auch beurteilen, ob ein Ziel erreichbar ist oder nicht. In diesem Fall glaubte ich, nichts mehr ausrichten zu können. Es würden noch genug Schlachten zu schlagen sein, besonders über die Bedingungen und Regeln für den Rückkampf. Bis es soweit war, hielt ich es für das Klügste, mein Pulver trocken zu halten.

So packten wir am folgenden Tag, dem 15. Februar, unsere Koffer für die Heimreise. Allein, ein seltsames Gefühl stieg in mir auf. Es war so still im Hotel. Ich sagte zu meiner Mutter: »Ich glaube, wir sollten zu dieser Pressekonferenz gehen. Ich habe ein ungutes Gefühl. Ich kann es nicht erklären. Vielleicht sollten wir hingehen.« Meinem Delegationsleiter Mamedow hatte man gesagt: »Halten Sie Kasparow fern. Das Risiko wäre zu groß – es sind über 100 Kameraleute im Hotel!« Meine Mutter meinte, ich würde die Pressekonferenz nur als frustrierend empfinden; wir sollten lieber wegbleiben und sie verkünden lassen, was immer sie wollten. Davon abgesehen, würde uns die Fahrt zu dem immerhin eine ganze Strecke vom Moskauer Stadtzentrum entfernten Hotel Sport einige Umstände bereiten. Dann aber bekam meine Mutter einen Anruf von Rhona Petrosjan, Tigrans Witwe, die mit Offiziellen geplaudert und dabei den neuesten Klatsch aufgeschnappt hatte – Gerüchte hatten zu dieser Zeit Hochkonjunktur, da niemand genau wußte, was bevorstand. Rhona sagte zu meiner Mutter: »Ich meine, er sollte hingehen. Wenn dein Sohn diese Pressekonferenz versäumt, wird er dir das vielleicht nie verzeihen.«

Ich ging also mit meinen Betreuern Nikitin, Timoschtschenko

und Dorfman hin. Unsere Ankunft überraschte alle; es war klar, daß sie nicht mit uns gerechnet hatten. Die Szenerie war chaotisch: Etwa 300 Journalisten und Techniker des Fernsehens und der internationalen und sowjetischen Presse drängten sich mit ihrer Ausrüstung in dem Raum. Überall stolperte man über Kamerakabel und Scheinwerfer. Die Pressekonferenz war für 12 Uhr mittags angesetzt; wir trafen etwa fünf Minuten vorher ein. Nikolai Krogius, Leiter der Schachabteilung des sowjetischen Schachbundes, kämpfte sich zu mir durch und bat mich, mich in die vorderste Reihe zu setzen. Ich antwortete, wir würden lieber weiter hinten sitzen, damit nicht etwa jemand auf die Idee verfiel, wir seien in den offiziellen Ablauf integriert.

Die ganze Zeit über liefen Kameras der amerikanischen Fernsehgesellschaft ABC mit. Ich besitze eine Kopie des Videofilms, der daraus zusammengeschnitten wurde. Ich schaue ihn mir an, sooft ich das Bedürfnis habe, meine Wut über Campo, der mich auszumanövrieren versuchte, wieder aufzufrischen. Die Kameras begannen bei meiner Ankunft, also schon vor der eigentlichen Pressekonferenz, zu laufen. Sie hielten die Verwirrung fest, die unser Eintreffen auslöste, und eine äußerst aufschlußreiche Einstellung zeigt Campomanes durch die Vorhänge spähend und sich, nachdem man ihm die Hiobsbotschaft überbracht hat, mit eigenen Augen vergewissernd, daß Kasparow wirklich gekommen war. Es dauerte mehr als 20 Minuten, bis sie ihr Drehbuch umgeschrieben hatten und die Pressekonferenz beginnen konnte. Ich begann die Rolle des Störenfrieds, die ich hier offensichtlich spielte, zu genießen. Ich hatte sie auf dem falschen Fuß erwischt, wie mit einem unorthodoxen Zug beim Schachspiel. Offensichtlich fühlte sich ihr augenblicklicher König – König Campo – von mir in die Enge getrieben; dabei hatte ich noch nicht einmal ein Wort gesagt. Meine Anwesenheit reichte aus, ihm Schrecken einzujagen. Ich fragte mich, wieso.

Schließlich erschienen die Herren auf dem Podium und nahmen auf den bereitgestellten Stühlen vor den goldenen Vorhängen Platz. Ein großes Banner mit dem FIDE-Emblem und dem Wahlspruch *Gens una sumus* (»Ein Volk sind wir«) war aufgespannt, wie ein ironischer Kommentar zu dem, was vorging. Dem FIDE-Präsidenten war seine sonstige alerte Selbstsicherheit abhanden gekommen. Er stand offensichtlich unter akutem Streß. Das ist sogar auf dem Video zu sehen. Umrahmt war er von Gligoric, den beiden anderen Schiedsrichtern Awerbach und Mikenas, Krogius und Kinzel von der FIDE, Sewestjanow, zwei Vorstandsmitgliedern des Sportkomitees der UdSSR namens Rusak und Grawrilin sowie einem Vertreter des Außenministeriums, der die Pressekonferenz leitete.

Zum vollen Verständnis der bizarren Ereignisse, die nun folgten, erscheint es mir notwendig, möglichst vieles wörtlich zu zitieren, damit der Leser selbst ermessen kann, mit welchen Lügen, Ausflüchten, Verdrehungen und Ausweichmanövern die Wahrheit verschleiert wurde. Jeder möge selbst beurteilen, ob Herr Campomanes der richtige Mann für die Führung des Weltschachbundes ist. Seine Hauptaufgabe als FIDE-Präsident besteht immerhin darin, die Schachweltmeisterschaft zu organisieren und durchzuführen. Wenn man an die Kompliziertheit des Schachspiels und an die geistige Präzision denkt, die zu seiner Beherrschung erforderlich ist, fällt es schwer, zu glauben, daß der im folgenden wiedergegebene Auftritt von Leuten inszeniert und bestritten wurde, die die führenden Repräsentanten dieses edlen Sports sind.

Die Pressekonferenz wurde in englischer Sprache gehalten; der Text wurde wortgetreu vom Tonband abgenommen [und so wortgetreu wie möglich ins Deutsche übersetzt, Anm. d. Übersetzers]. Eingestreut finden sich an einigen Stellen Kommentare von mir.

»CAMPOMANES: ›Guten Tag, meine Damen und Herren von der Presse, von Radio und Fernsehen. Zunächst möchte ich mich für die Verzögerung entschuldigen. Dies hier erinnert mich an die Zeit nach meiner Wahl zum Präsidenten 1982 in Luzern. Am Tag danach sollte ich den Generalsekretär benennen, und wie es in diesen Dingen normalerweise ist, gab es da viele Optionen. Als ich zu meinem Platz im Konferenzsaal ging, um meine Entscheidung bekanntzugeben, wußte ich bis zu dem Moment, wo ich ans Mikrophon trat, noch nicht, wen ich wählen würde – Mister Clues aus Wales, Mister Keene aus

England, Mister Kazic aus Jugoslawien oder Professor Lim Kok Ann aus Singapur. Niemand glaubte mir, als ich sagte, ich hätte bis zum letzten Augenblick nicht gewußt, was ich tun, wen ich wählen sollte, und ich vermute, daß unter Ihnen auch viele gute ungläubige Thomase sein werden, wenn ich auch Ihnen jetzt sage, daß ich bis zu diesem Augenblick noch unentschieden bin. Dieses Match, dieses derzeitige Match um die Schachweltmeisterschaft, ist ein ungewöhnlicher Wettkampf gewesen, der ungewöhnliche Probleme aufgeworfen hat, die nach besonderen Lösungen verlangten. Nachdem gemäß den FIDE-Statuten der Präsident befugt ist, zwischen den Kongressen Entscheidungen zu treffen, und nachdem gemäß dem Wettkampfreglement der Präsident persönlich und offiziell für den gesamten Wettkampf verantwortlich und des weiteren befugt ist, in allen das Match als Ganzes betreffenden Fragen die letzte Entscheidung zu treffen, erkläre ich hiermit, daß der Wettkampf ohne Entscheidung beendet wird. Es wird ein neues Match gespielt werden von null an – null zu null – beginnend am 1. September 1985 – beginnend September 1985.‹

FRAGESTELLER: ›[Mit] wessen Zustimmung?‹

CAMPOMANES: ›[Mit] Zustimmung beider Spieler. Der nächste FIDE-Kongreß im August wird die weiteren notwendigen Matchregularien festlegen – der Gewinner dieses Matches wird Weltmeister für die Periode 1985/86 sein. Danke schön.‹«

Diese Verlautbarung löste im Zuschauerraum sehr viel Bewegung und Lärm aus. Das Videoband zeigt meine Betreuer und mich, wie wir miteinander sprechen und lachen. Dann ging das Frage-und-Antwort-Spiel weiter.

»FRAGESTELLER: ›Was sind die Gründe für die vorzeitige Beendigung des Wettkampfs?‹

CAMPOMANES: ›Ich glaube, das war in meinem Statement schon angedeutet. Dieser Titelkampf hat den Rekord unter allen anderen Titelkämpfen gebrochen – die größte Anzahl von Partien, die größte Anzahl von Remisen, mehr als fünf Monate Dauer. Er hat die physischen und vielleicht auch die psychischen Reserven aufgezehrt, nicht nur die der Teilnehmer, sondern aller, die mit dem Wettkampf verbunden sind, wie lose diese Verbindung auch sein mag.

Ich zum Beispiel bin nicht voll in der Lage gewesen, meinen Funktionen und meinen anderen Verpflichtungen als Präsident der FIDE nachzukommen, weil dies alle meine Aktivitäten überschattet hat.‹

FRAGESTELLER: ›Ist Herr Karpow nicht imstande, den Wettkampf fortzuführen?‹

CAMPOMANES (lächelnd): ›Ich wünschte, Sie hätten die Möglichkeit gehabt, mich in der letzten Stunde auf Schritt und Tritt zu begleiten, weil Sie dann eine prompte Antwort auf diese Frage gefunden hätten.‹«

Hier trat eine längere Pause ein.

»FRAGESTELLER: ›Tja, Sir, wenn Sie diese Frage nicht beantworten...‹

CAMPOMANES: ›Nicht so schnell, mein Herr, ich bin noch nicht fertig. Herr Karpow ist wohlauf und appellierte an mich am Montag, das Match bis zum bitteren Ende weitergehen zu lassen. Ich bin erst vor 25 Minuten von ihm weggegangen, und ich habe gerade einem meiner Kollegen hier hinter mir gesagt, daß ich diese Entscheidung, daß ich diese Entscheidung ihm zum Trotz getroffen habe. Wie Sie alle sehr gut wissen oder vermutet haben oder mir vorgeworfen haben, bin ich ein sehr guter Freund von Herrn Karpow – ganz richtig –, aber das hat nichts damit zu tun, was meinem Gefühl nach das Beste für das weltweite Schach ist. Ich habe seine Bitte abgeschlagen. Ich brauche dafür keine Zeugen, aber ich habe Zeugen – darüber soll Klarheit herrschen. Herr Karpow war vor 25 Minuten bereit und sagte mir, heute bitte nicht zu spielen, weil Herr Kasparow und er heute psychologisch unvorbereitet sind wegen all diesem Tohuwabohu. Er bat darum, am Montag weiterzuspielen bis zum besseren oder bitteren Ende, und das habe ich gemeint, als ich Ihnen auf dem Podium sagte, daß ich das nicht tun würde.‹

FRAGESTELLER: ›Was war die Reaktion des Herausforderers?‹

CAMPOMANES: ›Ich habe mit dem Herausforderer eine Unterredung geführt – ich behandle ihn als gleichberechtigten Teilnehmer an diesem Match. Ich bin sicher, daß auch er über diese Entscheidung nicht glücklich ist. Aber es ist die Aufgabe des Präsidenten, in Übereinstimmung mit dem Reglement eine Entscheidung nach bestem Wissen zu treffen – zum Unmut vieler Beteiligten vielleicht, aber eine Entscheidung muß er treffen. Man kann nicht von ihm verlangen, daß er es jedermann recht macht, aber er muß eine Entscheidung treffen. Und jetzt verstehe ich, ohne mich selbst zu widerrufen, die Weisheit des Salomo – wie er sich fühlte, als er dieses Neugeborene in seinen Händen hielt. Danke schön.
Ja, Mister Doder, wie geht es Ihnen heute morgen? Ich habe Sie zu erreichen versucht, weil ich mein Wort halten wollte, aber ich war diesen Morgen voll eingespannt, wie Sie sicherlich verstehen.‹

FRAGESTELLER: ›Keine Ursache. Wie Sie selbst sagten, Mister Campomanes, wollen sowohl der Weltmeister als auch der Herausforderer spielen. Können sie uns sagen, auf welcher Rechtsgrundlage Sie Ihre Entscheidung trafen? Erläutern Sie noch ein wenig. Was sind die besonderen Umstände?‹

CAMPOMANES: ›Danke schön, Mister Doder, ich glaube, ich habe dieses, mit sehr vielen Worten, Ihnen gestern beantwortet, und ich habe es auf dem Podium wiederholt. Die Rechtsgrundlage ist klar. Die Gründe – zuerst einmal denken wir an die beiden besten Spieler der Welt. Wir denken an das Schach als einen Sport vor den Augen der Welt. Wir denken an das Wohlergehen aller mit dem Wettkampf Befaßten, in Moskau und anderswo, sowie andere Erwägungen, die sich an diese Aspekte anlehnen. Ich zitiere Mister Mydans, der mich gestern zu erreichen versucht hat. Ich verstehe, aber ich war nicht da. In Ihrem Leitartikel, in Ihrem Bericht in der *New*

York Times, am 29. Januar, da brachten Sie selbst zum Ausdruck, daß dies hier sich nicht zu einem Wettbewerb des schachlichen Könnens entwickelt, sondern zu einer Sache der physischen Ausdauer. Ich erinnere daran, als der Spielstand 5:0 betrug und so viele Partien gespielt waren, da sagte jeder, wann wird das ein Ende haben, und dann kamen weitere Remisen, und dann gewann Herr Kasparow eine Partie und dann noch mehr Remisen – jeder klopfte an meine Tür und sagte, macht Schluß mit diesem Match, und jetzt, wo wir damit Schluß machen, fragen Sie mich, warum. Ich glaube, die Frage beantwortet sich selbst.‹

FRAGESTELLER: ›Ich habe zwei Fragen. Danke schön, daß Sie den Standpunkt der beiden Spieler zu der Entscheidung benannt haben. Könnten Sie uns bitte sagen, wie der sowjetische Schachbund auf diesen Vorschlag reagiert hat? Und wie kann die Beendigung des Wettkampfs, wo doch beide Spieler weiterspielen wollen, gut für den Sport sein?‹

CAMPOMANES: ›Ich werde nur die eine Ihrer Fragen beantworten – die andere ist schon beantwortet. Der Schachbund der UdSSR ist mit meiner Entscheidung einverstanden.‹

RICHARD OWEN (Moskauer Korrespondent der *Times*): ›Mister Campomanes, ich wüßte gern, was Sie zu Äußerungen so sachkundiger Kommentatoren wie Raymond Keene sagen, daß Herr Karpow, wenn er nicht mehr in der Lage ist, nach sechs Monaten dem Druck standzuhalten, auf seinen Titel hätte verzichten sollen, bedenkt man, daß Schach nicht nur eine Sache der Spielkunst und der Züge ist, sondern auch des psychologischen Drucks und eine Sache der Ausdauer über einen längeren Zeitraum – und auch angesichts der Tatsache, daß Herr Kasparow nicht den Eindruck eines Menschen macht, der psychisch oder physisch angeschlagen ist?‹ (Gelächter im Publikum.)

CAMPOMANES: ›Zunächst einmal, Sie beziehen sich auf Mister Keene. Zu welchem Zeitpunkt wurde dieser Gedanke geäußert?‹

RICHARD OWEN: ›Er äußerte diese Auffassung vor zwei Tagen in meiner Zeitung, der *Times*.‹

CAMPOMANES: ›Ich bin mit Mister Keene vor viereinhalb Tagen in Dubai zusammengesessen, und wir haben dieses Thema über einem guten Rotwein gedreht und gewendet, und dann habe ich vorgestern abend mit ihm noch einmal telefoniert – er ist wieder in England. Mister Keene ist ein Großmeister von England, Ihr zweiter, und es ist sein gutes Recht, diese Meinung zu vertreten, und das ist es ja, was die FIDE zu einer so fröhlichen Gemeinschaft macht – wir sind uns völlig einig darin, verschiedener Meinung zu sein.‹

FRAGESTELLER *(Tass):* ›Welches Reglement ist am zweckmäßigsten für das Match?‹

CAMPOMANES: ›Das ist eine gute Frage. (Gelächter im Publikum.) Wenn ich Ihr Gedächtnis auffrischen darf: Es war meine Wenigkeit, der für den Schachbund der Philippinen den Weltmeisterschaftstitelkampf von 1978 organisierte. Damals dachten wir, es sei ein überaus langer Wettkampf, und ich kann Ihnen versichern, daß ich mich sehr gut in die Gefühle des Organisationskomitees hier hineinversetzen kann, weil ich mich [damals] nach 93 Tagen am Rand des Zusammenbruchs fühlte, und jetzt dauert das hier schon über 150 Tage. Aber das Reglement leistete gute Dienste bei diesem Wettkampf, es leistete gute Dienste beim Titelkampf in Meran, aber wie ich schon meinen engsten Mitarbeitern immer wieder gesagt habe, die Tatsache, daß das hier so lange dauert, daran ist nicht das Reglement schuld. Das Reglement kann so gut sein, wie es will, aber glücklicherweise – ich sage glücklicherweise – hat die Spielkunst der Spieler ein solches Niveau erreicht, daß sie das Geheimrezept entdeckt haben, wie man Remis spielt, wie man das Risiko des Verlierens auf das kleinste Minimum reduziert. Es ist das herausragende Niveau des heutigen Schachs. Wenn man irgend jemandem Schuld geben kann, dann ist es das herausragende Spielniveau, das zur langen Dauer des Wettkampfs beigetragen hat – 40 Remisen, bisher in Titelkämpfen noch nie dagewesen.

206

Ein Reglement, das das Ergebnis menschlicher Überlegungen ist, kann nicht verlangen, allen Situationen gerecht zu werden. Das ist der Grund, weshalb in dieses Reglement aufgenommen ist, daß jemand persönlich und offiziell verantwortlich sein muß, das Geschehen von allen Seiten zu betrachten, und der Himmel möge helfen, daß er die richtige Entscheidung trifft.‹

FRAGESTELLER *(Sowjetski Sport):* ›Wie erklärt er die Situation, die sich im Verlauf des Matchs ergeben hat – zur Klarstellung – aber haben Sie sich ein Urteil über das Match gebildet?

CAMPOMANES (nach klärender Rücksprache mit einem sowjetischen Offiziellen): ›Ah ja! Herzlichen Dank, das ist eine gute Frage. Wir sind an einem Punkt angelangt, wo wir technisch die doppelte Länge der im alten Reglement vorgesehenen Matchdauer erreicht haben – 24 Partien. Jetzt stehen wir bei 48 Partien, das ist eine gute Station, um eine Denkpause einzulegen. Deswegen habe ich die Notwendigkeit gesehen, einzuschreiten, denn von hier aus weiter, welche Zahl nimmt man – 72 Partien? Alles mögliche kann passieren, wenn das Match erst einmal so lange gedauert hat. Ich beneide die Presseleute nicht. Ich kann mich noch an die ersten Tage erinnern und die rege Geschäftigkeit im Pressezentrum. Vor meinem Abflug nach Dubai habe ich das Pressezentrum besucht. Es wirkte nicht gerade wie das Moskauer Leichenschauhaus (lacht), aber es waren sehr viel weniger Leute da im Pressezentrum. Auch für Sie wird es ermüdend.‹

FRAGESTELLER: ›Sie sagten, die Spieler hätten das Geheimrezept entdeckt, wie man Remis spielt, aber Sie sind hier gerade zu einem Zeitpunkt eingetroffen, als Herr Kasparow offenbar das Geheimrezept entdeckt hatte, wie man gewinnt. Entsteht dadurch nicht der Eindruck, daß Sie gerade noch im letzten Moment gekommen sind, um Herrn Karpow zu retten?‹

CAMPOMANES: ›Ihn vor sich selbst zu retten? Nein. Ich habe daran schon viel früher gedacht. Schon seit der 32. Partie denke ich darüber nach. Ich erinnere mich, daß es in Baguio 32 Partien waren, und ich brauchte mehr Mittel, und ich war da-

207

und dorthin gerufen worden, auf Reisen, die meine Anwesenheit erforderten. All das nahm konkrete Form an, als wir darüber in Athen sehr ausführlich gesprochen haben, und ich hatte alle möglichen Telefonanrufe von Schachgrößen aus aller Welt erhalten. 24 mal 2 ist 48. Das ist ein ausgezeichneter Zeitpunkt, um Zwischenbilanz zu ziehen, unabhängig von dem, was Sie den Trend des Wettkampfs nennen – denn wie bei allen Trends am Aktienmarkt, die auf und ab gehen, weiß man nie, wann der nächste Absturz kommt.‹

FRAGESTELLERIN: ›Ich wüßte ganz gerne, wie Sie persönlich über die Entscheidung denken angesichts der Tatsache, daß beide Spieler sagen, daß sie den Wettkampf fortsetzen wollen.‹

CAMPOMANES: ›Jawohl, meine Dame. Meine Entscheidung wurde gleichermaßen im Interesse beider Spieler getroffen. Man kann nicht erwarten, daß man es jedem recht macht oder auch nur irgendeinem. Bis zu diesem Augenblick wußte ich es noch nicht. Ich muß mit mir selbst weiterleben, und ich schlafe sehr gut.‹

FRAGESTELLER *(Sowjetski Sport):* ›Noch eine Frage zum Reglement. Bis jetzt sind 29 Titelkämpfe ausgetragen worden, der längste mit 34 Partien. Das System erschien zweckmäßig – die ganze Schachöffentlichkeit war mit diesem System einverstanden. Warum wurde dieses System geändert? Und welches System wäre in Ihren Augen das optimale?‹

CAMPOMANES: ›Ich glaube, daß ich das schon vorhin indirekt angedeutet habe. Jedes Reglement kommt zur Anwendung – es ist die Nagelprobe, die zählt. Wenn es angewendet wird, zeigt sich je nach den Umständen, daß manche Reglements gut funktionieren und andere sich nicht bewähren oder versagen; dazu kommt, daß dies letzten Endes in die Zuständigkeit der FIDE-Konferenz fällt, der ich mich beugen muß. Dort werden die Reglements formuliert, zuerst in den Ausschüssen und am Ende mit einem einstimmigen Votum oder durch Handaufheben. Regeln sind nur Regeln. Sie werden von Leuten gemacht, sie werden durch die Umstände beeinflußt.‹

FRAGESTELLER: ›Ich möchte nur eine Frage stellen, Sie haben darauf vorhin schon angespielt. Es hat in letzter Zeit konkretere Berichte einiger Nachrichtenagenturen gegeben, daß Herr Karpow am Rand eines psychischen Zusammenbruchs stünde... (Campomanes lächelt und steht auf), daß er erschöpft sei und so weiter. Würden Sie sich dazu äußern – daß er in einer Klinik gelegen hat?‹

CAMPOMANES (stehend, mit dem Mikrophon in der Hand): ›Sie haben diese Frage genau im richtigen Moment gestellt – Herr Karpow befindet sich hinter Ihnen, soeben eingetroffen.‹«

Wie ein aus dem Hut gezaubertes Kaninchen hielt der »Weltmeister« in diesem Augenblick seinen Einzug durch eine nur wenige Schritte vom Korrespondenten der Fernsehgesellschaft ABC entfernte Tür. War er die ganze Zeit in dem Gebäude gewesen, hinter den Kulissen wartend? Oder hatte man ihn – was wahrscheinlicher ist – vor Beginn der Pressekonferenz telefonisch über mein Kommen unterrichtet und ihn gedrängt, sich ebenfalls auf den Weg zu machen? Er sagte, während er sich noch im hinteren Teil des Saals befand, auf russisch: »Ich möchte eine Erklärung abgeben.«
Von Beifallsrufen begleitet, bahnte er sich einen Weg zu der von der linken Seite auf das Podium führenden Treppe. Man hörte, während er nach vorne ging, wie einzelne Leute ihn ansprachen: »Wie geht es Ihnen, Herr Karpow? Okay? Großartig.« Es herrschte ein ziemlicher Lärm, untermischt mit Gelächter und ironischen Fragen danach, welche Unterhaltungsnummer wohl jetzt kommen würde. Als Karpow auf dem Podium angelangt war, machte Gligoric ihm seinen Platz frei; Karpow schüttelte dem lächelnden Campomanes und dem Vertreter des Außenministeriums die Hand und setzte sich dann neben Campomanes.

»KARPOW: ›Ich muß Ihnen sagen, daß, wie wir Russen zu sagen pflegen, die Gerüchte über meinen Tod ein bißchen übertrieben waren.‹

209

CAMPOMANES: ›Anatoli, darüber habe ich ihn soeben belehrt.‹

KARPOW: ›Und ich bin der Meinung, daß wir den Wettkampf fortsetzen können und fortsetzen sollten – und mit dem Vorschlag, ihn zu beenden und bei 0:0 wieder anzufangen, bin ich nicht einverstanden. (Beifall aus dem Publikum.) Ich bin der Meinung, daß wir am Montag, dem 18. Februar, mit unserem Match beginnen beziehungsweise es wieder aufnehmen und fortsetzen sollten. Ich denke, Kasparow wird meinen Vorschlag unterstützen, und es sollte eigentlich gar keine Probleme geben.‹ (Applaus)

CAMPOMANES (lächelnd): ›Meine Herren, jetzt wissen Sie, daß es die Wahrheit war, was ich Ihnen vorhin gesagt habe. Der Wahrheitsbeweis steht hier vor Ihnen in dem Freund – in der Gestalt – des Weltmeisters. Ich habe Ihnen das gesagt, und jetzt wird auch Herr Kasparow wissen, daß ich Ihnen jetzt die Wahrheit gesagt habe.‹

KARPOW (winkt mit der Hand): ›Ich glaube, wir sollten Kasparow heraufbitten.‹

SPRECHER DES AUSSENMINISTERIUMS: ›Aber die Entscheidung ist gefallen.‹

CAMPOMANES: ›Garri, möchten Sie heraufkommen und Ihren Teil sagen?‹«

Aus dem linken Teil des Zuhörerraums ertönten Rufe wie »Laßt Kasparow seinen Kommentar dazu geben«. Eine einzelne, aber deutlich vernehmbare Stimme, die aus der Gruppe von Roschal kam, schnarrte: »Wenn Mammi ihn läßt.« Ich begann von meinem Platz aus zu sprechen, aber viele Anwesenden konnten mich nicht verstehen, weil ich kein Mikrophon hatte; so machte ich mich auf den Weg zum Podium. Während ich unterwegs war, sagte Campomanes zu Karpow:

»CAMPOMANES: ›Ich habe ihnen genau gesagt, was du mir aufgetragen hast.‹

KARPOW: ›Wir ... wir, aber ich akzeptiere das nicht.‹« (Diese Sätze sind auf dem Tonbandmitschnitt deutlich zu vernehmen.)

Einige Leute haben mir später gesagt, ich sei aschfahl gewesen, und kalter Zorn hätte mir im Gesicht gestanden. In der Tat hatte ich eine Stinkwut über diese ganze Komödie. Als ich auf dem Podium angelangt war, mußte ich erst einmal warten, weil die Zuhörer so lange applaudierten. Ich sah, daß Campomanes nach seinem kurzen Zwiegespräch mit Karpow sich jetzt mit Sewestjanow unterhielt. Schließlich ergriff ich das Wort, um »meinen Teil« zu sagen.

»KASPAROW: ›Ich möchte dem Herrn Präsidenten eine Frage stellen: Wozu dieses ganze Theater, Herr Präsident? Ich werde erklären, was ich meine. Sie sagten, Sie seien 25 Minuten nach Ihrer Unterredung mit dem Weltmeister hierhergekommen, und er sei gegen einen Matchabbruch gewesen. Sie kennen auch meinen Standpunkt – daß auch ich mich dagegen ausgesprochen habe, das Match zu beenden oder durch technische Auszeiten zu unterbrechen. Trotzdem kamen Sie hierher und gaben Ihren Standpunkt bekannt, daß trotz aller dieser Gegenstimmen der Wettkampf beendet ist. Wozu brauchen wir das? Vor 25 Minuten haben Sie mit Karpow gesprochen, und jetzt plötzlich ein solcher Gegensatz. Wollen Sie uns das verraten, oder wenigstens mir?‹

CAMPOMANES: ›Ich persönlich bin überzeugt, daß das, was ich getan habe, im wohlverstandenen Interesse aller liegt. Aber die Spieler sind nur ein Teil dieser Situation. Jetzt aber ... (nach einigem Zögern) jedenfalls, bin ich in einer sehr glücklichen Lage im Moment. Ich bin in einer Lage, wie ich sie mir nicht besser hätte wünschen können. Wenn beide Spieler willens sind, bis zum bitteren Ende zu spielen (Gelächter im Publikum), will ich dies in einem Gespräch mit den beiden allein prüfen, weil ich mich lange bemüht habe, diese Situation herbeizuführen, und es mir nicht gelungen ist, weil Herr Karpow nicht abkömmlich ist, Herr Kasparow nicht ab-

211

kömmlich ist, obwohl ich mich darum bemühte. Tatsächlich habe ich sogar noch gestern abend versucht, sie zusammenzubringen, aber Herr Kasparow hat geschlafen – Herr Karpow war öfters für den Terminkalender verfügbar. Jetzt haben wir es. Jetzt möchte ich mit euch beiden sprechen. (Applaus) Laßt uns für zehn Minuten hineingehen. ‹«

Karpow und Campomanes standen auf. Campomanes gab dem Publikum ein Zeichen mit der Hand. Er genoß solche theatralischen Auftritte, die Rolle des Zeremonienmeisters. Aber für mich war es kein Genuß. Ich war noch nicht fertig. Ich war am Zug. Ich streckte den Arm aus und hielt den Zuschauern die Hand wie ein Stoppschild entgegen. Ich war zornig und redete sehr schnell.

»KASPAROW: ›Geben Sie mir das Wort. Ich möchte meine Erklärung bekanntgeben. Das Metier des Präsidenten ist es, Reden zu halten. Mein Metier ist es, Schach zu spielen. Deswegen werde ich nicht versuchen, mich mit ihm auf dem Podium zu messen – das war das eine. Das zweite, ich möchte sagen, was ich denke. Ich habe nicht die Absicht, eine Fortsetzung zu verlangen, denn ich bin überzeugt, daß ich sehr leichtes Spiel haben werde, weil der Weltmeister nicht wohlauf ist. Er ist hier, er kann sich äußern, wir können sehen. Aber zum erstenmal nach fünf Monaten habe ich gewisse Chancen, sagen wir ungefähr 25 Prozent oder 30 Prozent, und jetzt versucht man, mich um diese Chancen zu bringen durch die zahlreichen Verzögerungen – sollen doch die, die das Match verzögert haben, die Verantwortung übernehmen. Das Match sollte weitergehen – ich habe mich darüber vor zwei Wochen geäußert – ohne Auszeiten, ohne Unterbrechungen, aber es wird in die Länge gezogen. Mit jeder Verschiebung werden seine Chancen größer und meine kleiner.‹ (Applaus)«

Der Vertreter des Außenministeriums beugte sich vor und sagte: »Die Pressekonferenz ist beendet.« Dies wurde mit lautem Gelächter quittiert, so daß er nach einigen Sekunden des Nachdenkens hinzufügte: »Wenn Präsident Campomanes es angebracht findet, fortzufahren...«

»CAMPOMANES: ›Wenn Herr Kasparow es ablehnt, mit mir im geheimen zu sprechen, kann ich die Entscheidung nicht rückgängig machen. Mit mir und Herrn Karpow – das ist ganz klar. Die Entscheidung steht, wenn die beiden sich nicht zusammensetzen und darüber sprechen und sich darauf verständigen.‹

KARPOW (kehrt zurück, nachdem er sich schon auf den Weg zu der angesagten Unterredung gemacht hatte): ›Ich kann für mich selbst sprechen.‹

CAMPOMANES (zu Karpow): ›Sie spielen heute?‹

KARPOW: ›Nein.‹

CAMPOMANES: ›Montag?‹

KARPOW: ›Montag.‹

VERTRETER DES AUSSENMINISTERIUMS: ›Es ist besser, eine Erholungspause einzulegen.‹

KARPOW: ›Ich meine, wir könnten jetzt eine kurze Unterbrechung machen, damit alle sich beruhigen können. (Applaus) Und nach der Pause dann die endgültige Entscheidung bekanntgeben.‹

CAMPOMANES: ›Zehn Minuten Pause.‹«

Die Pause dauerte dann eine Stunde und 38 Minuten. Die Vertreter der ausländischen Medien wußten nicht recht, welche Meldungen sie durchgeben sollten. Wenn sie in ihren Berichten die ursprüngliche Verlautbarung von Campomanes herausstellten – daß das Match abgebrochen sei –, würden sie sich, das wußten sie, vielleicht später korrigieren müssen. Sie begannen unruhig zu werden, als die Pause länger und länger wurde. Einige von ihnen registrierten mit großer Ungeduld, daß der Zeitpunkt ihres Redaktionsschlusses rasch näherrückte.
Die ganze Podiumsbesatzung – Campomanes, Karpow, Rusak, Gawrilin, Kinzel, Sewestjanow und mein Delegationsleiter Mamedow – zogen sich zu einer Besprechung in einen anderen Raum zurück. Ich wollte mich ihnen nicht anschließen und ging

in mein Hotelzimmer (das Zimmer im Hotel Sport, das ich an den Spieltagen benützt hatte). Awerbach, einer der Schiedsrichter, suchte mich dort auf, später kam noch B.A.Tschmihow dazu, der Direktor des Hotels. Beide redeten mir zu, zu der Besprechung zu gehen und meine Auffassung nochmals darzulegen. Schließlich erklärte ich mich dazu bereit.

Wie ich schnell feststellte, ging es bei dieser Besprechung gar nicht darum, zu entscheiden, ob der Wettkampf weiterging oder nicht. Diese Entscheidung war bereits gefallen. Auch Karpow, der draußen bei der Pressekonferenz erklärt hatte, er wolle weiterspielen – und der diese Forderung vier Tage später in einem offenen Brief an Campomanes noch einmal erhob –, redete ausschließlich von einem Rückkampf. Ich erklärte nochmals, daß es ein Verstoß gegen das Reglement sei, den Wettkampf abzubrechen, es sei denn, daß Karpow von sich aus aufgäbe. »Wer ist denn jetzt Weltmeister?« fragte ich. »Karpow«, sagten sie. Ich bekam mit, wie die Offiziellen miteinander darüber tuschelten, wie lange es noch dauern werde, bis Karpow wieder spielfähig sei, bis er sich gesundheitlich erholt habe und so weiter. Unterdessen hatten sie ein Schriftstück vorbereitet, das wir beide unterschreiben sollten. Es beinhaltete die Zustimmung zum Abbruch des Wettkampfs. Karpow unterschrieb, ich weigerte mich. Später erklärte er, er habe nur unterschrieben, weil er geglaubt habe, ich würde es auch tun.

Ich bin der festen Überzeugung, daß sie, wenn ich nicht auf der Pressekonferenz erschienen wäre, eine längere, vielleicht fünfzehnmonatige Unterbrechung des Wettkampfs verkündet hätten. Vielleicht wären sie sogar soweit gegangen, zu sagen, der Wettkampf würde dann mit dem jetzigen Spielstand fortgesetzt. Was mich dessen so sicher macht, ist die Analyse von Karpows Verhalten. Er wollte um jeden Preis seinen Vorsprung bewahrt wissen – darauf vor allem kam es ihm an. Er war sich bereits nicht mehr sicher, ob er mich in einem Wettkampf mit ausgeglichener Ausgangsposition würde besiegen können. Die Leute in seiner Umgebung führten meine in jüngster Zeit errungenen Siege darauf zurück, daß Karpow physisch ausgelaugt sei; aber Karpow selbst wußte es besser. Er wußte, es war mein Spiel, dem er nicht mehr gewachsen war.

Als Campomanes feststellte, daß ich mich im Saal befand – als er durch die Vorhänge spähte und mich im Zuschauerraum sitzen sah -, muß ihm das den größten Schrecken seines Lebens eingejagt haben. Es war ihm sogleich klar, daß er nicht die Entscheidung bekanntgeben konnte, die er vorher mit Karpow und den sowjetischen Offiziellen abgesprochen hatte, weil ich dagegen aufbegehren und einen öffentlichen Skandal veranstalten würde. Er wußte, daß ich meinen Widerspruch aus dem Reglement würde begründen können, und das war seine Schwachstelle. Er erkannte diese Gefahr und schaltete schneller als die anderen. In ihrer Not riefen sie Karpow herbei und schickten ihn in die Schlacht.

Karpow sprach sich nun für die Fortsetzung des Wettkampfs aus, weil er sah, daß sie jetzt bereit waren, seinen kostbaren Vorsprung zu opfern. Aber das paßte den Funktionären nicht ins Konzept. Nachdem Karpow erklärt hatte, er wolle lieber weiterspielen als zu einem neuen Wettkampf antreten, warf der Vertreter des Außenministeriums ein: »Aber die Entscheidung ist gefallen.« Sie wollten Karpow nicht weiterspielen lassen, weil er sich ihrer Überzeugung nach in einer zu schlechten Verfassung befand. Sie wollten ihn schützen. Sie glaubten, Karpow sei der bessere Schachspieler und würde einen neu angesetzten Wettkampf gewinnen, besonders wenn die Zahl der Partien begrenzt wurde. Sie glaubten, daß ich meine gegenwärtige Überlegenheit nur meinem jugendlichen Alter und meiner besseren körperlichen Verfassung verdanke. Karpow selbst war sich da nicht so sicher, aber er konnte das natürlich nicht als Argument anführen. Schließlich begab sich die Gesellschaft wieder in den Konferenzsaal, um der wartenden Weltpresse die endgültige Entscheidung zu präsentieren:

»CAMPOMANES: ›Was hier vorliegt, ist nicht nur ein salomonisches Dilemma, sondern darüber hinaus auch noch mit einem gordischen Knoten verschnürt. Der Weltmeister akzeptiert die Entscheidung des Präsidenten, der Herausforderer unterwirft sich der Entscheidung des Präsidenten. Ich habe bei der Besprechung die Überlegungen des Weltmeisters zur Kenntnis genommen, der der tiefsten Überzeugung ist, daß er den

Anspruch oder das Anrecht auf einen Rückkampf nach dem neuen Titelkampf hat. Ich habe ebenso den entschiedenen Wunsch des Herausforderers zur Kenntnis genommen, daß das Reglement für den nächsten Titelkampf vollständig festgelegt wird, weil es seiner Ansicht nach nicht die für ihn vorteilhafteste Vorgehensweise wäre, dies... der Entscheidung des FIDE-Kongresses im September, im August, zu überlassen. Der Kongreß der FIDE wird in Graz, Wien, in Graz, Österreich, stattfinden und wird zu Ende sein, bevor das neue Match beginnt. Vielleicht am gleichen Tag, an dem das Match beginnt. Ich habe mich den beiden Spielern gegenüber verpflichtet, dies dem Kongreß mitzuteilen, und ich füge als meinen eigenen Beitrag hinzu, nicht nur dem Kongreß, sondern allen 122 Mitgliedsverbänden der FIDE, daß der Weltmeister, indem er diese Entscheidung akzeptiert, und der Herausforderer, indem er sich ihr unterwirft, ihre Ansichten zu diesen Dingen vollständig dargelegt haben. Ich danke Ihnen.‹«

Ich hatte genug gehört. Auf dem Weg nach draußen sprach ich in der Hotelhalle mit einigen Reportern. Ich sagte ihnen folgendes: »Eins liegt klar auf der Hand: daß der Weltschachbund sich als absolut unfähig erwiesen hat, eine Veranstaltung wie die Weltmeisterschaft durchzuführen. Anstatt sich um die Organisation des Wettkampfs zu kümmern, reden sie über die Popularisierung des Schachspiels. Sie erinnern sich vielleicht, daß dies nicht das erste Mal ist, daß Probleme auftreten; die Halbfinalkämpfe wären beinahe geplatzt, und nur durch ein Wunder konnten sie normal zu Ende geführt werden. Anstelle des Zweijahreszyklus, von dem der Präsident spricht, haben wir jetzt einen Vierjahreszyklus, da der Wettkampf bis 1985 verschoben worden ist. Der Weltmeister behält seinen Titel, und aus irgendeinem Grund bleibt der Status quo bewahrt.
Des weiteren fordert der Weltmeister jetzt einen Rückkampf – auf welcher Rechtsgrundlage, ist auch ziemlich unklar. Ich weiß nicht, ob er es ernst meint, wenn er sagt, daß er weiterspielen will; ich glaube nach wie vor, daß das Ganze sehr nach einem gut einstudierten Stück riecht, in dem alle ihre Rolle kennen. Ich

216

habe oft genug erklärt, daß ich das Match spielen will, daß ich weitermachen will, und daß meine gesundheitliche Verfassung sehr gut ist. Seit zwei Wochen versucht man jetzt, mich vom Gegenteil zu überzeugen, und will mich dazu bringen, das Match, mit welcher Begründung auch immer, zu beenden. Viele von Ihnen wissen wahrscheinlich, welche Vorschläge gemacht wurden, als das Match noch 5:2 und 5:3 stand. Was die technischen Auszeiten betrifft und die Auszeit des Präsidenten, die jetzt laufen und zur Unterbrechung des Spiels geführt haben – nun, ich glaube, jeder, der logisch denken kann, wird erkennen, was hier gespielt wird und warum der Wettkampf unter so ungewöhnlichen Umständen beendet worden ist.

Für die Schachwelt ist so etwas untragbar und sollte nicht länger geduldet werden. Oder man sollte in die FIDE-Regeln eine Sonderklausel einfügen, die dem Präsidenten die Vollmacht gibt, das Ergebnis des Wettkampfs festzusetzen. Aber warum sollten wir dann überhaupt spielen, wenn der Präsident die Entscheidung in jedem Augenblick treffen kann? Zu behaupten, der Wettkampf dauere schon zu lang, ist absurd. Er dauerte schon zu lang bei der 46. Partie, als der Spielstand 5:1 betrug, aber da machte sich noch niemand Sorgen um die psychische Verfassung der Spieler. Das fing erst an, als der Spielstand sich auf 5:2 und dann auf 5:3 veränderte. Ich glaube, Sie verstehen, was ich meine. Das ist alles, was ich sagen wollte. Ich wiederhole, daß ich absolut gesund und zum Weiterspielen bereit bin.«

Über alle diese Vorgänge berichteten die ausländischen Medien ausführlich. Viele Menschen im Westen waren überrascht, daß ein Sowjetbürger seinen Unmut über die »Obrigkeit« so offen äußern konnte, und fürchteten, ich könnte für diesen »erstaunlichen Ausbruch« bestraft werden. Nun, ich hatte »glasnost« knallhart praktiziert. Da hier ein Konflikt einmal vor aller Augen ausgetragen und in den Medien offen darüber berichtet wurde, hatte dieser Skandal, wie ich meine, auch sein Gutes. Aber für den Schachsport war es natürlich keine gute Sache, und die volle Verantwortung dafür lag bei Campomanes. Er aber genierte sich nicht, ein Jahr später bei der Schach-Olympiade in Dubai zu erklären, diese Entscheidung sei eine der besten gewesen, die er je getroffen habe. Die ganze Welt hatte gesehen, daß es eine faule

Entscheidung war, ein beschämender Tiefpunkt in der Geschichte des Schachs.

Für mein persönliches Leben markierte dieses Ereignis einen tiefen Einschnitt; es war das erste Mal, daß die Verschwörung gegen mich offen zutage trat. Die Entschlossenheit sämtlicher »Machthaber«, der Clique um Campomanes und des sowjetischen Schachbunds, Karpow um jeden Preis zu schützen und den jungen Thronanwärter auszutricksen, wurde entlarvt, und alle Welt konnte sehen, mit welch schäbigen, jedem Rechtsempfinden Hohn sprechenden Machenschaften diese Leute arbeiten. Wenn es noch eines Beweises für die Berechtigung, ja die dringende Notwendigkeit meiner Kampagne für Wahrheit und Demokratie im Schach bedurft hätte, so war er damit erbracht.

Nach meiner Rückkehr nach Baku dachte ich auf langen Spaziergängen an den winterlichen Stränden des Kaspischen Meers gründlich über diese dramatischen Begebenheiten nach. Ich entschloß mich, die Ergebnisse meiner analytischen Verarbeitung dieser in vielen Farben schillernden Kontroverse niederzuschreiben. Ich verfaßte diese Analyse am 15. März 1985, genau einen Monat nach der Pressekonferenz und kurz bevor ich mit einer Mannschaft der Jungen Pioniere von Aserbeidschan zum Komsomolskaja-Prawda-Turnier in Irkutsk fuhr. Meine Absicht war, die zentralen Fragen, um die es hier geht, prägnant herauszuarbeiten. Dieses Schriftstück ist noch nie veröffentlicht worden. Wenn ich es jetzt, mehr als zwei Jahre später, wieder lese, finde ich keinen Anlaß, auch nur ein einziges Wort zu ändern. Ich gebe es hier genau so wieder, wie ich es damals geschrieben habe. Es ist so etwas wie ein Plädoyer, das im Kern darauf hinausläuft, daß man sich bei der Bewertung jener Vorgänge an der unsterblichen Frage Ciceros orientieren sollte: Cui bono? – Wem nützt es?

»Am 15. Februar gab FIDE-Präsident Campomanes bekannt, daß der Titelkampf um die Schachweltmeisterschaft ohne gültiges Ergebnis abgebrochen werde. Nach seinen Angaben sollte im September ein neuer Wettkampf, beginnend beim Spielstand von 0:0, ausgetragen werden. Der Titelkampf, der fünf Monate gedauert hatte, wurde praktisch annulliert. Diese unerhörte Maßnahme, die alle herkömmlichen Regeln bei

Schachwettkämpfen verletzte, stieß natürlich in der Schachwelt auf scharfe Kritik und gab Anlaß zu Gerüchten und Deutungen aller Art. Viele Fragen, die mit diesem Matchabbruch sowie mit der Durchführung eines neuen Wettkampfs zusammenhängen, sind bis jetzt unbeantwortet geblieben. Während Schachfans und Experten noch im dunkeln tappen, lassen sich aus den vorliegenden offiziellen Dokumenten und den bekannten Tatsachen sowie aus dem, was sich nach dem Abbruch des Wettkampfs ereignete, deutliche Indizien dafür herauslesen, wo und wie über den Ausgang dieses Wettkampfs entschieden wurde.

Anatoli Karpow schilderte die Lage unmittelbar vor der Entscheidung von Campomanes, wie sie sich aus seiner Sicht darstellte, in einem Interview, das *Tass* am 3. März veröffentlichte: ›Schon nach der 30. Partie wurde gesagt, daß der Wettkampf sich zu lang hinziehe, daß er für alle ermüdend sei, auch für Schiedsrichter, Organisatoren und Zuschauer, daß die Gesundheit der Spieler auf dem Spiel stehe und daß das Problem gelöst werden müsse...‹ Nach der 30. Partie, schon Anfang Dezember also, soll derartiges gesagt worden sein – wo und von wem? Wir erfahren darüber nichts, nur verschwommene Andeutungen über Schiedsrichter, Organisatoren, Zuschauer, Spieler... Ich hörte von dem Ansinnen, das Match vorzeitig abzubrechen, erstmals am 1. Februar, das heißt nach der 47. Partie, beim Spielstand von 5:2.

Die Vermittlerrolle übernahm zuerst der Oberschiedsrichter, Großmeister Gligoric, danach der Vorsitzende der Berufungskommission, Herr Kinzel. Beide blieben mit ihrer Friedensmission erfolglos. Erst danach begann jemand das Gerücht auszustreuen, beide Spieler fühlten sich nicht gut; Äußerungen begannen aufzutauchen, man müsse sich Sorgen um die Gesundheit der beiden besten Schachspieler der Welt machen. Was mich betraf, so versicherte ich allen Offiziellen vom 1. Februar an bis zum Abbruch des Wettkampfs immer wieder, daß ich mich wohl fühlte und daß das Match weitergehen sollte.

Im nachhinein war auch Karpow der Meinung, daß der Wettkampf hätte fortgesetzt werden müssen: ›Der festgelegte Ablauf eines Matchs ist Gesetz, und es hätte keine andere Lösung als die Fortführung des Matchs geben dürfen‹, erklärte er gegenüber *Tass*. An dieser Stelle empfiehlt es sich, Paragraph 6.32 des Weltmeisterschaftsreglements zu zitieren: ›Ein Wettkampf soll so lange weitergehen, bis er von einem der Spieler gemäß Paragraph 6.21 gewonnen ist oder bis er nach den Bestimmungen von Paragraph 6.22 beendet wird.‹ Diese beiden Paragraphen lauten folgendermaßen: (6.21) ›Der Spieler, der sechs Partien gewinnt – Remispartien nicht gezählt –, wird Weltmeister. Die Zahl der Partien ist nicht begrenzt.‹ (6.22) ›Wenn ein Spieler seine Teilnahme an dem Wettkampf beendet oder wenn die Berufungskommission erklärt, daß er den Wettkampf verloren hat, ist dieser beendet. Der Gegner dieses Spielers wird Weltmeister.‹

In diesem Zusammenhang mutet die Berufung des FIDE-Präsidenten auf die angeblich unbegrenzten Vollmachten, die der Paragraph 6.11 ihm einräumt, gelinde gesagt seltsam an. Dieser Paragraph lautet: ›Der FIDE-Präsident repräsentiert den [Weltschachbund] und hat das Recht, unanfechtbare Entscheidungen in allen den allgemeinen Wettkampfablauf betreffenden Fragen zu fällen. Er überwacht den Wettkampf in Absprache und Zusammenarbeit mit den Schiedsrichtern und den Organisatoren.‹ Da Paragraph 6.32 die beiden möglichen Alternativen für die Beendigung des Wettkampfs eindeutig festlegt, läuft jede Abweichung davon auf einen Bruch des Reglements hinaus. Es ist absurd, unter Berufung auf einen Paragraphen einen anderen zu annullieren. Unglücklicherweise waren die Journalisten mit diesen Details des Reglements nicht vertraut, so daß Campomanes unwidersprochen behaupten konnte, die Rechtsgrundlage sei klar gewesen.

Es wäre freilich naiv, zu glauben, Campomanes – der ansonsten stets die Forderung nach Beachtung des Reglements im Munde führte – sei sich nicht darüber klar gewesen, daß sein Vorgehen einen Verstoß gegen die Statuten darstellte. Was veranlaßte den FIDE-Präsidenten, dies in Kauf zu nehmen? Versuchen wir, die Situation objektiv zu analysieren und die Motive für sein Verhalten zu ergründen; dies muß Spekulation bleiben, da die Wahrheit über die Verhandlungen, die zwischen dem 1. und 15. Februar hinter den Kulissen vor sich gingen, wahrscheinlich nie herauskommen wird. Erinnern wir uns daran, daß in diesen 15 Tagen nur eine einzige Partie gespielt wurde.

Ein Dokument, das ein wenig Licht in dieses Dunkel streuen könnte, ist der Brief, den V.A. Sewestjanow, Präsident des sowjetischen Schachbunds, am 13. Februar an den Präsidenten der FIDE schrieb. In diesem Brief brachte er, im Namen des Schachbunds der UdSSR sprechend, seine Sorge über die Gesundheit der Spieler zum Ausdruck und schlug eine dreimonatige Unterbrechung des Wettkampfs vor. Was die Rechtsgrundlage betraf, so berief Sewestjanow sich darauf, daß eine solche Unterbrechung nicht gegen die Regeln verstoße. Das ist insofern richtig, als das Reglement über Wettkampfunterbrechungen überhaupt nichts aussagt. ›Kannst du eine Reise zum Mond machen, während der Wettkampf läuft?‹ fragte M.M. Botwinnik nach dem Lesen dieses Briefes. ›Das würde auch nicht gegen die Regeln verstoßen.‹

Als Hauptargument diente jedoch die Vereinbarung zwischen Karpow und Fischer aus dem Jahr 1976, die eine unbegrenzte Partienzahl und damit Wettkampfdauer mit der Möglichkeit einer Pause nach vier Monaten vorsah. (In unserem Fall waren die vier Monate am 10. Januar um.) Dazu muß gesagt werden, daß diese Vereinbarung sich nicht auf den Weltmeisterschaftstitelkampf von 1975 bezog, sondern auf einen inoffiziellen, kommerziellen Wettkampf Karpow-Fischer, den Campomanes damals auf die Beine zu stellen versuchte. Hinzufügen möchte ich noch, daß Karpow in allen Interviews, die er in jener Zeit gab, sowie auch in seinem Buch *Im fernen Baguio* stets bestritten hat, daß eine konkrete Übereinkunft über ein solches kommerzielles Match je bestand.

Wertvolle Aufschlüsse lassen sich auch aus einigen der Informationen gewinnen, die Campomanes bei der Beantwortung einiger auf der Pressekonferenz an ihn gerichteter Fragen lieferte. So zum Beispiel seine Aussage, er habe noch 25 Minuten vor Beginn der Konferenz mit Karpow gesprochen. Bis zum allerletzten Augenblick also wurden hinter den Kulissen – und hinter dem Rücken eines der beiden Hauptbetroffe-

nen – Verhandlungen geführt. Noch interessanter ist Campos
Aussage: ›Ich wünschte, Sie hätten die Möglichkeit gehabt,
mich in der letzten Stunde auf Schritt und Tritt zu begleiten,
weil Sie dann eine prompte Antwort auf diese Frage gefunden
hätten.‹ (Nämlich die Antwort auf die Frage, ob Karpow nicht
in der Lage sei, das Match fortzusetzen.) Das zeigt, daß die
Verfassung, in der Karpow sich befand, in der Tat ein, wenn
nicht *der* Gegenstand der Erörterung im Kreise der »Ver-
schwörer« war. Gibt es Indizien dafür, daß die Initiative zum
Abbruch des Wettkampfs auf Karpow zurückging?
Vor dem 15. Februar gab es zu diesem Punkt keine öffentliche
Äußerung aus seinem Mund. Auf der Pressekonferenz, nachdem der Präsident seine Entscheidung verkündet hatte, erklärte Karpow, er sei damit nicht einverstanden, und trat für die
Fortsetzung des Wettkampfs ein. Auch ich erklärte, ich sei
willens, weiterzuspielen. Das hätte Campomanes eigentlich
sprachlos machen müssen, hatte er doch in seinem Eröff-
nungsstatement erklärt, beide Spieler seien mit dem Abbruch
einverstanden. An diesem Punkt kam Karpow mit dem Vorschlag, die Pressekonferenz zu unterbrechen und hinter den
Kulissen eine endgültige Lösung auszuhandeln. Dieser Vorschlag war nicht sehr logisch, denn was sollte es noch auszuhandeln geben, nachdem beide Spieler ihren Willen und ihre
Bereitschaft zum Weitermachen bekundet hatten? Die an-
schließende Unterredung, an der Offizielle der FIDE und des
sowjetischen Schachbunds teilnahmen, lief denn auch nur
darauf hinaus, daß man versuchte, mir die Zustimmung zur
Entscheidung des Präsidenten abzuhandeln. Alles, was Karpow dazu sagte, war, daß er für den Fall einer Niederlage in
dem Septembermatch das Recht auf einen Rückkampf haben
müsse.
Bei dieser improvisierten Unterredung wurde mir endgültig
klar, daß meine persönliche Bereitschaft, weiterzuspielen,
überhaupt nicht ins Gewicht fiel. Die Entscheidung war
gefallen. Meine Interessen zählten nicht. Campomanes, die
Vertreter des sowjetischen Schachbunds, Karpow, sie alle
wußten, daß der Wettkampf beendet war; nur wegen der
besonderen Umstände und wegen meiner ›Verweigerungshal-

tung‹ hatten sie sich gezwungen gesehen, so zu tun, als würde noch einmal verhandelt.

Bei der Verkündung der ›endgültigen Entscheidung‹ beschrieb der Präsident die Haltung der beiden Spieler mit sorgfältig differenzierenden Ausdrücken: ›Der Weltmeister akzeptiert die Entscheidung des Präsidenten, der Herausforderer unterwirft sich der Entscheidung des Präsidenten.‹ Besser hätte man es nicht ausdrücken können. Ein Spieler bejaht die Entscheidung des Präsidenten, der andere, plötzlich ohne Gegenspieler dastehend, muß sich mit der Situation abfinden. Das könnte das Ende der Geschichte sein, hätte nicht Karpow in der Folge noch einige Äußerungen getan, die zeigten, daß er über die Entscheidung des FIDE-Präsidenten, auch wenn er sie akzeptierte, doch nicht sehr glücklich war.

Von Interesse ist in diesem Zusammenhang der offene Brief Karpows an Campomanes vom 19. Februar 1985, in dem er für die Neuansetzung des Wettkampfs zu einem frühestmöglichen Termin plädierte. Seine Argumente waren bemerkenswert: ›Ich bin sicher, Sie haben im besten Interesse des Schachsports gehandelt, aber ich bin auch überzeugt, daß das, was abgelaufen ist, in Wirklichkeit dem Schach Schaden zugefügt hat, von meinem eigenen Ansehen als Sportler wie als Bürger ganz zu schweigen, das lange Jahre hindurch als makellos gegolten hat.‹ Er erwähnte auch die Bereitschaft der beiden Spieler, ›den Wettkampf fortzusetzen, bis ein Endergebnis feststeht, wie es in den vom FIDE-Kongreß verabschiedeten Regeln bestimmt ist‹. (Anstelle dieser Wischiwaschi-Aussage hätte auch ein konkreter Hinweis auf Paragraph 6.32 stehen können.)

Dann aber lesen wir: ›Für mich persönlich wäre eine Fortsetzung des Wettkampfs notwendig, um noch einmal meine vollständige Treue zu den Grundsätzen des sportlichen Wettbewerbs unter Beweis zu stellen.‹ Offenbar bereitete der Schaden, den sein Ansehen erlitten hatte, Karpow sehr viel mehr Sorgen als die Tatsache, daß ein klarer Verstoß gegen das Reglement begangen worden war. Interessant ist ferner, daß Karpow sich bei der Kritik an der Entscheidung des FIDE-Präsidenten ebenso auf die ›Interessen des Schachsports‹ berief, wie der Präsident es bei der Verkündung seiner Entscheidung getan hatte.

Karpow erinnert uns daran, daß der sowjetische Schachbund nicht einen Abbruch des Matchs, sondern nur eine Wettkampfpause gefordert habe, damit alle Beteiligten sich erholen könnten. Es sieht also absurderweise so aus, als habe Campomanes eine Entscheidung getroffen, die außer ihm niemand wollte.

Der Brief Karpows entlarvt sich als Versuch, die öffentliche Meinung, die sich gegen ihn gewandt hatte, zu beeinflussen. Es ist unwahrscheinlich, daß er die Möglichkeit, den von Campomanes verkündeten Abbruch des Matchs in eine Wettkampfpause umzuwandeln, ernsthaft erwogen hat. Campomanes hätte sich, wenn er seine Entscheidung nachträglich widerrufen hätte, vollständig diskreditiert. Karpow allerdings hätte auch in diesem höchst unwahrscheinlichen Fall etwas gewonnen – eine mehrwöchige Erholungspause, mehr, als eine oder zwei technische Auszeiten ihm verschaffen konnten. Der vielleicht interessanteste Satz in dem Brief ist der allererste. ›Im Hinblick auf unsere Diskussion bei Ihrem letzten Besuch in Moskau...‹ Man fühlt sich an die Äußerung von Campomanes bei der Pressekonferenz erinnert: ›Ich wünschte, Sie hätten die Möglichkeit gehabt, mich in der letzten Stunde auf Schritt und Tritt zu begleiten...‹ Worüber wurden sich die beiden unmittelbar vor Beginn der Pressekonfereenz vom 15. Februar einig (oder nicht einig)? Wir können nur raten...

In seinem bereits erwähnten *Tass*-Interview vom 3. März bewertet Karpow das Verhalten von Campomanes ein bißchen anders: ›Die Entscheidung wurde am 15. Februar überhastet getroffen, mehrere wichtige Erwägungen wurden nicht in Rechnung gestellt.‹ Daß die Entscheidung überhastet getroffen wurde, scheint offensichtlich. Denken wir nur an Äußerungen des FIDE-Präsidenten wie: ›[Der Wettkampf] hat die physischen und vielleicht auch die psychischen Reserven aufgezehrt, nicht nur die der Teilnehmer, sondern aller, die mit dem Wettkampf verbunden sind, wie lose diese Verbindung auch sein mag.‹ Oder: ›Ich dachte, wir sollten innehalten

GENS UNA SUMUS

КАСПАРОВ   СМЫСЛОВ

Oben: Die Ausscheidungsrunde im Kampf um den Titel des Weltmeisters: Ich nehme es in Wilna mit dem »alten unsterblichen Meister« Wassili Smyslow auf.

Unten: Die Ruhe vor dem Sturm: Ich erhole mich bei meiner Mutter in Baku.

Karpow im Training.

Ich im Training.

Mein Gegner im »Wasserschach« ist mein Trainer Nikitin.

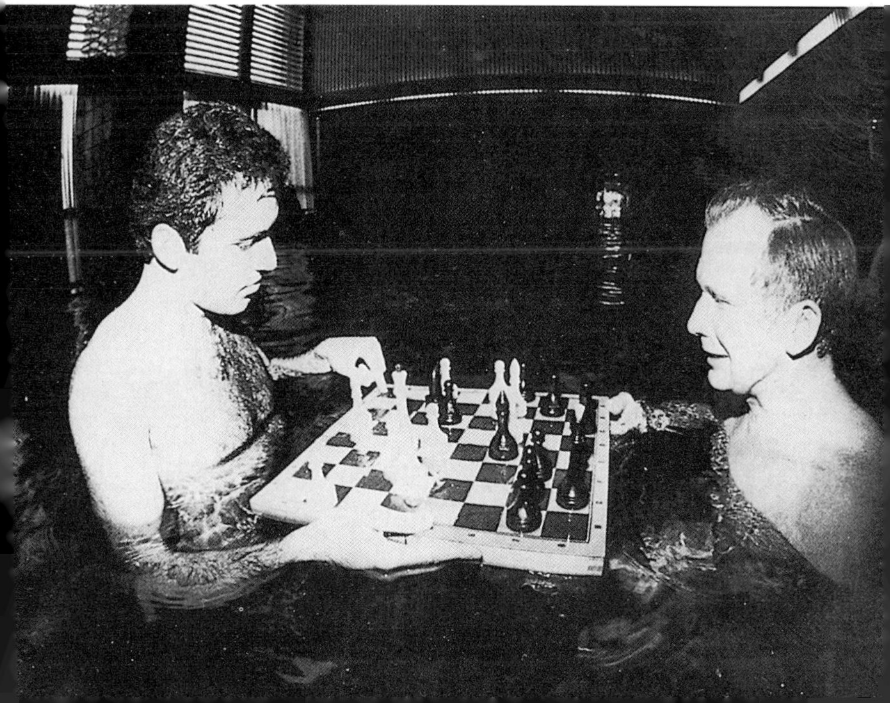

Endlich beginnt der Weltmeisterschaftskampf. Die Abbildung zeigt mich während einer Konzentrationsphase in der ersten Partie.

15. Februar 1985: der »Tag der Schande«. Ich stehe am Pult, während Karpow und Campomanes nebeneinander am Tisch sitzen.

und an den Ausgang des Matches denken, das noch sehr lang hätte dauern können.‹ Ist das logisch?

Die Hast, mit der die Entscheidung getroffen wurde, läßt sich indes leicht erklären: 48 gespielte Partien, dies erschien Campomanes als ein sehr geeigneter Zeitpunkt zum Abbruch – 24 plus 24, das Doppelte der maximalen Matchdauer nach den alten Regeln. Auf der Pressekonferenz führte er dieses sogenannte Argument mehrmals an. Die ›Erwägungen‹, die ›nicht in Rechnung gestellt‹ wurden, waren die Bedingungen, die Karpow gestellt hatte.

Zum Beweis dafür möchte ich zitieren, was Karpow auf der Pressekonferenz sagte. Dies sind die Worte, in die er seine Unzufriedenheit mit der Entscheidung des Präsidenten kleidete: ›Und ich bin der Meinung, daß wir den Wettkampf fortsetzen können und fortsetzen sollten – und der Vorschlag, ihn zu beenden und bei 0:0 wieder anzufangen: Ich bin damit nicht einverstanden.‹ Es liegt nahe zu vermuten, daß Karpow und Campomanes auch andere, für Karpow noch vorteilhaftere Alternativen besprochen hatten, beispielsweise daß der Weltmeister zum Sieger erklärt oder daß der Wettkampf nach mehrmonatiger Pause beim Stand von 5:3 für ihn wieder aufgenommen würde.

Aber Campomanes hielt es offenbar für nicht opportun, vor der versammelten Weltpresse so weit zu gehen. Er entschied sich statt dessen aus der Situation heraus für eine Entscheidung, deren in seinen Augen größter Vorzug darin bestand, daß sie keinen der Beteiligten zufriedenstellte. Aber erinnern wir uns: Karpow sprach sich dann doch für diese Lösung aus. Wie soll man sich das erklären? Wir können getrost davon ausgehen, daß Karpow seine Meinung nicht geändert hatte. Der Abbruch des Matchs war ihm zu diesem Zeitpunkt wichtiger als das Herausschinden zusätzlicher Vorteile. Erst einmal mußte die unmittelbare Gefahr, das Match zu verlieren, abgewendet werden; den Rest konnte man dann immer noch durch weitere Verhandlungen hinter den Kulissen besorgen. Bis zum Beginn des neuen Matchs blieb ja ein halbes Jahr Zeit.

Angesichts dessen ist die Versuchung groß, eine Parallele zu ziehen zwischen den offensichtlichen Ungereimtheiten im

Denken Karpows und den nachfolgenden Äußerungen von Campomanes, Gligoric und Kinzel, die sich alle so besorgt um die Gesundheit der Spieler zeigten. Um meine Gesundheit hätten sie sich keine Sorgen zu machen brauchen. So können wir getrost davon ausgehen, daß der Abbruch des Wettkampfs in völliger Übereinstimmung mit den Wünschen Karpows erfolgte.

Nachdem er begriffen hat, in welch dubiosem Licht er nun erscheint, versucht Karpow jetzt den Eindruck zu erwecken, er habe etwas anderes gewollt als Campomanes. Er formuliert seine Kritik am FIDE-Präsidenten allerdings sehr vorsichtig, weicht allen heiklen Punkten aus und hebt die Nachteile hervor, die er selbst erlitten hat.

Mein Standpunkt war immer unzweideutig: Alle Entscheidungen sollten am Schachbrett fallen. Der Brief Karpows an Campomanes enthält einen Satz, der sicherlich zutrifft: ›...[Kasparow] ist ungehalten, weil ihm *absichtlich* [Hervorhebung von mir, G.K.] das Recht genommen wurde, um den Weltmeistertitel zu kämpfen.‹ Er hätte es nicht besser formulieren können.

Die Erinnerung an gewisse Vorgänge aus der Geschichte der Schachweltmeisterschaften drängt sich auf. Vor genau zehn Jahren, im Rahmen der Kontroverse über den geplanten Titelkampf zwischen Fischer und Karpow, forderte der sowjetische Schachbund mit allem Nachdruck gleiche Rechte für beide, den amtierenden Weltmeister und den Herausforderer.

Hier ein wörtliches Zitat aus der Stellungnahme, die der Verband am 13. März 1975 abgab: ›Der Schachbund der UdSSR sieht sich erneut veranlaßt, die Aufmerksamkeit der Sportwelt auf die ungesunde Atmosphäre zu lenken, die sich im Vorfeld des vorgesehenen Titelkampfes aufbaut... Man gewinnt den Eindruck, daß der Herausforderer, der unlängst zwei goldene Oscars errungen hat, in eine demütigende Rolle abgedrängt wird. Manche Leute würden ihn gerne in der Position des Zweitrangigen sehen, der sich klaglos den Launen des Weltmeisters unterordnet. Diese Einstellung gewinnt immer mehr an Gewicht.

Es herrscht ein völliger Mangel an Respekt sowohl vor dem Gegner als auch vor sportlichen Traditionen ... *Man kann Regeln nicht durch Spiel auf Verlust ersetzen. Die FIDE selbst sollte unabhängiger sein. Unrechtmäßigkeiten im Verlauf der Weltmeisterschaft haben die Autorität der FIDE geschwächt. Was immer die Führung denken mag, es sind Zweifel angebracht, ob sie ihrer Aufgabe gewachsen ist.* [Hervorhebung von mir, G.K.] Die Verantwortung für alle denkbaren Konsequenzen liegt bei denen, die zulassen, daß ein sportlicher Wettbewerb zu einem prinzipienlosen Kuhhandel verkommt.‹ Einige dieser Sätze dürften sicherlich nicht nur unter schachhistorischen Gesichtspunkten von Interesse sein.

Natürlich stellt sich die Situation heute grundlegend anders dar. Die willkürliche Entscheidung des FIDE-Präsidenten hat weithin Empörung ausgelöst. Das hat auch Karpow erkannt: ›Sicher sind viele Fans verärgert darüber, daß der Titelkampf nicht zu Ende geführt wurde.‹ In der Tat: Die Schachgemeinde wurde um eine sportliche Entscheidung betrogen. Ich meine deshalb, daß wir, bevor wir weitersehen, das, was geschehen ist, richtig einschätzen und bewerten sollten. Nur wenn wir dies tun, können wir verhindern, daß etwas Ähnliches wieder vorkommt. Die öffentliche Meinung kann Entscheidendes bewirken, um den Kuhhändlern das Handwerk zu legen, die seit einiger Zeit offenbar glauben, sie könnten straflos tun, was sie wollen.

Ich würde gerne glauben, daß auf lange Sicht die wahren Interessen des Schachsports schwerer wiegen als die egoistischen Interessen derer, die daraus eine öffentliche, hin und wieder durch einen Skandal aufgewertete Schau machen wollen. Der Sport ist in der Vergangenheit immer wieder mit schwerwiegenden Problemen fertig geworden. Möge auch diesmal die Wahrheit den Sieg davontragen.«

Es war eine trügerische Hoffnung. Wie in jedem Krieg, sollte auch in diesem die Wahrheit das erste Opfer sein.

KAPITEL 10

Auf dem Gipfel

In den westlichen Medien tauchten gelegentlich Mutmaßungen auf, die sowjetischen Behörden würden mich wegen meiner offenherzigen Äußerungen auf der Pressekonferenz vom 15. Februar 1985 zur Rechenschaft ziehen. Es war unvorstellbar, daß ein Sowjetbürger ungestraft in aller Öffentlichkeit unbequeme Ansichten äußern kann. »Für die meisten Figuren des sowjetischen öffentlichen Lebens«, schrieb der Moskauer Korrespondent der Londoner *Times*, »hätte ein solches Auftreten fatale politische und berufliche Folgen nach sich gezogen.« Weiter erklärte er: »Der Herausforderer ging das kalkulierte Risiko ein, daß sein Prominentenstatus ihn vor dem Zorn der Behörden schützen würde«, und räumte ein, daß ich dieses Mal wohl gerade noch einmal davonkommen würde: »Ungeachtet der großen Ungehaltenheit und Wut der sowjetischen Offiziellen über Garri Kasparows Auftritt ist es nach Ansicht von Schachexperten unwahrscheinlich, daß man gegen ihn vorgehen oder ihn bestrafen wird.« Ich war mir da nicht so sicher.

In der Sowjetunion selbst herrschte große Ratlosigkeit, denn die sowjetische Presse hatte nur die nackten Tatsachen über den Abbruch des Wettkampfs verbreitet. Für den Mann auf der Straße mochte es sogar so aussehen, als sei diese Entscheidung gegen die Interessen Karpows gefallen, der doch mit 5:3 Punkten führte und dem, so konnte man meinen, die Chance geraubt wurde, das Match siegreich zu beenden. Er selbst hatte durch seinen offenen Brief an Campomanes, in dem er die Fortsetzung des Wettkampfs forderte, diese Deutung suggeriert. Die Verantwortlichen hofften, daß sie ihre Entscheidung mit dem Mantel dieser Desinformation würden zudecken können und daß der Skandal bald in Vergessenheit geraten würde.

Ich harrte unterdessen in Baku, weit ab vom Schuß, der Dinge, die da kommen sollten. Aber nichts passierte. Ich wußte, daß die Apparatschiks mein Aufbegehren nicht einfach zu den Akten legen, sondern daß sie versuchen würden, es mir irgendwie und irgendwo heimzuzahlen. In welcher Form dies geschehen würde oder wann ich mit dem ersten Hieb rechnen mußte, wußte ich natürlich nicht. Es war eine Zeit großer Unsicherheit in der Sowjetunion, denn am 11. März 1985 war Michail Gorbatschow zum Generalsekretär der KPDSU gewählt worden, und damit hatte eine historische Phase des Umbruchs begonnen. Noch konnte niemand absehen, welche Folgen sein neuer Stil für die Sowjetunion haben würde. Doch ich fühlte instinktiv, daß das Neue, das dieser Mann verkörperte, letzten Endes nur Gutes für mich bringen konnte. Seine Amtsübernahme flößte mir Mut und Hoffnung für meinen Kampf um Reinheit, Demokratie und Offenheit im Schachsport ein, hatte ich doch das Gefühl, daß dies die Ideale waren, die auch bei seinen Reformen in anderen Bereichen des sowjetischen Lebens Pate standen.

Einige westliche Journalisten erkannten, daß sich zwischen meinem Schicksal und der politischen Erneuerung an der Staatsspitze sehr wohl eine Verbindung herstellen ließ. Die *Times* schrieb: »Die Machtübernahme des neuen sowjetischen Führers Michail Gorbatschow war das Signal für eine rasche Ablösung der alten Garde im Kreml. Neue Männer und neue Ideen sind im Anmarsch. Es wäre erstaunlich, wenn dieser frische Wind nicht auch in den wichtigsten sportlich-kulturellen Bereich des sowjetischen Lebens hineinbliese: in die Schachwelt... Es mag sein, daß Herr Gorbatschow sich nicht selbst um Schach kümmert und daß Kasparow nicht in politischen Begriffen denkt. Aber es ist nicht unbemerkt geblieben, daß einer der Senkrechtstarter des Politbüros, Herr Geidar Alijew, aus Aserbeidschan kommt. Es heißt, er mache sich für Kasparow stark. Einflußreiche Freunde in hohen Stellungen zu haben, ist in der Sowjetunion keine schlechte Sache. Wie auch immer, wenn er überleben und es zu etwas bringen will, sollte er gutes Schach spielen.«

Dominic Lawson, ein Sohn des britischen Schatzkanzlers, schrieb in der *Financial Times:* »Jetzt, da Gorbatschow einen neuen Führungsstil kreiert – wortgewandt, urban, entscheidungsfreudig –, könnte es sein, daß der junge Mann aus Baku dazu bestimmt ist, ein Symbol des neuen Antlitzes zu werden, das die Sowjetunion der Außenwelt präsentieren möchte.«

Die Menschen erinnerten sich daran, daß Viktor Kortschnoi 1974 für weit weniger freizügige Äußerungen, als ich sie getan hatte, bestraft worden war – für einige kritische Anmerkungen zur Spielweise Karpows, die gemacht wurden, noch bevor Karpow den Weltmeistertitel zuerkannt bekam. Das Sportkomitee schloß ihn dafür aus der Nationalmannschaft aus und machte ihn de facto zu einem geächteten Außenseiter. Eine Zeitlang durfte er nicht mehr zu Turnieren ins Ausland reisen. Etwas Ähnliches widerfuhr 1976 meinem Betreuer Alexander Nikitin, nachdem er es gewagt hatte, einer Auffassung Karpows zu widersprechen. Vor zehn Jahren galt so etwas noch als Majestätsbeleidigung – wieviel hatte sich in dieser Hinsicht in der sowjetischen Gesellschaft geändert?

Die Art und Weise, wie meine Mitbürger in Baku auf den Ausgang des ersten WM-Kampfs reagierten, flößte mir Zuversicht ein: Sie wußten, daß man mich um meine Chance betrogen hatte. Und so sahen es nicht nur die Leute aus Baku; aus allen Teilen der Sowjetunion trafen Briefe mit ähnlichen Äußerungen ein. Eine selbstgedichtete *Marathon-Ballade*, die ein alter Mann aus Leningrad mir schickte, bereitete mir soviel Freude, daß ich sie auswendig lernte. Ich gebe sie hier in wörtlicher Übersetzung wieder, unter Verzicht auf Versmaß und Reime:

»I. Unser Boß ist ein Meister, er ist zu einem Marathonlauf angetreten.
Zum ersten Mal in der Geschichte - 100 Runden um das Stadion.
Einer seiner Gegner bekam es mit der Angst und trat erst gar nicht an,
ein anderer ist zu alt und hat aufgegeben.

II. Der Meister tritt erneut zu einem Marathonlauf an –
wir alle unterstützen ihn, weil er der Boß ist.
Er ist der Favorit, davon ist jeder im Publikum überzeugt.
Er wird seinen Titel mit Leichtigkeit verteidigen –

er ist ein professioneller Champion,
obwohl er sich Amateursportler nennt.

III. Der andere Läufer ist ein junger Mann,
auf den jedoch seine Mami aufpaßt, als wäre er ein Baby.
Sie rennen los – aber der Junge wird am Start aufgehalten.
Der Boß stürmt los, die Fans jubeln,
diejenigen, denen der Gewerkschaftssekretär freigegeben
und die er hierhergeschickt hat.

IV. Der Boß hat nach den ersten 100 Metern zwei Längen
Vorsprung,
der Gewerkschaftssekretär ist zufrieden – er schwänzelt
um ihn herum.
Reporter schreiben eifrig Artikel über ihn.
Der Betreuer des Jungen rät diesem, aufzugeben,
da er offensichtlich nicht mehr gewinnen kann.

V. Aber der Junge gibt nicht auf.
Der Meister führt immer noch mit zwei Längen,
aber der Junge weigert sich, das Handtuch zu werfen.
Der Gewerkschaftsmann runzelt die Stirn hinter seiner
Brille:
›Diese Anfänger haben es zu eilig,
das ist eine Aufgabe für einen Hypnotiseur.‹

VI. Über die Lautsprecheranlage des Stadions wird bekanntgegeben:
›Mit jeder neuen Runde wird die Leistung des Meisters
beeindruckender.
Der Junge hat zu ihm aufgeschlossen,
aber das ist nur ein Versuch, den Meister zu kopieren,
was im Sport unglücklicherweise noch immer erlaubt
ist.‹

VII. Die dreißigste Runde, die zweiunddreißigste. Plötzlich
macht der Boß keine so gute Figur mehr.
Es sähe nicht gut aus, wenn der Junge ihn überholen
würde.
So hält der Boß im Lauf inne.

Er sagt: ›Wir wollen eine Minute ausruhen
und das Rennen dann fortsetzen.‹

VIII. Sie versuchen, die Strategie auszuarbeiten.
　　　Ein Ärzteteam arbeitet daran.
　　　Computer rechnen die ganze Nacht.
　　　Jetzt steht der Boß auf und beginnt wieder zu laufen.
　　　Aber derjenige, der zurückfallen sollte,
　　　fällt nicht zurück, weil er nicht warten will.

IX. Das gefährliche Gleichgewicht der Macht erkennend,
　　　setzt das Organisationskomitee sich zusammen.
　　　Und nimmt eine Auszeit, nur für den Fall der Fälle.
　　　Dann nimmt der Türhüter eine Auszeit,
　　　dann der Garagenaufseher, dann der Aufzugführer.
　　　Aber der Junge läuft immer noch –
　　　ist er aus unzerstörbarem Material oder so etwas?

X. In der 100. Runde verläßt den Boß die Kraft.
　　Es wird daher sofort eine Unterbrechung bekanntgegeben
　　weil die Zuschauer müde sind.
　　—
　　Jetzt wird die Unterbrechung auf zwei Wochen ausge-
　　dehnt.
　　Und gerade zur rechten Zeit trifft ein Attest aus dem
　　Leichenschauhaus ein.

XI. Der Junge beginnt zu jammern:
　　›He, laßt mich weiterlaufen, laßt mich zum Ziel, das Ziel
　　ist so nahe.‹
　　Aber zwei unparteiische Schiedsrichter erklären ihm:
　　›Sei nicht töricht.
　　Du bist erschöpft und kannst nicht weiterlaufen.

XII. Du bist zu jung und unerfahren, um ein Meister werden
　　　zu können.
　　　Wir werden dich nicht vergessen, keine Sorge.
　　　Das Organisationskomitee wird kraft seiner Weisungsbe-
　　　fugnis entscheiden,
　　　wer verdient, Meister zu sein.

XIII. Wir werden den Start um zehn Jahre verschieben, weil
du zu wertvoll bist.
Wir können nicht das Risiko eingehen,
deine Gesundheit zu ruinieren, verstehst du?
Ob du 110 Meter oder 110 Meilen rennen wirst,
dürfen wir dir zu diesem Zeitpunkt noch nicht verraten.
Und wo das Ziel ist,
wirst du herausfinden, wenn du dort ankommst.‹«

Ungeachtet der moralischen Unterstützung, die ich erhielt, war
mir doch klar, daß ich mich gründlich auf die zu erwartenden
Kämpfe jenseits des Schachbretts vorbereiten mußte – genauso
gründlich, wie ich mich sonst immer auf ein Turnier vorbereite,
indem ich alle möglichen Varianten durchspiele, deren meine
Gegner sich vielleicht bedienen werden, und mir überlege, wie
ich darauf reagieren kann. In meiner Analyse wurden mir einige
Dinge bewußt: Mein Gegner war jetzt aus seiner Deckung
herausgetreten; er wußte, wie groß die Gefahr war, daß ich ihm
seinen Titel und die damit verbundene Stellung in der Öffentlichkeit streitig machen würde. Er wußte besser als seine Betreuer, daß meine Aufholjagd im ersten Wettkampf nicht bloß die
Folge seiner physischen Erschöpfung gewesen war, sondern daß
es sich eher umgekehrt verhielt: Sein psychischer Zusammen-
bruch war die Folge meines stärker werdenden Spiels, gegen das
er kein Rezept mehr fand. Die für ihn günstigste Lösung würde
sicher darin bestehen, einen neuen Wettkampf von vornherein zu
verhindern. Er konnte dies versuchen, indem er mich in eine
Situation manövrierte, in der ich keine Wahl haben würde, als
den Kram hinzuschmeißen – er konnte dies vermutlich erreichen,
indem er irgendeinen formalen Streit über die Regeln vom Zaun
brach, bei dem er auf die Unterstützung seines Freundes Campomanes und des sowjetischen Schachbundes rechnen konnte.
Meine realistische Einschätzung war die, daß ich zwar Karpow
und jeden anderen auf dem Schachbrett besiegen konnte, nicht
aber Campomanes am grünen Tisch. Gegen seine Macht als
Präsident der FIDE würde ich nicht ankommen. Mit diesem Feuer
durfte ich nicht spielen.
Meine einzige Chance lag in einer möglichst großen Publizität.

Der Appell an die Öffentlichkeit war es gewesen, der die Vorgänge vom 15. Februar in die Schlagzeilen der Presse praktisch aller Länder auf der Erde gebracht hatte – die sowjetischen Zeitungen natürlich ausgenommen. Damals hatten meine Gegner es mir freilich leichtgemacht, indem sie mir das Mikrophon in die Hand drückten. Ironischerweise war es jemand aus der Gruppe der Karpow-Anhänger gewesen, der bei der Pressekonferenz als erster gerufen hatte: »Kasparow soll selbst etwas dazu sagen.« Auf dieses Stichwort hin hatte Karpow auf dem Podium zu Campomanes gesagt: »Ich glaube, wir sollten Kasparow heraufbitten.« Campo hatte sich dann mit der Frage an mich gewandt: »Garri, möchten Sie heraufkommen und Ihren Teil sagen?« Gewiß hatten sie aus diesem Fehler gelernt, so daß ich nicht damit rechnen konnte, von ihnen noch einmal so schöne Fehlpässe serviert zu bekommen. In Zukunft mußte ich mir aus eigener Kraft Gehör verschaffen.

Campo war unterdessen nicht untätig geblieben. Er hatte eine Reise durch die spanischsprechende Welt und die Vereinigten Staaten gemacht mit Stippvisiten bei den dortigen Schachverbänden. Auf allen Stationen dieser Reise hatte er den angeblichen »Falschdarstellungen« und der »systematischen Desinformation« im Zusammenhang mit dem Abbruch des Wettkampfs in Moskau seine Version der Vorgänge entgegengestellt. Wie er anschließend erklärte, war es ihm angeblich gelungen, »die Gehirne von Leuten zu entwirren, die vorher eine kritische Einstellung hatten, weil ihr Urteil auf Berichten beruhte, die nicht mit den Tatsachen übereinstimmten«. Er behauptete sogar, seine eigene Version der Vorgänge, die er »den Verfälschern und Verleumdern« entgegenschleuderte, sei in den Ländern, die er besucht hatte, mit frenetischem Beifall aufgenommen worden, und dies habe ihn in der Überzeugung bestärkt, daß jene Entscheidung »die beste [gewesen ist], die ich je getroffen habe«. Ray Keene allerdings stellte bei einem Besuch Campomanes' in London fest: »Er geht von der angreifbaren Prämisse aus, daß eine ›Entscheidung‹ notwendig war. Tatsächlich war keine Entscheidung notwendig, da der Wettkampf dem Reglement entsprechend ablief und es das einzig richtige gewesen wäre, ihn so weiterlaufen zu lassen.«

Ende April lief die Angebotsfrist für Länder oder Städte ab, die sich um die Ausrichtung des Matchs im September bewerben wollten. Ein imposantes Angebot in Höhe von 500 000 Pfund kam aus Marseille, ein niedrigeres aus London (es wurde wenige Minuten vor Ablauf der Frist von einem Kurier im Luzerner Hauptquartier der FIDE abgeliefert). Der Exekutivausschuß der FIDE listete bei seiner Sitzung in Tunis die fünf Alternativen in der Reihenfolge der Präferenzen auf: Frankreich allein; geteilt zwischen Frankreich und der UdSSR; geteilt zwischen Frankreich und England; UdSSR allein; geteilt zwischen Frankreich, UdSSR und England. Karpow sprach sich für Moskau aus. Ich erklärte, ich sei dafür, daß das Match in der Sowjetunion ausgetragen werde, aber nicht in Moskau, da dies einer direkten Begünstigung für Karpow gleichkomme. Ich schlug Leningrad vor. Ich schickte meinen Vorschlag an den sowjetischen Schachbund und an die FIDE. Beide warfen meinen Brief in den Papierkorb und stempelten auf den Vorschlag Karpows: »In Ordnung«.

Weil Karpow in Moskau spielen wollte, wurde über Leningrad als Austragungsort gar nicht erst diskutiert. Wo ich spielen wollte, interessierte niemanden. Karpow sagte »Moskau«, daher sagte auch der sowjetische Schachbund »Moskau«, und daher sagte auch Campo »Moskau« – sogar gegen die Empfehlung seines eigenen Exekutivausschusses. Im nachhinein glaube ich, daß die Wahl auch deswegen auf Moskau fiel, weil einige der Beteiligten glaubten, sie würden hier die geringsten Probleme bekommen, wenn sich später ergeben sollte, daß der Wettkampf überhaupt nicht stattfinden würde. Sie wollten nicht Gefahr laufen, wieder ähnliche Kompensationszahlungen leisten zu müssen wie 1983 an die Leute in Pasadena. Und sollte das Match doch stattfinden, so konnten sie es in Moskau wirksamer steuern und kontrollieren als irgendwo anders.

Ich war über die Entscheidung wütend, aber nicht überrascht. Sie war ein Teil jener Taktik der Provokation, die darauf abziel te, meinen Protest herauszufordern und mich letzten Endes zum Rückzug zu zwingen. Ich entschied mich dafür, mein Nichtein-verständnis mit der Entscheidung aktenkundig zu machen, aber es nicht zu einem Konfliktgrund aufzubauschen. Ich wollte mich mit Karpow ans Schachbrett setzen, wo, das war zweitrangig.

Ich traute mir zu, auch in Moskau gegen ihn zu gewinnen – es würde schwer werden, aber es war zu schaffen. Ironischerweise erinnerten sich die Mächtigen im sowjetischen Schachbund ein Jahr später daran, daß ich einmal Leningrad vorgeschlagen hatte, und versuchten mir daraus einen Strick zu drehen. Erst lehnten sie diesen Vorschlag rundheraus ab, dann kamen sie, als er ihnen in den Kram paßte – mir aber nicht mehr! –, darauf zurück.

Stärker noch beschäftigte mich in dieser Zeit die Frage nach dem genauen Status der beiden Wettkampfteilnehmer sowie nach dem Status des Matchs selber. In meinen Augen gab es seit dem Abbruch des Wettkampfs in Moskau keinen Weltmeister mehr. Der Weltmeistertitel war vakant, wie in den Jahren 1946 bis 1948 nach dem Tod Aljechins. Der Weltmeister der Jahre 1975 bis 1984 würde gegen den Gewinner der Herausforderungsrunde 1982 bis 1984 antreten und mit ihm um den Anspruch auf den Weltmeistertitel spielen. Zu sagen, Karpow sei der noch amtierende Weltmeister, hätte bedeutet, zu unterstellen, daß er seinen Titel *verteidigt* hatte – doch der Wettkampf, in dem er dies hatte tun sollen, war, auch nach Campos eigener Aussage, »ohne Entscheidung beendet« worden. Die Bedeutung dieses Punktes wurde besonders deutlich im Licht der Frage, was passieren würde, wenn das neue Match nach 24 Partien unentschieden stehen würde. Wenn Karpow als noch amtierender Weltmeister anerkannt wurde, durfte er in diesem Fall seinen Titel behalten, wie Botwinnik nach seinen unentschieden ausgegangenen Titelkämpfen gegen seine Herausforderer Bronstein (im Jahr 1951) und Smyslow (im Jahr 1954). Anders ausgedrückt: Karpow würde in diesem Fall, um Weltmeister zu »bleiben«, nur zwölf Punkte benötigen, während ich zwölfeinhalb Punkte brauchen würde, um den Titel zu erobern. Das hieß, daß ein Remis ihm mehr nützen würde als mir. Ich unterbreitete einen Vorschlag, der besagte, daß wir für den Fall eines unentschiedenen Standes nach 24 Partien sechs zusätzliche Partien austragen sollten. Für den Fall, daß auch diese keine Entscheidung bringen würden, erklärte ich mich damit einverstanden, daß Karpow der Weltmeistertitel *zuerkannt* würde, nicht aber damit, daß er ihn *behalten* durfte.

Zu klären war auch noch die vertrackte Frage eines Rückkampfs.

Wenn Karpow als anerkannter Nochweltmeister in den Wettkampf ging, bedeutete dies, daß er im Falle einer Niederlage Anspruch auf einen Revanchekampf hatte. Was mich betraf, so strebte ich keinen Rückkampf an, weder bei einem Sieg noch bei einer Niederlage. Ich war der Ansicht, daß 72 oder womöglich 78 Partien genügen müßten, um die Frage nach einem würdigen Weltmeister zu beantworten. Da Campomanes und der sowjetische Schachbund eine so rührende Sorge um die Gesundheit der Spieler an den Tag gelegt hatten, nahm ich an, daß sie in diesem Punkt mit mir übereinstimmen würden. Aber das erwies sich, wie so vieles andere, worauf ich bauen zu können glaubte, als Illusion.

Nach dem 15. Februar herrschte zwei Wochen lang Unklarheit darüber, ob Karpow nun noch offiziell als Weltmeister geführt wurde oder nicht. Die sowjetische Presse bezeichnete uns einfach beide als »Großmeister«. Dies änderte sich ab Anfang März. Ich gab ein Interview, bei dem ich darauf achtete, nichts Provokatives oder Beleidigendes gegen Karpow zu sagen. Wenig später gab Karpow ein Interview, aus dem klar hervorging, daß er sich nach wie vor als Weltmeister betrachtete, ein Anspruch, den er offenbar aus seiner Haltung zum Abbruch des ersten WM-Kampfs ableitete – er behauptete nämlich, er sei derjenige gewesen, der eigentlich habe weiterspielen wollen.

Mich beschlich ein komisches Gefühl. Er sprach mit soviel Selbstgewißheit über seinen Status. Mir wurde klar, daß Anatoli Weltmeister Karpow noch etliche Trümpfe im Ärmel haben mußte. Er würde seinen Thron nicht so ohne weiteres räumen, und sicherlich bestärkten ihn diejenigen, die sich als Fußvolk um seinen Thron scharten, in seiner Beharrlichkeit. Er hatte sich offensichtlich wieder erholt und war fit, was den Funktionären den Mut gab, wieder mehr Impertinenz zu zeigen.

Ein erster ernsterer Konflikt zeichnete sich ab, als es um die Vergabe des Schach-Oscars für das Jahr 1984 ging. Offensichtlich würde es ein knappes Rennen geben. Es war für uns beide eine wichtige Entscheidung, würde sich doch die Stimmenverteilung als Urteil der Schachjournalisten aus aller Welt über unsere Leistungen im ersten WM-Match deuten lassen. Manche Beobachter sagten voraus, daß Karpow gewinnen werde, weil er am 31. Dezember 1984, also am Ende des Jahres, für das der Oscar verliehen werden sollte, mit 5:1 gegen mich in Führung gelegen hatte. Andere meinten, da das Match ohne Entscheidung abgebrochen worden sei, dürften die dabei erzielten Siege nicht berücksichtigt werden, und außerdem sei Karpow der moralische Verlierer gewesen. In vielen Teilen der Schachwelt, unter anderem in Großbritannien, Jugoslawien, Deutschland und den USA, überwog die Kritik am Abbruch des Wettkampfs, und es war wahrscheinlich, daß die Journalisten dieser Länder die Gelegenheit der Oscar-Wahl nutzen würden, ihren Protest gegen das Verhalten Campomanes' aktenkundig zu machen.

Da die Abstimmung erst nach dem Abbruch des Wettkampfs durchgeführt wurde, hatten die Journalisten die Möglichkeit, sich eine Meinung darüber zu bilden, wie der Wettkampf ohne das Eingreifen Campos weitergegangen wäre. Angenommen, ich hätte das Match noch mit 6:5 gewonnen – hätte irgend jemand von den Journalisten erwarten können, daß sie dieses Ergebnis ignorieren und nur an die 5:1-Führung Karpows am 31. Dezember 1984 denken würden? Es lag auf der Hand, daß sie die Ereignisse bis zum 15. Februar mit in ihre Urteilsfindung einbeziehen würden, auch wenn dies, streng genommen, nicht korrekt war.

Wenn der ohne Entscheidung abgebrochene Titelkampf bei der Oscar-Wahl unberücksichtigt bleiben sollte, war davon auszugehen, daß ich der aussichtsreichste Anwärter auf die Auszeichnung war. Karpow hatte zwar 1984 zwei Turniere gewonnen, doch ließen sich seine Ergebnisse nicht mit meinem Sieg über Smyslow im Finale der Kandidatenausscheidung Anfang 1984 in Litauen vergleichen. Den Oscar 1983 hatte ich aufgrund meines Ausscheidungsmatchs gegen Kortschnoi erhalten. Ich machte den Vorschlag, daß man unter diesen außergewöhnlichen Umständen auf die Oscar-Verleihung verzichten oder Karpow und mich aus der Liste der Anwärter streichen sollte, da die Frage nach dem besten Schachspieler der Welt erst noch entschieden werden mußte.

Nun geschahen einige sehr merkwürdige Dinge. Campo befand sich noch auf Tour, in aller Welt seine Entscheidung rechtfertigend. Ein Oscar für Kasparow wäre eine Art Ohrfeige für ihn gewesen, hätte sich darin doch gezeigt, daß die Schachwelt eher meine Version der Vorgänge als die seine akzeptierte und mich als das Opfer seiner willkürlichen Machenschaften betrachtete.

Nun fügte es sich, daß der spanische Schachverband äußerst linientreu hinter Campomanes stand und von einem von Campos treuesten Gefolgsleuten geführt wurde: Roman Toran. Auf seine Einladung hin kamen Campo und Karpow am 21. April nach Spanien – genau drei Tage bevor in Barcelona die Umschläge geöffnet werden sollten.

Noch merkwürdiger war, daß in bezug auf den Modus der Oscar-Wahl unvermittelt und kurzfristig zwei Neuerungen eingeführt wurden: Der Exekutivausschuß und das Zentralkomitee der FIDE erhielten Stimmrecht, und eine größere Gruppe von Journalisten – Freunde der FIDE aus einigen der kleineren Schachverbände – wurden im letzten Moment in die Liste der Stimmberechtigten aufgenommen. Als die Umschläge geöffnet wurden, ergab sich, daß Karpow mit einem Vorsprung von nur 30 Stimmen – 1390 gegenüber 1360 für mich – gewonnen hatte. Der auf jedem Stimmzettel an erster Stelle Genannte erhält 15, der Zweitgenannte 12, der Dritte 10 Punkte – man ersieht daraus, wie knapp die Wahl tatsächlich ausging. Ich zweifle nicht im geringsten daran, daß ich mit klarem Vorsprung gewonnen hätte, wären nicht die Regeln unter der sorgfältigen Aufsicht von Campomanes, Karpow und Toran, die alle zur gleichen Zeit in Barcelona weilten, kurzfristig geändert worden. Seltsamerweise machten die neu zugelassenen Stimmberechtigten in den folgenden Jahren von ihrem Stimmrecht keinen Gebrauch. Mit Interesse registrierte ich auch noch eine andere Neuerung: Zum ersten Mal wurde die Oscar-Verleihung im sowjetischen Fernsehen übertragen. So konnte der »Sieg« Karpows als nationales Großereignis gefeiert werden. Kaum nötig zu sagen, daß über meinen Oscar-Gewinn im Jahr davor nur ganz beiläufig berichtet worden war. So langsam bekam ich das dumpfe Gefühl, das neue Match gegen Karpow werde vielleicht nie stattfinden. Wenn aber doch, so war ich mir sicher, daß ich, so ich es verlieren sollte, erledigt und am Boden zerstört sein würde. Das würde ein gefundenes Fressen für sie sein. Aber vielleicht wagten sie gar nicht, es darauf ankommen zu lassen. Schon hatten einige Sportfunktionäre mir

239

gegenüber angedeutet, wir bräuchten einen Weltmeister, der die Sowjetunion nach außen hin würdig repräsentieren könnte. Ich versetzte darauf: »Braucht ihr einen Weltmeister – oder braucht ihr Weltmeister Anatoli Karpow?«

Ich war entschlossen, nicht zuzulassen, daß alle diese Provokationen in eine Krise mündeten, die das Zustandekommen des Wettkampfs verhindern würde – denn gerade dies war eindeutig die Hoffnung und Absicht des gegnerischen Lagers. Andererseits kam ich nicht umhin, die Welt über diese Machenschaften aufzuklären, denn meine Feinde sollten wissen, daß ich nicht ganz ohne Verbündete dastand und daß jeder falsche Schritt, den sie taten, registriert und für die Nachwelt festgehalten werden würde. Ich beschloß, als Vorbereitung auf die nächste Begegnung mit Karpow zwei Wettkämpfe im Ausland auszutragen; sowohl die Austragungsorte als auch die Gegner waren bewußt im Hinblick auf den Weltmeisterschaftskampf gewählt. Ich wollte in Hamburg gegen den deutschen Großmeister Robert Hübner und in Belgrad gegen den Schweden Ulf Andersson spielen. Beide können sich, wie Karpow, mit äußerster Zähigkeit verteidigen und sind schwer zu besiegen. Außerdem setzte ich darauf, daß mein Auftreten sowohl in Westdeutschland als auch in Jugoslawien ein starkes publizistisches Echo finden würde, da ein Deutscher und ein Jugoslawe – Kinzel als Vorsitzender der Berufungskommission und Gligoric als Hauptschiedsrichter – im Zusammenhang mit dem unrühmlichen Ende des Moskauer Marathonmatchs eine fragwürdige Rolle gespielt und von mir deswegen hart kritisiert worden waren, was in beiden Ländern nicht unbeachtet geblieben war.

Sowohl Kinzel als auch Gligoric hatten Campo bei seinem Versuch, Geschichtsklitterung zu betreiben, dadurch geholfen, daß sie persönliche Darstellungen der Vorgänge an die FIDE schickten, die von dieser postwendend an ihre Mitgliedsverbände in aller Welt weiterverteilt wurden. Beide tischten in ihrem Bericht erneut die Lüge auf, das Match sei »im Einklang mit den Wünschen Kasparows« abgebrochen worden. Sie hielten sich an das primitive Rezept, die Wahrheit mit einem Nebel unklarer und verworrener Aussagen einzuhüllen, in der Hoffnung, daß die schändlichen und schmutzigen Tricks, mit deren Hilfe sie den Matchabbruch herbeigeführt hatten, im Getümmel eines Kleinkrieges aus Behauptungen und Gegendarstellungen in Vergessenheit geraten würden. Die ganze Welt wußte, daß der Abbruch des Wettkampfs ein Skandal und eine Farce gewesen war. Nur eine Handvoll Leute, die der FIDE nahestanden, machten den untauglichen Versuch, die Entscheidung von Campomanes zu verteidigen. Es stimmte mich traurig, daß darunter auch die beiden eigentlich zur Neutralität verpflichteten Funktionäre Kinzel und Gligoric waren. Besonders leid tat es mir um den Jugoslawen, den ich als Hauptschiedsrichter bei meinem Match gegen Kortschnoi 1983 in London schätzen und achten gelernt hatte.

Man kann sich unschwer vorstellen, was ich empfand, als Campo ausgerechnet Kinzel und Gligoric als Verantwortliche für die Durchführung der Neuauflage des Titelkampfs benannte. Man stelle sich vor: Zwei Männer werden zu Unparteiischen ernannt, die gerade mit einem der Matchteilnehmer öffentlich im Clinch liegen. Gligoric hatte in einem Brief an mich geschrieben: »Nach einer solchen Behauptung Ihrerseits habe ich aufgehört, irgend etwas, das Sie von sich geben mögen, ernst zu nehmen.« Wie sollte dieser Mann mir gegenüber als neutraler Schiedsrichter agieren, und wie konnte Campomanes ihn für diese Rolle auswählen? Dies war die bis dahin größte Provokation, und sie überschritt eindeutig die Grenze des Tolerierbaren.

Ohnehin hatte Campomanes bei der Schiedsrichterauswahl einen Verfahrensfehler begangen. Das Reglement sagt, daß nach Möglichkeit ein Schiedsrichter ausgewählt werden soll, der das Vertrauen beider Parteien besitzt. In diesem Fall gab es einen Namen, der sowohl auf Karpows Liste als auch auf der meinen auftauchte: Lothar Schmid aus Bamberg. Campo hatte sich nicht darum gekümmert und sich statt dessen für Kinzel und Gligoric entschieden. Sicherlich war dies auch ein Zeichen seiner Dankbarkeit dafür, daß sie ihm nach seiner umstrittenen Entscheidung vom 15. Februar den Rücken gestärkt hatten. Die Auseinandersetzung um den Hauptschiedsrichter zog sich den ganzen Sommer über hin und verschlang Energien, die ich viel lieber in die Vorbereitung auf das Match investiert hätte.

Am 25. Juli gab Gligoric in einer in Belgrad vom Präsidenten des jugoslawischen Schachverbands verlesenen Erklärung bekannt, daß er als Hauptschiedsrichter nicht zur Verfügung stehen werde. Und doch verkündete Lim Ko Ann, Generalsekretär der FIDE, am 6. August in einer offiziellen Verlautbarung, Gligoric werde als Hauptschiedsrichter amtieren. Erst am 19. August, fast einen Monat nach der Verzichterklärung von Gligoric, meldete Campomanes sich bei Lothar Schmid. Dabei wußte er genau, daß Schmid als Geschäftsmann nicht in der Lage war, sich auf so kurzfristige Benachrichtigung hin für mehrere Wochen abkömmlich zu machen. Wäre er einige Wochen früher offiziell gebeten worden, das Schiedsrichteramt zu übernehmen, hätte er ja gesagt, wie alle Insider sehr wohl wußten. Campomanes sortierte ihn einfach auf kaltem Weg aus.

Vorschlagslisten mit Namen von Schiedsrichtern tauchten jetzt plötzlich in allen Ecken und Enden auf. Campo verkündete schließlich, es würden zwei Hauptschiedsrichter eingesetzt, die sich tageweise abwechseln würden – ein weiterer Verstoß gegen das Reglement, bei dem er sich auf seine Handlungsvollmacht in Notfällen berief (nachdem er den Notfall vorsätzlich selbst herbeigeführt hatte). Ich führte in einem Schreiben an den in Graz tagenden FIDE-Kongreß Klage über Campomanes: »Er verstößt Tag für Tag gegen moralische Grundsätze und geschriebene Regeln. Nebenbei: Ich habe auf alle Briefe des Präsidenten geantwortet, aber offensichtlich verschwinden meine Antworten auf geheimnisvolle Weise. Ist das nicht seltsam? Aus der Tatsache, daß er alle meine Anfragen und Ersuchen ignoriert, erwachsen mir Nachteile. Da ich mich jedoch, anders als der Präsident, in den Dienst des Schachsports gestellt sehe, fühle ich mich verpflichtet, selbst unter diesen Bedingungen anzutreten. Ich hoffe nur, daß über die Zukunft des Weltmeistertitels auf dem Schachbrett entschieden werden wird – dieses Mal.«

Das alles war leichter gesagt als durchgesetzt. Ende Mai sollte ich nach Deutschland abreisen, um in Hamburg das von dem deutschen Nachrichtenmagazin *Der Spiegel* organisierte Match gegen Hübner zu spielen. Ich sollte bei dieser Gelegenheit auch ein Interview geben. Dies letztere Vorhaben machte die sowjetischen Schachverantwortlichen offensichtlich nervös. Sie konnten nicht wissen, was ich sagen würde. Wie auch immer, die sowjetischen Zollbehörden machten mir, als ich von Moskau aus abfliegen wollte, ungewohnte Schwierigkeiten. Stein des Anstoßes waren westliche Devisen, die ich ausführen wollte. Tatsächlich hatte ich beim Ausfüllen der Devisenerklärung einen wenn auch geringfügigen Formfehler gemacht. Auf so etwas hatten sie offenbar nur gewartet; jedenfalls sagten sie, ich dürfe das Geld nicht mitnehmen.

»Aber verzeihen Sie«, antwortete ich, »das Geld gehört mir. Ich muß es mitnehmen.«

»Nein, das geht nicht – Sie können es bei Ihrer Rückkehr in die Sowjetunion haben.«

Das war sehr merkwürdig. Bis dahin hatte ich mit dem Zoll nie Probleme gehabt. Anschließend wandten sie sich meinem Flugticket zu. Wenn das Match in Hamburg stattfinden sollte, weshalb hatte ich dann nur ein Ticket bis Frankfurt? Wer würde, da ich das Westgeld nicht mitnehmen durfte, für die Kosten der Fahrt von Frankfurt nach Hamburg aufkommen? Was würde ich tun, wenn niemand mich in Frankfurt abholte? Vielleicht war es angesichts dessen besser, wenn ich in Moskau blieb. Ich war verunsichert. Es war Sonntagmorgen, in Ämtern und Ministerien war niemand zu erreichen. Ich müsse, so sagten sie mir, dann eben bis Montag warten und mir vom Schachverband grünes Licht geben lassen. Zum Glück aber hatte ich den *Spiegel*-Korrespondenten in Moskau gebeten, die Redaktion solle mir vorab per Telex bestätigen, daß in Deutschland alles für meinen Aufenthalt Wichtige arrangiert war. So konnte ich den Zollbeamten beweisen, daß ich in Fankfurt abgeholt würde und daher keine Devisen mitzunehmen brauchte.

Die kleine Unstimmigkeit in meiner Devisenerklärung schlachtete Karpow wenig später in einem Interview aus, das er in Holland gab. Er sagte, ich hätte Probleme mit dem sowjetischen Gesetz – als hätte ich eine größere Straftat begangen. Dies aus dem Mund eines Mannes, der in Westdeutschland eine illegale Treuhandvereinbarung über 446 000 Dollar abgeschlossen hatte! Ich fragte mich, ob nicht diese ganze Zollepisode Bestandteil eines untauglichen Versuchs gewesen war, meine Reise nach Deutschland zu Fall zu bringen.

In Hamburg spielte ich sechs Partien gegen Hübner, von denen ich drei gewann und drei remis beendete. Inzwischen hatte ich mich nach all den Provokationen und angesichts meiner unguten Vorahnungen für das anstehende Match dazu durchgerungen, dem *Spiegel* alles zu erzählen, was ich über die skandalösen Praktiken von Campomanes und Karpow, über die Intrigen während des ersten WM-Kampfes und über meine Besorgnisse bezüglich des zweiten zu sagen hatte. Ray Keene sagte später, ich hätte mir in dem *Spiegel*-Interview lediglich »mit den Fäusten auf die Brust getrommelt und Tarzanlaute ausgestoßen«. Ich sah darin damals meine einzige Chance, alle Hintergründe öffentlich zu machen, so daß die Welt, wenn meine Gegner durch irgendwelche Machenschaften das Match verhindern würden, erkennen könnte, wer oder was dahintersteckte.

Meine nächste Station war Belgrad, wo ich gegen Andersson zwei Partien gewann und viermal remis spielte – und in einem offenen Brief, der in der Zeitschrift *Politika* in voller Länge abgedruckt wurde, meinen Konflikt mit Gligoric öffentlich machte.

Ich ging jetzt voll aus der Deckung heraus, als ich mich in Westdeutschland und in Jugoslawien an die Öffentlichkeit wandte, und ließ mehrere Schreiben an die FIDE los – keines davon hatte ich vorher mit dem sowjetischen Schachbund abgesprochen, da ich zensierende Eingriffe vermeiden wollte. Ich hatte das Gefühl, keine andere Wahl zu haben als die Publizität – die Herstellung von Öffentlichkeit war meine einzige wirksame Waffe gegen die Verleumdungskampagne, die meine Feinde gegen mich führten. In der sowjetischen Presse fand ich keine Unterstützung. Die einzige Ausnahme war Boris Spasski, der in einem Interview, das er der Zeitschrift *New in Chess* in Amsterdam gab, für mich Partei ergriff. So willkommen mir seine Hilfe war, ihr Wert wurde dadurch gemindert, daß Spasski, der nach seiner Heirat mit einer Französin russischer Herkunft in Paris wohnte, fast schon als Franzose angesehen wurde. Er sagte unter anderem: »Nachdem Karpow die Abbruchentscheidung von Campomanes akzeptiert hatte, was unglaublich war, befand er sich in einer äußerst unangenehmen Lage. Er war der einzige, der nicht vorhergesehen hatte, daß er in der nun entstandenen Situation zuerst und vor allem sein Prestige hätte retten müssen.

Karpow traf irreparables Pech – aber es war ganz allein seine Schuld. Was Campomanes betrifft: Mit seiner Entscheidung… stieß er Karpow ins Verderben.«

Ich hatte jedoch das dumpfe Gefühl, daß Karpow den Sturz ins angebliche Verderben gut überstanden hatte und sich anschickte, aus dem Abgrund herauszuklettern. Mein Interview im *Spiegel* lieferte ihm und seinen Freunden genau das, worauf sie gewartet hatten. Was ich sagte, gefiel ihnen natürlich nicht, aber es eröffnete ihnen die ersehnte Chance, meine Disqualifikation zu betreiben. Bis dahin hatte ich auf keinen der vielen provokativen Köder angebissen, die für mich ausgelegt waren, ich hatte den Austragungsort akzeptiert, die Schiedsrichter, die manipulierte Oscar-Wahl und so weiter. Jetzt besaßen sie endlich etwas, woraus sie mir einen Strick glaubten drehen zu können. Sie brauchten nicht lange, um sich von ihrem Schreck über meine offenen Äußerungen und über die Reaktion darauf im westlichen Ausland zu erholen; doch dann erkannten sie, daß ich mich sehr weit aus dem Fenster gelehnt hatte. In ihren Augen hatte ich mich damit selbst ans Messer geliefert. Allerdings: Alles, was von mir gesagt worden war, entsprach der Wahrheit. Man würde mir vorwerfen, ich hätte den sowjetischen Schachbund angegriffen, aber was ich angegriffen hatte, war der Karpowsche Schachbund. Es war ein Bund *gegen* das sowjetische Schach. Ich war bereit, zu kämpfen und mich zu verteidigen, aber wer würde mir Gehör schenken?

Karpow muß das Gefühl gehabt haben, ich hätte den Bogen überspannt, denn im Juli gab er der Belgrader Zeitung *Sport* ein Interview, in dem er kategorisch erklärte: »Man kann mit Gewißheit sagen, daß es auf dem Schacholymp keinen Wechsel geben wird.« Karpow äußert sich in der Öffentlichkeit normalerweise zurückhaltend. Diese Bemerkung nun verriet so viel Selbstgewißheit, daß ich den Eindruck bekam, er müsse in irgendeine neue Intrige eingeweiht sein, von der der Rest der Welt noch nichts wußte. Offenbar hatte er Gründe, zu glauben, daß ich mit meinem *Spiegel*-Interview meinen Anspruch auf ein neues Match gegen ihn irgendwie untergraben hatte. In gewisser Weise lag er damit sogar richtig. Denn für den 9. August war eine Sondersitzung des sowjetischen Schachbundes anberaumt, auf der meine förmliche Disqualifikation beschlossen werden sollte. Karpow wußte von diesem Vorhaben.

Zum Glück wußte auch ich davon und hatte somit die Möglichkeit, mir etwas dagegen einfallen zu lassen. Wieder einmal wandte ich mich an die Regierung meiner Sowjetrepublik, die auch diesmal nicht zögerte, mir zu helfen. Bald jedoch wurde klar, daß ich diesmal noch mehr politische Schubkraft mobilisieren mußte als zuvor. Im April hatte eine größere Vollversammlung der Partei stattgefunden, bei der deutlich geworden war, daß die Zukunft neuen Männern gehörte. Der Mann, an den wir uns diesmal wandten, war Alexander Jakowlew, heute Sekretär des Zentralkomitees der Kommunistischen Partei der Sowjetunion und Leiter der Propagandaabteilung. Er war schon damals ein enger Vertrauter Gorbatschows, der ihn kurz zuvor von seinem Botschafterposten in Kanada zurückberufen hatte. (In letzterer Funktion hatte Jakowlew Gorbatschows erfolgreichen Staatsbesuch in Kanada vorbereitet.) Wir hätten uns keinen günstigeren Zeitpunkt wünschen können, denn Jakowlew war der aufgehende Stern im Kreis der Gorbatschow-Vertrauten, einer seiner engsten Berater in Fragen der Westpolitik. Hätte ich mich auch nur wenige Monate früher an ihn gewandt, vor jener Parteiversammlung, bei der er ins Zentralkomitee gewählt wurde, es wäre wohl noch nicht in seiner Macht gestanden, mir zu helfen.

Als meine Gewährsleute ihm das Problem schilderten, sagte er zu ihnen: »Dieses Match wird stattfinden.« Kurz und bündig. Er repräsentierte den neuen sowjetischen Stil. Den Verantwortlichen des sowjetischen Schachbunds wurde in unmißverständlichen Worten klargemacht, daß unser Disput auf dem Schachbrett entschieden werden mußte. Keine schmutzigen Tricks mehr – ein fairer Wettkampf sollte entscheiden. Denen, die sich mit der Absicht trugen, mich zu disqualifizieren, wurde deutlich gemacht, daß dies ein Ding der Unmöglichkeit war, daß ich genau wie Karpow ein Sohn des sowjetischen Volkes war und daß ich die Zukunft des Schachsports verkörperte. Jakowlew verstand die Bedeutung der Medien in den westlichen Ländern; er wußte, daß es ein Unding war, Kasparow durch Verfahrenstricks aus dem Verkehr ziehen zu wollen, weil viele Menschen im Westen sehr genau über die Hintergründe informiert waren. Er verhinderte, daß ich in der sowjetischen Presse attackiert und daß mein Ansehen im Inland herabgewürdigt wurde. Meine Disqualifikation zu betreiben, war die letzte Chance meiner Gegner, und Jakowlew machte sie ihnen zunichte.

Der 9. August 1985 war ein wichtiger Tag in meinem Leben und ein historisches Datum für das sowjetische Schach. Ich weiß ebensogut wie viele Funktionäre, was die Herren Sewestjanow, Baturinski und Krogius auf der Sondersitzung vom 9. August vorhatten. Sie wollten mich disqualifizieren, das heißt mir das Anrecht auf den bereits angesetzten Weltmeisterschaftskampf gegen Karpow absprechen; er sollte zum alten und neuen Weltmeister erklärt werden. Dieser Beschluß sollte durch eine persönliche Schmutzkampagne gegen mich in der sowjetischen Presse publizistisch begleitet werden. So sah ihre strategische Planung aus, bis Jakowlew eingriff und das ganze schöne Szenario zunichte machte. Der Form nach sollte der Disqualifikationsbeschluß den Charakter einer Empfehlung haben, die dem Sportrat vorgelegt und von diesem dann routinemäßig vollzogen werden sollte. Merkwürdigerweise sind keinerlei schriftliche Unterlagen über alle diese Vorkehrungen und Abmachungen erhalten geblieben. Sie sind in der Versenkung verschwunden – wie es eigentlich mir zugedacht war.

Meine Anwesenheit war bei dem ganzen Verfahren nicht vorgesehen – ich sollte *in absentia* disqualifiziert werden. Am Morgen des 9. August war freilich schon klar, daß die Hinrichtung nicht stattfinden würde. Was von der Veranstaltung übrigblieb, war eine langweilige, formelle Farce. Dieser allerdings durfte ich persönlich beiwohnen. Um 9.30 Uhr erhielt ich in Baku die telefonische Aufforderung, mich zu der Sondersitzung in Moskau einzufinden. Ich flog mit Juri Mamedow und dem Vorsitzenden des aserbeidschanischen Schachverbands hinauf. Schweigend vernahmen wir die feierliche »Urteilsverkündung«. Sie bestand im wesentlichen aus einer Ermahnung, die besagte, sowjetische Großmeister sollten keine Interviews in westlichen Presseorganen geben. Das war alles. Es war der denkbar mildeste Verweis, den man mir erteilen konnte. Wieder einmal war ich davongekommen – mit knapper Not.

Was mir gedroht hatte, war die moralische Vernichtung, denn

nichts anderes hätte eine Disqualifikation bedeutet. Wenn du als Schachspieler nicht spielen darfst, bist du tot. Das war das Schicksal, das sie mir zugedacht hatten. Doch nach jener Parteiversammlung im April hatte sich in der Sowjetunion der Wind gedreht, und es war nicht mehr möglich, einen Gegner auf kaltem Weg zu erledigen, ohne daß er sich wehren konnte. Zwei Jahre zuvor war es ihnen beinahe gelungen, mir das Kandidatenmatch gegen Kortschnoi zu verbauen. Die Situation, in der ich mich nach dem *Spiegel*-Interview befand, war wesentlich ernster. Wäre sie zwei Jahre früher eingetreten – oder vielleicht auch nur wenige Monate früher –, ich wäre sicher nicht mit heiler Haut davongekommen. Aber ich hatte Glück. Gleichzeitig mit mir entwickelte sich auch die sowjetische Gesellschaft weiter. Die mit dem Namen Michail Gorbatschow verknüpften Reformen waren mein Lebenselixier, waren meine einzige Chance, und sie kamen zur rechten Zeit. Ohne sie hätte ich nicht den Sieg davontragen können. Ich wäre zermalmt worden.

Jetzt endlich, nach all den politischen Kabalen, konnte und mußte Schach gespielt werden. Das Match sollte im Tschaikowsky-Saal stattfinden, wo auch der berühmte Musikwettbewerb abgehalten wird. Es bestand also diesmal nicht die Geefahr, daß man uns ersuchen würde, kurzfristig auszuziehen, damit ein prominenter Staatsmann oder Nationalheld aufgebahrt werden konnte, wie es während des ersten WM-Kampfes im Säulensaal passiert war. Der Tschaikowsky-Saal ist ein Konzertsaal, der 1500 Zuschauern Platz bietet. Draußen auf dem Majakowski-Platz drängten sich vor den Polizeikordons weitere 2000 Schachbegeisterte, die keine Karten mehr erhalten hatten.

Ich war diesmal viel besser untergebracht als beim ersten Match. Ich hatte während der gesamten Dauer jenes Marathon-Wettkampfs in dem riesigen Hotel Rossija nahe dem Roten Platz und dem Kreml gewohnt, während Karpow seine private, etwa 20 Fahrminuten von der Moskauer Stadtmitte entfernte Datscha benutzt hatte. Meine Mutter und meine Freunde hatten zwar ihr Bestes getan, mir eine wohnliche Atmosphäre zu schaffen, aber Karpow war sicherlich dadurch bevorteilt, daß er eine vertraute und abgeschiedenere Wohnung zur Verfügung hatte. Dieses Mal hatte ich das Glück, daß Stepan Schalajew, der Vorsitzende des sowjetischen Gewerkschaftsverbandes, mir seine Hilfe anbot. Ich wurde vom Gewerkschaftsbund Spartacus unterstützt, wie Karpow von der Armee-Kooperative. Schalajew ist nicht nur ein mächtiger Mann, dessen Organisation bei der Durchführung der wirtschaftlichen Reformen in unserem Land eine Schlüsselrolle zukommt, er ist auch Liebhaber des Schachspiels. Seine Unterstützung war für mich von unschätzbarem Wert, zumal sie gerade zur rechten Zeit kam. Die Gewerkschaften stellten mir alles zur Verfügung, was ich für die Vorbereitung auf den Wettkampf brauchte, nicht zuletzt ein herrliches Haus mit vielen Zimmern und einem großen Garten am Lenin-Prospekt. Die sieben Mitglieder meines Teams, darunter meine Mutter und ihre Schwester, die für alle kochte, fühlten sich in diesem Haus außerordentlich wohl. Schon bald hieß das Haus unter uns »der Palast«, und ich fühlte mich wirklich wie ein König. Das einzige, das mir zu meinem Glück noch fehlte, war, wie ich meinen Leuten scherzhaft sagte, eine Krone.

Ich zog für die erste Partie Weiß, was mir als ein gutes Omen erschien. In der ersten Partie eines Wettkampfs tasten die Kontrahenten einander normalerweise vorsichtig ab, aber es waren ja seit unserem denkwürdigen Marathon erst wenige Monate vergangen; es war beinahe so, als ob wir jetzt die 49. Partie unseres Matchs austrugen. Ich überraschte Karpow schon frühzeitig mit einem gänzlich ungebräuchlichen, von Aljechin stammenden Aufbau gegen seine Nimzowitsch-Indische Verteidigung (der ich früher gewöhnlich ausgewichen war), was ihn zwang, über seinen Antwortzug ungewöhnlich lange nachzudenken. Sein Tischfähnchen rutschte auf halbmast und blieb so bis zur Vertagung der Partie, ein Detail, dem manche Beobachter symbolische Bedeutung zusprachen. Die ganze Zeit über befand Karpow sich in Bedrängnis, und am nächsten Tag gab er auf, ohne sich noch einmal ans Brett zu setzen. In meinen Augen war dies mein dritter Sieg hintereinander, nachdem ich schon die beiden letzten Partien des abgebrochenen ersten Matchs gewonnen hatte. Nie zuvor hatte Karpow drei Spiele hintereinander, nie zuvor hatte er die Eröffnungspartie eines Weltmeisterschaftskampfes verloren. Mark Taimanow, der sowjetische Fernsehkommentator, schrieb: »Der ersten Partie kommt immer besondere Bedeutung zu. Alles an ihr ist von Belang – die gewählte Eröffnung, das Tempo und das Temperament des Kampfes sowie natürlich das Ergebnis. Bis zu einem gewissen Grad kann [die erste Partie] auch Aufschluß über die geistige Verfassung und den Siegeswillen der Kontrahenten liefern oder Einblick in die Geheimnisse der analytischen Vorbereitung geben. Die Begegnung erwies sich als ebenso interessant wie temperamentvoll.«

Das Ergebnis dieser Partie kam für mich überraschend, zu überraschend vielleicht, mußte ich mich doch jetzt in der für mich neuen Situation zurechtfinden, in Führung zu liegen. Nachdem ich so lange am Rande des Abgrunds gestanden hatte, fiel es mir schwer, mich an dieses neue Gefühl zu gewöhnen. Ich war daher eher verwirrt als beglückt. Und diese Stimmungslage mag dazu beigetragen haben, daß ich eine gute Chance zum Gewinn der zweiten Partie verpaßte. Mit Schwarz spielend, konfrontierte ich Karpow mit einem Feuerwerk taktischer Verwicklungen, aber er rettete sich mit kühlem Kopf und ruhigem Spiel aus dem Labyrinth. Ich kehrte nach der Vertagung ziemlich ratlos ans Brett zurück. Mir fehlte eine zündende Idee für die Fortsetzung der Partie, und so verlor ich die Initiative. Es war eine aufregende und spektakuläre Partie, die ich nach Ansicht meiner Betreuer hätte gewinnen können.

Nach einem farblosen Remis sammelte Karpow seine Kräfte und erzielte zwei Siege nacheinander. Nach Ansicht des englischen Großmeisters Tony Miles bewies Karpow in diesen beiden Partien sein feines Gespür für Schwachpunkte in der gegnerischen Stellung oder, wie Dominic Lawson es in der *Financial Times* ausdrückte: »Karpow besitzt die Fähigkeit, einen winzigen Vorteil in eine erdrückend überlegene Stellung umzumünzen; mit der unerbittlichen Sorgfalt einer Spinne, die ihr Netz baut, fesselt er die gegnerischen Figuren in ein feines Gespinst aus Zügen.«

Binnen drei Tagen hatte er aus einem Rückstand eine Führung gemacht und sich zudem noch das psychologisch höchst bedeutsame Erfolgserlebnis eines Sieges mit den schwarzen Figuren beschert. Es war klar, daß ich jetzt einen schweren Weg vor mir hatte, doch meine Betreuer und ich waren alles andere als niedergeschlagen. Wir vertrauten auf unsere gründliche Vorbereitung. Für die nächste Phase des Matchs nahm ich mir zwei Dinge vor: Karpow an einem weiteren Ausbau seiner Führung zu hindern und möglichst viele Verwicklungen zu schaffen, um die Initiative wiederzugewinnen und meinen Gegner zu zermürben. Die nächsten fünf Partien endeten remis, aber sie verliefen durchweg spannend und verschlangen viel Nervenkraft. Besonders wichtig in dieser Hinsicht war die zehnte Partie, in der ich mich, mit Schwarz spielend, nach dem Urteil der Kommentatoren durch eine »verblüffende Opferserie in ein Remis rettete, das Karpow sicherlich als sehr unbefriedigend empfand.

In dieser Situation – nahezu die Hälfte der angesetzten Partien waren gespielt – erinnerte ich mich an die Prognose, die Botwinnik für dieses Match abgegeben hatte: »Wenn Kasparow nach zehn oder zwölf Partien nicht oder nur mit einem Punkt in Rückstand liegt, wird er in diesem Wettkampf eine gute Siegchance haben.« Ich hatte die Siegesserie Karpows gestoppt und spürte, daß ich nun wieder die Oberhand zu gewinnen begann. Die Bestätigung hierfür kam schon in der nächsten Partie, die ich nach nur 26 Zügen durch ein Damenopfer gewann. Karpow tappte in eine einfache Falle, die ich ihm gestellt hatte. Manche Beobachter sprachen nachher von dem »Fehler des Jahrhunderts«, den Karpow gemacht habe; sie vergaßen dabei, daß bei Schachweltmeisterschaften schon andere historische Böcke geschossen worden sind, unter anderem von Fischer in der ersten Parie seines WM-Kampfes gegen Spasski. Man sollte nicht vergessen, daß Karpow dieser Fehler nach einer Anzahl anstrengender Remispartien unterlief, die ihn offenbar unter Streß gesetzt hatten. Ein Kommentator sagte über mich: »Er jagt den König mit ungezügelter Angriffslust.« Das Publikum spendete spontanen Beifall und rief in Sprechchören »Garri, Garri, Garri« – ich hörte die Rufe noch, während ich durch die Gorkistraße nach Hause fuhr.

In der zwölften Partie verblüffte ich die Experten mit einem, wie Awerbach es nannte, »Blitz aus heiterem Himmel«, einem Bauernopfer, das einen Versuch darstellte, in der Taimanow-Variante der Sizilianische Verteidigung den gordischen Knoten zu durchhauen. Karpow schlug die Einladung aus, mit mir in stürmischen Gewässern zu kämpfen, und steuerte statt dessen auf ein ruhiges Remis zu, wonach wir mit ausgeglichenem Punktestand in die zweite Matchhälfte gingen. In dieser Situation veröffentlichte der *Spiegel* einen Bericht mit dem Titel »Toljas Millionen«. Er enthüllte, daß Karpow einen 450 000 Dollar schweren Vertrag mit einer Computerfirma abgeschlossen hatte und daß der Vermittler dieses Geschäfts, ein deutscher Fernsehjournalist, in dem Verdacht stand, das Geld unterschlagen zu haben. Aus dem Bericht ging ferner hervor, daß Campomanes und Kinzel sich bemüht hatten, die Dollars für Karpow wiederzubeschaffen. Der Korrespondent der Nachrichtenagentur *Reuter* gewann den Eindruck, daß diese Veröffentlichung »auf Karpows Psyche lastete« und daß die merklich größere Sympathie »des Moskauer Publikums für den jungen Herausforderer ihm den Nerv raubte«. Sein Delegationsleiter Baturinski soll gesagt haben, der Ärger über diese Dinge habe ihn »fünf Jahre seines Lebens gekostet«.

Nach einer Reihe von Remisen kam die latente Spannung, die über dem Wettkampf lag, in der 16. Partie zum Ausbruch, die ich als meine bislang größte schöpferische Leistung betrachte. An solche Spiele denkt man lange zurück, besonders wenn man sie gewonnen hat, und noch mehr, wenn man sie mit den schwarzen Steinen in einem Weltmeisterschaftsmatch gewonnen hat. Wieder sprangen die Zuschauer jubelnd auf und skandierten Sprechchöre. Nach einem kreativen Bravourstück dieser Art war es für mich nicht einfach, zu der nötigen Konzentration auf die nächste Partie zurückzufinden. Erneut fand ich mich in der Rolle des Führenden, die mir noch immer nicht vertraut war. Aber im tiefsten Innern war ich jetzt wirklich davon überzeugt, daß ich das Match würde gewinnen können; diese Gewißheit flößte mir zusätzliches Selbstvertrauen ein. Auch meine Betreuer und Helfer teilten meine Zuversicht; einer von ihnen schlug nach der 16. Partie auf den Teppichen des »Palastes« einen Purzelbaum nach dem anderen und jubelte: »Wir packen ihn.«

Nach zwei Remispartien landete ich in der 19. Partie wiederum einen Sieg. Im Tschaikowsky-Saal kam es zu nie dagewesenen Szenen, als ich in eindeutiger Gewinnstellung meinen versiegelten Abgabezug verriet, indem ich ihn auf dem Brett spielte – unter dem frenetischen Beifall des Publikums. Es war dies ziemlich sicher das erste Mal, daß in einem WM-Titelkampf ein Abgabezug offen angezeigt wurde – selbst in normalen Großmeisterturnieren kommt dies selten vor. Auf der Galerie wimmelte es von Großmeistern, Funktionären und Korrespondenten, die sich alle über die Brüstung lehnten, um das Geschehen zu verfolgen. Mein Sekundant Dorfman drehte sich zu jemandem um und sagte mit erregter und heiserer Stimme: »Es ist vorbei.« Der Kohauptschiedsrichter Mikenas trat an die Rampe des Podiums und wedelte mit den Armen, um die Menge zum Schweigen zu bringen, aber er hatte keine Macht über die aus dem Häuschen geratenen Zuschauer. Kurz zuvor hatte ein Mann aus der Menge gerufen: »Gib nicht auf, Anatoli Jewgenjewitsch!« Als mein Abgabezug sich herumsprach, konterte jemand anders ebenso lautstark: »Warum weiterspielen? Gib auf, Anatoli Jewgenjewitsch!« Als die Helfer am großen Demonstrationsbrett ihre langen Metallstöcke in Bewegung setzten, um meinen Abgabezug anzuzeigen, brandete nochmals Applaus auf, und ich verließ das Podium.

Es fiel auf, daß an diesem Abend in der täglichen Schachsendung der Moderator Alexej Suetin bei der Erläuterung der Züge von Karpow auf das bisher immer gebrauchte Attribut »Weltmeister« verzichete – vielleicht unbewußt – und statt dessen nur von Weiß und Schwarz sprach. Daß ich meinen Abgabezug offen angezeigt hatte, empfanden manche Zeugen des Geschehens als einen »Schlag ins Gesicht« meines Gegners, der sich, obwohl in hoffnungsloser Position, nicht zur Aufgabe hatte durchringen können. Andere fanden es, gerade bei einer so eindeutigen Gewinnstellung, taktlos von mir, daß ich den Abgabezug angezeigt hatte. Wie auch immer, Karpow teilte Mikenas am nächsten Morgen telefonisch mit, daß er die Partie aufgab.

Awerbach schrieb: »Man kann nicht umhin, von Kasparows wahrhaft enzyklopädischen Eröffnungskenntnissen beeindruckt zu sein. Noch bemerkenswerter aber ist sein beständiges Suchen nach Neuem in diesem Bereich, sein Bestreben, der offiziellen Theorie mindestens einen Schritt voraus zu sein.« Er bemerkte, daß Karpow, um diese Stärke von mir nicht zum Tragen kommen zu lassen, »von den ausgetretenen Pfaden abzuweichen und selten gespielte Varianten anzuwenden versuchte«.

Die 19. Partie war ein strategisch abgerundetes Spiel für mich, das mich in Sichtweite eines erreichbaren Gesamtsiegs brachte – seltsamerweise fiel es mir schwer, unter dem Eindruck dieses plötzlichen Hochgefühls konzentriert weiterzuspielen. Der Gedanke, daß ich nur noch drei Remisen benötigte, um Weltmeister zu werden, machte mich im wahrsten Sinn des Wortes schwach. Dieses psychologische Problem zeigte sich in den folgenden Partien. In der 20. spielte ich wieder einen offen angezeigten Abgabezug, zum zweiten Mal hintereinander. Für die Zuschauer war es wieder ein aufregendes Erlebnis, aber diesmal kam am Ende, nach einem sich über neun Stunden und 85 Züge hinziehenden »Zermürbungskrieg«, ein Remis heraus. Immerhin brachte mir diese Partie das folgende unerbetene Lob von Campos Stellvertreter, dem Venezolaner Raphael Tudela, ein: »Kasparow hat seit dem letzten Match an Statur gewonnen. Er spielt ohne Frage äußerst kontrolliert. Er hat seine anfänglichen Schwächen, seine zu große Emotionalität und Unreife, überwunden. Auf der anderen Seite scheint Karpow an irgendeinem psychologischen Handicap zu kranken. Ich glaube, daß ihm dauernd seine Fünf-zu-null-Führung im Kopf herumspukt.«
Auch in meinem Kopf spukten Dinge herum. Der in greifbare Nähe gerückte Sieg, der mich zu sich winkte wie eine süße Verführerin, trübte mir den Blick. Die Folge war, daß ich in der 21. Partie einen Sieg verschlief. Zur Überraschung vieler Beobachter erklärte ich mich bald nach Wiederaufnahme der abgebrochenen Partie mit einem Remis einverstanden, obwohl ich mit Weiß einen Stellungsvorteil zu besitzen schien. Das Dumme war, daß wir bei der Analyse der Hängepartie etwas übersehen hatten, und dieser Fehler machte mich nervös. Angesichts meines Zwei-Punkte-Vorsprungs wollte ich kein unnötiges Risiko eingehen und zog es vor, die Partie zu beenden. Aber ich hatte tatsächlich eine sehr reelle Chance ausgelassen, und dies enttäuschte mich und schlug sich auf meine Gemütsverfassung nieder.
Vor der 22. Partie nahm Karpow seine letzte Auszeit; er wußte, daß er diese Partie gewinnen mußte, wenn er sich die Chance auf einen Sieg bewahren wollte. Ich beging in Zeitnot zwei Flüchtigkeitsfehler, die die Partie für Karpow entschieden. Was mich in

dieser Partie regelrecht lähmte, war ein sehr starkes Gefühl der Verantwortung für jede einzelne zu treffende Entscheidung. Die vorausgegangene Partie nagte noch an meiner Psyche. Das machte mich übervorsichtig und brachte mich in Zeitnot. Ich muß Karpow bescheinigen, daß er in diesem kritischen Moment des Wettkampfs Nerven aus Stahl zeigte. Diese Niederlage bestimmte ganz offensichtlich meine Taktik in der folgenden Partie, in der ich ein Sicherheitsremis anstrebte und jedes Risiko, das zu einer Niederlage hätte führen können, vermied.

Es war der 7. November, der 68. Jahrestag der Revolution, und in den Straßen Moskaus wogten rote Fahnen und überlebensgroße Leninbilder. Die aufregende Zuspitzung des Wettkampfs elektrisierte die Massen in- und außerhalb des Tschaikowsky-Saals. Alles hing jetzt von der letzten Partie ab. Gewann Karpow, der mit Weiß spielte, so würde er Weltmeister bleiben. Ich brauchte nur ein Remis, um die Krone zu erobern, die er zehn Jahre lang getragen hatte. Allein, ich tat mich schwer mit der Ausarbeitung einer Strategie für diese Partie. Direkt auf ein Remis auszugehen, ist bekanntlich ein riskantes Unterfangen, ganz abgesehen davon, daß es meiner Schachauffassung nicht entspricht. Ich beschloß, mich auf einen offenen Schlagabtausch einzulassen – den Karpow sicherlich suchen würde, denn er mußte um jeden Preis auf Sieg spielen. Wenn ein einziger Zug über die Frage »Sein oder Nichtsein« entscheiden kann, ist es unmöglich, einen absolut klaren Kopf zu behalten. Fast unmöglich ist es, den nervenzehrenden Gedanken daran zu verscheuchen, daß ein falscher Zug einen ins Verderben stürzen kann, ohne daß man die Möglichkeit hat, die Scharte später wieder auszuwetzen. So ähnlich muß man sich beim russischen Roulette fühlen. In einer solchen Situation behält gewöhnlich der Spieler die Oberhand, der die stärkeren Nerven hat, konzentrationsfähiger ist und das größere Selbstbewußtsein besitzt.

Es wurden einige Versuche unternommen, mich aus der Fassung zu bringen. Vor meinem Ruheraum hinter der Bühne, in den ich mich zwischen einzelnen Zügen zurückzog, bemerkte ich ein aufgerolltes Banner, das dalag wie ein achtlos hingeworfenes, nicht mehr benötigtes Theaterrequisit. Jedesmal, wenn ich nach hinten ging, stach dieses Ding mir in die Augen, und meine

Neugier wuchs. Ich konnte mich nicht erinnern, daß es früher dagelegen hatte. Endlich siegte meine Neugier, und ich rollte das Banner auf, um die Beschriftung zu lesen: »TOLJA – GLÜCKWÜN-SCHE ZU DEINEM GROSSEN SIEG!« Sollte jemand die Absicht gehabt haben, mich mit diesem Gag zu verunsichern, so erreichte er genau das Gegenteil: Dieser Fund bestärkte mich noch in meinem Siegeswillen – wenn er mich auch andererseits ein Stück Konzentrationszeit kostete.

Karpow blieb in der 24. Partie seinem Lieblingsaufbau gegen das Najdorf-System der Sizilianischen Verteidigung treu, auch wenn sie ihm bis dahin in diesem Wettkampf kein Glück gebracht hatte. Vielleicht schlug er diesen Weg unter dem Eindruck einer kühnen Neuerung ein, die erst wenige Tage zuvor in Frankreich von Sokolow in einer Partie gegen den Ungarn Ribli erstmals erfolgreich erprobt worden war. Diese aggressive Variante entsprach der Situation Karpows, der die Initiative ergreifen und versuchen mußte, einen kühnen Angriff vorzutragen. Wir waren darauf vorbereitet und hatten uns einige Antworten darauf zurechtgelegt, denn auch wir hatten die Partie Sokolow-Ribli studiert und uns überlegt, daß sie Karpow in der Situation, in der er war, vielleicht zusagen würde. Allein, Karpow ist – Pech für ihn – nicht Sokolow. Er ließ seine Truppen bedrohlich genug gegen meinen König aufmarschieren, aber als es darauf ankam, brachte er es nicht über sich, den konsequenten, kompromißlosen Angriffszug zu riskieren. Er versuchte es mit einem Läuferzug auf e3; anstatt aufs Ganze zu gehen, stellte er mir eine ziemlich durchsichtige Falle. In kritischen Momenten kann er nicht aus seiner Haut heraus. Er muß immer »à la Karpow« spielen, das heißt seine Stellung allmählich verstärken, anstatt alles auf eine Karte zu setzen. Offenbar war er in seinem tiefsten Innern unsicher, ob sein Eröffnungsangriff auf der Königsseite korrekt war. Er brachte es nicht über sich, ihn mutig und überzeugt weiterzuführen. Als ich mit Turm nach e7 antwortete – einem Zug, der auf den ersten Blick nur ein bescheidenes Ziel zu verfolgen schien –, dachte er über seinen nächsten Zug lange nach. Er tat gut daran, und ich glaube, daß ihm in diesem Moment etwas dämmerte. Denn dieser Turmzug war in der Tat der originellste und schwierigste Zug der ganzen Partie. Als ich

Endlich Weltmeister (1985)

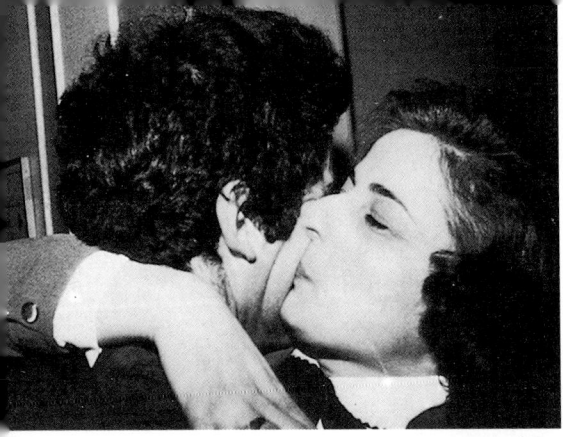

Gratulationsfeiern

Links: Mit meiner Mutter.

Mitte: Mit meiner Mutter und der berühmten Sängerin Alla Pugatschewa (nach meinem Wettkampf gegen Smyslow 1983).

Unten: Mit meiner Familie. Onkel Leonid steht rechts neben Nella, der Schwester meiner Mutter. Ihre andere Schwester Angela steht neben meiner Mutter. Neben mir sitzt meine Großmutter Weinstein, von ihren Enkeln umgeben.

Rechts: Andrew Page, mein Manager im Westen, kleidet mich ein für die Verleihung des Preises »Sportler des Jahres 1986«.

Mitte: Ich analysiere eine Partie mit meinem alten Lehrer Botwinnik, dessen Schule ich so viel verdanke.

Unten: Wieder in der Schule! Nach dem Sieg im Weltmeisterschaftskampf kehrte ich zu einer Ehrung in den Palast der Pioniere in Baku zurück. Das Photo an der Wand zeigt Juri Gagarin, den ersten Menschen im Weltall.

Eine politische Seite

Links: Geidar Aliew.

Mitte: Alexander Jakowlew.
Unten: Michail Gorbatschow.

ihn gemacht hatte, begann das Damoklesschwert, das über mir
gehangen hatte, langsam in seine Scheide zurückzuwandern, und
die in der Stellung meiner schwarzen Figuren verborgene Dynamik begann sich zu entfalten.
Ich lief wie ein eingesperrter Bär auf dem Podium umher,
während Karpow zumeist ruhig am Tisch saß. Beim 31. Zug
wich Karpow einer Zugwiederholung aus, die zum Remis geführt hätte, denn er benötigte ja einen Sieg, um seinen Titel zu
retten. Ich griff mit einem Springer seinen Turm an und schirm-
te zugleich meinen König sicher ab. Hätte Karpow in dieser
Situation ein Remis gebraucht, so hätte er es sicherlich bekommen. Beim 36. Zug machte er einen groben Fehler, beim 42. ein
langes Gesicht. Nach einer lähmenden Denkpause von mehreren
Minuten gab er das Zeichen der Aufgabe, und die Menge brach
in donnernden Jubel aus. Das Match war vorüber. Ich hatte mit
13 zu 11 Punkten gewonnen. Als mich die Erkenntnis durchfuhr,
daß ich jetzt wirklich Weltmeister war, streckte ich triumphie-
rend beide Arme nach oben. In diesem Moment erscholl die
Stimme von Rhona Petrosjan, die quer durch den Saal meiner
Mutter zurief: »Es ist ein Sieg für die Gerechtigkeit.« Es war eine
Erinnerung daran, daß es bei diesem Wettkampf um weit mehr
ging als um einen Schachtitel.
Die sowjetischen Offiziellen schienen mit einer so tumultuösen
Reaktion des Publikums im Saal nicht gerechnet zu haben.
Während Ordner die Menge zurückzudrängen versuchten, rief
einer der Organisatoren, den Lärm übertönend: »Ruhe bitte!
Das ist eine Schachpartie und kein Fußballspiel.« Die euphorisch
gestimmte Menge schenkte ihm wenig Beachtung und versuchte,
wenn auch vergeblich, mich durch »Garri! Garri!«-Sprechchöre
nochmals aufs Podium zu holen. Ein großer Teil der allgemeinen
Aufmerksamkeit wandte sich dann meiner Mutter zu, die auf
ihrem angestammten Platz weit vorne im Auditorium saß.
Auf dem Weg nach draußen sah ich im Foyer des Tschaikowsky-
Saals eine Gruppe von Leuten eine Lesginka tanzen, den kaukasi-
schen »Nationaltanz«. Wie ich später erfuhr, wurde Karpow, als
er im grellen Licht der Fernsehscheinwerfer den Schauplatz des
Geschehens verließ, von den Tausenden von Schachfans, die
sich vor dem Saal versammelt hatten, nur mit einem dünnen

Pflichtbeifall verabschiedet. Einige Leute hatten schon vorher zu johlen begonnen, als sie erkannten, daß seine Niederlage unabwendbar geworden war. Ray Keene bot eine Erklärung für dieses Verhalten an. Er schrieb: »Es war ein Kampf nicht nur zwischen zwei Schachauffassungen, der ungestümen Blitzkriegtaktik von Kasparow und dem subtilen Stellungsspiel Karpows, sondern eine Machtprobe zwischen zwei Philosophien – zwischen der selbstbeherrschten Systemkonformität des alten Weltmeisters und dem ungezähmten Individualismus seines Nachfolgers, der auch ein guter Sowjetbürger ist, aber keine Angst davor hat, offensichtliche Mißstände in seinem eigenen Land oder im weiteren Bereich des Weltschachbunds anzuprangern.« In der *Times* hieß es, ich sei »außerordentlich unorthodox und vorurteilslos. In einem Land, in dem sogar von Superstars Linientreue erwartet wird, sagt Kasparow, was er denkt, und kommt ungestraft davon... Er neigt zu Geistesblitzen und zu gelegentlichen Temperamentsaufwallungen.«

Und über unser Schachspiel hieß es: »Karpow und Kasparow haben ihr Spiel soweit perfektioniert, daß nur noch tiefgründigste Neuerungen und raffinierte strategische Nuancen es vermochten, die Partien aus dem Gleichgewicht zu bringen und Stellungsvorteile zu erzielen, die sich in Siege ummünzen ließen. Experten lobten die spielerische Qualität in diesem Wettkampf in den höchsten Tönen – es sei wohl mit das höchste Spielniveau in der über hundertjährigen Geschichte der Schachweltmeisterschaften gewesen.

Damit nicht genug, hat Kasparow mit seinem Sieg und mit der Erringung der Schachkrone als 13. Weltmeister auch am Denkmal des vielgerühmten Bobby Fischer gerüttelt. In diesem jüngsten Wettkampf, in dem Karpow erheblich zäheren Widerstand leistete als Spasski 1972, hat Kasparow die erlesene Qualität des Fischerschen Schachspiels noch übertroffen. Kasparow hat die Chance, der stärkste Spieler in der Geschichte des Schachs zu werden, wenn er nicht bereits heute als solcher anerkannt werden muß.«

Ich gewann, weil ich aus den Erfahrungen des ersten Matchs mehr gelernt hatte als mein Kontrahent. Ich glaube nicht, daß Karpow aus unserem ersten Aufeinandertreffen die richtigen

Schlüsse gezogen oder die Partien gründlich analysiert hat. Ich war besser vorbereitet als er. Ich glaube, daß Karpow nicht wirklich davon überzeugt war, daß er das zweite Match würde bestreiten müssen, und ich meine, daß er sich aus diesem Grund weder psychologisch noch schachlich ausreichend dafür gewappnet hat. Natürlich mobilisierte er all seine kämpferischen Qualitäten, als er sie brauchte, besonders gegen Ende des Matchs. Aber seine in seinem Naturell wurzelnde Abneigung gegen die analytische Arbeit wurde ihm schließlich zum Verhängnis. Er und ich repräsentieren vollkommen unterschiedliche Schachauffassungen. Karpows rein erfolgsorientiertes Spiel stützt sich auf die tiefgründige Kenntnis seiner bevorzugten Eröffnungsschemata und die Kunst der vollständigen Ausnutzung mikroskopischer Vorteile. Ich setzte dem meine ständige Suche nach dem Neuen entgegen, die Erkundung der unbegrenzten Möglichkeiten des Schachs. Lange Zeit gelang es ihm dank seiner außerordentlichen Nervenstärke und seiner subtilen Technik in schwierigen Lagen, seine Mängel in puncto Analyse und Vorbereitung auszugleichen. Aber am Ende setzte sich meine überlegene strategische Konzeption durch.

Nach Ende des Matchs fielen meine Betreuer und ich uns hinter den zugezogenen Fenstervorhängen unserer schwarzen Wolga-Limousine in die Arme, bevor wir dann durch ein Spalier jubelnder Menschen auf der verschneiten Gorki-Straße davonfuhren. Ein Reporter fragte mich, wie ich mich fühle: »Otlitschno«, rief ich – »ausgezeichnet«. Es stimmte natürlich, aber das Wort konnte nicht annähernd die Gefühle beschreiben, die mich in diesem erhabenen und trunkenen Augenblick beseelten. Nach der Ankunft in unserem »Palast« wanderte ich eine Viertelstunde lang durch alle Zimmer und johlte dabei lauthals aus purer animalischer Freude. Ich glaube nicht, daß ich ein so erhebendes, vollkommenes Glücksgefühl je wieder erleben werde. Es genügt, es einmal in diesem Leben empfunden zu haben. Ich bin gefragt worden, ob es sich mit dem Erlebnis des Sich-Verliebens vergleichen lasse. Ich muß sagen, es war noch mehr und besser als das, vielleicht weil es so einzigartig und unwiederholbar war – dieses Gefühl, bewiesen zu haben, daß man der Beste auf der Welt ist, endlich das Ziel erreicht zu haben, das man sich viele Jahre vorher gesetzt hatte, im Rückblick all die Hindernisse Revue passieren zu lassen, die man auf dem Weg zu diesem Ziel überwinden mußte, zu wissen, daß, was auch immer die Zukunft bringen wird, dieser Erfolg durch nichts und durch niemanden ungeschehen gemacht oder ausgetilgt werden kann – und daß man in die Geschichte eingegangen ist.

Geschichtliches scheint mich an jenem Abend auch noch in anderer Hinsicht beschäftigt zu haben. Alex Genritschowitsch, mein alter Freund aus dem Bakuer Fremdspracheninstitut, kam in unser Domizil, um mir zu gratulieren, konnte mich in den Zimmerfluchten aber zunächst nicht finden. Endlich entdeckte er mich an einem Tisch, den Kopf tief in einen dicken Wälzer über die Entstehung der christlichen Welt versenkt. Ich erklärte ihm, daß ich über dieses Thema ein Streitgespräch mit dem bekannten Moskauer Historiker Nathan Adelman geführt hatte und entschlossen war, den Beweis für die Richtigkeit meiner These zu erbringen. Wir umarmten uns, und das Fest ging weiter.

Die Euphorie hielt die ganze glückselige Nacht hindurch an, eine Nacht, in der ein scheinbar endloser Strom von Glückwunschtelegrammen und Anrufen eintraf. Weit nach Mitternacht stand ein alter Freund von mir, ein berühmter sowjetischer Künstler, mit tränenüberströmtem Gesicht in der Tür: »Das bedeutendste Symbol der Ära Breschnew ist zertrümmert«, rief er pathetisch aus und schloß mich bewegt in seine Arme. Um drei Uhr morgens drehten Nikitin, Dorfman und ich freudetrunken mehrere Runden um den »Palast«. So also fühlt man sich, wenn man den Gipfel erreicht hatte. Es war eine unglaubliche Erfahrung. Wie weggeblasen waren die düsteren Schatten, die so viele Jahre lang drohend über mir gegangen und mir auf Schritt und Tritt Gefahr signalisiert hatten. Vielleicht würden diese Schatten eines Tages wiederkehren, aber für den Augenblick waren sie fort. Nicht einmal der finstere Blick auf den Gesichtern von Campomanes und Krogius bei der Krönungszeremonie am 10. November konnte meine Stimmung trüben. Auch bemerkte ich, daß Karpow kalt in die andere Richtung blickte, als der sowjetische Kultusminister Pjotr Demitschew mir die Siegermedaille an die Brust heftete.

Zu Hause in Baku feierte ich meinen Sieg noch einmal im Kreise meiner engsten und liebsten Verwandten und Freunde. Wir erhoben unsere Gläser zu einem einzigen kurzen Trinkspruch: auf Kim Moissejewitsch Weinstein, der zu unserem tiefen Bedauern nicht mit uns feiern konnte.

KAPITEL 11

Zurück auf den Boden der Tatsachen

Mein Glücksgefühl war ein Fehler, wie ich im nachhinein einsehen mußte. Ich war naiv. Ich glaubte wirklich, alle meine Probleme hätten sich in Wohlgefallen aufgelöst. Eine ganze Zeitlang schwebte ich in einer Wolke von Euphorie und Glückseligkeit. Meine Verfassung ähnelte wohl der eines Beschwipsten (ein Zustand, der mir allerdings nicht vertraut ist, weil ich in meinem Leben nur einmal, im Alter von 17 Jahren, betrunken gewesen bin). So trunken vor Glück war ich, daß ich nichts von dem bemerkte, was hinter meinem Rücken vorging. Ich war sorglos und glaubte, niemand mehr könne mir etwas anhaben. Ich war nicht auf der Hut, fühlte mich aller Sorgen ledig und glaubte, von nun an ein Leben ganz nach meinem Geschmack führen zu können. Diese Einstellung stürzte mich in sehr reale Konflikte, nicht nur im beruflichen Bereich, sondern auch in meiner Beziehung zu meiner Freundin Marina, der Schauspielerin. Ich erinnere mich an einen Vortrag, den ich etwa eine Woche nach dem Gewinn des Weltmeistertitels vor der kulturellen Elite Moskaus hielt. Unter den Zuhörern waren viele gute Freunde von Marina und mir. Ich war gut drauf und steigerte mich in einen mehrstündigen, sprudelnden Redefluß hinein. Ich agierte so, als habe mein Sieg gegen Karpow alle Widrigkeiten der Vergangenheit hinweggefegt und als könnte nun ein neues, unbeflecktes Blatt der Geschichte beschrieben werden. Ich hätte wissen müssen, daß man die Vergangenheit nicht so leicht abschütteln kann.
Ich befleißigte mich nun, da ich Weltmeister war, bewußt einer versöhnlichen Haltung gegenüber den Schachfunktionären. Ich hoffte wirklich, meine Beziehungen zu ihnen würden sich jetzt einfacher gestalten, und achtete peinlich darauf, daß ich die

Chance einer Annäherung nicht durch irgendwelche Äußerungen gefährdete, die man mir als Provokation auslegen konnte. »Es besteht ein großer Unterschied zwischen dem Weltmeister Garri Kasparow und dem Herausforderer Garri Kasparow«, erklärte ich bei einer Pressekonferenz in Moskau. Das war ehrlich gemeint. Als Weltmeister hatte ich, wie ich glaubte, die Verpflichtung, durch mein Verhalten ein Vorbild zu setzen und der Sowjetunion Ehre zu machen. Die Medien registrierten meine veränderte Einstellung sehr bald. Vielleicht hatten sie von mir ein etwas rebellischeres Auftreten erwartet, in der Hoffnung, ihren Lesern dann über spannende Konflikte berichten zu können. Wer dies gehofft hatte, wurde enttäuscht. »Schachheld Kasparow begräbt das Kriegsbeil«, lautete die Überschrift eines Artikels in einer westlichen Zeitung, und eine andere schrieb: »Kein Kleinkrieg mehr, sagt Kasparow«. Und die Londoner *Times* stellte fest: »Kasparow lehnte es ausdrücklich ab, sich zu neuerlichen Angriffen gegen diejenigen verleiten zu lassen, denen er einst vorwarf, sie versuchten ihm den Sieg zu stehlen.«
Als unbestrittener König des Weltschachs war ich entschlossen, diese Stellung nicht in gleicher Weise zu mißbrauchen, wie Karpow es meiner Überzeugung nach viele Jahre lang getan hatte. Meine Kritik hatte sich nicht so sehr daran entzündet, daß Karpow seine Macht dazu benutzt hatte, mir das Leben schwer zu machen, sondern hatte der Tatsache an sich gegolten, daß ein Weltmeister sich zum Schachdiktator aufgeschwungen hatte. Ich strebte eine demokratische Schachwelt an, die keine Spielwiese für Machtgelüste eines Weltmeisters oder einer Funktionärsclique sein sollte. Auch meine Verantwortung als eine Art Botschafter der Sowjetunion gegenüber den westlichen Ländern nahm ich sehr ernst. Es machte mir Spaß, mich in der populären amerikanischen Fernsehsendung *Good Morning America* mit David Hartman von der Fernsehgesellschaft ABC zu unterhalten, war das doch eine gute Gelegenheit, in dem Land mit dem interessantesten Markt der westlichen Welt eine Lanze für den Schachsport zu brechen. Zugleich war es eine gute Gelegenheit für das amerikanische Publikum, einen Sowjetbürger zu erleben, der nicht dem Klischee entsprach. Ich erklärte den westlichen Journalisten: »Schach ist gut für die Beziehungen zwischen den

Völkern und Ländern; als Schachspieler und Sportler warte ich auf die neue Entspannungsphase. Entspannung bietet die besten Voraussetzungen für sportliche und kulturelle Beziehungen – und ich bin sicher, daß auch Sie diese Hoffnung hegen.«

Leider mißverstanden mich einige westliche Journalisten. Aus der Tatsache, daß ich gegen gewisse Mißstände in der Schachwelt Stellung bezogen hatte – und vielleicht auch aus dem Umstand, daß ich jung und sehr von westlicher Popmusik, westlicher Kleidung und bestimmten elektronischen Produkten angetan war –, zogen sie den Schluß, ich würde der Sowjetunion wohl demnächst den Rücken kehren. Sie begriffen nicht, daß ich sowjetische Schachfunktionäre öffentlich kritisieren und dabei sehr wohl ein loyaler sowjetischer Staatsbürger und Patriot sein und bleiben konnte.

Es mag sein, daß viele im Westen in mir einen eher untypischen Sowjetmenschen sehen, aber wer Aserbeidschan und den farbenfrohen sowjetischen Süden kennt oder russische Literatur gelesen hat, sollte es eigentlich besser wissen. Nach meinem Titelgewinn kursierten etliche Berichte, denen zufolge ich vorhatte, die erste beste Gelegenheit zur Versilberung meines neuen Superstarstatus im Westen zu ergreifen. Wie bereits gesagt, ist dies weder meine Absicht, noch habe ich es nötig. Außerdem wußte ich, daß ich meinen Feinden keinen größeren Gefallen hätte tun können, als mich abzusetzen. Allerdings betrachte ich es als normales und vernünftiges Geschäftsgebaren, mein Geld im Westen zu verdienen – und es zu Hause auszugeben.

Der beliebteste Vorwurf meiner Gegner im eigenen Land war immer der gewesen, daß ich »pro-westlich« eingestellt sei. Dahinter steckt sicherlich *auch* die Absicht, mich in die Kortschnoi-Ecke zu stellen und Karpow als positive Gegenfigur zu diesem unseriösen und gefühlsbetonten Sunnyboy aus dem Süden, als vorbildlichen Sowjetbürger zu porträtieren. Ich wehrte mich dagegen, in diese Schublade gesteckt zu werden, denn hinter dieser Kritik steckte die äußerst anmaßende Überzeugung, daß jeder, der anders war als sie, anders dachte oder sich anders verhielt als sie, automatisch der mangelnden Loyalität verdächtigt werden mußte. Ich erblickte darin ein Überbleibsel alter Engstirnigkeit und Scheuklappenmentalität. Für mich, der ich in einer kosmopolitischen Stadt aufwuchs, in der viele Völkerschaften zusammenleben und viele Sprachen gesprochen werden, war es immer eine Selbstverständlichkeit, daß die Menschen verschieden sind. Diese Verschiedenartigkeit muß von jedem Regime berücksichtigt und anerkannt werden, wenn man eine gesellschaftliche Organisation anstrebt, die geeignet ist, das Beste, was in den Menschen steckt, zur Entfaltung zu bringen. Ich habe von Kindheit an in einer durch Vielfalt gekennzeichneten Welt gelebt. Vielfalt und Verschiedenartigkeit gehören zu meinem Lebensgefühl. Wenn Leute miteinander auskommen und gute Beziehungen zueinander haben wollen, muß ein gewisser Grad an Verschiedenartigkeit akzeptiert und bewußt bejaht werden. Wenn wir Vielfalt und Verschiedenartigkeit im eigenen Land nicht akzeptieren könnten, wie könnten wir dann hoffen, gute Beziehungen zu anderen Völkern und Ländern herzustellen? Außerdem: Meine Begabung war etwas, das ich der ganzen Welt zu Füßen legen wollte, nicht nur einer kleinen Gruppe.

Im nachhinein betrachtet, überrascht es nicht, daß mein Flirt mit den Schachapparatschiks nicht sehr lange dauerte. Die Zeitbombe, die unter unserem gemeinsamen Tisch tickte, war die vertrackte Frage eines Revanchekampfes. In meinen Augen sah die »Rechtslage« so aus: Die Weltmeisterschaftsrunde, die 1982 mit der Kandidatenausscheidung begonnen hatte, wäre an und für sich mit dem Titelkampf gegen Karpow im Winter 1984/85 abgeschlossen gewesen. Da dieser Wettkampf, wie Campomanes selbst einräumte, keine Entscheidung gebracht hatte, war der Weltmeistertitel in meinen Augen vakant und mußte durch unser zweites Match im Herbst 1985 in Moskau neu vergeben werden. Ich hatte dieses Match gewonnen, also war ich Weltmeister. Damit konnte eine neue Weltmeisterschaftsrunde beginnen, mit einem Kandidatenturnier, in dem sich mein Herausforderer qualifizieren mußte, ebenso wie ich mich für das Match gegen Karpow hatte qualifizieren müssen.

Die Verbandsfunktionäre sahen dies anders, wie ich hätte voraussehen können. Karpow war schließlich nicht irgendein Weltmeister gewesen, sondern *ihr* Weltmeister, er gehörte sozusagen zur Familie. Als es sich abzeichnete, daß er seinen Titel vielleicht verlieren würde, hatten sie hilfreich eingegriffen, unter

Verstoß gegen alle Regeln der internationalen Wettkampfsatzung. Als er seinen Titel schließlich in einem fairen Kampf verlor – nachdem es ihnen nicht gelungen war, mich disqualifizieren zu lassen –, betrachteten sie dies zunächst einmal nur als einen vorübergehenden Rückschlag. Alle ihre Bemühungen zielten nunmehr darauf ab, ihm bei der Rückeroberung des Titels zu helfen, auf den er in ihren Augen offenbar schon deshalb ein besonderes Anrecht besaß, weil er ihn zehn Jahre lang innegehabt hatte. Sie machten eine bemerkenswerte Rechnung auf: Jeder von uns habe jetzt, so erklärten sie, acht Partien gewonnen, also stünden wir gleich. Ich müsse erst noch beweisen, daß ich der Bessere sei.

Karpow gab jetzt die Parole aus, ich sei ein kometenhaftes Schachgenie wie Michail Tal. Weshalb, so fragte ich mich, der Vergleich mit Tal – weil Tal nur Weltmeister für ein Jahr gewesen war? Mit Anspielungen wie dieser wurde unauffällig die Vorstellung geschürt, der legitime Schachkönig sei nur kurzzeitig entthront worden. Er kam immer wieder auf die entscheidende 24. Partie unseres letzten Matchs zurück, die ich mit den schwarzen Figuren gewonnen und die die endgültige Entscheidung über den Titel gebracht hatte. Hätte er diese Partie gewonnen, so hätte er nach Punkten auf 12:12 gleichgezogen und »seinen« Titel behalten können. Aber er hatte mit Weiß verloren. Das konnte er nicht verwinden. Er sagte, er habe in dieser Partie eine klare Siegchance verpaßt – nur *ein* besserer Zug, und er hätte gewinnen können. Es wäre »logisch« gewesen, wenn er diese Partie gewonnen hätte, sagte er. Im Klartext hieß das, daß ich eigentlich nur durch einen Glückszufall den Titel errungen hatte – nach den Maßstäben der Logik war nach wie vor er Weltmeister.

Über ein Jahr lang habe ich versucht, von ihm genauere Auskünfte hierüber zu erlangen. Für die Schachspieler in aller Welt war die 24. Partie unseres zweiten Matchs ein wichtiges Kapitel der Schachgeschichte. Viele Spieler, unter anderen ich selbst, haben diese Partie wieder und wieder gründlich analysiert. Sie gehört mittlerweile schon zu den Schachklassikern. Ich würde gerne einen analytischen Kommentar meines Gegenspielers zu dieser Partie sehen. Wenn er eine klare Gewinnchance ausgelassen hat, würden wir alle gerne erfahren, an welcher Stelle des Spiels dies passierte. Welcher entscheidende Zug ist ihm entgangen? In einem offenen Brief machte ich ihm den Vorschlag, in eine ernsthafte schachliche Diskussion über diese Frage einzutreten. Eine Klärung wäre von großem Interesse für alle Schachfans und ein wertvoller Beitrag zur Schachgeschichtsschreibung. Er antwortete nur mit der erneuten Beteuerung, daß es »logischer« gewesen wäre, wenn er diese Partie gewonnen hätte, weil er den Vorteil des Spiels mit den weißen Figuren hatte. Ich kann dieser Logik nicht folgen. Nach derselben Logik hätte ich die 21. und die 23. Partie gewinnen müssen. In diesem Fall wäre das Match nach der 23. Partie beendet gewesen, und wir hätten nie eine 24. Partie zu spielen brauchen: Logisch war nach meinem Dafürhalten vor allem die Niederlage Karpows, weil er schlechter spielte als ich. Diese Erkenntnis konnte er offensichtlich nicht ertragen. Der Punkt, auf den er hinaus wollte, war der, daß ich meinen Titel nur einer glücklichen Fügung verdankte, daß ich ein Glücksritter war, der ins Allerheiligste des Schachtempels eingedrungen war und den rechtmäßigen Hausherrn hinausgeworfen hatte. Nun sammelten er und seine Freunde ihre Kräfte, um mich so bald wie möglich wieder aus ihrem Heiligtum vertreiben und ihrem Hohepriester Karpow wieder seinen rechtmäßigen Platz am Altar zuweisen zu können.

Noch nie in der Schachgeschichte war von einem Weltmeister verlangt worden, daß er nach Ablauf von weniger als einem Jahr zur Verteidigung seines Titels antreten sollte. Nach Karpows erstem Titelgewinn verstrichen drei Jahre, ehe er 1978 gegen Kortschnoi antrat, und dies obwohl er seinen Titel nicht einmal regulär am Schachbrett erkämpft hatte. Seine nächste Titelverteidigung fand wiederum erst drei Jahre später statt, und nach weiteren drei Jahren stellte er sich zum Titelkampf gegen mich. In den Jahren 1948 bis 1957 und 1963 bis 1972 hatte es regelmäßig alle drei Jahre einen Titelkampf gegeben. Geht man noch weiter in der Geschichte zurück, so findet man, daß zwischen einigen von Laskers Weltmeisterschaftskämpfen Pausen von über zehn Jahren lagen. Capablanca trug seinen Titel sechs Jahre lang, ohne gegen einen Herausforderer antreten zu müssen. In meinem Fall sprach besonders viel für eine längere Ruhepause, da ich zwei aufreibende Kämpfe innerhalb eines Jahres bestritten hatte, von denen der erste sicherlich einer der strapaziösesten der gesamten Schachgeschichte war. Dieser Meinung waren nicht nur irgendwelche mit Superlativen um sich werfende Zeitungsschreiber, sondern es war auch, man erinnere sich, die offizielle Auffassung des Weltschachbundes und des sowjetischen Schachverbands. Nachdem diese Schachautoritäten ihrer Sorge um die Gesundheit der Spieler so beredten öffentlichen Ausdruck verliehen hatten, würden sie uns doch wohl eine großzügig bemessene Pause gönnen?

Es lohnt sich, an dieser Stelle ein wenig in der Geschichte der Schachweltmeisterschaften zu stöbern. Bis 1948 waren diese Titelkämpfe das Resultat privater Initiativen. Es lief in der Regel so, daß ein Spieler, der es sich zutraute, den Weltmeister herauszufordern, bei Mäzenen und Sponsoren genügend Geld zusammenzukratzen suchte, um den amtierenden Weltmeister mit der Aussicht auf eine anständige Börse zu einem Titelkampf verlocken zu können. Es war ein ähnlicher Mechanismus, wie er noch heute bei der Ermittlung des »Weltmeisters aller Klassen« im Profiboxen zur Anwendung kommt. Nachdem Aljechin 1946 im Exil verstorben war, trat der sowjetische Schachverband der FIDE bei, und zwei Jahre später wurde in Den Haag und Moskau ein Turnier zur Ermittlung des Nachfolgers von Aljechin auf dem verwaisten Weltmeisterthron ausgetragen. Botwinnik gewann dieses Turnier. Von da an war es die FIDE, die für die mehr oder weniger regelmäßige Abhaltung eines Weltmeisterschaftskampfs nach einem offiziell gültigen Reglement sorgte. Der amtierende Weltmeister mußte seinen Titel alle paar Jahre in einem über 24 Partien gehenden Match verteidigen; bei unentschiedenem Ausgang behielt er seinen Titel. Der Herausforderer mußte also das Match gewinnen, um Weltmeister zu werden.

Nachdem der Weltmeistertitel Mitte der 70er Jahre Karpow zugesprochen worden war, wurde das Reglement dahingehend geändert, daß die Begrenzung der Matchdauer auf eine bestimmte Zahl von Partien aufgehoben und durch die Bestimmung ersetzt wurde, daß derjenige, der als erster sechs Partien für sich entscheiden konnte, Weltmeister sein sollte. Ein zusätzlicher Vorschlag lautete, daß wenn ein Match mit dem knappestmöglichen Ergebnis (6:5) endete, der Verlierer Anspruch auf einen Revanchekampf haben sollte, Karpow war damit nicht einverstanden. Er machte geltend, daß nach dem neuen Reglement der »Weltmeisterbonus« (also die Bestimmung, daß bei unentschiedenem Ausgang der alte Weltmeister im Amt bleibt) fortfallen würde, da es bei dem vorgeschlagenen Verfahren keinen ausgeglichenen Endstand geben könne. Als Ausgleich für diesen entfallenen Vorteil forderte er für den Weltmeister, also für sich selbst, das Recht auf einen Revanchekampf bei einer Niederlage, gleich in welcher Höhe. Das war ein viel größeres Privileg als das, welches man ihm genommen hatte. Damit nicht genug, wurde im Reglement ausdrücklich vermerkt, daß diese Regelung nur für den gegenwärtigen Weltmeister gelten und nicht automatisch auch auf zukünftige Titelträger angewandt werden sollte – was nichts anderes hieß, daß Karpow ein Sonderstatus unter allen vergangenen und künftigen Schachweltmeistern zuerkannt wurde. Ein Herausforderer mußte also, um Karpow den Titel zu entreißen, gleich zweimal gegen ihn gewinnen. Nun hatte die FIDE ihre eigenen Regeländerungen wieder revidiert und bei meinem zweiten Match gegen Karpow die Dauer auf, wie gehabt, 24 Partien begrenzt. Und damit zugleich auch den »Weltmeisterbonus« wieder eingeführt. Ungeachtet dessen beharrte Karpow mit voller Rückendeckung der FIDE auf seinem Recht, einen Revanchekampf zu bekommen. Das heißt, er beanspruchte sowohl das *alte* Privileg des Weltmeisterbonus als auch das *neue* Privileg des Anrechts auf einen Revanchekampf, das eigentlich nur als Ersatz für den Wegfall des ersteren eingeführt worden war. So hatten es sich diejenigen, die das Reglement beschlossen hatten, sicherlich nicht gedacht.

Am 5. Dezember 1985, weniger als einen Monat nach dem Verlust seines Titels, forderte Karpow sein *droit de seigneur* ein und verkündete noch dazu, er wünsche, daß der Revanchekampf zwischen dem 10. Februar und dem 21. April stattfinde. Was dachte er sich dabei? Und warum nannte er so konkrete Daten? Litt er einfach so sehr unter der Demütigung, seinen Titel nach zehn Jahren verloren zu haben, daß er auf eine möglichst frühe Chance zur Rückeroberung der Krone brannte? Oder war sein Vorstoß ein wohlberechneter Bauernzug im Rahmen einer weit-

269

aus umfassenderer Strategie? Ich vermutete das letztere, weil er sich bei der Anmeldung seiner Forderung auf eine von Campomanes abgesegnete neue FIDE-Bestimmung berief, die ihm das Recht auf einen Revanchekampf innerhalb von drei Monaten einräumte – ein absolutes Novum in der Schachgeschichte. Es war die dritte willkürliche Änderung im Weltmeisterschaftsreglement der FIDE innerhalb von fünf Jahren, und jedesmal war der Nutznießer Karpow gewesen. Zu den 72 schon gespielten Partien, in denen er die Chance gehabt hatte, seinen Titel zu behalten beziehungsweise zu verteidigen, sollten nun noch einmal 24 kommen, während ich, immerhin der amtierende Weltmeister, keinen Anspruch auf einen Revanchekampf haben sollte. Würde ich den von Karpow schon terminierten Rückkampf verlieren, so würde mir die fragwürdige Ehre zuteil, als der Weltmeister mit der kürzesten »Amtszeit« in die Schachgeschichte einzugehen.

Das war zuviel des Guten. Ein neuer Konflikt schien unvermeidlich, ein Konflikt, den ich eigentlich längst hätte kommen sehen müssen. Aber in meiner Euphorie über meinen diplomatischen Erfolg gegen den sowjetischen Schachverband und den anschließenden sportlichen Erfolg gegen Karpow hatte ich die Erkenntnis verdrängt, daß das Weltschach von einer durch und durch korrupten Clique beherrscht wurde. Diese Clique und nicht allein Karpow war der Gegner, gegen den ich meine Kampagne hätte führen müssen. Ich hatte nicht begriffen, daß Karpow nur eine Galionsfigur dieser Clique und als solche Symbol und Beweis für die Korruptheit dieses Apparats war, mit dem umzugehen ich nur allzu gut gelernt hatte. Karpow auf dem Schachbrett zu besiegen, war eine notwendige, aber nicht hinreichende Vorbedingung für eine radikale, das heißt an den Ursachen ansetzende Lösung des Problems. Ich hatte nicht erkannt, wie schwer es sein würde, den Stall auszumisten. Vor allem hatte ich Campomanes unterschätzt. Womöglich würde er meinen Sieg sogar in einen persönlichen Erfolg für sich ummünzen, indem er behauptete, das hohe Spielniveau im zweiten Match habe nachträglich bewiesen, daß er recht daran getan habe, den ersten Wettkampf abzubrechen. Und schließlich: Indem er mich beständig ans Schachbrett fesselte, konnte er mich wirksam daran hindern, politische Manöver gegen ihn zu starten. Wieder einmal war der mit allen Wassern gewaschene Filipino auf die Füße gefallen.

Der Vorstoß Karpows erboste mich auch deshalb, weil ich mindestens genausoviel Interesse wie die FIDE daran hatte, ein aktiver Weltmeister zu sein. Ich hatte weder den Wunsch noch die Absicht, mich auf meinen Lorbeeren auszuruhen oder unterzutauchen wie Bobby Fischer, der nach der Erringung des Weltmeistertitels kein einziges Turnier mehr bestritten hatte. Auf jeden Fall hielt ich die Zeit für gekommen, einmal andere führende internationale Großmeister mit in die Auseinandersetzung hineinzuziehen. Das Marathonmatch von Moskau und der kurzfristig anberaumte zweite Titelkampf hatten den weltweiten Turnierkalender kräftig durcheinandergebracht, zum Nachteil vieler Großmeisterkollegen. Die FIDE hatte eine moralische Verpflichtung, sich um das Wohlergehen des Schachs und der Schachspieler in allen Ländern zu kümmern. Ich hatte den Eindruck, daß die FIDE sich in Wirklichkeit nur um zwei Dinge kümmerte: um Karpow, dem sie den Weg zur Rückeroberung des Weltmeistertitels zu ebnen versuchte, und um Geld. Da Weltmeisterschaftskämpfe eine Haupteinnahmequelle der FIDE waren, hatte sie offenbar einen Heißhunger auf Titelkämpfe entwickelt. Auf jeden Fall schien ihr dies alles sehr viel wichtiger zu sein als das Wohl des Schachsports als Ganzem. Meine Schlachten gegen Karpow hatten jedoch überall auf der Welt das Interesse am Schachsport belebt. Ich fühlte mich verpflichtet, dieses verstärkte Interesse am Schach durch geeignete Aktivitäten wachzuhalten.

Um zu beweisen, daß es mir mit dieser Bereitschaft ernst war, reiste ich ins holländische Hilversum und spielte ein sechs Partien umfassendes Herausforderungsmatch gegen Jan Timman, die Nummer drei der inoffiziellen Schachweltrangliste. Dies war für einen erst seit einem Monat amtierenden, frischgebackenen Weltmeister eine sehr ungewöhnliche Geste, doch war ich der Meinung, daß ich als der sozusagen ranghöchste Repräsentant des Schachsports eine Verpflichtung hatte, auch außerhalb der Grenzen der Sowjetunion etwas für die Popularität dieses Sports zu tun. Wenn ein Weltmeister an einem internationalen Turnier teilnimmt und dabei gegen eine Reihe von Spielern antritt, so ist das eine Sache; eine ganz andere ist es, sein Renommee in einem Match gegen einen einzelnen Großmeister in die Waagschale zu werfen. Für den Weltmeister würde eine Niederlage in einem solchen Match einen gravierenden Prestigeverlust bedeuten, den er sich eigentlich nicht leisten kann, während sein Kontrahent nichts zu verlieren hat und unbekümmert aufspielen kann. Einige sowjetische Schachfunktionäre machten mich auf dieses Risiko aufmerksam und fragten besorgt: »Sind Sie sicher, daß Sie gewinnen werden?« Ihre Frage galt natürlich nicht mir persönlich, sondern dem Ansehen des sowjetischen Schachs.

Es war das erste Mal seit den Tagen Laskers, daß ein Weltmeister sich freiwillig zu einem Kräftemessen mit einem seiner stärksten Konkurrenten bereitfand, ohne darauf zu bestehen, daß dieser zunächst einmal erhebliche finanzielle Vorleistungen erbrachte oder soundso viele Qualifikationshürden übersprang. Die Preisgelder, die von der katholischen Radio- und Fernsehgesellschaft KRO gestiftet wurden, waren nach den Maßstäben des Profisports verhältnismäßig bescheiden. Aber darauf kam es mir bei diesem Abstecher nach Holland auch nicht an. Mir ging es darum, dem Schachpublikum im Westen die Gelegenheit zu geben, den neuen Weltmeister gutes Schach spielen zu sehen, – und gutes Schach wurde den Leuten von Jan Timman und mir tatsächlich geboten. Sie bekamen einige hochklassige und aufregende Kombinationspartien zu sehen. Nachdem ich die letzte Partie durch ein kühnes Springeropfer gewonnen und dadurch das Match mit 4:2 Punkten für mich entschieden hatte, stürmten Hunderte von Schachfans das Podium, die uns beim Analysieren zuschauen wollten.

Diese Szene schilderte ein Reporter der Londoner *Sunday Times*, einer von mehreren Dutzend Presseleuten, die dieses Ereignisses wegen nach Holland gekommen waren und auf ihre Weise zur Popularisierung des Schachsports beitrugen: »Bei der traditionellen ›Autopsie‹, bei der die entscheidenden Momente der Partie analysiert werden, agierte der Russe ungeheuer beeindruckend. Seine schlanken Finger mit den abgebissenen Nägeln ergriffen die Figuren und ließen sie über das Brett flitzen, schub-schramm-schleif-klick oder klick-bumm-schramm. Die Hände spreizend und die Achseln zuckend, bedeutete er seinem Kontrahenten mitleidsvoll: ›Alle meine Figuren sind besser postiert.‹ ›Ich bin nicht so sicher‹, widersprach der Holländer halbherzig. ›Da gibt's nichts zu deuteln‹, versetzte der Weltmeister.«

Am 23. Dezember gab ich in Amsterdam eine Pressekonferenz, auf der ich offene Kritik an der FIDE übte, weil sie es mit meinem Rückkampf gegen Karpow so eilig hatte. Ich sagte: »Dieses Match sollte nicht stattfinden, weil niemand so viele Vorrechte haben sollte. Der Weltmeister behält seinen Titel bei unentschiedenem Matchausgang, das sollte genügen. Ich will in Zukunft keinen Revanchekampf haben, wenn ich verlieren sollte. Gemäß dem vom FIDE-Kongreß gefaßten Beschluß bin ich Weltmeister für ein Jahr – für 1986. Ich erfuhr von dem Revanchekampf, der Karpow gewährt werden soll, erst wenige Tage vor Beginn des zweiten Wettkampfs in Moskau. Ich hatte keine Zeit mehr, dagegen Protest einzulegen.«

Ich nutzte die Gelegenheit auch gleich, um Werbung für einen möglichen Nachfolger für Campomanes zu machen: den Brasilianer Lincoln Lucena, der sich bereit erklärt hatte, 1986 zusammen mit Ray Keene für die FIDE-Präsidentschaft zu kandidieren. »In den vergangenen Jahren«, sagte ich, »hat es in der Welt des Schachs eine Menge Probleme gegeben. Während meines Aufenthalts hier habe ich Leute getroffen, die bereit sind, sich für mehr Demokratie in der Schachwelt zu engagieren. Sie wollen, daß die Schachspieler wissen, was vorgeht. Sie wollen korrekte Regeln, und sie wollen, daß die Wünsche der Spieler respektiert werden. Das sind auch meine Empfindungen. Als Weltmeister halte ich es für meine Pflicht, die Leute zu unterstützen, die für diese Ziele arbeiten.«

Leider erwies sich diese Pressekonferenz als Fehler, wie mir später schmerzlich bewußt wurde. Ich würde mehr brauchen als guten Willen und gute Absichten, um Campomanes abhalftern zu können.

Ich bekam eine Solidaritätserklärung der neugegründeten Europäischen Schachunion zugeschickt, in der, an die Adresse des sowjetischen Schachverbands gerichtet, die Streichung des Revanchekampfes gefordert wurde. Timman, Bent Larsen und andere schlossen sich dieser Forderung an. Ich meinte zu dieser willkommenen Schützenhilfe: »Ich bin sehr glücklich, zu hören, daß für die Wahrnehmung der Interessen der stärksten Schachnationen die Europäische Schachunion gegründet worden ist. Der Jahreswechsel ist normalerweise eine Zeit des Friedens, aber manchmal muß man um diesen Frieden kämpfen. Ich hoffe, daß nächstes Jahr im Schach wieder wirklicher Friede einkehren wird, und daß die Schachspieler sich dann darauf konzentrieren können, unter regulären Bedingungen schöne Partien aufs Brett zu zaubern.«

Was ich damals nicht wußte, war, daß diese Solidaritätsbekundung den europäischen Großmeistern mühsam hatte abgetrotzt werden müssen, von denen einige keine Lust hatten, in einem, wie sie es sahen, internen Streit Partei zu ergreifen. Diese Großmeister wußten – und sagten es privatim auch –, daß die Revanchekampfbestimmung ein Skandal war. Aber sie scheuten das Wagnis, sich mit der tyrannischen Macht der FIDE anzulegen. Einer von ihnen sagte mir: »Wenn die so den Weltmeister behandeln, wie werden sie dann mit mir umspringen?« Einige stellten sich öffentlich auf meine Seite – Ljubojevic, Seirawan und Nigel Short, der erklärte, der ganze Modus sei »oberfaul«. Aber am Ende mußte ich zu dem Revanchekampf antreten, weil die Großmeister nicht einmütig und entschlossen genug Front dagegen machten. Das war eine Lektion für die Zukunft, die ich nicht vergaß. Ich zog daraus erneut die Lehre, daß die gute Absicht und das moralische Im-Recht-Sein allein nicht genügten, um mit Campomanes fertig zu werden. Wir mußten uns mehr einfallen lassen. Wir mußten ihn mit seinen eigenen Waffen schlagen, mußten das tun, wozu wir eigentlich prädestiniert waren: Fallen stellen und dem König zu Leibe rücken.

Als ich in den bitterkalten sowjetischen Winter zurückkehrte, mußte ich feststellen, daß auch die Atmosphäre im Vorfeld des Revanchekampfes bitterkalt war. In einem TASS-Interview bezeichnete ich das Vorhaben Karpows und der FIDE, dieses Match im Februar beginnen zu lassen, als »Unsinn«, Damit löste ich eine bemerkenswerte Serie von Ereignissen und Entwicklungen aus, die meine Beziehungen zu den Schachoberen im Lauf der folgenden Wochen wieder einmal an den Rand des offenen Zerwürfnisses brachten. Daran, daß Campomanes und ich unsere Differenzen irgendwie beilegen und das Kriegsbeil begraben könnten, war nicht mehr zu denken.

Aus seinem Hauptquartier in Luzern ließ der FIDE-Präsident bedrohliche Töne vernehmen: daß man mir meinen Titel absprechen würde, wenn ich mich weigerte, am festgesetzten Tag anzutreten. Er erklärte, nach dem Reglement müsse ich bis zum 7. Januar eine formelle Verpflichtung unterschreiben, andernfalls würde ich disqualifiziert. Das war starker Tobak und machte Schlagzeilen in aller Welt. Ich fragte mich erneut, ob es sich hier vielleicht wieder um eine absichtsvolle Provokation handelte, um den Versuch, unannehmbare Bedingungen zu stellen, die mir die ganze Sache so verleiden würden, daß ich ausstieg, genau wie Fischer 1975 ausgestiegen war und damit seinen Platz für Karpow freigemacht hatte. Planten sie eine Neuauflage derselben Inszenierung? In der Schachwelt stieg die Spannung, je näher der 7. Januar heranrückte. Schließlich kam aus Luzern eine rührselige und kriecherische Erklärung, in der Campo einräumen mußte, daß seinem Ultimatum eine Mißdeutung des FIDE-Reglements zugrunde gelegen hatte. Dort steht nämlich, die Kontrahenten müssen nach Bekanntgabe des endgültigen Austragungsorts binnen zwei Wochen verbindlich bekunden, daß sie anzutreten bereit seien. Über den Austragungsort war jedoch noch gar nicht entschieden.

Bewerbungen lagen seit mehreren Wochen vor, und zwar von London und Leningrad. Daß die Briten 1,8 Millionen Schweizer Franken bieten konnten, verdankten sie einem 600 000-Pfund-Zuschuß des Greater London Council (dessen Auflösung die Thatcher-Regierung für den April1986 beschlossen hatte). Leningrad hatte eine Million Schweizer Franken angeboten, aber die Briten waren sehr erpicht darauf, dieses Match auszurichten, weil es mit dem 100jährigen Jubiläum der Schachweltmeisterschaft zusammenfiel. London hatte sich bereits 1985 beworben, aber den kürzeren gezogen, nachdem Marseille eine höhere Geldsumme geboten und am Ende Moskau den Zuschlag bekommen hatte, weil die Russen dem FIDE-Präsidenten zugesagt hatten, einen beträchtlichen Teil der zu erwartenden Einnahmen für den von Campo persönlich verwalteten Fonds zur Förderung des Schachs in den Entwicklungsländern zu stiften.

Ray Keene, der die Bewerbung Londons sowohl 1985 als auch jetzt eingefädelt hatte, war wegen der Auseinandersetzungen über den Revanchekampf besonders besorgt; er fürchtete, sie könnten dazu führen, daß London zwar den Zuschlag erhalten, aber am Ende vielleicht doch keinen Titelkampf erleben würde, und das wäre für ihn und seine Kollegen, die in die Bewerbung sehr viel Zeit und Energie investiert hatten, eine Riesenenttäuschung gewesen. Er hatte aber auch die Sorge, die Geschichte könnte sich wiederholen und ich könnte auf den einsamen und ziellosen Weg geraten, den Bobby Fischer 1975 betreten hatte – und der Nutznießer würde wieder Karpow sein. Die Tage vor dem 13. Januar, dem Tag, an dem Campo den Austragungsort bekanntgeben sollte, waren für uns alle sehr anstrengend und nervenaufreibend. Campo flog höchstpersönlich nach Wien, wo Karpow spielte. Mir schien, daß dies ein sehr eigentümliches (wenn auch nicht untypisches) Gebaren seitens des FIDE-Präsidenten war – sich zuerst mit dem Herausforderer zu beraten und dann erst mit dem Weltmeister. Aber vielleicht war er auch nur nach Wien gereist, um das Schloß Schönbrunn zu besichtigen. Am Ende kam bei der ganzen Sache nur heraus, daß Campo bekanntgab, es sei noch keine Entscheidung über den Austragungsort gefallen.

Am 18. Januar erklärte ich öffentlich, daß ich es ablehnte, das anberaumte Revanchematch zu spielen. Das war eine Bombe – allerdings eine, die leicht in meiner Hand hätte explodieren können. Abgesehen von den konkreten strittigen Fragen, um die es ging, hatten es mir all die politischen Machenschaften hinter den Kulissen praktisch unmöglich gemacht, mich angemessen auf einen schweren Schachwettkampf vorzubereiten. Ich war ziemlich fertig. Meine Situation war verzweifelt und erforderte daher kühnes und entschlossenes Handeln. Ich wußte, daß auch Karpow sich bis Februar nicht mehr optimal vorbereiten konnte, zumal nach einer so schmerzhaften Niederlage; weshalb also drängte er auf einen raschen Revanchekampf? Er wußte, daß ich mich im Februar in einer ziemlich ungünstigen Lage befinden würde, da meine Betreuer Dorfman und Timoschtschenko in dieser Zeit nicht ins Ausland würden reisen können. Ich war mir sicher, arrangieren zu können, daß sie mich zu einem späteren

Zeitpunkt begleiten konnten, aber Februar war eindeutig zu früh. So würden mir nur noch zwei Betreuer bleiben – und einer davon war der »Verräter« Wladimirow.

Meine Erklärung vom 18. Januar eröffnete den Schachbürokraten natürlich die ersehnte Möglichkeit, mich zu disqualifizieren und den Titel wieder Karpow zu überschreiben. Auf einer Sitzung des sowjetischen Schachverbands am 21. Januar forderte Sewestjanow genau dies. Es gebe, so meinte er, keine andere Alternative: Entweder erklärte ich mich bereit, wie gefordert im Februar, oder spätestens im März, anzutreten, oder Karpow würde zum Sieger erklärt. Ich fragte immer wieder, warum das Match denn zu einem so frühen Zeitpunkt stattfinden müsse. Weshalb sollte ich zwei Weltmeisterschaftskämpfe innerhalb eines Jahres bestreiten – etwas, das es in der Geschichte des Schachs noch nie gegeben hatte? Sewestjanow antwortete, der Grund sei der, daß andernfalls der Zeitplan für die regionalen und internationalen Turniere der FIDE durcheinanderkäme. Es funktionierte wieder einmal nach dem Ping-Pong-Prinzip: Der nationale Verband sagt, wir müssen das und das tun, weil die FIDE es so verlangt hat; die FIDE schlägt den Ball zurück und sagt: Euer eigener Verband hat darum ersucht, und wir müssen uns nach seinen Wünschen richten, weil es der mitgliederstärkste Verband auf der Welt ist.

Allein, wir schrieben jetzt das Jahr 1986, nicht 1985 oder 1983. In der Sowjetunion hatte sich einiges geändert. Meine Gegner konnten mir unter den jetzigen Verhältnissen nicht so mir nichts, dir nichts meinen Titel aberkennen oder mich disqualifizieren. Diese Zeit war vorbei. Ich konnte es mir erlauben, ein wenig zu pokern und bestimmte Dinge an die Öffentlichkeit zu tragen. Den Funktionären standen noch andere Probleme ins Haus. Während der alte Weltmeisterschaftszyklus wegen unserer langwierigen Auseinandersetzungen um den Revanchekampf noch immer nicht abgeschlossen und sein Ende auch noch nicht abzusehen war, trugen etliche andere Spieler – Sokolow, Waganjan, Timman, Jussupow – bereits ihre Qualifikationsspiele aus. Ich schlug anstelle eines Revanchekampfs gegen Karpow einen Dreikampf zwischen ihm, mir und dem Gewinner des Kandidatenturniers vor. Auf diese Weise könnten, so meinte ich, beide

Runden zusammen abgeschlossen und der durcheinandergeratene Zeitplan wieder eingerenkt werden. Aber Karpow behagte dieser Vorschlag nicht. Ein Dreikampf war eine zu unkalkulierbare Angelegenheit, während ein Revanchematch ihm eine gewisse berechenbare Chance bot. Ich wußte damals natürlich noch nicht, daß er in Gestalt von Wladimirow über eine »Geheimwaffe« verfügte, mit deren Hilfe er und seine Freunde sicher waren, mich schlagen zu können – was ihnen dann ja auch beinahe gelungen wäre.

Es begann eine neue Runde erbittert geführter Verhandlungen unter Beteiligung der FIDE und der nationalen Schachverbände der Sowjetunion und Großbritanniens. Die Entwicklung spitzte sich zu, als der britische Schachverband BCF per Fernschreiben den folgenden Vorschlag nach Moskau übermittelte: »Unserer Auffassung nach wäre die Durchführung eines Revanchekampfes bei einem zweijährigen Weltmeisterschaftszyklus unzweckmäßig. Eine solche [Regelung] würde zu Stockungen im internationalen Turnierfahrplan führen. Wir betonen jedoch, daß dies im Idealfall von den betroffenen Spielern selbst entschieden werden sollte. Wir ergreifen diese Gelegenheit, um unser Angebot zu wiederholen, daß, falls die Weltmeisterschaftsrevanche innerhalb des jetzigen Zyklus stattfindet, London, die BCF und das GLC (Greater London Council) sehr gern bereit sind, die ersten zwölf [Partien] hier auszurichten, wonach die zweiten zwölf in Leningrad stattfinden können. Wesentlich ist nach unserer Ansicht jedoch, daß alle mit der Anstrengung des Revanchekampfes zusammenhängenden Probleme einvernehmlich und zur beiderseitigen Zufriedenheit von Weltmeister Kasparow und Herausforderer Karpow gelöst werden. Es ist von äußerster Wichtigkeit, daß die internationale Schachbewegung und ihr weltweites Ansehen nicht durch öffentlich ausgetragene Streitigkeiten geschädigt wird. Insbesondere wünschen wir uns, daß ungute Vakanzsituationen, wie sie 1975 und 1983 entstanden sind, vermieden werden.«

Mit dieser Botschaft wollten die Engländer klare Verhältnisse schaffen, die Umrisse einer praktikablen Lösung skizzieren und einen Weg zu einer direkten Mitbeteiligung der Spieler an den Entscheidungen aufzeigen. Ich hatte stets betont, daß ich bereit sei, zu verhandeln und mir die Standpunkte der anderen Seite anzuhören. Ich gehe gewöhnlich nur dann selbst mit dramatisch klingenden Erklärungen an die Öffentlichkeit, wenn ich mit meinen Bemühungen, meinem Standpunkt anderweitig Gehör zu verschaffen, gescheitert bin. In diesem Fall war ich nach wie vor der Ansicht, daß ein Revanchekampf eine sportlich nicht gerechtfertigte Zumutung und nur von den Interessen Karpows diktiert war. Andererseits war er de facto Bestandteil des Reglements, und ich konnte ihn nicht einfach verweigern, wenn ich meinen Titel behalten wollte. Ich wußte, daß ich diesen Titel irgendwann in einem Match verteidigen mußte, aber ich wollte dies auf keinen Fall nach so kurzer Zeit tun. Eine längere Atempause war nicht nur ein Gebot der sportlichen Fairneß, sondern würde wahrscheinlich auch dem spielerischen Niveau des darauffolgenden Wettkampfs zugute kommen, da beide Kontrahenten in diesem Fall mehr Zeit hätten, sich vorzubereiten und Abstand zu den Konflikten und Animositäten der Vergangenheit zu gewinnen.

Noch einen anderen Aspekt galt es zu berücksichtigen: Im Februar würde der 27. Parteitag der KPdSU beginnen, auf dem Gorbatschow wichtige Weichenstellungen für sein Reformprogramm vornehmen würde. Dies würde ein bedeutendes gesellschaftliches und politisches Ereignis für die Sowjetunion sein. Niemand konnte ein Interesse daran haben, daß dieses Ereignis durch einen schlagzeilenträchtigen Skandal verdüstert wurde – und ein Disqualifikationsbeschluß gegen mich hätte sicherlich zu einem Skandal geführt. Es gab also einen gewissen Druck von oben auf eine Kompromißlösung hin. Nicht einmal Karpow konnte es sich erlauben, als derjenige dazustehen, der einer Kompromißlösung im Wege stand. Die Frage lautete jetzt nicht mehr, ob, sondern nur noch, wann der Revanchekampf stattfinden würde. Der sowjetische Schachverband arrangierte am 22. Januar 1986 ein Treffen zwischen Karpow und mir, bei dem wir eine Übereinkunft aushandelten. Wichtiger als alles andere war mir dabei, daß diese Vereinbarung über den Kopf von Campomanes hinweg geschlossen wurde und er dabei absolut nichts mitzureden hatte. Wir stellten ihn einfach vor vollendete Tatsachen. Kein *Deus ex machina* sollte dieses Mal mit »außerordentlichen Maßnahmen« sein Unwesen treiben. Nachfolgend der vollständige Wortlaut unserer Vereinbarung:

»Nach Prüfung der komplizierten Situation, die im Verlauf des Weltmeisterschaftstitelkampfes entstanden ist, und in dem Wunsch, Meinungsverschiedenheiten zu beheben und Situationen auszuschließen, in denen mangels konkreter Absprachen irgendwelche von der FIDE beschlossenen außerordentlichen Maßnahmen akzeptiert werden müßten, haben sich Weltmeister Garri Kasparow und Exweltmeister Anatoli Karpow auf folgendes geeinigt:

»1. Der Revanchekampf, wie ihn das FIDE-Reglement von 1985 vorsieht, wird stattfinden.

2. Er wird im Juli oder August 1986 beginnen. Diese Verschiebung gegenüber dem früher festgelegten Termin ist im Interesse beider Schachspieler notwendig, damit sie sich ausruhen und neue Kraft schöpfen können, nachdem sie innerhalb von 14 Monaten 72 Partien gegeneinander gespielt haben.

3. In der Hoffnung, daß dieser Wunsch das Verständnis der FIDE-Führung und der gesamten Schachwelt finden wird, möchten beide, daß im Februar 1987 ein Superfinale (ein Match zwischen dem Gewinner des Kandidatenturniers und dem Exweltmeister) und danach, im Juli oder August 1987, der nächste Weltmeisterschaftstitelkampf stattfinden wird.

4. Kasparow und Karpow sind die folgenden Verpflichtungen auf Gegenseitigkeit eingegangen:
   a. Keiner von ihnen wird einen Wettkampf gegen den Gewinner des Kandidatenturniers austragen, ehe nicht der Revanchekampf zwischen ihnen beendet ist;
   b. der Sieger des Revanchekampfes garantiert dem Verlierer, daß er keinen Weltmeisterschaftskampf mit dem Gewinner des Kandidatenturniers austragen wird, ehe nicht letzterer ein Match gegen den Exweltmeister bestritten hat;

c. die in a. und b. festgelegten Verpflichtungen werden unter allen Umständen bestehen bleiben.

Nach Prüfung der von den Städten Leningrad und London mit Datum vom 16. Dezember 1985 dem Präsidenten der FIDE vorgelegten Angebote für die Ausrichtung des Revanchekampfes, haben Kasparow und Karpow ihrem Wunsch Ausdruck verliehen, das Match in Leningrad auszutragen. Wenn jedoch die Organisatoren in einer der beiden [Städte] ihr Angebot unter Berufung auf den neu festgelegten Termin des Matchs zurückziehen, sind die Spieler bereit, andere Angebote zu prüfen, die unter Beachtung des FIDE-Reglements bis zum 1. April 1986 abgegeben werden, so daß der Austragungsort, der Termin des Revanchekampfs und das Schiedsrichtergremium einen Monat später bekanntgegeben werden können.«

Die Vereinbarung war von Karpow, Sewestjanow und mir unterschrieben und wurde vom sowjetischen Schachverband voll mitgetragen. Eine der für mich wichtigsten Bestimmungen war die, daß der Revanchekampf frühestens im Juli beginnen würde. Karpow und ich reisten nach Luzern, um die Zustimmung der FIDE zu unserer Vereinbarung einzuholen und Einigkeit über den Austragungsort zu erzielen. Auf dem Frankfurter Flughafen lief mir Frederic Friedel über den Weg, ein Freund aus Hamburg, der einige für mich sehr interessante Dinge über Schachcomputer geschrieben hatte. Er begleitete uns. Frederics Vater war Schlangenexperte, und Frederic hat zahllose fesselnde Geschichten auf Lager über Schlangenjagd und Schlangenschmuggel in Afghanistan und anderen exotischen Ländern. Er ist ferner ein passionierter und hervorragender Kartenspieler und fesselte Karpow und mich auf der Reise viele Stunden lang mit einem Spiel namens »Schwarze Maria«, das er uns beibrachte. Wir spielen Karten, wie wir Schach spielen – Karpow sehr bedacht, mit phantastischer Präzision, ich draufgängerisch, in jedem Spiel aufs Ganze gehend, manchmal um den Preis hoher Verlustpunkte, aber oft auch mit Erfolg!
Campomanes hatte es unheimlich eilig, uns in unserem Luzerner

Hotel aufzusuchen, besonders seinen Freund Karpow. Er kannte den genauen Inhalt unserer Vereinbarung noch nicht und brannte darauf, Details zu erfahren. Während er auf der Suche nach uns durch das Hotel düste, saßen wir drei in meinem Zimmer und spielten »Schwarze Maria«. Campo traute seinen Augen nicht, als er uns endlich fand und Karpow bei mir im Zimmer sitzen sah, kartenspielend und es offensichtlich sehr genießend. »Anatoli, wo bist du gewesen?« fragte Campo, »ich habe überall nach dir gesucht.« Der letzte Ort auf Erden, wo er ihn vermutet hätte, war mein Hotelzimmer. Für dieses Mal waren Karpow und ich uns einig gegen Campomanes, aus guten landsmännischen Gründen. Dagegen war er machtlos. Er konnte schwerlich uns beide disqualifizieren.

An diesem Abend beim Essen mußten wir uns eine Menge Dinge von Campo und seinem Generalsekretär Lim Kok Ann anhören – daß über die Modalitäten des Revanchekampfs die FIDE entscheiden müsse und nicht die Spieler, und daß es dabei ums Prinzip gehe. Sie betonten immer wieder, auch »die kleinen Länder« müßten an solchen Entscheidungen beteiligt werden, und das Match müsse spätestens im März beginnen, wie das Reglement es verlange. Später schlug Campo als Kompromiß den Mai vor. Wir blieben unbeugsam. Es wurde klar, daß es ihm einzig und allein darum ging, vor den »kleinen Ländern« sein Gesicht zu wahren und zu zeigen, wie groß seine Macht war. Um sein Image des »großen Chefs« zu pflegen, hatte er herumposaunt, wir seien von ihm nach Luzern »beordert« worden. Als wir dies monierten, machte er sofort einen Rückzieher und sagte, er habe uns »eingeladen«. In Wirklichkeit war es so, daß wir einfach hingeflogen waren. Nach dem Abendessen kehrten wir ins Zimmer zurück, um weiter Karten zu spielen, doch alsbald tauchte Campo in Begleitung des Vorsitzenden des sowjetischen Sportkomitees, Gawrilin, auf und verlangte eine »Besprechung«. Friedel ließ uns allein – und wurde nach einer runden Viertelstunde schon wieder in mein Zimmer »beordert«, wo zu seinem großen Vergnügen die Karten für die nächste »Schwarze Maria« schon ausgeteilt waren. Es hatte nicht viel zu besprechen gegeben. Wir spielten bis vier Uhr morgens Karten.

Karpow und ich blieben einige Tage in Luzern; die meiste Zeit verbrachten wir mit Kartenspielen und Einkaufen. Es gab nichts anderes zu tun – und niemanden, mit dem wir es hätten tun können. Es war klar, daß wir niemals Freunde werden würden, aber wir schlossen für diese Zeit eine Art Waffenstillstand; was uns einte, war die Entschlossenheit, uns die Vereinbarung von Moskau, die unser gemeinsames Werk war, nicht von Campomanes verpfuschen zu lassen. An einem dieser Tage saßen wir zusammen im Hotelzimmer vor dem Fernseher, als die schrecklichen Bilder von der Challenger-Katastrophe über den Schirm flimmerten. Niemand, der diese Bilder gesehen hat, wird sie je vergessen, besonders die Gesichter der Angehörigen, die den Start der Fähre beobachtet hatten. Friedel kam herein und fand uns beide in einem schockartigen Zustand vor; wir waren kaum fähig, etwas zu ihm zu sagen.

Beim Frühstück am Tag der Entscheidung sagte Campo weinerlich: »Ich konnte heute nacht nicht schlafen.« Wir wußten, was jetzt kommen würde. Wieder hielt er uns einen Vortrag über die vielen kleinen Nationen in der FIDE. Lim Kok Ann stand mit Jammermiene daneben. Am Ende verkündete er der Welt genau das, was Karpow und ich beschlossen hatten. Wir hatten ihm keine Wahl gelassen. Campo machte dann noch ziemlich viel Aufhebens um die Frage des Austragungsorts, doch einigten wir uns schließlich darauf, den Wettkampf gleichmäßig auf London und Leningrad zu verteilen. Ursprünglich waren wir davon ausgegangen, daß das Match in der Sowjetunion stattfinden würde, aber dann war London wieder ins Spiel gebracht worden, weil eine neue FIDE-Bestimmung besagte, daß kein Mitgliedsverband – in diesem Fall war die Sowjetunion gemeint – zwei Weltmeisterschaftskämpfe hintereinander ausrichten dürfe. Aber würden die Engländer das Match im Sommer überhaupt noch finanzieren können, da doch der Hauptfinanzier, das Greater London Council, am 1. April aufgelöst werden sollte? Nun, die britischen Schachfunktionäre fanden schließlich Gehör beim britischen Schatzkanzler Nigel Lawson. Bei einem frühmorgendlichen Geheimtreffen auf dem Züricher Flughafen zwischen Campo, Gawrilin und David Anderton vom britischen Schachverband wurde beschlossen, eine Wettkampfhälfte nach London zu vergeben.

Zurück in Moskau, mischte ich bei einem ausgelassenen Fußballspiel in der Zentralen Armeehalle mit, das die Schachspieler mit
2:1 Toren gegen die Sportjournalisten gewannen. Es war kein
Zuckerlecken, da einige der Presseleute ehemalige aktive Sportler waren. In unserer Mannschaft, die den Vorteil hatte, jünger
zu sein, spielten Jussupow und Dorfman mit. Der Ansager, der
das Spiel über Lautsprecher live kommentierte, riß einige Witze
über Campo und hielt uns damit bei Laune.

Im Mai reiste ich in den Westen, aus dreifachem Anlaß: In
Barcelona erhielt ich den Schach-Oscar überreicht, in London
inspizierte ich die Lokalität, in der der Revanchekampf stattfinden sollte, und in Basel spielte ich ein Match gegen den englischen Großmeister Tony Miles. Nach Beendigung dieses
Matchs, das ich mit 5 ½ zu ½ Punkten für mich entschied, sagte
Miles über mich: »Ich dachte, ich würde gegen den Weltmeister
spielen und nicht gegen ein Ungeheuer mit 100 Augen.« Es war
ein Ereignis à la Bobby Fischer, und ich machte mir danach keine
Sorgen mehr über meine Form. Ich hatte die so schwer erkämpfte zusätzliche Vorbereitungszeit offenkundig gut genutzt. Campo stand mit gestutzten Flügeln da. Ich begann mich auf London
zu freuen. Dann gab Marina ihren überraschenden Abgabezug
preis: Sie eröffnete mir, daß sie ein Kind erwartete.

KAPITEL 12

Liebe und Geld

Marina Nejelowa und ich kannten uns seit zwei Jahren, seit jenem verzauberten Abend in Moskau, als ich sie die Mascha in Tschechows *Drei Schwestern* spielen sah, einem Stück, das zu Recht als eines der bedeutendsten unseres Jahrhunderts gerühmt wird. Im Unterschied zu Werschinin, Maschas großer Liebe, der ein älterer Mann ist, war ich 16 Jahre jünger als Marina. Bis heute habe ich fast nur Freundinnen gehabt, die älter waren als ich. Das dürfte teilweise daran liegen, daß ich sehr früh erwachsen geworden bin, teilweise auch daran, daß es für mich schwierig war, Beziehungen zu gleichaltrigen Mädchen einzugehen, weil sie meist den verständlichen Wunsch hatten zu heiraten. Das aber kam für mich zu der Zeit, da ich mich auf meine Weltmeisterschaftskämpfe vorbereitete, nicht in Frage.

Seit 1981, meinem 18. Lebensjahr, hatte ich nur dieses eine Ziel im Kopf. Ich war wie ein Astronaut, der auf einen interplanetarischen Raumflug vorbereitet wird. Ich durfte nur in eine Richtung denken und blicken. Alles, meine Physis, mein Training, meine Motivation, war auf dieses Ziel ausgerichtet. Es stand vor mir wie eine Mauer, die ich durchstoßen mußte, eine Aufgabe, für die ich all meine Kraft und Konzentration brauchte. Auf der anderen Seite war ich ein normaler junger Mann mit normalen emotionalen Bedürfnissen und Begierden. Ich war kein Asket.

Marina war in ihrem Bereich eine gefeierte Berühmtheit, und deshalb war es für sie einfach, meine Probleme zu verstehen. Sie begriff, wogegen und wofür ich kämpfte, und bestärkte und unterstützte mich darin. Wir hatten im Milieu der Schriftsteller und Künstler viele gemeinsame Freunde, die mit mir solidarisch waren. Marina trat in das Ensemble des erlauchten Sowremennik-Theaters ein, nachdem sie in dem Film *Monolog* eine von ihrem Geliebten im Stich gelassene Frau gespielt hatte. Ein Theaterkritiker schrieb einmal über sie: »Sie bewegt sich auf der Bühne wie eine nervöse Katze, voll von halb gezähmter Energie. Sie hat die Stimme eines verwöhnten kleinen Mädchens und eine erotische Präsenz, die ein Publikum elektrisieren kann.« Über die private Marina Nejelowa ist gesagt worden, sie sei eine »Frau, die ihre Seele vollständig bedeckt hält und trotzige Worte und zornige Bemerkungen nach außen sprießen läßt wie eine Rose ihre Dornen«. Weiter hieß es von ihr, sie sei ein »Antistar«, weil ihr die Schauspielerei wichtiger sei als der Ruhm, der damit zu ernten ist. Die Theaterkritikerin Tatjana Choroschilowa schrieb: »Ihr Leben ist so etwas wie ein Frondienst im Rosengarten.« Niemand wird es erstaunlich finden, daß ein 21jähriger von dieser ungewöhnlichen Frau verzaubert war.

Von Natur aus großzügig, machte es mir großen Spaß, auf meinen Auslandsreisen Kleider und andere Geschenke für Marina zu kaufen. Geld bedeutet mir im Grunde nichts, es sei denn als geeignetes Mittel, um anderen eine Freude zu bereiten. In den ersten Monaten des Jahres 1986 nahmen mich die Vorbereitungen auf den Revanchekampf gegen Karpow und der vertrackte politische Kleinkrieg im Vorfeld dieses Matchs so in Anspruch, daß Marina und ich uns zu dieser Zeit kaum sahen. Ich wußte, daß sie mit einem anderen Mann Umgang hatte, und konnte ihr deswegen nicht einmal wirklich böse sein. Unsere beruflichen Wege kreuzten sich einfach zu selten. Das Ende unserer Beziehung war vorgezeichnet, wir mußten uns damit abfinden. Ich war aus diesen Gründen ziemlich sicher, daß das Kind, das sie erwartete, nicht von mir sein konnte, und versuchte vom Tage meiner Landung in London an, den Gedanken daran aus meinem Bewußtsein zu verscheuchen.

Ich widmete meine Gedanken ganz dem Schach und fand es amüsant, zu erfahren, daß der Große Ballsaal im Londoner Park Lane Hotel, wo Karpow und ich spielen würden, im Zweiten Weltkrieg von Winston Churchill zum Ausweichquartier für das britische Parlament auserkoren worden war, für den Fall, daß das Parlamentsgebäude an der Themse von deutschen Bomben getroffen worden wäre. Meine Ankunft fiel zusammen mit der Londoner Premiere des Musicals *Chess*, das auf einer sehr freien

Verarbeitung der Lebensläufe von Fischer, Spasski, Karpow und Kortschnoi beruht. Die Briten waren entzückt darüber, den Jubiläumsweltmeisterschaftskampf (zum 100. Geburtstag dieses Wettbewerbs) ausrichten zu dürfen. Wie der britische Schachfunktionär Reuben mir sagte: »London wird aus allen Poren nach Schach riechen, so sehr, daß die Leute auf der Straße davon sprechen, in der Badewanne davon singen und es vor allem ihren Kindern beibringen werden.«

Zu meiner Delegation gehörten Dorfman und Timoschtschenko (der jetzt endlich eines Auslandsvisums für würdig befunden worden war), Wladimirow, Nikitin und Litwinow – und dazu natürlich meine Mutter. London war ein gutes Pflaster für mich. Hier hatte ich 1983 meinen großen Sieg über Kortschnoi errungen. Ich hatte hier Freunde. Ray Keene, der das Match organisierte, hatte meine Ideen zur organisatorischen und personellen Erneuerung des Weltschachverbands immer unterstützt. Als exponiertester Vertreter der Opposition gegen Campomanes war er mein natürlicher Bundesgenosse. Nicht daß ich vom britischen Schachverband irgendeine Bevorzugung erwartet hätte; alles, was ich wollte, war Fair play. Gelten sollte, was der Hauptschiedsrichter in dem für ausverkaufte Häuser sorgenden Musical *Chess* sang: »Niemand ist auf niemandes Seite.«

Ich hatte kurz zuvor eine ungewöhnliche Vereinbarung mit dem Engländer Andrew Page geschlossen, der mein geschäftlicher Manager für die westliche Welt geworden war. Wir waren uns erstmals 1983 begegnet, als er für die Computerfirma SciSys einen Werbevertrag mit mir ausgehandelt hatte. Als es später darum ging, den Vertrag auszuweiten, da die Firma eine ganze Serie von Schachcomputern unter dem Markenzeichen Kasparow herausbringen wollte, kamen Andrew und ich uns näher und sprachen über die Möglichkeit einer direkten Zusammenarbeit. Wir schlossen ein Geschäft mit Atari ab. Es hatte für mich ganz offensichtliche Vorteile, im Westen jemanden zu haben, der für mich Reisetermine koordinieren und Vereinbarungen mit Sponsorfirmen und Turnierveranstaltern treffen konnte. Solche Dinge von Baku aus zu erledigen, war mühsam, besonders für einen in Geschäftsdingen unerfahrenen jungen Menschen wie mich. Einen Manager zu haben, bedeutet für mich Arbeitsentlastung und Zeitersparnis – und es bewahrt mich vor Problemen, wie Karpow sie sich mit seinem klammheimlichen Deal in Westdeutschland einhandelte, bei dem er, wie es scheint, von einem unzuverlässigen Vermittler betrogen wurde.

Andrew Page, ein ehemaliger Schauspieler und Rennfahrer, hatte einen so guten Vertrag zwischen SciSys und mir ausgehandelt – und wir waren so gut miteinander ausgekommen –, daß ich in ihm den idealen Partner sah. Wir faßten gemeinsam den Entschluß, dem Sportrat in Moskau vollen Einblick in alle von uns getätigten Vereinbarungen zu gewähren, so daß die sowjetische Sportführung jederzeit über alles informiert, aber der Mühe enthoben sein würde, sich selbst um organisatorische Details zu kümmern. Die Idee erschien mir so vernünftig, daß ich glaubte, niemand könne daran etwas auszusetzen haben. Es war jedoch eine neue Idee, und leider brauchen in Moskau manche Leute manchmal ein bißchen länger, um sich mit neuen Ideen anzufreunden. Zwar hat sich in dieser Beziehung einiges verbessert, doch war es gleichwohl ein schweres Stück Arbeit für mich, den zuständigen Stellen die Zustimmung zu diesem neuartigen Arrangement abzutrotzen.

Ein Freund von mir, ein Anwalt, hat mich einmal über einen grundlegenden Unterschied zwischen der Sowjetunion und den westlichen Ländern aufgeklärt. Wenn im Westen etwas nicht ausdrücklich verboten ist, dann darf man es tun. Wenn dagegen in der Sowjetunion etwas nicht ausdrücklich von Gesetzes wegen erlaubt und geregelt ist, gilt es zunächst einmal als tabu. Ich fand mich mit diesem Denken nicht ab. Wenn mir etwas abgeschlagen wurde, fragte ich: warum? Es gab Schwierigkeiten mit dem Außenhandelsministerium, das für solche Angelegenheiten zuständig war; schließlich aber erhielt das Sportministerium die selbständige Entscheidungsbefugnis in solchen Fragen, wodurch die Dinge wesentlich vereinfacht wurden. Ich gewann diese Schlacht, weil ich sie offen austrug, was meiner Erfahrung nach oft das leichteste und am Ende auch der effektivste Weg ist.

Ich bin für Offenheit auch in finanziellen Dingen. Viele Leute stellen Mutmaßungen über meine Einkommensverhältnisse an, als ob es dabei Geheimnisse zu lüften gebe; dabei ist die Sache ganz einfach. Die »Börse« für die Weltmeisterschaft beträgt

Politiker der anderen Art

Links: Campomanes verkündet in London, daß er sich der Wiederwahl zum Präsidenten der FIDE stellt.

Mitte: Die Wahl von Lincoln Lucena während der Schach-Olympiade in Dubai im November 1986.

Unten: Gespräche in Dubai. Zu meiner Linken ist Nikolai Krogius, der einst zu mir sagte: »Wir haben einen Weltmeister, wir brauchen keinen anderen.« Dahinter stehend Kurt Jungwirth. Rafael Tudela steht rechts.

Oben: Im Juli 1986 treffe ich in London ein, um meinen Titel zu verteidigen.

Mitte: Mit Premierministerin Margaret Thatcher.

Unten: Der Kampf in London beginnt. Lothar Schmid setzt die Uhr in Gang.

Amerikanische Schachgrößen, die einen hohen Preis für ihr Genie zahlen mußten.

Oben: Paul Morphy.

Mitte:
Robert J. Fischer.

Unten: Ich trete gegen einen Sci-Sys-Schachcomputer an.

Oben: 1986 in Barcelona anläßlich der
Verleihung der Schach-Oskars mit
der Schachweltmeisterin Maja Tschiburdanidse.

Mitte: Schach wird vorzeigbar: Mein
Spiel gegen Nigel Short in London.

Unten: Marina Nejolowa in einem
Stück von Ostrowski.

72 000 Rubel – nicht 71 000 oder 73 000 oder 85 000, sondern genau 72 000. Das hat, wie ich vermute, den Grund, daß diese Zahl sich leicht in fünf Achtel und drei Achtel zerlegen läßt – 45 000 für den Gewinner, 27 000 für den Verlierer. Da niemand zu entscheiden vermochte, wer der Sieger unseres ersten Weltmeisterschaftsmatchs war, erhielten wir beide die halbe Börse. Offiziell wurde dies nie bekanntgegeben, aber es war das in Zahlen gefaßte Eingeständnis, daß dieser Wettkampf unentschieden ausgegangen war, obgleich der Spielstand 5:3 betrug. 1985 in Moskau gewann ich 45 000 Rubel. 1986 in London stifteten wir beide unser Preisgeld für die Opfer der Katastrophe von Tschernobyl, so daß wir danach in Leningrad noch um 36 000 Rubel spielten, von denen ich als Sieger 22 500 erhielt. Das macht für mich unter dem Strich über 100 000 Rubel allein an Weltmeisterschaftspreisgeldern. Unter Berücksichtigung des Kaufkraftunterschieds würde mich ein entsprechender Betrag im Westen wohl zum Millionär machen.

Wenn ich bei einem Turnier im westlichen Ausland 30 000 Dollar erhalte – als Summe aus »Auftrittshonorar«, Preisgeld und Spesenvergütung –, kann ich davon 16 000 Dollar behalten und nach meinem Belieben verwenden. Ich kann sie entweder im Westen ausgeben oder sie in »Tscheki« einwechseln, Zertifikate, mit denen ich in Moskau und anderen sowjetischen Städten bestimmte Dinge kaufen kann. Die restlichen 14 000 Dollar liefere ich ab und bekomme dafür 11 000 Rubel. Nach amtlichem Wechselkurs entspricht ein Rubel ungefähr einem Pfund Sterling oder drei Deutsche Mark. Außenstehende mögen der Meinung sein, der an den Staat abzuführende Devisenanteil sei sehr hoch. Ich habe daran nichts auszusetzen. Schließlich bekommen meine Betreuer und ich ein staatliches Gehalt – und zwar eines, von dem wir in der Sowjetunion sehr gut leben können.

Manchmal werde ich gefragt: Wie können Sie Kommunist sein und gleichzeitig so viel Geld verdienen? Diese Frage zeugt von einer gründlichen Unkenntnis des sowjetischen Gesellschaftssystems. Sowjetbürger, die in der Lage sind, im Ausland Geld zu verdienen, wie etwa Schriftsteller und Sportler, haben zu allen Zeiten die Möglichkeit gehabt, dies zu tun. Der Nutzen finanzieller Anreize als Faktor der Produktivitätssteigerung wird in unserer Gesellschaft seit einigen Jahren zunehmend anerkannt. Die Reformen Gorbatschows haben diese Entwicklung sehr beschleunigt. Wer durch eine Begabung auffällt, wird dazu ermuntert, sie zum Wohl des Staates einzusetzen. Früher haben zu viele Leute ihre geschäftlichen Talente dazu benutzt, sich die eigenen Taschen zu füllen. Heute werden auch Kooperationsprojekte zwischen sowjetischen und ausländischen Geschäftspartnern gutgeheißen und zunehmend praktiziert, Projekte wie meine Partnerschaft mit Andrew Page, um die ich seinerzeit so sehr kämpfen mußte, oder vielleicht auch Projekte wie dieses Buch!

Nach London reiste ich mit dem strikten Vorsatz, keinerlei zusätzliche Zwietracht zwischen Karpow und mir zu säen, traten wir doch jetzt beide in der Rolle von Botschaftern unseres Landes auf. Wie ich der Presse gegenüber erklärte: »Ich stehe zwar zu allen meinen früheren Aussagen, aber wir werden unsere Konflikte in den kommenden Monaten auf dem Schachbrett austragen und nicht in Form eines Kriegs der Worte.« Eine Zeitung verlieh mir daraufhin den Titel »Großmeister des Takts« und schrieb: »Jung, aber zuvorkommend, modern, aber loyal, ließ er eine Frage über Ähnlichkeiten mit John McEnroe ziemlich deplaciert erscheinen. Ein kurzer ungläubiger Blick, ein breites Grinsen, dann ein in lautes Kichern mündendes ›Vielen Dank!‹ . . . Garri Kasparow scheint nicht ganz das *enfant terrible* zu sein, als das er sich vor einem Jahr präsentierte.«

Andere waren sich dessen nicht so sicher. »Hier herrscht Krieg«, hieß es in einer Zeitung. »Es waren keine Boxhandschuhe zu sehen, aber dies konnte nicht darüber hinwegtäuschen, daß hier ein Krieg Mann gegen Mann geführt wird«, meinte eine andere. »Es wird ein bitteres Ringen«, urteilte der *Spectator*. »Wenn Blicke töten könnten, wäre eine der größten Weltmeisterschaftsschlachten in der Schachgeschichte schon vor ihrem gestrigen Beginn entschieden gewesen«, schrieb die *Daily Mail*. Und Martin Amis ließ sich im *Observer* über die »Atmosphäre von Vendetta, Skurrilität, Intrige und Retourkutsche« aus. »Schach ist zweifellos das schönste aller Spiele. Weshalb nimmt es so leicht häßliche Formen an?« Nicht häßlich war zumindest unsere Kleidung. Die Presse zeigte sich überrascht, Russen in einem solchen Aufzug zu sehen – Karpow in weißem Anzug und rotem Hemd mit offenem Kragen, ich in luftig-leichter blaugestreifter Verpackung.

Was die öffentliche Aufmerksamkeit besonders erregte, war der persönliche Kontrast zwischen uns. Eine Zeitschrift beschrieb unser Auftreten als einen »Zusammenstoß zwischen zwei Philosophien: der selbstbeherrschten Konformität des alten Weltmeisters und dem ungestümen Individualismus seines Nachfolgers«. Anderswo stand zu lesen: »Die Schachwelt verfügt in Garri Kasparow über eine äußerst gut verkäufliche Ware. Jeder Wettkampfsport braucht Helden, mit denen das Publikum sich identifizieren kann. Am publikumswirksamsten ist es, wenn zwei Spieler mit stark kontrastierender Persönlichkeit um die Vorherrschaft kämpfen. Der Tennissport hatte Borg und McEnroe, dann Lendl und Becker... Die Schachwelt wurde zehn Jahre lang von dem ruhigen, stillen und vorsichtigen Karpow regiert. Nachdem er von dem ungestümen und ziemlich temperamentvollen Kasparow entthront worden war, kam auf einmal wieder Leben in den Schachsport... Wenn die UdSSR sich ein neues Image zulegen will, dürfte Kasparow einer ihrer besten Botschafter sein.« Ein *Times*-Journalist führte den Tennisvergleich weiter und charakterisierte mich als einen »südländischen, launischen Nastase«, während er Karpow mit Lendl verglich: »Verhüllte Augen, kalt wie ein Fisch – ein Karpfen.«

Karpow und ich stifteten unsere Einnahme aus diesem Match zugunsten der Opfer von Tschernobyl. Überall, wo ich hinkam, konnte ich feststellen, daß diese schreckliche Nuklearkatastrophe in der Nähe von Kiew Menschen in aller Welt in der Angst vor einer großen Gefahr vereint hatte, die uns allen droht. Campomanes allerdings hielt es nicht für nötig, sich an dieser humanitären Geste zu beteiligen; er bestand darauf, daß die Provision in Höhe von einem Prozent des Gesamtpreisgeldes, die auf jede Remispartie erhoben wurde, dem FIDE-Konto gutgeschrieben würde, das natürlich er selbst verwaltete. Was Wunder, daß er im Park Lane Hotel so gut wie unsichtbar blieb – er beobachtete unsere Partien von einer Art Privatloge aus, einem Balkon – wie ein Spion oder ein Gast, der weiß, daß er nicht willkommen ist. Er versuchte, eine Werbetafel von Save & Prosper, einer der

Sponsorfirmen, entfernen zu lassen, weil die FIDE dafür angeblich zu wenig Geld erhalten hatte. Die Organisatoren mußten die Tafel niet- und nagelfest anbringen, damit Campo sie nicht wegschleppen konnte. Für die Eröffnungsfeier war der Boden des Ballsaals zu einem riesigen Schachbrett mit einem ebenso riesigen Turm in jeder Ecke umgestaltet worden. Sogar die Premierministerin Margaret Thatcher paßte sich dem Geist der Stunde an, indem sie in einem schwarzweißen Kostüm mit dazu passender schwarzweißer Bluse erschien. In ihrer Eröffnungsansprache erinnerte sie daran, daß der sowjetische Außenminister Eduard Schewardnadse ihr bei seinem jüngsten London-Besuch ein Schachspiel geschenkt hatte. »Ich spreche ihm die Note Eins in Diplomatie zu – die Figuren sind weiß und blau«, führte sie in ihrer kleinen Ansprache aus. (Blau ist die Farbe ihrer Konservativen Partei.) Die Premierministerin zählte die Qualitäten auf, die einen Spitzenschachspieler auszeichnen, und erwähnte dabei gedankliche Präzision, Ideenreichtum und gute körperliche Kondition. Sie fügte hinzu, diese Eigenschaften brauche man auch, um ein guter Politiker zu sein. Ein wichtiger Unterschied sei allerdings der, daß ein Schachspiel »zeitlich begrenzt« sei, während die Politiker »in unverrichteten Geschäften machen«.

Karpow und ich hatten noch einige unverrichtete Geschäfte zu erledigen – auf dem Schachbrett, an dem wir uns niederließen, nachdem ich einen Stuhl aufgetrieben hatte, der wenigstens nicht so unbequem war wie der, den man mir zunächst angeboten hatte. In der Eröffnungspartie, in der ich, zum ersten Mal gegen Karpow, die Grünfeld-Verteidigung spielte, nahm er nach 21 Zügen mein Remisangebot an; die zweite Partie glitt mir durch die Finger. Mit Weiß spielend, verpaßte ich, nachdem ich meinen Gegner ausmanövriert hatte, einen Gewinnzug und konnte auch in der Vertagung keinen zwingenden Gewinnweg mehr entdecken. Diese Erfahrung verunsicherte mich etwas und ließ mich, wie die Kommentatoren bemerkten, die nächste Partie mit ungewöhnlicher Vorsicht angehen; sie endete nach 35 Zügen mit einem weiteren Remis. In der vierten Partie konnte ich dann durch eine, wie ein Beobachter urteilte, »brillante Demonstration eines aggressiven und kompromißlosen Offensivschachs« den Bann brechen. Karpow versuchte es in der Nimzowitsch-

Indischen Verteidigung mit einer neuen Strategie, geriet aber bald, beim 13. Zug, in Schwierigkeiten; er mußte zulassen, daß ich mir einen bedrohlichen Vorteil im Zentrum sicherte und ihm anschließend durch Einsatz meiner beiden Läufer einen Bauern abnahm. Wir vertagten die Partie mit dem Mehrbauern zu meinen Gunsten, und Karpow gab am folgenden Nachmittag auf, ohne nochmals ans Brett zu kommen. Er wetzte die Scharte gleich in der fünften Partie aus, wobei er von einem Fehler in der Vorausanalyse meines Teams profitierte – glücklicherweise ein seltenes Ereignis. Es war gut, daß sich dieser Fehler zu einem so frühen Zeitpunkt des Matchs zeigte. Ich nahm nach dieser Niederlage eine Auszeit, und wir beendeten danach die sechste Partie remis. So stand es nach der Hälfte des Londoner Pensums 3:3, und alles war offen.

Campomanes nutzte diese Gelegenheit, um aus seinem Versteck emporzutauchen und sich an die Presse zu wenden. Er weigerte sich, auf meine Behauptung einzugehen, das Weltschach werde von einer internationalen Mafia dirigiert. »Schach ist ein zu kostbares Gut für die menschliche Rasse«, sagte er. »Es ist als Spiel, Sport oder Wissenschaft zu wertvoll, um es auf das Niveau der Gosse herabzuziehen.« Die Schachjournalisten hatten ihm Fragen nach dem, wie sie es nannten, »FIDEgate-Skandal« gestellt und sich erkundigt, weshalb das Preisgeld für das Match auf einer Schweizer Bank deponiert war. Auf andere kritische Fragen bezüglich seiner Amtsführung als Weltschachpräsident eingehend, erntete Campo das Gelächter der Presseleute, als er erklärte, sämtliche entstandenen Schwierigkeiten beruhten auf »Mißverständnissen, hervorgerufen durch eine unzulängliche Verbreitung der richtigen Informationen«. Die Presse wollte auch wissen, weshalb die nächste Schach-Olympiade nach Dubai vergeben worden war, obwohl dadurch die israelischen und auch einige jüdische Spieler aus westlichen Ländern nicht teilnehmen würden. Ob es nicht naheliege, hier einen Zusammenhang mit der Tatsache zu sehen, daß Campo die Stimmen des arabischen Blocks benötigte, um sich eine weitere Amtszeit als FIDE-Präsident zu sichern? Vielleicht bereute Campo in diesem Moment schon, die Pressekonferenz einberufen zu haben, denn er konnte die hier anwesenden 500 Journalisten nicht so manipulieren, wie er es an gewissen anderen Orten vielleicht hätte tun können – beispielsweise in Dubai.

Das große öffentliche Interesse am Schach und das hohe Niveau des Schachwissens in Großbritannien beeindruckten uns alle. Jeden Tag reichte die Schlange derer, die einen Platz zu ergattern hofften, durch die gesamte Eingangshalle und über die Hoteltreppe bis zur Straße hinaus. Wie es in der *Times* hieß: »Da sind braungebrannte junge Touristen in bunten Anoraks, und sie sehen tatsächlich so aus, als warteten sie hoffnungsvoll vor einer Jugendherberge auf ein Nachtquartier; da sind ältere Männer mit strengen osteuropäischen Gesichtern, aus denen ein tiefes, ernstes Wissen um die Geheimnisse des Schachspiels zu sprechen scheint; und da sind die Herren in den Nadelstreifenanzügen und die elegant gekleideten Sekretärinnen, denen man eindeutig ansieht, daß sie Büroschwänzer sind.« Überall standen Schachbretter und Videomonitore herum – im Foyer, im Teeraum und in den Salons des 1. Stocks, in jeder freien Ecke; im naheliegenden Hyde Park war unter den Bäumen sogar ein Freiluftschach aufgebaut.

Die Briten brachten neueste Übertragungstechnik zum Einsatz: Jeder Zug wurde auf den Monitoren sofort angezeigt; möglich wurde dies durch elektronische Sensoren, die in die Figuren und in das Brett eingebaut und mit einem Computer verbunden sind. Dieses revolutionäre, von David Levy und Kevin O'Connell von der Firma Intelligent Chess Software ausgetüftelte System ist geeignet, das Schach zu einem wesentlich zuschauerfreundlicheren und telegeneren Sport zu machen. Es gibt den Zuschauern beispielsweise die Möglichkeit, außerhalb des eigentlichen Spielsaals die Partien zu verfolgen und dabei zu fachsimpeln oder eine Tasse Tee zu trinken. Waldemar Januszczak hat diese Situation so beschrieben: »Alles, was von dem Weltmeister und dem Herausforderer, die auf dem Podium des Ballsaals ihren persönlichen Wettkampf austragen, erwartet wird, ist, daß sie von Zeit zu Zeit einen Zug machen. Diese Züge lassen oft lange auf sich warten, aber wenn dann einer gemacht wird, löst er eine verblüffende Kettenreaktion aus. Zunächst einmal wird er synchron über Tausende von Fernsehschirmen in allen Winkeln des Hotels allen Interessierten bekanntgemacht. In Bars, Konferenzräumen, Pressezimmern, Vorhallen, Fernsehecken, Reporterkabinen, Bücherkiosken,... in Schachsalons und Herrentoiletten beginnen die den Wettkampf verfolgenden Spieler sogleich mit der Durcharbeitung der unendlich vielen neuen Optionen, die der gerade gemachte Zug eröffnet hat... Schach ist wahrscheinlich das einzige Spiel auf der Welt, das nicht einen einzigen Zuschauer anzieht – sie sind alle Teilnehmer.«

Ich wohnte in einem geräumigen Haus in Onslow Gardens in Kensington, Karpow in St. John's Wood. Andrew Page und meine Mutter taten ihr möglichstes, um das Haus zu einem wirklichen Heim für mich und mein Betreuerteam zu machen. Ein Mädchen russischer Herkunft namens Valentina kochte für uns, und wir ließen uns jeden Tag Paprikaschoten, Tomaten, Kresse und Fisch ins Haus liefern – die wirklichen Notwendigkeiten des Lebens. Während eines Wettkampfs ist die Ernährung sehr wichtig, weil man vor jeder Partie Energie für viele Stunden speichern sollte – man will schließlich nicht über dem Brett einschlafen.

Morgens stand ich ungefähr um halb zehn oder zehn Uhr auf – schlafen gehört für mich zu den lustvollsten Dingen des Lebens. Mein Frühstück besteht immer aus denselben Zutaten: Cornflakes mit Milch, Fruchtjoghurt, Kaffee – kein Brot, kein Zucker, keine Eier, kein Käse. Ich bin morgens ein bißchen einsilbig, habe aber trotzdem gerne jemanden um mich – meinen Manager vielleicht, oder einen meiner Sekundanten. Nach dem Frühstück unternahm ich meist einen kleinen Spaziergang an der frischen Luft, vielleicht mit etwas Obst als Wegzehrung und mit Futter für die Enten in den Kensington Gardens. Als sich die Nachbarn über unser im Garten aufgespanntes Federballnetz beschwerten, stellte uns ein nahegelegener Badminton-Club seine Einrichtungen zur Verfügung. Am späten Vormittag folgte harte Schacharbeit – Eröffnungen und eine Strategie für die bevorstehende Partie wurden vorbereitet. Vor dem Mittagsschlaf dann vielleicht noch ein kurzer Spaziergang. Gegen zwei Uhr stand ich gewöhnlich zum Mittagessen auf, das meist aus einem Stück Fleisch – beispielsweise einem Steak – mit Salat und Pommes frites bestand – viel Eiweiß und Kohlehydrate, um mir die Energie einzuverleiben, die ich im Verlauf einer vielleicht fünf- oder sechsstündigen Partie benötigen würde.

Nach einer Partie fühlte ich mich zunächst vollkommen ausgelaugt und erschöpft, kaum fähig, ein Autogramm zu schreiben, im Geiste noch mit der »Autopsie« der beendeten Partie beschäftigt. Ich zog mich in mein Zimmer zurück, um zu reden, alles durchzugehen, besonders meine Fehler. Meist war es dann schon gegen 23 Uhr oder noch später, und ich spürte dann plötzlich, wie meine Energie zurückkehrte. Noch eine Mahlzeit – vielleicht ein chinesisches Gericht, denn darauf stehe ich –, dann ein Abendspaziergang und ab ins Bett, einem neuen, nach dem gleichen Muster verlaufenden Tag entgegen. Wenn meine Mutter bei einem Turnier einmal nicht dabei ist, bildet ein Anruf in Baku gewöhnlich den Abschluß meines Tagwerks.

Die siebente Partie endete mit einem für mich erfreulichen Remis, nachdem Karpow, der mit Weiß spielte, in einem abgelehnten Damengambit mit einem starken Angriff auf der Königsseite bereits alles klargemacht zu haben schien. Beim 25. Zug jedoch, in einer für mich mehr oder weniger aussichtslosen Situation, verlegte er sich auf die Damenseite, was mir eine kleine Atempause verschaffte. Wie ich schon bei früherer Gelegenheit bemerkt hatte – in der 24. und letzten Partie unseres zweiten Matchs beispielsweise –, ist Karpow nicht der Spieler, der eilig auf eine Entscheidung drängt; er zieht es vor, seine Stellung langsam aber sicher zu verstärken. In diesem Fall ließ er zu, daß ich den Kopf aus der Schlinge zog und ihn zum Zeitpunkt der Vertagung sogar bedrohte. Vielleicht war es die Enttäuschung über diese verpaßte Gewinnchance, die dazu führte, daß Karpow in der achten Partie in so große Zeitnot geriet, daß er sie verlor. Er sagte anschließend, sein Gehirn sei »wie gelähmt« gewesen.

Mein Sieg in dieser Partie erregte großes Aufsehen, bescherte er mir doch den wichtigen Ein-Punkt-Vorsprung, den ich mir für die zweite Matchhälfte in Leningrad gewünscht hatte. »Es war unheimlich spannend, unglaublich aufregend«, sagte Nigel Short. Ich sah, daß Karpow in Zeitnot geriet, und setzte bewußt alles daran, den Zeitdruck, unter dem er stand, zu verstärken, indem ich die Züge wählte, die die kompliziertesten Situationen heraufbeschworen. Obwohl sich meine Figuren drohend vor seinem König versammelten, wußte ich, daß meine beste Chance

nicht im Materialgewinn lag, sondern darin, ihn zur Zeitüberschreitung zu zwingen. Seine Stellung war solide, und er besaß
einen Bauern mehr als ich, aber ich stellte ihn vor eine ganze
Enzyklopädie praktischer Probleme, die zu bewältigen er in der
knappen Zeit nicht imstande war. Ray Keene schrieb: »Der
Kampf, der sich vor unseren Augen entspann, war nicht bloß
ein Kampf zwischen Schachspielern, sondern zwischen zwei
Philosophien – Revolution und Reaktion.« Als Karpows Blätt-
chen fiel, erschollen aus der Zuschauermenge »Garri«-Rufe –
zum ersten Mal seit meiner Ankunft in London. Ein Großmeister meinte zu der Partie: »Dieses Zeitnotdrama war so aufregend, daß sich mir der Magen zusammenschnürte. Die Partie
verlief ziemlich chaotisch, aber Kasparow behielt inmitten der
Komplikationen die besseren Nerven.« Ein anderer sagte:
»Wenn Kasparow so weiterspielt, müßte man von seinen Preisgeldern eine Wettsteuer in Abzug bringen – er ist wirklich ein
Glücksspieler.«

Zu niemandes Überraschung nahm Karpow eine Auszeit, um
sich von diesem Schock zu erholen, der seiner Enttäuschung in
der voraufgegangenen Partie auf dem Fuße gefolgt war. Sein
geschwundenes Glück mit den weißen Figuren kehrte auch in
der nachfolgenden Partie nicht zurück, in der wir nach 20
Zügen in die Sackgasse gerieten. Er hatte schnell und zuversichtlich nach einem vorbereiteten Plan begonnen, aber im Gegensatz zur fünften Partie hielt meine Grünfeld-Verteidigung
diesmal stand. Das Remis, mit Schwarz erzielt, war ein morali-
scher Sieg für mich, den er mir jedoch in der zehnten Partie, in
der er sich mit großer Zähigkeit verteidigte, in gleicher Münze
heimzahlte. Um diese Zeit war die Menge derer, die sich Tag
für Tag vergeblich nach Eintrittskarten drängten, so angewach-
sen, daß jenseits der Piccadilly-Street, am Green Park, ein
riesiges Demonstrationbrett aufgestellt werden mußte. »Es geht
hier bald zu wie im Schlußverkauf bei Harrods«, sagte ein
einheimischer Beobachter der Szenerie.

Die elfte Partie endete zwar wiederum mit einem Remis, aber
sie war ein aufregender Kampf und wurde auf Empfehlung
führender britischer Schachspieler mit der 10000-Pfund-Son-
derprämie ausgezeichnet, die Save & Prosper für die beste

Partie des Matchs ausgesetzt hatte. Es war ein messerscharfes Duell. »Als die sprühenden Funken dieses Schachfeuerwerks schließlich verglüht waren«, schrieb ein Beobachter, »und die viereinhalbstündige unablässige Spannung sich löste, erhoben sich die Zuschauer im vollbesetzten Ballsaal und spendeten den beiden Spielern eine donnernde Ovation.« Selbst Großmeister mußten zugeben, daß sie nicht in der Lage gewesen waren, alle Komplikationen dieser Partie auszuloten. Wie Martin Amis im *Observer* schrieb: »Kasparow und Karpow spielen das fortgeschrittenste, virtuoseste Schach, das der menschliche Geist bis jetzt hervorgebracht hat, ein Schach, das eigentlich außerhalb, weit außerhalb des menschlichen Begriffsvermögens angesiedelt ist, ein nicht mehr nachzuvollziehendes Schach. Sie spielen dieses Spiel auf einem Niveau und mit einem Grad der Komplikation, dem nur sie allein gewachsen sind. Noch kurz vor dem Ende einiger ihrer Partien hatten weltberühmte Großmeister keine Ahnung, welcher der beiden gewinnen würde. Erst in der Zeitlupe der analytischen Nachbetrachtung werden die Vorgänge auf dem Brett deutlich. Es ist, um eine Analogie aus einer anderen Sportart zu verwenden, so, als wenn Lendl und Becker gegeneinander spielten und den Ball mit so gewaltigen Schlägen über das Netz dröschen, daß nicht einmal Connors als Zuschauer in der ersten Reihe seine Flugbahn erkennen könnte.«

Der Kanadier Nathan Divinsky versuchte es nach der elften Partie mit noch weiter hergeholten Analogien: »Heute versimsalabimte Kasparow den großen Zauberer Karpow. Nachdem letzterer ihn zunächst mit einer überraschenden Neuerung gefesselt und ihm sodann mit einer Folge äußerst subtiler Damenzüge Handschellen angelegt hatte, sprengte der Weltmeister in Superman-Manier seine Fesseln und hätte die Partie fast noch gewonnen.« Für diese Darbietung erhielt jeder von uns 5000 Pfund in Gold-Sovereigns aus der Regierungszeit von Königin Victoria. Ich sagte damals kein Wort, aber meiner Überzeugung nach hatte die vierte Partie noch besseres Schach geboten. In der elften beging ich, wie die Analyse zeigt, eine Reihe von Fehlern. In der letzten Partie des Londoner Durchgangs begnügte ich mich damit, meinen Ein-Punkt-Vorsprung zu halten; nachdem wir eine vorbereitete Eröffnung heruntergeleiert hatten, tat sich nicht mehr viel, und wir einigten uns nach 34 Zügen auf ein Remis.

So weit, so gut. Hinter uns lag eine sehr gut und professionell organisierte Veranstaltung – im wesentlichen das Verdienst des von der konservativen Regierung von Frau Thatcher aufgelösten Greater London Council, das gleichsam testamentarisch einen großzügigen Betrag zur Verfügung gestellt hatte. Der Labour-Politiker und Expremierminister Sir James Callaghan spielte in seiner Tischrede bei der Abschlußfeier hierauf an. »Shakespeare hat nicht immer recht«, sagte er und zitierte aus *Julius Caesar*: »Was Menschen Übles tun, das überlebt sie, das Gute wird mit ihnen oft begraben.«

Als mein Flugzeug nach Moskau abhob, warf ich einen Blick hinunter auf London und seinen großen gewundenen Fluß und sagte zu mir selbst: »An der Themse ist alles ruhig, aber welche Kulissenkämpfe warten wohl an den Ufern der Newa auf mich?«

KAPITEL 13

Ein Spion im eigenen Lager

Karpow flog in derselben Maschine. Wir spielten Bridge, um uns die Zeit zu vertreiben – natürlich war es ein vergeblicher Versuch, einmal alle Gedanken an Schach zu verscheuchen. Wie Beobachter, die unsere Ankunft in Leningrad erlebten, vermerkten, verließ ich den Flughafen in meinem kleinen Wolga 24 mit Bakuer Kennzeichen, während Karpow in einer großen Tschaika-Limousine davonfuhr, eskortiert von einem Fahrzeug der Verkehrsmiliz – ein erneutes Anzeichen dafür, daß die sowjetischen Behörden sich noch immer nicht damit abgefunden hatten, daß »ihr« Champion auf den zweiten Rang verwiesen worden war.

Beide Wagen steuerten die blumenbedeckten Inseln des Newadeltas an, wo sowohl auf Karpow als auch auf mich traumhafte Refugien warteten. Ich war in einem dreistöckigen Palais auf der Krestowskij-Insel untergebracht, das meine Mutter sogleich in ein gemütliches Heim verwandelte, in dem meine Betreuer und ich uns wohnlich einrichteten. Noch waren wir die verschworene Gemeinschaft, die mir, so hoffte ich, weiterhin ein verläßlicher, sachlicher und psychologischer Rückhalt sein würde. Leider trog diese Hoffnung: Wenig später wurde mein Team durch von uns nicht beeinflußbare Entwicklungen auseinandergerissen. Der erste, den es erwischte, war Timoschtschenko; er bat um seine Beurlaubung, da er sich physisch und geistig erschöpft fühlte.

Austragungsort des Matchs war der Konzertsaal des Hotels Leningrad; man hatte ihn ganz in Rot dekoriert, mit einem weißen Seidenvorhang im Hintergrund des Podiums. Witali Sewestjanow, für den es das letzte Match in seiner Amtszeit als Vorsitzender des sowjetischen Schachverbands war, erklärte der

Presse: »Wir hoffen, daß die in Leningrad durchgeführte zweite Hälfte des Wettkampfs ebenso schöpferisches Schach bieten, in der sportlichen Qualität interessanter und genau so gut organisiert sein wird wie der in London durchgeführte Teil.«

Die Spieler konnten sich über die Organisation nicht beklagen, aber unter den Journalisten gab es etliche, die nicht so glücklich waren. Eric Schiller erhielt kein Visum, und ein namhafter britischer Redakteur konnte sich seine Akkreditierung nur unter großen Mühen erstreiten.

Der sowjetische Journalist Juri Rost schrieb: »In technischer Hinsicht war die Organisation perfekt. Der Saal ist wunderschön, es gibt jede Menge Licht, die Sessel sind bequem, das Pressezentrum ist superb ausgestattet, die Nachrichtenverbindungen funktionieren tadellos. Wo also liegt das Problem? Erst wenn dein Paß zum tausendsten Mal geprüft worden ist, erst wenn du dein Notizbuch, deinen Schreibordner, deine Zeitung oder sonst etwas an der Rezeption zurückläßt und den Saal betrittst, erkennst du, wo das Problem liegt. Du stehst unter Verdacht. Das Gros des Publikums besteht nicht aus Leuten, die wirklich das Match verfolgen wollen, sondern aus denen, die es geschafft haben, hereingelassen zu werden. Diejenigen, die in den Saal gelangen, sind von besonderen Ordnungskräften sorgfältig ausgewählt worden, Ordnungskräften, von denen es hier so viele gibt, daß sich der Eindruck aufdrängt, es finde nicht ein Wettbewerb in der intelligentesten aller Sportarten statt, sondern eine Konferenz altgedienter Unterweltfiguren.«

In der ersten Partie wäre jeder Ausgang möglich gewesen. In einer Grünfeld-Verteidigung hatte Karpow mich ziemlich im Schwitzkasten, aber dann schlitterten wir im Mittelspiel in einen zähen Stellungskrieg hinein. Als die Zeit knapp wurde, komplizierte ich das Spiel bewußt und vertat vielleicht sogar eine späte Gewinnchance. Aber dann lief die Partie doch auf ein mir nicht unwillkommenes Remis hinaus.

Im nächsten Spiel wählte ich zum ersten Mal in diesem Match die Spanische Partie. Nach 20 vorbereiteten Zügen wandte ich mein Augenmerk der Königsseite zu und verblüffte die Fachleute mit einer Serie »geheimnisvoller und provozierender Turmzüge«, wie einer von ihnen schrieb. Eine Zeitlang glaubten viele, der mit

Schwarz spielende Karpow habe einen Stellungsvorteil, aber beim Abbruch bedrohte ich einen seiner Bauern. Juri Awerbach, der Altmeister des Endspiels, beurteilte die Lage Karpows als »hoffnungslos«, und so erwies sie sich dann auch. Botwinniks Urteil lautete: »Kasparow hat perfekt gespielt.«

In der 15. Partie, vor der ich eine Auszeit genommen hatte, wartete Karpow gegen meine Grünfeld-Verteidigung mit einer Variante auf, die bei Welttitelkämpfen seit dem Match zwischen Botwinnik und Petrosjan in meinem Geburtsjahr 1963 nicht mehr gespielt worden war: dem alten »Russischen System«. Ich fand jedoch ein wirksames Gegenspiel, und Karpow bot nach 29 Zügen ein Remis an. Das nächste Spiel eröffnete ich wiederum spanisch und leitete eine komplizierte Zugfolge ein, die ein weiteres Mal vielen Experten Rätsel aufgab – einige von ihnen, allen voran die Anhänger Karpows, waren sicher, daß ihr Mann sich auf der Siegerstraße befand. Sie rieben sich erstaunt die Augen, als er über einen Zug eine volle, über einen anderen eine halbe Stunde nachdachte.

Diese Partie, die 16., war vermutlich meine beste im gesamten Match. Bis zum 32. Zug, in dem ich den schwarzen Springer schlug, waren die anwesenden Großmeister sich meiner Niederlage sicher. Es war eine verblüffende Wende. Als ich neun Züge später das entscheidende Schach mit dem Bauern gab, sah ich Karpows hochgewachsene blonde Freundin Natascha (er ist geschieden) aus dem Saal stürzen. Die Zuschauer erhoben sich und brachten mir unglaubliche Ovationen dar, und Hauptschiedsrichter Lothar Schmid, der beschwörend mit den Armen fuchtelte, hatte große Mühe, die Ruhe wiederherzustellen. Als ich auf das Podium zurückkehrte, um das Spielprotokoll zu unterzeichnen, brandete erneut Beifall auf. Ich führte nun mit drei Punkten Vorsprung und wähnte mich schon als der sichere Sieger. Dies war ein gefährlicher Übermut, wie ich bald herausfinden sollte.

Niemand hätte mit der dramatischen Wende des Kriegsglücks gerechnet, die nun folgen sollte. Nichts dergleichen war je in einem Weltmeisterschaftskampf vorgekommen. Ich hoffe, daß ich so ein Wechselbad nie wieder durchmachen muß. Ich schien unschlagbar, schien an der Schwelle zum imposantesten

Weltmeisterschaftstriumph seit dem Sieg Fischers gegen Spasski zu stehen – und plötzlich gingen die Lichter aus. Im ersten Augenblick begriff ich nichts, war regelrecht benommen, wußte nicht, was vorging. Heute verstehe ich es um so besser.

Was das Geschehen auf dem Schachbrett betraf, so war die Sache ganz einfach: In der 17. Partie kam ich unter die Räder. Vielleicht war es ein Spiel mit dem Feuer, daß ich noch einmal dieselbe Eröffnung wählte wie in der 15. Partie. Inzwischen hatte Karpow eine Antwort parat. Schon nach dem 17. Zug war ich praktisch erledigt, und 13 Züge später war alles vorbei. In der 18. Partie zeigte ich nach dem Urteil der Experten ein »atemberaubend originelles« Schach, wobei ich die versammelten Großmeister insbesondere mit zwei Zügen verblüffte. Ein Kommentator schrieb: »Das ganze Brett schien, typisch für Kasparow, in Flammen zu stehen.« Es taten sich Remis-Chancen für mich auf, die ich jedoch ausschlug, weil ich sicher war, gewinnen zu können. Es kam aber anders. Nach der Vertagung der Partie fand Karpow einen Gewinnweg, und ich erleichterte ihm durch zwei schwere Fehler den Sieg.

Was war los? Ich nahm eine Auszeit, um mich von diesen Nackenschlägen zu erholen. Die Beobachter waren ebenso fassungslos wie ich selbst. Einer von ihnen sagte: »Hier ist man der Meinung, daß der junge Weltmeister nach dem brillanten geistigen Feuerwerk, das er in der 16. Partie abbrannte, in eine doppelte Falle getappt ist: Überheblichkeit plus die irrige Überzeugung, das Match sei praktisch schon entschieden. Dies könnte sich als eine kostspielige Fehleinschätzung erweisen.« Meine Selbstvorwürfe gingen in dieselbe Richtung. Ich fragte mich, ob ich dies wirklich verdient hatte, ob alles umsonst gewesen war. Ich fragte mich, ob das, was sich jetzt auf dem Brett abgespielt hatte, eine Strafe für mangelnden Fleiß in der Vergangenheit war.

Mein Vorsprung war jetzt auf einen Punkt zusammengeschmolzen, wodurch die nächste, die 19. Partie besondere Bedeutung erhielt. Ich verlor sie und büßte somit meinen Vorsprung ein. Ich spielte in der Grünfeld-Verteidigung zum erstenmal die sogenannte Prins-Variante, benannt nach einem holländischen Großmeister und von nicht wenigen Experten als riskant beurteilt –

offenbar zu Recht, denn Karpow trieb mich so in die Enge, daß ich nach der Vertagung der Partie das Handtuch warf, ohne noch einmal in den Ring zu klettern.

Was war schiefgegangen? Wenn ich die Partie heute noch einmal Revue passieren lasse, meine ich einige Hinweise auf die Lösung des Rätsels zu entdecken. Nachdem ich in der 19. Partie mit der Prins-Variante aufgewartet hatte, die sicherlich unerwartet kam, weil sie unter Großmeistern als riskant gilt, schrieb ein Kommentator: »Nach der Güte der Antwort Karpows zu urteilen, muß er darauf *sehr gut vorbereitet* gewesen sein.« In einem anderen unter dem unmittelbaren Eindruck der Partie geschriebenen Kommentar heißt es: »Die von Kasparow gewählte Alternative scheint seinen Kontrahenten *nicht überrascht* zu haben.« Welchen Reim konnte man sich darauf machen?

Ganz einfach: Der gesuchte Reim hieß Jewgenij Wladimirow. Wir ertappten den Mann, der fünfeinhalb Jahre lang mein vertrauter Sekundant gewesen war, dabei, wie er die Details einer Eröffnungsneuerung, an der wir kurz zuvor gearbeitet hatten, in ein Notizbuch übertrug. Als wir in seinem Zimmer nachsahen, fanden wir viele solche Notizen. Er sagte, er habe sie für sich selbst gemacht, nur für sich selbst, als Gedächtnisstütze. Aber früher hatte er nie solche Notizen gemacht. Gegen ihn sprach, daß er es heimlich getan und sich auch in anderer Hinsicht seltsam verhalten hatte. Hin und wieder hatte er das Trainingslager für längere Zeit verlassen, ohne uns zu sagen, wohin er ging. Vor der Wiederaufnahme der 18. Partie, zu der Karpow zehn Minuten zu spät kam und die er anschließend für sich entschied – mit einem Endspiel wie aus dem Notizbuch – war Wladimirow nicht aufzufinden gewesen. Ich kann nicht beweisen, daß er seine Notizen Karpow zugänglich machte, aber meine drei aufeinanderfolgenden Niederlagen fänden eine einfachere Erklärung, wenn man unterstellen würde, daß Karpow wußte, welche Eröffnungen ich geplant und welche Strategien ich mir zurechtgelegt hatte. Im Gegensatz zu unserem vorausgegangenen Match war es mir diesmal nicht gelungen, Karpow mit meinen Eröffnungen vor Probleme zu stellen. Ich nahm aber einfach an, er habe seine Hausaufgaben in diesem Punkt diesmal besser gemacht.

Daß Wladimirow in den Verdacht geriet, ein Verräter zu sein, war für uns alle ein großer Schock, denn wir hatten uns zu einer Art Familie entwickelt, einer verschworenen Gemeinschaft, in der jeder jedem wie selbstverständlich vertraute. Wir waren eine Gruppe, in der jeder sich für das gemeinsame Ziel einsetzte, denn je höher ich auf der Schacherfolgsleiter kletterte, desto höher wurden auch die Erfolgsprämien für mein Team. Je besser mein Schachspiel, desto höher der Lebensstandard unserer ganzen »Kommune«. Wir speisten gemeinsam, gingen zusammen schwimmen und sprachen offen und ohne Geheimnistuerei über alles. Wir lebten in einer kleinen Welt für uns. Um so niederschmetternder traf uns die Erkenntnis, daß wir womöglich einen Verräter unter uns hatten. Ich bekam es richtiggehend mit der Angst, als ich mir klarmachte, zu welchen Mitteln zu greifen meine Gegner bereit waren, nur um mir eine Niederlage beizubringen.

Was macht mich so sicher, daß Wladimirow tatsächlich Verrat begangen hat? Von Leuten aus sowjetischen, und namentlich aus Moskauer Schachkreisen wird mir diese Frage immer wieder gestellt, weil es den Leuten dort sehr schwer fällt, an diese Treulosigkeit meines langjährigen Sekundanten zu glauben. Manche Leute glauben, ich hätte nur einen Vorwand gesucht, um meine Niederlage wegzuerklären. Ich muß tatsächlich zugeben, daß ich konkrete Beweismittel wie etwa einen Schnappschuß, der Wladimirow bei der Weitergabe seiner Notizen an eine Person aus dem Karpow-Lager zeigt, nicht vorzuweisen habe. Trotzdem bin ich mir meiner Sache sicher, ebenso wie alle anderen Angehörigen meines Teams. Da ist zunächst einmal die Tatsache, daß Wladimirow im Besitz detaillierter Aufzeichnungen über mein ganzes Eröffnungsrepertoire war. Nachdem uns klargeworden war, daß er diese Unterlagen in seinem Aktenkoffer hatte, forderten wir ihn kurz vor seinem Abgang auf, sie uns zurückzugeben. Da ist zum zweiten die schriftliche Erklärung, die er vor unseren Augen aufsetzte. Darin räumt er ein, daß er seit dem 1. Februar 1986 regelmäßig die wichtigsten Repertoireeröffnungen niedergeschrieben und für seinen eigenen künftigen Gebrauch zusammengestellt hat. Er behauptete, nichts davon sei an Karpow weitergegeben worden. Die Zusammenstellung der Eröffnungen bestärkte uns in unserem Verdacht. Sie enthielt nicht die Eröffnungen, die Wladimirow selbst in seinen Partien benutzt hatte, sondern die von mir am häufigsten benutzten.

Dazu kam ein weiterer Punkt: Schon vor der 19. Partie war uns aufgefallen, wie geschickt und wie prompt Karpow allen Fallen, die wir ihm stellten, aus dem Wege ging. Es war höchst merkwürdig, daß in 19 Partien keine einzige dieser Fallen zugeschnappt war. Im vorausgegangenen Wettkampf hatte ich Karpow mit einer neuen Eröffnung überrascht, auf die er das ganze Match hindurch keine wirksame Antwort fand. Auch dieses Mal hatte ich eine neue Eröffnung vorbereitet, die ihm eigentlich noch unerwarteter kommen mußte, – doch anstatt sich in meinen Fallen zu verfangen, hatte Karpow mich mit Erfolg in seine eigenen gelockt.

Es gab noch weitere Indizien. Nach der 19. Partie geriet ich ein wenig in Panik und wies alle Mitarbeiter an, das Haus nicht zu verlassen. Wladimirow, der nie der folgsamsten einer gewesen war, weigerte sich ganz entschieden, diese Order zu akzeptieren. Ich sagte ihm, sie sei für alle Mitglieder des Teams verbindlich. Ich sah darin keine besondere Zumutung. Die Betreuer Karpows kamen nicht einmal zu den Partien, geschweige denn, daß sie Ausflüge in die Stadt unternommen hätten. Er warf mir vor, ich wolle ihn entmündigen, und machte alle Anstalten wegzugehen. Meine Leute fanden dann rein zufällig in seinem Zimmer eine Liste seiner Habseligkeiten. Ich glaube nicht, daß jemand, der nur einen Spaziergang machen will, eine Liste seiner Sachen mit Angaben, wo sich was befindet, anfertigt. Es sah so aus, als ob er nicht die Absicht hatte wiederzukommen.

Ich habe mich oft gefragt, was Wladimirow zu seinem Verrat bewogen haben mag. Es kann sein, daß Druck auf ihn ausgeübt wurde – er gehört der Armee an, deren Schützling Karpow ist. Sowohl er als auch Timoschtschenko waren einige Male zu für mich ungünstigen Zeitpunkten aus dem Trainingslager abberufen worden, und bei beiden hatte es häufig Probleme mit Genehmigungen für Auslandsreisen zu meinen Turnieren gegeben. Aber für diese Schikanen, wenn es denn welche waren, konnte Wladimirow vielleicht ebensowenig wie Timoschtschenko. Für den Verrat, dessen wir ihn verdächtigten, bedurfte es eines persönlichen Motivs. Dieses Motiv war, so glaube ich, Eifersucht, eine Eifersucht verquerer Art. Wladimirow war selbst ein talentierter Schachspieler. In seiner Jugend hatte er sehr verheißungsvolle Ansätze gezeigt. Aber gewisse persönliche Unzulänglichkeiten hatten seine Karriere ins Stocken gebracht. Er war ein schwacher Charakter und auch ein bißchen zu faul. Es gab Zeiten, in denen er viel trank, Probleme mit Frauen hatte und Übergewicht ansetzte. Die strenge Ernährungsdisziplin, die in meinem Trainingslager herrschte, hatte sein Gewicht von 108 auf 82 Kilo heruntergeschraubt. Er hatte hart gearbeitet. Sein Aussehen und seine gesundheitliche Verfassung hatten sich gebessert.

Aber Wladimirow hatte ein psychisches Problem: Er konnte sich nur durch mich verwirklichen. Ich war derjenige, der die Erfolge einheimste, von denen er selbst nur träumen konnte und die er seinem Talent nach selbst verdient zu haben glaubte. In seinem tiefsten Inneren mißgönnte er mir meinen Erfolg. Er war überzeugt, ebenso wie ich das Zeug zum Weltmeister zu haben. In einer solchen psychischen Situation wird ein Mensch nur allzu leicht zum Verräter, besonders wenn es sich um einen schwachen Charakter mit geringem Selbstwertgefühl handelt. Das für mich entscheidende Indiz für den Verrat Wladimirows war die Fortsetzung der vertagten 18. Partie, zu der Karpow mit Verspätung erschien. Wir hatten einen nahezu sicheren Remisweg gefunden, für den Fall, daß Karpow einen bestimmten naheliegenden Zug machte. Statt dessen deckte er mit unbeirrbarer Sicherheit die Schwachstelle in unserer Analyse auf – die er offenbar kannte.

Der Zufall will es, daß wir wissen, was um diese Zeit in Karpows Kopf vorging. Am Abend nach der Vertagung der 18. Partie besuchte Igor Akimow, ein sowjetischer Autor, Karpow in seinem Haus und beobachtete ihn beim Ausarbeiten der Varianten. Während er die Figuren über das Brett schob, sagte er immer wieder: »Diese Stellung wird morgen auf dem Brett sein.« Dieser Satz kehrte wieder wie ein Refrain: »... wird morgen auf dem Brett sein.« Natürlich kann niemand voraussagen, was »morgen auf dem Brett sein« wird – es gibt Millionen von Möglichkeiten. Was Akimow schrieb, war absoluter Schrott, aber insofern auch aufschlußreicher Schrott, als es zeigte, wie sicher Karpow sich seiner Sache war. Ich verstehe jetzt, warum ich ihn mit keiner meiner Eröffnungen überraschen konnte, er mich dagegen mit vielen seiner Varianten verblüffte. Unter den vier Partien, die ich verlor, waren zwei, bei denen meine Niederlage aus einer schiefgelaufenen Eröffnung resultierte.

Aus dem Akimow-Artikel spricht eine Arroganz, die verrät, wie sicher Karpow sich – mit seiner »Geheimwaffe« Wladimirow im Hintergrund – war, mich im Sack zu haben. »[Karpows] Blick ist wie ein Dolch, der so schnell zustößt, daß man es kaum erkennt«, schrieb Akimow bewundernd. »Die Bewegung ist so blitzartig, daß man nur eine Berührung spürt, die man aber nicht als gefährlich empfindet; in dieser Illusion verharrt man, solange man sich nicht bewegt. Eine Bewegung jedoch, und man zerfällt in Stücke. Zu spät merkt man, daß man längst schon zerlegt ist.« Und wie dachte Karpow in dieser kritischen Phase des Matchs über seinen Gegner? Akimow zitiert ihn wie folgt: »Die Lobeshymnen schaden [Kasparow]. Er hat jetzt eine zu hohe Meinung von sich. Seine Fähigkeit zur Selbstkritik ist beeinträchtigt... Er ist auch sehr eitel und ehrgeizig. Und zuweilen ziemlich emotional. Und impulsiv – er tut Dinge, die er später bereut.«

Das Bild, das hier von mir gezeichnet wurde, war wenig schmeichelhaft, ja verletzend; es wirkte so, als hätten sie Grund zu der Annahme, daß ich das Match verlieren würde: »Ich lasse mich von den Galabildern, die seine Hofporträtisten von ihm malen, nicht täuschen. Ich traue seinem Lächeln und seinem romantischen Gemüt nicht. Sein Lächeln ist das gekünstelte Lächeln des professionellen Handelsvertreters. Er lächelt die ganze Zeit, in jede Kamera. Er möchte geliebt werden, er braucht es. Publizität bringt Wohlstand. Er ist ein ganz anderer Typ als der kühle, ruhige, sich bewußt und in jeder Situation zurückhaltend gebende Karpow. Dabei darf man nicht vergessen, daß sie sich vom Charakter her und auch in ihrer Art, zu denken, sehr ähnlich sind. Es ist nur das Temperament, das den Unterschied macht. Der eine ist Choleriker, der andere Phlegmatiker, das ist alles. Ansonsten könnten sie Zwillinge sein.«

Weiter heißt es über mich in diesem widerwärtigen Versuch eines Porträts: »Seine Jovialität, seine demonstrative Freundlichkeit und Offenheit, sein sorgfältig gepflegtes athletisches Aussehen, all dies ist aufgesetzt. Er versucht, ein Image von sich aufzubauen, das eines lockeren, demokratisch gesinnten Draufgängers, der eigentlich einer von uns ist, nur mit dem Unterschied, daß er wirklich gut Schach spielt, besser als irgend jemand sonst. Besser als Karpow. Es ist nur eine Rolle, und er hat das unbestrittene Recht, sie zu spielen, wenn er es will. Wenn es ein attraktives, vertrauenerweckendes Image ist, dann freue ich mich für diejenigen, die sich davon einnehmen lassen. Es ist jedoch kein Geheimnis, daß nicht alle Fans sich von seinem Lächeln und seinem Image beeindrucken lassen. Wie schon so oft in der Vergangenheit, ist die Welt der Schachliebhaber gespalten.

Die Leute haben sich an Karpow gewöhnt. wir haben lange gebraucht, bis wir angefangen haben, ihn zu mögen. Nach dem exzentrischen, brillanten und unvergleichlichen Fischer, der Skandale und Legenden nur so im Vorbeigehen zu produzieren schien, wirkte Karpow anfangs ziemlich langweilig und wenig überzeugend. Fischer brachte ihn in eine sehr unangenehme Lage, indem er sich weigerte, zu einem Titelverteidigungsmatch anzutreten. Formell war er dazu berechtigt, und so war es an Karpow, viele Male beweisen zu müssen, daß er jetzt der beste Schachspieler der Welt war. Und er schaffte es. Nach zwei Jahren hörten die Leute auf, zu fragen: ›Was wäre, wenn Fischer...‹ Karpow blieb zehn Jahre lang der unangefochtene Meister. Und man muß ihm bescheinigen, daß er sich nicht scheute, sich der Öffentlichkeit so zu präsentieren, wie er war, obwohl der Glanz Fischers noch nicht verblaßt war. Er trug keine Maske. Er spielte keine sorgfältig ausgedachte, professionell gepflegte und gut einstudierte Rolle. Er spielte nicht den Mann von der Straße oder den Intellektuellen. Er versuchte nicht, jemandem nachzueifern oder sich interessant zu machen. Er war einfach nur er selbst. Offenbar aber war etwas an ihm, das Vertrauen erweckte, vielleicht war es auch etwas Unergründliches. Jedenfalls brachte er es soweit, daß die Leute ihn akzeptierten, ihn mochten, ja liebten.

Diese Liebe wurde sichtbar, als neben ihm – und später über ihm – der brillante und charmante (wenn auch nur nach Handelsvertreterart) Kasparow erschien. War das nicht eine glänzende Gelegenheit, Karpow den Rücken zu kehren? Wie man in der Ukraine sagt: Schlechter darf es ruhig sein, wenn es nur neu ist.

Wer jeden Tag nur Haferbrei bekommt, dem wird eine saure Gurke wie himmlisches Manna erscheinen. Aber die Menschen kehrten ihm nicht den Rücken. Kasparow eroberte die Herzen seiner eigenen Generation, aber die älteren Menschen, für die Karpow ein Bestandteil ihres Lebens war, hielten ihm die Treue.«

Die Siegeszuversicht Karpows, die man aus diesen Zeilen herauslesen kann, muß nach der 19. Partie schlagartig geschwunden sein, denn nun war der Spion Wladimirow enttarnt. Jetzt konnte Karpow nicht mehr darauf zählen, im voraus zu wissen, was »morgen auf dem Brett sein wird«. Er nahm eine unangekündigte Auszeit. Das überraschte viele Beobachter, weil jedermann geglaubt hatte, er werde nach seinen drei aufeinanderfolgenden Siegen alles tun, um am Drücker zu bleiben. Aber wie konnte er am Drücker bleiben, nachdem wir ihm seine Geheimwaffe aus der Hand geschlagen hatten? Wie auch immer, die Auszeit kam mir sehr gelegen. Ich war erschöpft. Sein heimlich erlangtes Wissen im bisherigen Matchverlauf hatte ihm geholfen, psychische Kraft zu sparen. Ich war nicht in der Lage gewesen, ihn mit meinen Eröffnungen zu überraschen. Die Anstrengungen der beiden zurückliegenden Jahre begannen ihren Tribut zu fordern. Ich hatte keine Kraftreserven mehr. Nach dem Abgang Timoschtschenkos und Wladimirows bestand die Gefahr, daß mein Team zerfiel. Diese kleine Gruppe von Freunden hatte mir geholfen, eine von allen äußeren Einflüssen abgeschirmte, einzig im Zeichen des Schachs stehende Welt zu schaffen. Ich brauchte diese Welt und diese Gruppe, um mich auf das Spiel konzentrieren zu können. Jetzt ging in meinem Kopf alles drunter und drüber. Ich war darauf eingestellt gewesen, den Gegner stets vor mir zu sehen. Jetzt war ich von hinten getroffen worden. Ich war daher sehr dankbar für die Auszeit – dankbarer, als Karpow es ahnte.

In dieser Situation sagte Litwinow etwas, das eine sehr beruhigende Wirkung auf mich hatte. Er machte mir klar, daß ich trotz meiner Niederlagenserie aus den verbleibenden fünf Partien nur zweieinhalb Punkte benötigte, um meinen Titel zu verteidigen, und daß ich in dreien von ihnen mit Weiß spielen würde. Remisen würden genügen. Spektakuläre Siege waren »nje nada«, wie wir Russen sagen – nicht nötig. Das Wichtigste für mich war jedoch, Atem zu schöpfen. So wählte ich für die 20. Partie die Katalanische Eröffnung, wie sie gegen Karpow schon viele Male zum Remis geführt hat. Ich selbst hatte 1984, in der achten Partie unseres ersten Matchs, nach drei Niederlagen in den ersten sieben Partien, von dieser Eröffnung Gebrauch gemacht. Kortschnoi hatte 1978 in Baguio nach zwei Niederlagen ebenfalls darauf zurückgegriffen. In allen Fällen war das erwünschte Resultat – Remis – eingetreten, und auch diesmal trat es ein.

Nachdem ich auf diese Weise den Bann der Niederlagenserie gebrochen hatte, begann ich wieder an meine Siegeschance zu glauben. Ich erklärte öffentlich, auch die nächste Partie werde remis enden. Ein Freund, derjenige, den ich meinen Guru genannt habe, rief aus Moskau an. Er prophezeite, ich würde die 20. und 21. Partie remis gestalten und die 22. gewinnen. Sie würde die Entscheidung bringen. Ich fühlte die Kraft in mich zurückkehren. In der 21. Partie spielte ich eine solide Damen-indische Verteidigung, nahm mir für die entscheidenden Züge viel Zeit und erzwang ein Remis. Zwar standen wir noch immer punktgleich, doch war das Remis für mich mehr wert als einen halben Punkt, denn es war Karpows vorletzte Chance gewesen, mit Weiß zu gewinnen.

Am Abend vor der 22. Partie, von der wir alle das Gefühl hatten, sie werde die Entscheidung bringen, rief mein Freund wieder an; er sagte, er wolle auf jeden Fall kommen und der Partie persönlich beiwohnen. Er war sich der besonderen Bedeutung dieses Spiels überaus sicher. Es war nicht leicht, ihm sein Kommen zu ermöglichen, aber wir schafften es. Als mein Fahrer erfuhr, daß mein Freund bald eintreffen würde, machte er vor Aufregung Luftsprünge, denn er war sich sicher, daß uns dies Glück bringen werde. »Er kommt, er kommt! Das heißt, wir werden gewinnen!« rief er immer wieder und begann vor Freude zu weinen. Es hatte den ganzen Tag geregnet, aber als wir von meinem Haus zum Hotel Leningrad fuhren, hörte der Regen plötzlich auf. Ich achtete nicht darauf, weil eine Panne des uns begleitenden Streifenwagens uns aufhielt und ich in Sorge geriet, wir würden uns verspäten. Aber wir trafen rechtzeitig ein, und als ich aus dem Wagen stieg und mich zum Hotel umwandte, erblickte ich

am Himmel den prächtigsten Regenbogen, den ich je gesehen hatte. Er war wunderschön. Er ließ mein Herz höher schlagen. In den Augen eines so romantischen und abergläubischen Menschen, wie ich es bin, war dieser Regenbogen ein Symbol, ein vom Himmel geschicktes gutes Zeichen. Als ich die Hoteltreppe hinaufstieg, war ich mir plötzlich ganz sicher, daß alles gut gehen würde. Als Karpow meinen Freund im Publikum erblickte, lief er dunkelrot an, denn auch er ist sehr abergläubisch. In diesem Augenblick wurde ihm klar, daß seine Niederlage besiegelt war. Der berühmteste Zug des gesamten Wettkampfs – und einer der denkwürdigsten in der Geschichte des Schachs – war der 41., der Abgabezug, den ich dem Hauptschiedsrichter in einem versiegelten Umschlag überreichte. Im Pressezentrum herrschte summende Geschäftigkeit. Die meisten Großmeister und Kommentatoren, die die Stellung analysierten, konnten keinen Zug entdecken, der mich auf die Siegesstraße führen würde. Ich hatte diesen Zug auf den ersten Blick gesehen. Es war eine Eingebung des Augenblicks gewesen. Ich rechnete ein paar Minuten lang die Folgen durch, doch im Herzen wußte ich sofort, daß es der richtige Zug war. Ich nahm das Blatt Papier und schrieb den Zug nieder. Nach einer Weile schrieb ich nochmals etwas auf den Zettel. Die Zuschauer glaubten, ich hätte mich eines anderen besonnen. Dem war aber nicht so. Ich schrieb nochmals denselben Zug auf – Springer nach d7. Ich wollte es lediglich noch einmal sauberer aufschreiben und jede Möglichkeit eines Mißverständnisses ausschließen. Es existiert eine Fotografie dieses Papierstücks, die die beiden identischen Zugangaben zeigt.
Die ganze Nacht saßen die Großmeister in den Bars und Wandelgängen des Hotels herum und suchten nach dem besten Zug. Als der Morgen dämmerte, hatten einige ihn gefunden. Sicherlich müssen auch Karpow und seine Betreuer noch vor Wiederaufnahme der Partie auf diesen aus ihrer Sicht fatalen Zug aufmerksam geworden sein und sich gefragt haben, ob ich ihn wohl gefunden hatte. Wie auch immer, Karpow machte einen ruhigen Eindruck, als wir uns am nächsten Tag wieder ans Brett setzten. Er wandte sich ab, während der Umschlag geöffnet wurde, ließ den Blick über die Zuschauer schweifen, als sei es ihm gleichgültig, welchen Zug ich notiert hatte. Aber er schaffte es nicht,

diesen Anschein von Gleichgültigkeit aufrechtzuerhalten – sein Blick heftete sich starr auf die Hände von Lothar Schmid, als dieser den Abgabezug ablas. Noch bevor der Zug auf dem Brett ausgeführt wurde, hatte Karpow ihn gesehen und alles begriffen. Es war ein erhebender Augenblick für mich. Während die Zuschauer sich zu langanhaltenden Ovationen erhoben, blieben Karpow und ich sitzen und wechselten einige Worte. Es war das erste Mal nach 47 Partien, daß wir miteinander so etwas wie eine »Autopsie« versuchten.

Nun benötigte ich aus den beiden restlichen Partien nur noch einen halben Punkt, um meinen Titel zu behalten. Karpow dagegen zwei Siege, um ihn mir zu entreißen. Am Montag, dem 6. Oktober, um 21.34 Uhr war alles vorbei. Karpow bekundete durch Handzeichen seine Zustimmung zu einem Remis, nachdem es ihm nach langem, kompliziertem Manövrieren im Mittelspiel nicht gelungen war, eine Gewinnkombination zu finden. Ich hatte seine Angriffsversuche mit einer Serie von Turmzügen beantwortet, hatte meinen schwarzen Damenturm in die Mitte des Bretts gebracht, ihn dann auf die Königsseite geholt und ihn schließlich auf sein ursprüngliches Feld zurückführt. Die Großmeister waren beeindruckt von der Tiefe dieser Konzeption, und Karpow gelangte nach 30 Zügen und nach langem Nachdenken zu der Einsicht, daß in diesem Spiel für ihn nichts mehr zu holen war.

Die letzte Partie war jetzt praktisch bedeutungslos; für Karpow konnte es nur noch darum gehen, den Achtungserfolg eines Punktegleichstands zu erreichen, obgleich ihm dies seinen Titel nicht zurückbringen würde. Leider zeigte er wenig Noblesse, als er sich zu später Stunde nicht entschließen konnte, eine offensichtliche Remisstellung als solche anzuerkennen, und die Partie mutwillig um einen Tag verlängerte. Einzelne Zuschauer riefen »Schäm dich!«, – aber Karpow kennt keine Scham. Entweder brachte er es nicht fertig, sich in das Unvermeidliche zu schicken, oder er mißgönnte mir eine klare, saubere Beendigung des Matchs.

Ray Keene zog folgendes Resümee des Wettkampfs: »Im Laufe von zwei Jahren haben sich Kasparow und Karpow drei erbitterte Kämpfe mit insgesamt 96 Partien geliefert. Die Gesamtbilanz

weist 13 gewonnene Partien für Kasparow, zwölf für Karpow
und 71 Remispartien aus. Im letzten Match war Kasparow von
der spielerischen Qualität her klar überlegen. Sein Ideenreichtum ist unerreicht, aber Karpow konnte dank einer bewunderns-
wert guten Vorbereitung und einer Demonstration eiserner Willenskraft im Angesicht eines Drei-Punkte-Rückstands lange Zeit
mithalten. Wenn Kasparow weiterhin so brillieren und dabei
zugleich seine Leichtsinnsfehler abstellen kann, hat er eine sehr
große Chance, das launische amerikanische Schachgenie Bobby
Fischer in den Schatten zu stellen.« Keene konnte, als er dies
schrieb, natürlich nicht wissen, welchen ausgezeichneten Informationen Karpow seine »bewundernswerte Vorbereitung« verdankte und daß es nicht nur seine »eiserne Willenskraft« war, die
ihn den Drei-Punkte-Vorsprung aufholen ließ.
Die letzte Partie wurde vor halbleerem Saal ausgetragen. Das
Publikum war handverlesen und, so schien es mir, ursprünglich
darauf eingestellt, einem anderen Sieger zu applaudieren. Die
Abschlußzeremonie erinnerte an eine Begräbnisfeier; nur wenige
Offizielle wohnten dieser Karikatur eines rauschenden Festes
bei, wie es wohl ursprünglich geplant gewesen war. Dieses Mal
stolperte ich nicht über ein Banner mit der Aufschrift »Glück-
wünsche zu Deinem großen Sieg, Tolja«, wie damals im Moskauer Tschaikowsky-Saal. Ich nehme aber an, daß irgendwo
hinter den Kulissen eines bereitlag. Es wird noch viel Staub
ansetzen.

❋   ❋   ❋

Nach Abschluß des Matchs rief ich Marina aus Leningrad an und
gab ihr das Ergebnis durch. Es war unser letztes Gespräch. Sie
erzählte, daß sie im Begriff sei, sich von ihrem Mann scheiden zu
lassen, von dem sie schon seit vielen Jahren getrennt lebte. Es
hörte sich so an, als habe sie die Absicht, wieder zu heiraten. Ich
sagte, wenn sie mein Kind hätte zur Welt bringen wollen, hätte
sie mit mir darüber sprechen sollen. Abgesehen davon war ich
sicher, daß das Kind nicht von mir sein konnte. Sie ist eine ebenso
eigenwillige Person wie ich, so daß das Gespräch nicht einfach
war. Es markierte unseren endgültigen Abschied. Nach all den

glücklichen Momenten unserer Beziehung hätte ich mir einen versöhnlicheren Abschluß gewünscht. Daß es zu einem so bitteren Ende kam, tat mir weh. Im Grunde tut es mir bis heute weh. Es war schmerzlich für uns beide.

Aber das Leben geht weiter.

Campomanes hatte sich in Leningrad, anders als in London, überall sehen lassen, hatte *small talk* mit sowjetischen Schachfunktionären und Delegierten aus Ländern der Dritten Welt gepflegt, zweifellos um den Boden für seine Wiederwahl als FIDE-Präsident Ende des Jahres zu bereiten. Sein Sohn studierte in der Sowjetunion, und so waren seine Beziehungen zu Moskau noch immer intensiv, trotz der Tatsache, daß sein großer philippinischer Schutzherr Marcos inzwischen von Frau Aquino schachmatt gesetzt worden war. Bestand jetzt die Chance, Campo selbst mattzusetzen? Wir hatten einen gut ausgeklügelten Eröffnungszug gemacht, indem wir den Brasilianer Lincoln Lucena und den Engländer Ray Keene als Herausforderer ins Rennen geschickt hatten. Jetzt galt es noch, in Dubai, dem Schauplatz der Schach-Olympiade von 1986, ein gutes Mittel- und Endspiel hinzulegen.

Ich setzte mich in dieser Sache voll ein, betrachtete ich doch die Abhalfterung von Campomanes als erste und wichtigste Voraussetzung für eine »Perestroika«, eine Reform an Haupt und Gliedern im Bereich des Weltschachs. Nach meiner Ankunft in Dubai verbrachte ich viele Stunden in den Hotelzimmern von Delegierten und versuchte bis spät in die Nacht, sie für unsere Kandidaten zu gewinnen. Ich wollte sie davon überzeugen, daß ein personeller Wechsel dringend geboten war. Viele zeigten sich zugänglich oder hörten dem Weltmeister zumindest respektvoll zu. Aber Campo hatte sich als ein sehr guter Vertreter ihrer Interessen erwiesen, und ich merkte, daß sie ihn nicht fallen lassen wollten, solange sie nicht die Gewißheit hatten, daß er den kürzeren ziehen würde. Ähnlich dachten, trotz meiner eindringlichen Apppelle an Moskau, die Leute vom sowjetischen Schachverband. Die Katze biß sich in den Schwanz. Ich glaube noch heute, daß unser Vorhaben hätte gelingen können, wenn Lucena einen entschlossenen Wahlkampf geführt hätte, denn viele Delegationen warteten erst einmal ab, in welche Richtung sich der

Wind drehen würde. Leider entfachte Lincoln Lucena nur wenig Wind. Offenbar hatte er das Rennen schon vor dem Start aufgegeben. Er verbrachte einen großen Teil seiner Zeit in Dubai mit Sonnenbaden am Strand.

Zugegeben, seine Chancen wären nicht die besten gewesen. Die Olympiade war ein sichtlicher Triumph für Campo, der sieben Millionen Dollar zusammengebracht hatte, von denen er einen Teil dazu verwendete, dankbare Delegationen aus allen Weltteilen einzuladen. Man konnte kaum erwarten, daß sie die Hand, die sie fütterte, beißen würden. Ich selbst fand Dubai unausstehlich und schwor mir, nie wieder dort zu spielen.

Was die Delegationen aus den kleinen Ländern erlebten, war ein üppiges und reibungslos durchgeführtes Turnier, in dem sie sich Seite an Seite mit den Reichen und Mächtigen zeigen konnten. Unter Public-Relations-Gesichtspunkten war es ein klarer Punktsieg für Campo. Die Gastgeber aus Dubai fühlten sich ihm so verpflichtet, daß sie ihm in seinem Werbefeldzug für die Wiederwahl unter die Arme griffen, indem sie in ihrem lokalen Fernsehprogramm seine Lebensgeschichte ausbreiteten und seine Leistungen für den Schachsport herausstellten. In Pressekonferenzen sorgten sie dafür, daß Campo nicht mit unbequemen Fragen belästigt wurde. Sie verteilten auch Informationsmaterial über Lucena, aber es handelte sich um fast unleserliche Papiere. Am Ende mußten wir uns in eine demütigende Niederlage fügen. Für Campo war es ein Heimspiel in seiner angestammten Sportart und nach seinen eigenen Regeln. Wir wirkten neben ihm wie Amateure. Die Opposition gegen Campomanes vermochte am Ende nur so wenige Delegierte hinter sich zu bringen, daß nicht einmal eine Abstimmung erfolgte. Campo wurde per Resolution aufgefordert, eine weitere Amtsperiode zu absolvieren. Das Problem war nicht, daß Lucena verloren hatte, sondern daß gar kein Machtkampf stattfand. Dennoch gab es einen Verlierer: Kasparow, der das ganze Gewicht seiner Persönlichkeit gegen Campomanes in die Waagschale geworfen hatte – ohne jeden Erfolg. Es war eine bittere Enttäuschung, die mir den kurz zuvor am Schachbrett errungenen Erfolg vergällte.

Meine spätabendlichen Agitationsversuche hatten sich im übrigen nicht gerade segensreich auf die Qualität meines Schachspiels ausgewirkt. Ich verlor gegen Seirawan, und einen Augenblick lang sah es so aus, als könnten die Engländer oder die Amerikaner unserem sowjetischen Team die Goldmedaille wegschnappen; ich hätte in diesem Fall neben dem Schaden auch den Spott geerntet und mir außerdem den Vorwurf gefallen lassen müssen, um meiner politischen Machtspiele willen den sportlichen Erfolg meiner Mannschaft zu gefährden. Glücklicherweise erkannte ich diese Gefahr und spielte in der Schlußphase einige gelungene Partien, so daß unser Team doch noch den Sieg davontrug; nebenbei stellte ich noch einen neuen Olympischen Rekord auf, indem ich drei Goldmedaillen gewann. Da ich sie in einem Land umgehängt bekam, das zu Campos Reich gehörte, fühlten sie sich für mich nicht sehr kostbar an. Dubai soll zwar zu den goldträchtigsten Orten der Welt gehören, aber als ich meine Medaillen in Empfang nahm, kamen sie mir vor wie Blechmarken an einem Hundehalsband.

Ich beschloß, gegen Campomanes auf andere Weise zu kämpfen: mit der Gründung einer Art Gewerkschaft der Schachgroßmeister. Auf ihr ruhen meine Hoffnungen für die Zukunft unseres Spiels. Dahinter steckt die schon seit längerem gehegte und gepflegte Idee, die mit der Durchführung von Turnieren und mit der Festsetzung von Preisgeldern zusammenhängenden Entscheidungsbefugnisse den hauptamtlichen Funktionären aus der Hand zu nehmen und statt dessen international führende Schachspieler damit zu betrauen. Wir bildeten einen aus sieben Großmeistern bestehenden Vorstand. Ich wurde zum Präsidenten, Karpow zum Vizepräsidenten gewählt. Die anderen Vorstandsmitglieder sind Timman (Niederlande), Ljubojevic (Jugoslawien), Portisch (Ungarn), Seirawan (USA) und Nigel Short (Großbritannien), der seinen Landsmann Nunn abgelöst hat. Die Vermutung liegt nahe, daß ich der Beteiligung Karpows skeptisch gegenüberstand, da man annehmen mußte, daß er seine Freunde vom sowjetischen Schachverband über unsere Gespräche unterrichten würde; aber dieses Risiko mußten wir eingehen. Wir gaben unser Projekt, das einen Meilenstein in der Geschichte des Schachs setzt, in Dubai bekannt. Unserem Konzept zufolge sollte der Weltmeistertitel alle drei Jahre neu vergeben werden und nicht in zweijährigem Turnus, wie die FIDE es plante; in den dazwischenliegenden zwei Jahren sollten als Teil eines Weltcups sechs Ranglistenturniere stattfinden, alle durch kommerzielle Sponsoren mitfinanziert. Daneben sollte es einen Blitzschachgrandprix mit Turnieren in allen Weltteilen geben, mit dem Ziel, Schach auch als attraktives Fernsehspektakel zu etablieren – zu diesem Zweck sollten die neuesten Möglichkeiten elektronischer Tricktechnik und zeitgleicher Partiedarstellung ausgeschöpft werden. In unserem Brief an die Generalversammlung der FIDE erklärten wir, die neue Vereinigung sei gegründet worden, »um weiteren Mißverständnissen zwischen der FIDE und den führenden Großmeistern vorzubeugen und die Entscheidungsprozesse zu vereinfachen«. Im Grunde genommen lief unser Projekt auf den Versuch hinaus, uns von der FIDE abzunabeln. Einer der wichtigsten Wegbereiter unseres Unternehmens war Bessel Kok, der geschäftsführende Direktor von S.W.I.F.T., dem internationalen Datenverbundnetz der Banken mit Sitz in Brüssel. Er hatte sich bereiterklärt, das jährliche S.W.I.F.T.-Turnier in den geplanten Weltcup zu integrieren. Campo erschien, wenn auch verspätet, zu unserer Pressekonferenz. Er war sich selbstredend der Tatsache bewußt, daß unsere neue Union seine Vormachtstellung im Weltschach gefährdete, und trug ein starres Lächeln zur Schau.

Kurioserweise hatte, wie ich herausfand, der erste Versuch zur Gründung eines Großmeistergremiums vor fast genau 50 Jahren, 1938, im Amsterdamer Amstel-Hotel stattgefunden. Die Teilnehmer eines von Keres gewonnenen Turniers hatten sich zusammengesetzt und über die Gründung eines »Klubs der acht Besten« beraten – gemeint waren damit Aljechin, Capablanca, Euwe, Keres, Botwinnik, Fine, Reshevsky und Flohr. Da Aljechin und Capablanca nicht miteinander sprachen, wechselten sie sich bei der Teilnahme an den Sitzungen ab. Die Klubgründer verabschiedeten einen Statutenentwurf, aber dann kam der Weltkrieg, nach dessen Ende die FIDE am Zug war und ihre Position festigte.

Unsere Vereinigung kam gut aus den Startlöchern und hat mittlerweile nicht nur die führenden westlichen, sondern auch rund 30 sowjetische Großmeister auf ihrer Mitgliederliste. Ob das Unternehmen ein Erfolg wird, wird davon abhängen, ob es uns gelingt, genug Sponsorengelder zusammenzubringen, um unsere ehrgeizigen Ziele verwirklichen zu können; Voraussetzung dafür ist wiederum, daß das Schach in aller Welt breitere Popularität gewinnt. Das Geld, das wir brauchen, soll nicht bloß unser »Betriebskapital« sein, sondern auch ein Mehr an Demokratie in unserem Sport ermöglichen. Wir investieren in diese Aufgabe wesentlich mehr Energie und Initiative, als die FIDE es je getan hat. Am Anfang war ich deprimiert und förmlich erschlagen von dem Ausmaß an Büroarbeit und Papierkrieg, das auf mich zukam. Dann begriff ich, daß dies die einzige Möglichkeit war, Campo auszustechen – indem man ihn mit seinen eigenen Waffen angriff, ihn mit Papier zudeckte! Er versteht nur eine Sprache – die Sprache der Macht. Er reagiert nur auf Druck. Er muß begreifen, daß es ohne uns kein einziges bedeutendes Turnier geben wird.

Aber es geht mir um mehr als nur darum, einen Machtkampf zu gewinnen oder den starken Mann zu mimen. Hinter all diesen bürokratischen und geschäftlichen Aktionen steht ein Traum. Ich möchte für den Schachsport werben, durch attraktives Schach, durch Partien, die Kunstwerke sind, durch Bücher und Veranstaltungen. Ich will möglichst vielen Menschen in aller Welt dieses Spiel nahebringen. Um dies zu erreichen, bin ich bereit, überall zu spielen – sogar in Nachtklubs, wie ich es neulich in London getan habe, als ich im dortigen Hippodrome, auf einem beweglichen Podium und unter Stroboskoplicht ein Blitzschachmatch gegen Nigel Short austrug. Ich möchte mit Schachspielarten experimentieren, die keinem höheren Anspruch genügen, als vergnüglich und unterhaltsam zu sein. Ich würde sogar einen ausgefallenen Hut aufsetzen, wenn ich dadurch eine neue Zielgruppppe für meinen Sport interessieren könnte. Wir müssen die traditionellen Vorbehalte gegenüber dem Schachspiel abbauen, indem wir zeigen, daß Schach nicht nur für die unmittelbar Beteiligten, sondern auch für die Zuschauer eine aufregende Sache sein kann. Es ist ein großes Abenteuer, auf das wir uns eingelassen haben, denn Schach ist, wie Fußball, ein wahrhaft universelles Spiel, das von Menschen aller Religionen und Hautfarben gespielt und verstanden werden kann.

Unerwartet schnell mußte ich mich wieder mit dem ungeliebten Dubai befassen, nämlich als es um die Wahl des Austragungsorts für das Weltmeisterschaftsmatch 1987 ging. Mein Gegner würde wieder Karpow sein, der im spanischen Linares das Kandidatenfinale gegen Sokolow gewonnen hatte. Also wieder unser jährliches Match – der vierte Titelkampf in vier Jahren. Nie in der Geschichte des Schachs mußte ein Weltmeister seinen Titel so oft verteidigen. Nach der Olympiade schwor ich mir, keinesfalls mehr in den Vereinigten Arabischen Emiraten anzutreten. Es war dies so sehr Campo-Territorium, daß ich mich vor allem möglichen fürchtete, das sie sich vielleicht einfallen lassen würden, um »ihren« heißbegehrten Titel wiederzuerlangen. Ich sah mich in diesen Befürchtungen bestätigt, als Karpow Dubai als seine erste Wahl für den Austragungsort des Titelkampfs benannte. Die alte Seilschaft hielt offenbar noch zusammen.

Ohnehin wurde dadurch, daß nach Campos neuen Regeln jeder Spieler nur einen Wunschaustragungsort benennen durfte, das ganze Auswahlverfahren zur Farce; denn wenn nicht beide denselben Ort benannten, sollte automatisch der meistbietende Ausrichter den Zuschlag erhalten. Da meine Ansicht über Dubai wohlbekannt war, hatte es gar keinen Sinn, daß ich überhaupt einen Vorschlag machte, weil von vornherein feststand, daß er anders lauten würde als der von Karpow. Soviel zum Mitspracherecht der Spieler. Im Grunde hätte ich mich auf jeden Veranstaltungsort außer Dubai eingelassen – sehr gerne beispielsweise auf Seattle, weil ich noch nie in den Vereinigten Staaten gewesen bin und den Gedanken, daß zwei Russen in Amerika um die Weltmeisterschaft kämpfen, im gegenwärtigen Stadium der Beziehungen der beiden Länder zueinander faszinierend fände. In einer amerikanischen Stadt ausgetragen, hätte unser Match auch sehr zur Popularisierung unseres Spiels auf unserem größten potentiellen »Markt« beitragen können. Aber auch mit den anderen ins Gespräch gebrachten Städten – Madrid und Sotschi am Schwarzen Meer –hätte ich mich anfreunden können, ebenso wie ich es mit Sevilla getan habe, auf das die Wahl schließlich fiel. Spanien ist ein Land mit einem großen und begeisterungsfähigen Schachpublikum, das es verdient hat, erstmals eine Schachweltmeisterschaft im eigenen Land zu erleben.

KAPITEL 14

Menschen gegen Maschinen

Was kann man über die Zukunft des Schachs sagen? Ich werde oft gefragt, ob ich mich eines Tages einem Schachcomputer werde geschlagen geben müssen. Meine Antwort lautet nein. Kein Computer wird mich je besiegen können. Der schottische Großmeister David Levy setzte einmal Tausende von Dollars darauf, daß er bis 1978 von keinem Computer besiegt werden würde – er gewann die Wette, obwohl Botwinnik damals zu ihm gesagt hatte: »Es tut mir sehr leid um Ihr Geld.« Er war jedoch nicht bereit, dieselbe Wette auch für das nachfolgende Jahrzehnt abzuschließen. Botwinnik beschäftigte sich übrigens fast während seiner gesamten wissenschaftlichen Laufbahn damit, Programme für Schachcomputer zu vervollkommnen, und war davon überzeugt, daß es eines Tages gelingen wird, eine beherrschbare Schachmaschine zu entwickeln, die besser ist als der beste menschliche Schachspieler. Er zitierte dann einen Ausspruch des kanadischen Computerwissenschaftlers Monty Newborn, der gesagt hat: »Im Jahr 2000 wird ein Computer Romane schreiben, die die Menschen zu Tränen rühren.« Einmal führte Botwinnik ein Streitgespräch über Schachcomputer mit dem sowjetischen Nobelpreisträger N. N. Semjonow, der ihm sagte: »Daß der Mensch einen Automaten baut, der intelligenter ist als ein menschliches Wesen, ist prinzipiell ausgeschlossen.« Worauf Botwinnik antwortete: »Wenn ein Mensch wirklich klug ist, sollte der Automat, den er baut, intelligenter sein als sein Schöpfer.«

Die Geschichte schachspielender Maschinen reicht über 200 Jahre zurück, zu einer exotisch aussehenden Holzpuppe mit Turban, die der ungarische Baron Wolfgang von Kampelen erfunden und der Kaiserin Maria Theresia zum Geschenk gemacht hatte. Dieser Schachautomat, genannt »der Türke«, brachte es, bis er 1854 bei einem Brand vernichtet wurde, zu einer erstaunlichen Karriere, in deren Verlauf er Gegner wie Benjamin Franklin und Napoleon besiegte. Sein Nachfolger hieß »Ajeeb« und war eine Schöpfung des Engländers Charles Alfred Hooper. »Ajeeb« spielte gegen O. Henry, Sarah Bernhardt und John Ruskin. Später kam heraus, daß sowohl der »Türke« als auch »Ajeeb« von Menschen bedient worden waren, die im Inneren der Figur verborgen waren; jedoch hat niemand je herausgefunden, wie es bewerkstelligt wurde, daß die Bediener stumm blieben.

Für die Erarbeitung von Programmen für Schachcomputer hat es sich als nützlich erwiesen, die Grundlagen der Schachbegabung empirisch zu erforschen und dabei auch die Ergebnisse früher durchgeführter psychologischer Tests einzubeziehen. Zu den ersten, die solchen Tests unterworfen wurden, gehörte das amerikanische Schachwunderkind Samuel Reshevsky. Der Psychologe, der den Achtjährigen auf Herz und Nieren prüfte, fand heraus, daß der Knabe in puncto Sprachbeherrschung, Rechnen und Farberkennung Schwächen aufwies, dafür aber über eine außerordentlich hohe räumliche Intelligenz und ein phänomenales Gedächtnis für Formen und Anordnungen verfügte. Er war zum Beispiel in der Lage, eine Folge von 40 Ziffern in der richtigen Reihenfolge aufzusagen, nachdem er sie sich vier Minuten lang eingeprägt hatte. Diese Analyse birgt nicht nur meiner Meinung nach einen wichtigen Hinweis auf eine der kognitiven Grundlagen dessen, was wir Schachbegabung nennen. Es scheint, als ob diese Begabung aus der Kombination angeborener Prädispositionen mit einer außergewöhnlich ausgeprägten Merkfähigkeit für räumliche Formen ensteht. Karpows Mutter erinnert sich daran, daß ihr Sohn, wenn sie ihm sein Schachspiel wegnahm, weil er darüber seine Schulaufgaben vernachlässigte, auf einem imaginären Schachbrett weiterspielte, das sein geistiges Auge auf die Decke seines Zimmers projizierte. Vielen Schachspielern ist dieses Phänomen aus eigener Erfahrung vertraut.

Der Psychologe Alred Binet, der Erfinder des Intelligenztests, maß der Fähigkeit großer Schachspieler wie Philidor, Morphy und Aljechin, mit verbundenen Augen simultan gegen mehrere Gegner zu spielen, einen ganz besonderen wissenschaftlichen Erkenntniswert bei. François Philidor (1726 bis 1795) seines Zeichens königlicher Hofmusikant in Versailles, war ein besonders eindrucksvolles Beispiel für die Kombination von Schachtalent und musikalischer Begabung. Er setzte Zeitgenossen wie Rousseau, Voltaire und Diderot in Erstaunen, indem er außer Sichtweite der Bretter gegen drei Gegner gleichzeitig spielte und sie besiegte. Diderot beschwor ihn anschließend in einem Brief, um seiner Gesundheit willen dieses Kunststück nicht zu wiederholen: »Es wäre töricht, wenn Sie aus Gründen der Eitelkeit das Risiko des Wahnsinnigwerdens auf sich nähmen.«

Obwohl Philidor viel in Europa herumkam, traf er nie auf einen Gegner, der ihn zu besiegen vermochte. Er verfaßte das erste Schachlehrbuch und war der erste Schachlehrer, der die Bedeutung des unscheinbaren Bauern erkannte. »Die Bauern sind die Seele des Spiels«, sagte er; er setzte sie für kraftvolle Angriffe in der Mitte ein und ließ sie dabei wie ein Infanterieregiment, das einen Geländestreifen besetzen soll, vorrücken, die schwereren Geschütze zunächst in der Hinterhand behaltend.

Morphy (1837 bis 1884) spielte in Paris mit verbundenen Augen acht Partien simultan, von denen er fünf gewann, zwei verlor und eine remis beendete. Ich selbst habe in Hamburg gegen zehn Gegner mit verbundenen Augen und mit Uhr gespielt. Aljechin (1892 bis 1946) spielte einmal blind gegen 28 Franzosen und besiegte 22 von ihnen. Der Tscheche Reti spielte 1925 in Spanien Blindschach an 29 Brettern, Miguel Najdorf 1943 an 40 Brettern. Der Belgier Georges Koltanowski spielte 1960 blind gegen 50 Gegner und besiegte 44 von ihnen. Rekordhalter mit 52 Gegnern, von denen nur drei ihn besiegten, scheint der ungarische Meister Janos Flesch zu sein. Aus psychologischer Sicht interessant ist die Tatsache, daß Blindschachspieler gar nicht erst versuchen, sich die Position sämtlicher Figuren einzuprägen; sie merken sich vielmehr bestimmte Schlüsselkonstellationen oder bedeutsame »Ausschnitte« aus der Stellung. Es ist ähnlich wie bei einem Dirigenten, der aus seiner Partitur nicht sämtliche von jedem einzelnen Instrument zu spielenden Töne ersehen kann, aber nichtsdestoweniger eine minuziöse Vorstellung vom Gesamtklang und Ablauf des zu spielenden Stücks hat, oder bei einem Schnelleser, der die Seiten eines Buches lediglich überfliegt und trotzdem das Wesentliche des Inhalts erfaßt.

Nach dem großen Moskauer Turnier von 1925 versuchten die sowjetischen Psychologen N. Dijakow, E. Petrowski und P. Rudik, die Qualitäten zu identifizieren, die für erfolgreiches Schachspiel auf höchstem Niveau vonnöten sind. Sie kamen auf 16 Kriterien:

1. Ausreichende physische Energiereserven und eine gute allgemeine Gesundheit.
2. Starke Nerven.
3. Selbstbeherrschung.
4. Die Fähigkeit, sein Augenmerk auf viele Faktoren gleichzeitig zu richten.
5. Die Fähigkeit, dynamische Beziehungen zu erkennen.
6. Eine Neigung zu kontemplativem Denken.
7. Ein hohes Intelligenzniveau.
8. Die Fähigkeit, konkret zu denken.
9. Die Fähigkeit, objektiv zu denken.
10. Ein leistungsfähiges Schachgedächtnis.
11. Einfallsreichtum und Fähigkeit zu synthetischem Denken.
12. Kombinationsgabe.
13. Selbstdisziplin und Willensstärke.
14. Ein äußerst aktiver Intellekt.
15. Die Fähigkeit, seine Gefühle zu zügeln.
16. Selbstbewußtsein.

Sie verwarfen die Auffassung, Schachtalent beruhe auf einer einzelnen, spezifischen »kauzigen« Gabe der Natur. Sie gelangten im Gegenteil zu dem Schluß, daß der geniale Schachspieler ein breites Spektrum hochentwickelter Fähigkeiten in sich vereinen muß, von denen einige angeboren sind und andere durch Erfahrung und harte Arbeit erworben werden.

Der Bericht der drei Psychologen enthielt eine Reihe allgemeiner Überlegungen zur Funktion von Spielen im Seelenleben eines Volkes, Überlegungen, aus denen die Autoren den Schluß zogen, dem Schachspiel könne eine konstruktive Rolle in der neuen sowjetischen Gesellschaft zukommen:

»...Spiele ermöglichen eine freie Entfaltung der Persönlichkeit, ihrer Stärken und ihrer Interessen. Insofern erfüllen sie Bedürfnisse und Bestrebungen, die tief in der Natur des Menschen wurzeln, im täglichen Leben aber sonst keine Befriedigung finden. Spiele bieten daher einen Ausgleich für die psychophysischen Spannungen, die sich im Alltagstrott aufbauen, und zugleich werden im Spiel Energien verausgabt, die bei der Arbeit keine Erledigung finden. So betrachtet, bereichern Spiele das Leben und tragen zur abgerundeten und vollen Entfaltung der Persönlichkeit bei... Das Spiel schöpft seinen Befriedigungswert aus sich selbst; es ist ein pures Erlebnis bar jeder Nützlichkeitserwägung...«

Das nach Ansicht vieler Fachleute wichtigste praktische Experiment zur Psychologie des Schachspiels wurde 1944 von dem niederländischen Meister Adrian de Groot durchgeführt. Mein deutscher Freund Frederic Friedel hat dieses Experiment nachvollzogen und gelangte zu demselben Ergebnis. Er ließ vier Versuchspersonen – einen Großmeister, einen Internationalen Meister, einen guten Vereinsspieler und einen Amateur – einen kurzen Blick auf eine Stellung aus dem Mittelspiel einer Partie werfen und forderte sie anschließend auf, diese Stellung zu rekonstruieren. Was dabei deutlich wurde, war, daß die ersten beiden Versuchspersonen das Schachbrett auf völlig andere Weise wahrnahmen als der Vereinsspieler und der Amateur: Sie prägten sich weniger die einzelnen Figuren ein als vielmehr größere Konstellationen und Figurengruppen. Als entscheidend erwies sich hier nicht die Frage, wer über das beste Gedächtnis verfügte – dies wurde auf andere Weise geprüft, und alle vier schnitten dabei etwa gleich ab –, sondern die Tatsache, daß der Meisterspieler in seinem Gedächtnis aufgrund vorhergegangener Spielanalysen einen großen Fundus analoger Stellungen gespeichert hatte. Das Wesentliche, worin sich der Schachkönner vom Amateur unterscheidet, ist also die Fähigkeit, die Struktur einer Stellung innerhalb weniger Sekunden zu erfassen.
Solche Untersuchungen sind bis zu einem gewissen Grad interessant und nützlich, aber die wirklich wichtigen Fragen liegen nach meiner Überzeugung jenseits davon. Die Psychologen können vielleicht erklären, weshalb Menschen eines bestimmten Typs eine Affinität zum Schachspiel besitzen, nicht aber warum

manche Spieler Weltmeister werden und andere trotz offenbar gleicher Begabung, Schachgelehrtheit und Motivation kurz vor Erreichen des Gipfels steckenbleiben. Es ist für uns Schachspieler nicht leicht, uns selbst zu analysieren. Am Brett versuchen wir, unsere Gefühle, unseren Enthusiasmus in die Suche nach dem richtigen Zug zu legen. Bei einem guten Spieler entwickelt sich mit der Zeit ein sechster Sinn für den richtigen Zug und ein Gespür für heraufziehende Gefahren. Man kann es vielleicht mit einem Instinkt vergleichen, aber nicht eigentlich erklären.

Worin unterscheidet sich das, was ein Schachmeister beim Betrachten des Bretts »sieht«, so sehr von dem, was durchschnittliche Spieler sehen? Ein französischer Meister versuchte es einmal so zu erklären: »Ich sehe das Schachbrett, wie man die Straße sieht, auf der man geht, ohne daß man ihr bewußte Aufmerksamkeit schenkt. Wenn man den eigenen Kleiderschrank aufmacht, weiß man, wo alle Sachen sind, auch ohne sie zu sehen. Das gleiche gilt für die Züge, die man auf dem Schachbrett ausführt.« Der Schriftsteller Arthur Koestler drückte es so aus: »Wenn ein Schachspieler das Brett betrachtet, sieht er nicht ein statisches Mosaik, ein Stilleben, sondern ein magnetisches, mit Energie geladenes Kraftfeld – wie Faraday die von Magneten und elektrischen Strömen erzeugten Felder als Kurven im Raum oder wie van Gogh den Himmel über der Provence als ein Meer von Wirbeln sah.« Ich mag diese Formulierung, weil sie eine nicht bloß mechanistische Erklärung des Phänomens Schach beinhaltet. Sie gibt dem Genie die Freiheit, Wahrnehmungen zu transformieren, ähnlich wie ein Kunstkenner, der in der Eremitage ein Bild von Rembrandt studiert, dieses ganz anders wahrnimmt als der gewöhnliche Besucher, den es bei einem Spaziergang durch Leningrad in dieses Museum verschlägt. Wie Wilhelm Steinitz (1836 bis 1900), der erste Schachweltmeister, einmal sagte: »Haben Sie je einen Affen eine Uhr untersuchen sehen?«

Manchmal wird der eigenartige Fall des indischen Bauernjungen Sultan Khan (1905 bis 1966), der, ohne lesen und schreiben zu können, dreimal britischer Schachmeister wurde und einmal Capablanca besiegte, als Beispiel dafür angeführt, daß es doch eine angeborene Schachbegabung gibt. Entgegen allen herkömmlichen Regeln und Anschauungen studierte er keine

Schachliteratur und zeigte außerhalb des Brettes kaum Interesse für das Schachspiel. Er saß lächelnd und Limonade schlürfend am Brett, und eine staunende Schachwelt konnte nichts anderes glauben, als daß dieser Mann im wallenden weißen Gewand sein Schachspiel im Himmel gelernt haben mußte. Ich kann jedoch kaum glauben, daß im modernen Schach irgend jemand nur aufgrund seines natürlichen Talents bestehen könnte. Ein Großmeister muß heute in der Lage sein, Stellungen und Züge aus Tausenden von Partien wiederzuerkennen. Mit Limonadeschlürfen und einem engelhaften Lächeln allein läßt sich da nichts ausrichten!

Hierbei können Computer eine wertvolle Stütze sein – sie können, wie sie es in vielen Bereichen des modernen Lebens bereits tun, Informationen verwalten und das Gedächtnis entlasten. Mein Interesse an Computern wurde geweckt, als Frederic Friedel, den ich damals noch nicht persönlich kannte, mir Ende 1984 eine Diskette nach Baku schickte. Ich war fasziniert. 1985, nach meinem vieldiskutierten *Spiegel*-Interview, bat ich die Redakteure, mich zu Friedel zu bringen, der, wie ich wußte, in Hollenstedt in der Nähe von Hamburg lebte. Ich hatte in Hamburg ein Simultanmatch gespielt und verloren, zum einen weil ich übermüdet war, und zum anderen, weil ich meine Gegner, die ziemlich gute Spieler waren und sogar einen Großmeister in ihren Reihen hatten, vorher nicht hatte studieren können. Ich geriet in furchtbare Zeitnot. Ich gelobte Vergeltung für meine Niederlage.

Friedel lud mich zu sich nach Hause ein, wo ich seine Frau Ingrid und die Söhne Martin und Thomas kennenlernte. Es war der 24. Dezember. Ich hatte nicht daran gedacht, daß dies in Deutschland ein Feiertag ist, an dem man wenig unternehmen kann. Die Friedels luden mich ein, bei ihnen zu bleiben. Es war das erste Mal, daß ich ein Weihnachtsfest westlicher Art erlebte, mit einem kerzengeschmückten Baum und den darunter drapierten Geschenken. Das Läuten einer Glocke kündigte die Bescherung an. Zuerst gingen alle Lichter aus, dann wurden die Kerzen am Baum angezündet, und alle packten ihre Geschenke aus. Danach folgte das Weihnachtsessen mit verschiedenen Arten deutscher Wurst.

Spätabends wandten wir uns einigen Computerspielen zu. Die Kinder beherrschten diese Spiele sensationell gut, besonders der zu der Zeit erst vierjährige Thomas. Wir spielten »Repton«, ein anspruchsvolles Spiel, für dessen Bewältigung der britische Großmeister John Nunn, ein Dozent für Mathematik, viele Stunden gebraucht hatte. Frederic erklärte mir, was Computer können, und ich sagte ihm, was ich mir von Computern wünschte. Was ich wollte, war im wesentlichen eine Schachdatenbank, die mich in die Lage versetzen würde, vor einem Match in der Schachvergangenheit meiner Gegner zu stöbern. Ich hatte keine Ahnung, ob oder wie das möglich sein würde.

Frederic tat sich mit einem jungen deutschen Informatiker namens Matthias Wullenweber zusammen, der schon einmal ein Programmschema für eine elektronische Schachdatei entwickelt hatte. Die beiden arbeiteten an der Sache, während ich in Basel mein Match gegen Tony Miles austrug. Als ich mir ansah, was sie zuwege gebracht hatten, konnte ich es kaum glauben. Vor lauter Verwunderung ließ ich mich rücklings aufs Bett fallen. Ohne ein Wort zu sagen, dachte ich über die Perspektiven dieser Entwicklung nach, so lange, daß die beiden schon glaubten, ich sei eingeschlafen. Dann begann ich, meine Partien in den Computer einzufüttern. Matthias, eindeutig ein Genie auf seinem Gebiet, empfand meine Begeisterung als großen Ansporn.

Im Januar 1987 kam ich zu meinem zweiten Simultanmatch nach Hamburg. Dieses Mal hatte ich zwei Tage Vorbereitungszeit; wir ermittelten die Namen aller meiner Gegner und ließen uns vom Computer ihre früher gespielten Partien ausdrucken. Es war ein großes Aha-Erlebnis für mich – nach zehn Minuten hatten wir 192 Partien gefunden. Wenn ich meine Betreuer bitte, eine Partie eines bestimmten Spielers ausfindig zu machen, kann es vorkommen, daß sie tagelang Bücher wälzen müssen, bis sie sie finden. Bewaffnet mit den Vorausinformationen aus dem Computer, besiegte ich dieses Mal sechs meiner acht Simultangegner und spielte gegen die beiden anderen remis. 7:1 war ein erstaunliches Ergebnis. Sie konnten es kaum glauben. Da ich ihre Spielgewohnheiten kannte, konnte ich ihnen Fallen stellen. Dasselbe gelang mir wenig später, als ich in Zürich gegen die Schweizer Nationalmannschaft spielte. Ich wußte, daß einer aus der Mannschaft einmal eine Glanzpartie gespielt hatte; als ich diese auf dem Computer nachspielte, entdeckte ich eine Kombination, mit der sein Gegner ihn hätte auflaufen lassen können. Ich beschloß, ihn auf einen ähnlichen Weg zu locken. Er konnte sein Glück kaum fassen – unsere Partie verlief fast genau so wie die, bei der er seinen größten Sieg errungen hatte. Doch dann, wumm!, ließ ich die Falle zuschnappen.

Ich halte die elektronische Schachdatenbank für die wichtigste technische Neuerung im Bereich der Schachinformation seit der Erfindung des Buchdrucks. Wie ich höre, haben sich Karpow und Kortschnoi bereits nach diesem System erkundigt, was mich nicht überrascht. Es erspart einem viele Stunden langwieriger Sucharbeit, wenn man jede Partie, die man gerade braucht, per Knopfdruck aufrufen kann. Man kann auf einer einzigen Diskette bis zu 6000 Partien unterbringen und die Züge einer Partie in sechs oder sieben Sekunden durchlaufen lassen. Ich war sehr erfreut, daß ich als Benutzer Nr. 1 dieses Systems registriert wurde, das mein Freund Rudi Kupfer zusammen mit der Firma Atari unter dem Namen ChessBase in Europa vertreibt. Bei meinem letzten Besuch in der Schweiz lud mich Rudi, der selbst den Steuerknüppel führte, zu einem unvergeßlichen Hubschrauberrundflug über die Berge und Seen des Zürcher Umlands ein.

Den Helikopter konnte ich leider nicht nach Baku mitnehmen, aber in einem Spielzeuggeschäft fand ich einen fernsteuerbaren Modellhubschrauber, mit dem ich viel Spaß haben werde.

Die Geschichte der Schachcomputer begann vor rund 40 Jahren. Der geistige Vater der ersten elektronischen Schachmaschine war der englische Mathematiker Claude Shannon. Der leistungsfähigste Schachcomputer der Gegenwart ist in der Lage, knapp 200 000 Stellungen in der Sekunde zu analysieren – in weniger Zeit, als Kortschnoi für einen Zug an seiner Zigarette braucht. Aber Rechengeschwindigkeit allein genügt nicht, um mit den Komplikationen des Schachspiels fertig zu werden. Wie die Psychologen gezeigt haben, ist ein Wesenselement der Schachbegabung die Fähigkeit, Strukturen und Stellungstypen zu erkennen. Bis heute ist keine Maschine in der Lage, die erstaunlichen Strukturerkennungsfähigkeiten des menschlichen Gehirns zu imitieren. Um einen Eindruck von diesen Fähigkeiten zu bekommen, muß man sich nur einmal vorstellen, welch eine komplexe kognitive Leistung das Wiedererkennen eines menschlichen Gesichts ist. Ein Großmeister kann auf dem Schachbrett rund 50 000 Stellungstypen wiedererkennen.

Beim Schachspiel auf höchstem Niveau spielen auch Faktoren wie Aggressivität, Sieges- oder gar Vernichtungswille eine Rolle, die man keiner Maschine je wird einimpfen können. Solche Empfindungen sind, streng genommen, irrationaler Natur in dem Sinn, daß sie sich nicht rational begründen lassen und eher in der Emotionalität wurzeln als im Intellekt. Sowohl Botwinnik als auch Tal haben berichtet, daß sie sich in entscheidenden Augenblicken einer Partie kurzfristig eines anderen besannen, weil sie einen Blick ihres Gegners aufgefangen hatten. Welcher Computer könnte auf so etwas reagieren?

Der Schriftsteller Wladimir Nabokov hat geschrieben: »Schachprobleme erfordern [zu ihrer Lösung] dieselben Tugenden wie jede künstlerische Betätigung, die diesen Namen verdient: Originalität, Einfallsreichtum, Knappheit, Harmonie, Komplexität und erhabene Täuschung.« Weil Schach, auf höchstem Niveau gespielt, eine Kunstform ist, vermag die Wissenschaft allein seine Geheimnisse nicht zu entschleiern. Ein Computer müßte mir erst einmal ein Gedicht verfassen oder eine Sinfonie komponieren oder auch nur einen guten Witz erfinden – oder, wie Botwinnik meinte, einen Roman schreiben, der die Menschen zu Tränen rührt –, ehe ich davon überzeugt wäre, daß er in der Lage ist, einen Großmeister zu besiegen.

Es gibt heute Schachcomputer, die rund 2300 Punkte auf der Elo-Wertungsskala erreichen; von dahin bis zum Gipfel des Schach-Olymps ist es noch eine beträchtliche Wegstrecke. Ich glaube nicht, daß ein Computer diesen Gipfel erreicht, solange ich lebe – vielleicht wird es sogar überhaupt nie soweit kommen.

Und wenn dieser Fall doch einträte, wenn Computer von ungeheurer Leistungsfähigkeit das Schachspiel berechenbar machen und ihm damit sozusagen seine Geheimnisse entreißen würden, wäre damit das Charisma des königlichen Spiels zerstört? Ich glaube nicht.

Der Mount Everest hat seine Faszination für den Menschen nicht dadurch verloren, daß Flugzeuge über ihn hinwegfliegen können. Die aufregendsten Kämpfe, die wir bestreiten können, sind immer die gegen uns und unseresgleichen.

»Alles zu seiner Zeit«

Der sowjetische Autor Jakob Estrin hat einmal geschrieben: »Manch ein Schachspieler, der Weltmeister geworden ist, muß erkennen, daß es für ihn, nachdem er den Schach-Olymp erklommen hat, nicht mehr weiter aufwärts gehen kann, sondern nur noch abwärts.« Nach Meinung Estrins sind alle vier Weltmeister vor Karpow – Tal, Petrosjan, Spasski und Fischer – durch diese Erfahrung gegangen. Ich sehe nicht die Gefahr, daß es auch mir so ergehen könnte. Ich sehe vor mir nur neue Gipfel und noch keine talwärts führenden Wege. Natürlich kann einer nicht ewig Schachweltmeister bleiben. Botwinnik glaubt, daß man etwa mit 35 Jahren den Gipfel des menschlichen Könnens erreicht. Heute, da alles schnellebiger und die Konkurrenz härter geworden ist, mag der Punkt der höchsten Leistungsfähigkeit um das 30. Lebensjahr herum liegen. Das hieße, daß ich noch sechs Jahre an der Spitze bleiben könnte – genug, um ein Kapitel Schachgeschichte zu schreiben und dieses großartige Spiel in neue, aufregendere Richtungen weiterzuentwickeln. Zu den bleibenden positiven Nachwirkungen meiner Schachkarriere wird die Freude darüber gehören, daß über meine Partien auch dann noch gesprochen werden wird, wenn ich nicht mehr Weltmeister bin, vielleicht sogar noch in 200 Jahren. In der Erinnerung der Nachwelt fortzuleben, ist auch eine Form von Unsterblichkeit.

Wenn ich auch erst 24 bin, so habe ich doch schon eine Menge erlebt, und meine Erfahrungen sind von Bedeutung für die Veränderungen, die in meinem Land gegenwärtig vor sich gehen und im Ausland so viel Interesse wecken. Diese Veränderungen sind ein Teil meines Lebens, vielleicht der wichtigste Teil. Ich war einmal nichts weiter als ein Junge aus Baku, der eine ungewöhnliche Begabung besaß und etwas aus ihr machen wollte. Zufällig betraf meine Begabung das Schachspielen, aber es hätte genausogut eine literarische oder wissenschaftliche Begabung sein können. Als ich feststellte, daß meiner Entwicklung auf jeder Stufe neue Steine in den Weg gelegt wurden, mußte ich die Gründe dafür herausfinden; ich entdeckte, daß die Gründe zum einen in unserer russischen Mentalität und zum anderen in der Korruptheit der internationalen Schachführung lagen. Ich war politisch passiv; aber wenn man mit dem Kopf viele Male gegen eine undurchdringliche Wand stößt, dämmern einem gewisse politische Einsichten fast zwangsläufig. Ich erkannte, daß der Sport nicht in einem politischen Vakuum haust. Wir sind Produkte eines Systems. Aus irgendeinem Grund, den ich nicht begriff, schien mein Talent die bestehende Ordnung der Dinge zu bedrohen. Dem war natürlich nicht so. Ein wenig Überlegung brachte mich zu der Einsicht, daß mein Talent nur für bestimmte Personen, die ihr persönliches Interesse mit dem des Ganzen gleichsetzten, eine Bedrohung darstellte. Was ich dem System vorwerfen muß, ist, daß es solche Dinge geschehen läßt. Meine Begabung wurde nicht gefördert, wurde in den Hintergrund gedrängt wie etwas Unerwünschtes. Ein Land, das mit seinen Ressourcen so verächtlich umgeht, kann die Möglichkeiten nicht ausschöpfen, die womöglich in seinem Schoß schlummern.

Ich hatte das Glück, daß meine Entwicklung in eine Zeit fiel, in der diese Erkenntnis in der Sowjetunion offizielle Anerkennung fand – zögernd zunächst, dann in größerer Offenheit. Um meine Auffassungen zur Geltung bringen zu können, mußte ich einen Weg einschlagen, vor dem viele andere in der Vergangenheit zurückgeschreckt sind, so daß sie das, was in ihnen steckte, nicht voll zur Entwicklung bringen konnten. Deswegen hat es seinen guten Sinn, wenn ich offen berichte, wie es mir ergangen ist. Nicht weil ich darstellen will, wie schwierig es war oder wie toll es mir gelungen ist, sondern weil andere erfahren sollen, was in unserem Land möglich ist, daß jeder einzelne die Chance hat, mehr zu tun, und daß man selbst in scheinbar hoffnungslosen Situationen noch etwas ausrichten kann. Was sich in unserem Land vollzieht, ist nicht nur eine wirtschaftliche Reform, sondern eine Umgestaltung des menschlichen Denkens. Nicht jeder ist in der Lage, dabei mitzuziehen, aber wer kann, sollte sich beteiligen.

Wenn ich auf die Schlachten zurückblicke, die ich seit meinem 18. Lebensjahr auf dem Schachbrett und außerhalb davon geschlagen habe, und wenn ich an die geistige, physische und nervliche Energie denke, die ich verausgabt habe, um Weltmeister zu werden, frage ich mich, wie gut oder schlecht mir dies bekommen ist. Ich habe mich mit aller Kraft durch einen langen dunklen Tunnel gekämpft und dabei kaum nach links oder rechts geschaut. Meine Kindheit blieb irgendwo in diesem Tunnel auf der Strecke. Ich gleiche der Figur aus einem Gedicht Wyssotzkijs:

»Du kannst einen leichteren Weg wählen,
Aber wir suchen uns den aus, der der schwierigste ist
Und gefährlich wie ein Kriegspfad.«

Was wird sein, wenn es nichts mehr zu erkämpfen gibt? Werde ich immer von diesem Wunsch beseelt sein, ein normales Leben zu führen, und wird er nie in Erfüllung gehen? Werde ich je meine zwanghafte Neigung zur Wahrheitssuche abschütteln können, die wie ein Schatten an mir klebt? Werde ich je imstande sein, ganz abzuschalten, mich vom Diktat des Terminkalenders zu befreien, mir Filme mit Paul Newman oder Jack Nicholson anzuschauen, mich zwanglos unter Leute meines Alters zu mischen, irgendwo in einer Berghütte ohne Telefon Ferien zu machen?

»Alles zu seiner Zeit« – das habe ich zu meinem Wahlspruch erkoren, und es wird vielleicht einmal mein Nachruf werden. Meine Verstrickung in die mir wichtig erscheinenden großen und turbulenten Kämpfe meines Lebens hat mich vom Kontakt mit anderen Menschen meines Alters abgeschnitten, so sehr, daß es mich manchmal bedrückt. Dazu kommt, daß ich manchmal spüre, wie selbst meine Großmeisterkollegen – und unter ihnen selbst diejenigen, die mich bewundern und auf meiner Seite stehen – mich zu anstrengend finden und sich fragen, ob ich die Dinge nicht zu weit treibe. Warum kann ich nicht einmal lockerlassen, mit Freunden etwas trinken oder in ein Nachtlokal gehen?

Warum muß ich immer so viel Staub aufwirbeln, überall einen Skandal wittern, immer weiterbohren und weiterbohren? Vielleicht ist Campo doch nicht so schlecht. Daß ich im Schach jeden schlagen kann, bedeutet noch lange nicht, daß ich immer und überall im Recht bin. Ich glaube, es ist verständlich, daß Leute auf meine Frühreife und meine starke Persönlichkeit mit irgendeiner Form der Abwehr reagieren. Ich bin darüber manchmal irritiert und ein bißchen betrübt, aber ich weiß, es liegt daran, daß sie nicht verstanden haben, worum es bei meinem Kampf eigentlich geht. Deswegen war es für mich wichtig, dieses Buch zu schreiben.

Meiner Überzeugung nach führe ich einen Kampf um universelle Werte, die im Osten wie im Westen gleichermaßen Gültigkeit haben sollten. Es ist ein langer, einsamer Kreuzzug, in dessen Verlauf es nicht ausbleiben kann, daß ein junger Mann von 24 Jahren gelegentlich naiv und allzu ichbezogen wirkt. Von mir aus. Die meisten Menschen fühlen sich nicht verpflichtet, für allgemeingültige Werte einzutreten. Andere, die sensibel genug wären, es zu tun, haben Angst vor ihrer eigenen Emotionalität und versuchen, sie im Zaum zu halten. Einige sind bereit, notfalls ihren Seelenfrieden und ihr bequemes Leben aufs Spiel zu setzen; sie gehen einige Schritte auf dem beschwerlichen Weg, aber nach den ersten unerwarteten Hindernissen, auf die sie stoßen, verläßt sie der Mut. Nur sehr wenige schreiten vorwärts, ohne zurückzuschauen, einem unwiderstehlichen Instinkt folgend, der ihnen befiehlt, für die gerechte Sache zu kämpfen. Den allerwenigsten schließlich ist das Glück beschieden, den beschwerlichen Weg im vollen Bewußtsein der Begrenztheit ihrer eigenen Möglichkeiten und der weiten Entfernung des Ziels zu Ende zu gehen.

Die Nachfrage nach der Wahrheit ist meistens groß, das Angebot stets knapp. Ich habe in diesem Buch versucht, der Wahrheit die Ehre zu geben. Wie Wyssotzkij und viele andere bin ich der Überzeugung, daß wir die Pflicht haben, etwas zu unternehmen, um die Dinge zum Besseren zu wenden, nicht nur um unserer selbst willen, sondern auch im Namen derjenigen, die nach uns kommen werden. Wir müssen so handeln, daß wir der Bestimmung des Menschen gerecht werden. Vielleicht werden wir etwas ausrichten, vielleicht auch nicht. Aber wenn es zum letzten Endspiel kommt, sollte die Nachwelt über uns sagen können:

»Das Schicksal war schließlich stärker als er;
Er jedoch tat, was er konnte und was er tun mußte.«

Wichtige Partien

Tukmakow – Kasparow

Meisterschaft der UdSSR 1981

1. d4	Sf6	17. ed	Sxd5
2. c4	g6	18. Se5!	Te8
3. Sc3	Lg7	19. Tc1	Lf5
4. e4	d6	20. Sc6	Dd7!
5. Le2	0-0	21. Txc5	Txe1+
6. Lg5	c5	22. Dxe1	Te8
7. d5	b5?!	23. Dc1	Sb6
8. cb	a6	24. b3	Te2
9. a4!	h6	25. La5	Le4!
10. Ld2	e6	26. Se5	De7!
11. de	Lxe6	27. Sd4?	Ta2
12. Sf3	ab	28. Lxb6	Lxe5
13. Lxb5	Sa6	29. De3?	Dxc5!
14. 0-0	Sc7		Weiß gibt
15. Te1	Sxb5		auf.
16. Sxb5	d5		

Kortschnoi – Kasparow

Schach-Olympiade Luzern 1982

1. d4	Sf6	11. Sd2	Sbd7
2. c4	g6	12. h3	Tb8
3. g3	Lg7	13. Sc4	Se5
4. Lg2	c5	14. Sa3	Sh5
5. d5	d6	15. e4	Tf8
6.Sc3	0-0	16. Kh2	f5?!
7. Sf3	e6	17. f4	b5!
8. 0-0	ed	18. ab	ab
9. cd	a6	19. Sxb5	fe
10. a4	Te8	20. Lxe4!	Ld7

337

21. De2!	Db6!	31. Ta2!	Df5!
22. Sa3	Tbe8	32. Sxd7	Sd3
23. Ld2?	Dxb2!!	33. Lh6?	Dxd7
24. fe?!	Lxe5	34. Ta8+	Kf7
25. Sc4	Sxg3!	35. Th8?	Kf6
26. Txf8+	Txf8	36. Kf3??	Dxh3+
27. De1	Sxe4+		Weiß über-
28. Kg2	Dc2		schreitet
29. Sxe5	Tf2+?		die Zeit.
30. Dxf2!	Sxf2		

Kortschnoi – Kasparow

London 1983

1. d4	d5	23. Tc2	Ke7
2. c4	e6	24. Ke1	h5
3. Sf3	c5	25. Tb2	Tc7
4. cd	ed	26. Sd3	Ta8
5. g3	Sc6	27. b5	a5
6. Lg2	Sf6	28. b6	Tc6
7. 0-0	Le7	29. Tb5	a4
8. Le3	c4	30. Sxd5+	Sxd5
9. Se5	0-0	31. Lxd5	Lxd5
10. b3	cb	32. Txd5	Txb6
11. Dxb3	Db6	33. Txh5	Tb3
12. Tc1	Dxb3	34. Kd2	b5
13. ab	Sb4	35. h4	Tc8
14. Sa3	a6	36. g4	a3
15. Ld2	Tb8	37. f4	Tcc3
16. Lxb4	Lxb4	38. Td5	Ke6
17. Sd3	Ld6	39. Th5	b4
18. Sc2	Lg4	40. Ta5	Txd3+
19. Kf1	Lf5	41. ed	Lxf4+
20. Sc5	Tfc8	42. Ke2	Tc3
21. Se3	Le6	43. g5	Lc1
22. b4	Kf8	44. h5	b3

45.	T5xa3	Lxa3	62.	Ke6	Tg5!
46.	Txa3	b2	63.	d5?	Tg6+!
47.	Ta6+	Kf5	64.	Ke7	g2
48.	Tb6	Tc2+	65.	Td1	Ke5
49.	Ke3	Kxg5	66.	d6	Te6+
50.	d5	Kxh5	67.	Kd7	Txd6+
51.	Kd4	g5	68.	Txd6	g1D
52.	Tb8	g4	69.	Te6+	Kf5
53.	d6	Tc6	70.	Td6	Da7+
54.	Ke5	Tc5+	71.	Kd8	Ke5
55.	Kf6	g3	72.	Tg6	Da5+
56.	Txb2	Td5	73.	Kd7	Da4+
57.	Kxf7	Txd6	74.	Ke7	Dh4+
58.	Td2	Kg4	75.	Kf8	Dd8+
59.	d4	Kf5!	76.	Kf7	Kf5
60.	Ke7	Td5	77.	Th6	Dd7+
61.	Td3	Kf4			Weiß gibt auf.

Kasparow – Karpow

1. Weltmeisterschaftsmatch Moskau 1985 (48. Partie)

1.	e4	e5	16.	Se5	Sxe5
2.	Sf3	Sf6	17.	de	Sd5
3.	Sxe5	d6	18.	Sxd5	Lxd5
4.	Sf3	Sxe4	19.	Dc2!	g6
5.	d4	d5	20.	Tad1	c6
6.	Ld3	Sc6	21.	Lh6	Tfd8
7.	0-0	Le7	22.	e6!	fe
8.	c4	Sf6	23.	Lxg6	Lf8
9.	Sc3	0-0	24.	Lxf8	Txf8
10.	h3	dc	25.	Le4	Tf7
11.	Lxc4	Sa5	26.	Te3	Tg7
12.	Ld3	Le6	27.	T1d3	Tf8
13.	Te1	Sc6	28.	Tg3	Kh8
14.	a3	a6	29.	Dc3	T8f7
15.	Lf4	Dd7?	30.	Tde3	Kg8

31.	De5	Dc7?	50. Txb4	Te3
32.	Txg7+	Txg7	51. h4	Th3
33.	Lxd5	Dxe5	52. h5	Th4
34.	Lxe6+	Dxe6	53. f5	Th1
35.	Txe6	Td7	54. Kd5	Td1+
36.	b4	Kf7	55. Td4	Te1
37.	Te3	Td1+	56. Kd6	Te8
38.	Kh2	Tc1	57. Kd7	Tg8
39.	g4	b5	58. h6	Kf7
40.	f4	c5	59. Tc4	Kf6
41.	bc	Txc5	60. Te4	Kf7
42.	Td3	Ke7	61. Kd6	Kf6
43.	Kg3	a5	62. Te6+	Kf7
44.	Kf3	b4	63. Te7+	Kf6
45.	ab	ab	64. Tg7	Td8+
46.	Ke4	Tb5	65. Kc5	Td5+
47.	Tb3	Tb8	66. Kc4	Td4+
48.	Kd5	Kf6	67. Kc3	
49.	Kc5	Te8	Schwarz gibt auf.	

Karpow – Kasparow

2. Weltmeisterschaftsmatch Moskau 1985 (16. Partie)

1.	e4	c5	14. Lg5	Te8
2.	Sf3	e6	15. Dd2	b5
3.	d4	cd	16. Tad1	Sd3
4.	Sxd4	Sc6	17. Sab1	h6
5.	Sb5	d6	18. Lh4	b4
6.	c4	Sf6	19. Sa4	Ld6
7.	S1c3	a6	20. Lg3	Tc8
8.	Sa3	d5	21. b3	g5!!
9.	cd	ed	22. Lxd6	Dxd6
10.	ed	Sb4	23. g3	Sd7!
11.	Le2	Lc5	24. Lg2	Df6
12.	0-0	0-0	25. a3	a5
13.	Lf3	Lf5	26. ab	ab

27. Da2	Lg6	35. Txf2	Lxd3
28. d6	g4	36. Tfd2	De3
29. Dd2	Kg7	37. Txd3	Tc1
30. f3	Dxd6	38. Sb2	Df2
31. fg	Dd4+	39. Sd2	Txd1+
32. Kh1	Sf6	40. Sxd1	Te1+
33. Tf4	Se4		Weiß gibt
34. Dxd3	Sf2+		auf.

Karpow – Kasparow

2. Weltmeisterschaftsmatch Moskau 1985 (24. Partie)

1. e4	c5	23. Le3	Te7
2. Sf3	d6	24. Kg1	Tce8
3. d4	cd	25. Td1	f5
4. Sxd4	Sf6	26. gfe.p.	Sxf6
5. Sc3	a6	27. Tg3	Tf7
6. Le2	e6	28. Lxb6	Db8
7. 0-0	Le7	29. Le3	Sh5
8. f4	0-0	30. Tg4	Sf6
9. Kh1	Dc7	31. Th4	g5
10. a4	Sc6	32. fg	Sg4
11. Le3	Te8	33. Dd2	Sxe3
12. Lf3	Tb8	34. Dxe3	Sxc2
13. Dd2	Ld7	35. Db6	La8
14. Sb3	b6	36. Txd6	Tb7
15. g4	Lc8	37. Dxa6	Txb3
16. g5	Sd7	38. Txe6	Txb2
17. Df2	Lf8	39. Dc4	Kh8
18. Lg2	Lb7	40. e5	Da7+
19. Tad1	g6	41. Kh1	Lxg2+
20. Lc1	Tbc8	42. Kxg2	Sd4+
21. Td3	Sb4		Weiß gibt
22. Th3	Lg7		auf.

Kasparow – Karpow

3. Weltmeisterschaftsmatch London 1986 (4. Partie)

1.	d4	Sf6	22.	Lxc8	Sdxc8
2.	c4	e6	23.	Tfd1	Dxd3
3.	Sc3	Lb4	24.	Txd3	Te8
4.	Sf3	c5	25.	Tad1	f6
5.	g3	cd	26.	Sd4	Tb6
6.	Sxd4	0-0	27.	Lc5	Ta6
7.	Lg2	d5	28.	Sb5	Tc6
8.	Db3	Lxc3+	29.	Lxe7	Sxe7
9.	bc	Sc6	30.	Td7	Sg6
10.	cd	Sa5	31.	Txa7	Sf8
11.	Dc2	Sxd5	32.	a4	Tb8
12.	Dd3!	Ld7	33.	e3	h5
13.	c4!	Se7	34.	Kg2	e5
14.	0-0	Tc8	35.	Td3	Kh7
15.	Sb3	Sxc4	36.	Tc3	Tbc8
16.	Lxb7	Tc7	37.	Txc6	Txc6
17.	La6!	Se5	38.	Sc7	Se6
18.	De3	Sc4	39.	Sd5	Kh6
19.	De4!	Sd6?!	40.	a5	e4
20.	Dd3	Tc6	41.	a6 (Abgabezug)	
21.	La3!	Lc8			

Von Karpow ohne Wiederaufnahme aufgegeben.

Kasparow – Karpow

3. Weltmeisterschaftsmatch Leningrad 1986 (16. Partie)

1.	e4	e5	6.	Te1	b5
2.	Sf3	Sc6	7.	Lb3	d6
3.	Lb5	a6	8.	c3	0-0
4.	La4	Sf6	9.	h3	Lb7
5.	0-0	Le7	10.	d4	Te8

11.	Sbd2	Lf8	27. Tg3	g6
12.	a4	h6	28. Lxh6	Dxb2
13.	Lc2	ed	29. Df3	Sd7
14.	cd	Sb4	30. Lxf8	Kxf8
15.	Lb1	c5	31. Kh2!	Tb3
16.	d5	Sd7	32. Lxd3	cd?
17.	Ta3	c4	33. Df4	Dxa3
18.	Sd4	Df6	34. Sh6	De7
19.	S2f3	Sc5	35. Txg6	De5
20.	ab	ab	36. Tg8+	Ke7
21.	Sxb5	Txa3	37. d6+!	Ke6
22.	Sxa3	La6	38. Te8+	Kd5
23.	Te3	Tb8	39. Txe5+	Sxe5
24.	e5	de	40. d7	Tb8
25.	Sxe5	Sbd3	41. Sxf7	
26.	Sg4	Db6	Schwarz gibt auf.	

Kasparow – Karpow

3. Weltmeisterschaftsmatch Leningrad 1986 (22. Partie)

1.	d4	Sf6	17. Txe8+	Dxe8
2.	c4	e6	18. Dd2	Sd7
3.	Sf3	d5	19. Df4	Lg6
4.	Sc3	Le7	20. h4	Dd8
5.	Lg5	h6	21. Sa4	h5
6.	Lxf6	Lxf6	22. Te1	b5
7.	e3	0-0	23. Sc3	Db8
8.	Tc1	c6	24. De3	b4
9.	Ld3	Sd7	25. Se4	ba
10.	0-0	dc	26. Sxf6+	Sxf6
11.	Lxc4	e5	27. ba	Sd5
12.	h3	ed	28. Lxd5	cd
13.	ed	Sb6	29. Se5	Dd8
14.	Lb3	Lf5	30. Df3	Ta6
15.	Te1	a5	31. Tc1	Kh7
16.	a3	Te8	32. Dh3	Tb6

33. Tc8	Dd6	41. Sd7 (Abgabezug)	
34. Dg3	a4	41. . . .	Txd4
35. Ta8	De6	42. Sf8+	Kh6
36. Txa4	Df5	43. Tb4	Tc4
37. Ta7	Tb1+	44. Txc4	dc
38. Kh2	Tc1	45. Dd6	c3
39. Tb7	Tc2	46. Dd4	
40. f3	Td2	Schwarz gibt auf.	

PersonenRegister

Abramjan 27
Abramow 67, 107
Achmailowskaja 49
Achscharumowa 49
Adelman, Nathan 260
Adenauer, Konrad 10
Adorjan 71
Agsamow 94, 124
Akimow, Igor 307, 308
Aljechin, Alexander 28, 51, 52, 54,
76, 124, 155, 162, 163, 167, 236,
249, 268, 318, 323
Alijew, Geidar 120, 121, 142, 144,
230
Amant, Pierre de St. 110
Amis, Martin 290, 298
Andersson, Ulf 90, 121, 240, 244
Anderton, David 283
Andropow, Juri 139, 154
Aquino, Coracon 315
Arnason, Jon 63
Asatorowna, Rosa 25, 26, 35, 37
Aslanow, Alexander 58, 124
Awerbach 55, 201, 214, 251, 253

Bagirow, Wladimir 45, 75
Balaschow 76, 80, 197
Barden, Leonard 55
Baturinski, Viktor 109, 113, 161,
247, 252
Beljawski 70, 76f., 92, 125, 133f.,
145, 158, 184
Benites, Carlos 110
Benkö, Pal 54
Bernhardt, Sarah 322
Bikowski 60
Binet, Alfred 323
Botwinnik, Michail 11, 34, 47ff.,
51, 53ff., 57, 63–65, 76, 78, 82,
84f., 93, 99, 103, 105, 108,
122–124, 149, 150, 154, 155, 161,
190, 221, 236, 251, 268, 302, 318,
321, 330, 332

Breschnew, Leonid 118, 129, 130
Bretanitzki 80
Bronstein 82, 236
Browne 70
Bukic 70f.

Campomanes, Florencino (später
Campo) 11ff., 17, 28, 81, 109,
113, 114, 129, 130, 133–144, 181,
185f., 190f., 193–198, 200–227,
228–245, 252, 260, 265, 270,
273–276, 279, 281–284, 292–293,
315–320
Capablanca, José Raoul 28, 30, 47,
51, 64f., 84, 108, 124, 155, 161,
162, 163, 167, 267, 318
Chalifman, Alexander 62
Chajjam, Omar 23
Chandler 158
Charitonow 49
Chomeini, Ajatollah 46
Choroschilowa, Tatjana 286
Chruschtschow, Nikita 10
Churchill, Winston 286
Clues (Mister) 201
Cook, Nathaniel 110

Diderot, Denis 323
Dijakow, N. 324
Doder (Mister) 204
Dolmatow 49, 76, 83, 92
Dorfman 93f., 166, 185, 200, 253,
276, 284, 287

Elo, Arpad 65
Estrin, Jakob 332
Euwe, Max 28, 52, 66, 103, 113,
128, 155, 161, 318

Fedorowicz, John 86
Fine 318
Fischer, Bobby 15, 30, 55, 65ff., 71,
99ff., 105, 106, 108, 114, 117, 123,

188, 221, 251, 258, 271, 275 f., 284, 287, 303, 309, 314, 332
Fitzgerald, Edward 8
Flesch, Janos 323
Flohr, Salo 76, 149, 155, 318
Franklin, Benjamin 46, 322
Friedel, Frederic 281, 282, 283, 325, 327 f.
Friedel, Ingrid 327
Friedel, Martin 327
Friedel, Thomas 327f.

Gabdrachmanow 58
Gagarin, Juri 10
Gaprindaschwili, Nona 77
Gassanow, Chalid 148
Gawrilin 201, 213, 282, 283
Geller 76, 80
Garcia 71
Genritschowitsch, Alex 46, 159, 260
Georgieff 79
Gischijan, Natalja 40
Glaz, Elena 53
Gligoric 121, 183, 195, 196, 197, 219, 226, 240, 241, 242, 244
Goethe, Johann Wolfgang von 15
Golombek, Harry 149, 159, 180 f.
Gorbatschow, Michail 7, 8, 14, 117, 154, 156, 229, 246, 248, 279, 290
Groot, Adrian de 325
Gufeld, Eduard 103

Hartman, David 263
Hernandez 70
Hooper, Charles Alfred 322
Hübner, Robert 103, 110, 121, 124, 126, 133, 158, 240, 242
Iwonin (Vizeminister) 143

Jakowlew, Alexander 246, 247
Januszczak, Waldemar 294
Jussupow 49, 62 f., 76, 79, 82 f., 158, 277, 284

Kampelon, Wolfgang von 321
Karpow, Anatoli 11 ff., 29, 39, 49,

55 ff., 66, 74, 77, 80 ff., 92, 97, 99–140, 143, 147, 150–153, 158, 160–174, 180, 182–228, 230, 233–240, 243–283, 286–288, 295–314, 317, 332
Kasparowa, Clara 7, 10, 11, 24 f., 34, 41, 165, 166, 171 ff., 184, 249, 287, 295
Kazic 202
Keene, Raymond 26, 80, 110, 116, 143, 150, 164, 168, 185, 187, 196, 205 f., 244, 258, 273, 276, 287, 297, 313 f.
Kennedy, John F. 10
Keres, Paul 99, 318
Kinzel, Alfred 17, 114, 190, 191, 192, 193, 194, 196, 197, 201, 213, 219, 226, 241, 252
Kirow, Sergej 22
Knezevic, Ratko 132
Koestler, Arthur 326
Kok, Bessel 318
Koltanowski, Georges 323
Korsunski, Rostik 45, 53
Kortschnoi, Viktor 28, 57, 65, 81, 82, 85, 97, 100, 105–119, 126, 129–152, 158, 230, 238, 241, 267, 287, 311, 329
Kosmodemjanskaja, Sojka 31
Krogius, Nikolai 98, 117, 143, 200, 247, 260
Krylenko, N. W. 47, 155
Kupfer, Rudi 329
Kupreitschik 76, 92, 122
Kurajica 71
Kusmin 55, 92

Larsen, Bent 82, 102, 121, 158
Lasker, Emanuel 54, 84, 108, 155, 161, 267, 272
Lawson, Dominik 229, 250
Lawson, Nigel 283
Leeuwerik, Petra 115
Lendl, Ivan 298
Lenin, Wladimir Iljitsch 46, 47
Levy, David 294, 321

Litwinow 287, 310
Lim Kok Ann, Professor 202, 242, 282, 283
Ljubojevic, Ljubomir 74, 121, 124, 158, 274, 317
Lopez, Ruy 127
Losew 49
Lucena, Lincoln 273, 315, 316
Lutikow 68

Macmillan, Harold 10
Magerramow 53, 58
Mamedow, Juri 162, 181, 190, 198, 199, 213, 247
Makogonow, Michail und Wladimir 45
Marjanovic 70
Marcos, Ferdinand 109, 315
Maria Theresia, Kaiserin 321
Marovic 70
Marshall, Frank 65
Marx, Karl 47
Matanovic 71
McEnroe, John 290, 291
Mikenas (Schiedsrichter) 201, 253
Miles, Tony 124, 141, 158, 250, 284, 328
Minasjan, Wadim 35, 44, 88
Morphy, Paul 16, 54, 100, 322 f.
Mydans (Mister) 204

Nabokov, Wladimir 330
Najdorf, Miguel 323
Napoleon I. 322
Narriman 159
Nejelowa, Marina 158, 262, 285, 286, 314
Newborn, Monty 321
Newman, Paul 334
Nicholson, Jack 334
Nikitin, Alexander 48, 87, 92, 97, 125, 166, 199, 230, 260, 287
Nunn, John 158, 195, 317, 328
Nurnberg, Andrew 7

O'Connell, Kevin 294

O. Henry 322
Olafsson, Fridrik 128 f., 133
Owen, Richard 205 f.

Page, Andrew 7, 287, 288, 290, 295
Pawlowna, Alexandra 31, 32
Pawlutschenko, Natalja 7
Petrosjan, Rhona 9, 199, 257
Petrosjan, Tigran 9, 62, 70, 77, 82, 85, 99, 102, 103, 107, 110, 115, 117, 121, 122, 131, 147, 151, 158, 302, 332
Petrowski, E. 324
Philidor, François 322 f.
Pillsbury, Harry 124, 125
Polugajewski 55, 57, 69, 76, 79, 100, 115, 121, 158
Portisch, Lajos 90, 125, 133, 317
Post, van der 18
Priworezki, Oleg 48, 58
Psachis, Lew 82 f., 94

Rasuwajew 69, 158
Reshevsky, Samuel 28, 155, 318, 323
Reti 323
Reuben (brit. Schachfunktionär) 287
Ribli 125, 133, 135, 150, 158
Rieck, Barbara 7
Romanischin, Oleg 62, 94, 158
Roschal, Alexander 130, 131, 168, 182, 197
Rost, Juri 301
Rousseau, Jean Jacques 323
Rudik, P. 324
Rusak 201, 213
Ruskin, John 322

Saizewa 49
Satulowskaja, Tatjana 45
Sausowitsch, Nadir 46
Schacharow, Alexander 125, 166
Schalajew, Stepan 248 f.
Schamkowitsch, Leonid 68
Schewardnadse, Eduard 292

347

Schiller, Eric 86, 91, 165, 301
Schmid, Lothar 110, 111, 241, 242, 302, 313
Seidawjew, Riswan 40
Seirawan, Yasser 141, 158, 274, 317
Semjonow, N. N. 321
Sewestjanow, Witali 102, 109, 113, 185, 194, 197, 201, 213, 221, 247, 277, 281, 300
Shannon, Claude 329
Short, Nigel 28, 63, 79, 274, 296, 317, 319
Sibarevic 70
Smejkal 70
Smyslow, Wassili 68, 82, 99, 123, 125, 131, 133, 135, 137, 140, 150, 158, 236
Sokolow, Andreij 124, 158, 277, 320
Spanier, David 132
Spasski, Boris 12, 16, 30, 71, 82, 84, 90, 99, 102, 107, 108, 121, 122, 131, 244, 251, 303, 332
Speelman, Jonathan 86, 150
Staunton, Howard 110
Stean, Michael 103
Steiner, George 30, 100, 104
Steinitz, Wilhelm 54, 326
Sturua, Surap 58, 62
Suchar, Dr. Wladimir 111, 180
Suetin, Alexej 253
Sultan, Khan 326
Sweschnikow 94

Taimanow, Mark 55, 101, 249
Tal, Michail 54, 55, 65, 66, 68, 70, 71, 76, 77, 82, 84, 99, 103, 125, 145, 158, 266, 332
Tarrasch, Dr. Siegbert 8, 108
Tevis, Walter 79
Thatcher, Margaret 292

Timman, Jan 91, 122, 124, 141, 158, 159, 271, 277, 317
Timoschtschenko 69, 93, 166, 199, 276, 287, 300, 306, 310
Toran, Roman 17, 239
Torre 125, 133, 158
Tschechow, Valeri 125
Tschernenko, Konstantin 154, 156
Tschernin 62
Tschiburdanidse, Maja 77, 82
Tudela, Raphael 254
Tukmakow 94 f., 158

Ulanowa, Galina 93
Ustinow, Marschall 184

Voltaire 323
Vukic 70

Wade, Bob 71
Waganjan 76, 158, 277
Weinstein, Kim Moissejewitsch 19, 44, 261
Weinstein, Leonid 7, 20, 24 f., 29, 34, 37, 41, 43, 170
Weinstein, Timur 41, 170
Werdiewa, Prof. Z. N. 39
Wilson, Andrew 9
Wladimirow, Jewgeni 86, 125, 166, 277, 278, 287, 304, 305, 306, 307, 308, 310
Wullenweber, Matthias 328
Wyssotzkij, Wladimir 8, 16, 175, 176, 189, 334 f.

Young, Gavin 112

Zweig, Stefan 16, 33

BILDNACHWEIS

Andrew Nurnberg Associates: XV unten, XVIII Mitte;
Associated Press: VIII Mitte und unten, XVI;
BBC Hulton Picture Library: VIII oben;
Fabio Biagi, The Observer: XXII Mitte;
Jane Brown, The Observer: XXIV Mitte;
Camera Press Ltd.: VI unten, XI oben rechts, XI unten rechts, XIV unten;
Michael Kupferschmidt: XI oben links;
Nowosti Press Agentur: VI oben rechts, XI unten links, XIII oben, XVII, XXIV unten;
Photo Source: XXIII Mitte;
Popperfoto: VI oben links, X oben, XII unten, XXI oben, XXII unten, XXIII oben;
Tony Prime, The Observer: X unten;
Frank Spooner Pictures: XII oben, XIV oben rechts, XV oben links und rechts, XVIII unten, XX unten;
Süddeutscher Verlag, Bilderdienst: XX Mitte;
Times Newspapers: XXII oben;
John Wildgoose, The Observer: I;
Alle anderen Fotos: Privatarchiv Garri Kasparow.

DANKSAGUNG

Der Abdruck einiger Zeilen aus dem Gedicht »Launische Pferde« von Wladimir Wyssotzkij (Übersetzung: Harry Oberländer) erfolgt mit freundlicher Genehmigung des Verlages Neue Kritik aus: Wladimir Wyssotzkij, Wolfsjagd. Gedichte und Lieder. Frankfurt am Main 1986.
Das Gedicht »Auf dem Hochseil« wurde von Hanni Arnold ins Deutsche übertragen und wird in die geplante zweite Wyssotzkij-Gedichtsammlung des Verlages Neue Kritik aufgenommen werden.

Anhang

WEITERFÜHRENDE LITERATUR

C. H. O'D. Alexander, *A Book of Chess*. (Hutchinson)

Juri Awerbach und Mark Taimanow, *Karpow – Kasparow, Moskau 85*. (Raduga)

Mikhail Botvinnik, *Achieving the Aim*. (Pergamon)

Richard Eales, *Chess. The History of a Game*. (Batsford)

William R. Hartston, *The Battle of Baguio City*. (Hutchinson)

William R. Hartston und P. C. Watson, *Psychologie und Schach*. (Walter Rau)

Graeme Harwood, *Caissa's Webb*. (Latimer)

Anatoly Karpov, *Chess is My Life*. (Pergamon)

Garry Kasparov, *New World Chess Champion*. (Pergamon)

Garry Kasparov and Bob Wade, *Fighting Chess*. (Batsford)

Garri Kasparow, *Garri Kasparows Schachschule*. (Walter Rau)

Garri Kasparow, *Die Weltmeisterschaft 85*. (Walter Rau)

Garri Kasparow, *Weltmeisterschaft 1986*. (Walter Rau)

Garri Kasparow, *Schach als Kampf. Meine Spiele und mein Weg* (Falken)

Raymond Keene, *The Moscow Challenge*. (Macmillan)

Raymond Keene and David Goodman, *Manoeuvres in Moscow*. (Batsford)

Raymond Keene and David Goodman, *The Centenary Match*. (Batsford)

Viktor Kortschnoi, *Ein Leben für das Schach*. (Walter Rau)

Bent Larsen, *Karpov v. Korchnoi*. (Unwin)

D. J. Richards, *Soviet Chess*. (Oxford)

David Spanier, *Total Chess*. (Secker & Warburg)

George Steiner, *The Sporting Scene*. (Faber)

Laurens van der Post, *Journey into Russia*. (Penguin)

Martin Walker, *The Waking Giant*. (Michael Joseph)

Andrew Waterman, *The Poetry of Chess*. (Anvil)

Ken Whyld, *Chess. The Records*. (Guinness)